卓越法律人才培养计划丛书

企业

法律实务

陈建军 主编

中南大学出版社
www.csupress.com.cn

图书在版编目（ＣＩＰ）数据

企业法律实务／陈建军主编．--长沙：中南大学出版社，2016.10
ISBN 978 - 7 - 5487 - 2527 - 5

Ⅰ. 企⋯ Ⅱ. 陈⋯ Ⅲ. 企业法－中国－高等学校－教材
Ⅳ. D922.291.91

中国版本图书馆 CIP 数据核字（2016）第 265710 号

企业法律实务

陈建军　主编

□责任编辑　沈常阳
□责任印制　易红卫
□出版发行　中南大学出版社
　　　　　　社址：长沙市麓山南路　　　　邮编：410083
　　　　　　发行科电话：0731 - 88876770　　传真：0731 - 88710482
□印　　装　长沙市宏发印刷有限公司

□开　　本　710 × 1000　1/16　□印张 23.5　□字数 401 千字
□版　　次　2016 年 10 月第 1 版　□印次　2019 年 1 月第 2 次印刷
□书　　号　ISBN 978 - 7 - 5487 - 2527 - 5
□定　　价　56.00 元

作者简介

陈建军，男，湖南理工学院政法学院院长、教授，法学专业负责人，湖南省普通高校学科带头人，湖南省法学会理事，湖南省诉讼法学研究会副会长，湖南师范大学、湖南理工学院硕士研究生导师，岳阳市人民政府法律顾问，岳阳仲裁委员会副主任。

杨忠明，男，湖南理工学院政法学院副教授，法学博士，湖南理工学院硕士研究生导师，兼职律师。

刘　杨，女，湖南理工学院政法学院副教授，政法实训中心主任。

梁　晨，男，湖南理工学院政法学院讲师，法学博士，兼职律师。

孟　磊，男，湖南理工学院政法学院讲师，法学博士，兼职律师。

富　童，女，湖南理工学院政法学院讲师，法学博士，兼职律师。

曹乔华，男，湖南理工学院政法学院讲师，兼职律师。

李立宏，男，岳阳市君山区人民法院高级法官，法学博士研究生。

邓　松，男，岳阳仲裁委员会副主任，湖南唯平律师事务所律师。

单　爽，男，云南工商学院会计与审计学院讲师。

左　露，女，湖南华文食品有限公司法务部主管。

何曾艳，女，湖南理工学院政法学院 2016 级硕士研究生。

前　言

　　《企业法律实务》是我校政法学院法学专业培养方案改革和创新的一项教研教改成果，是为了开设"企业法律实务"这门课程而申请编写的学校特色教材，是本教材作者集体智慧的结晶。

　　开设"企业法律实务"这门课程的初衷是：第一，作为地方本科高校的法学专业，无论是在教学条件、师资力量方面，还是在学生的生源质量、教师的学术水平方面，都不可能与名牌高校法学专业相比。要创出自己的办学特色和品牌，必须在学生实践能力的培养定位上下工夫；第二，地方本科高校法学专业的毕业生除了25%左右考上硕士研究生继续深造从事教学和学术研究工作、20%左右最终通过司法考试和法检两院考试进入司法机关从事司法工作外，大部分毕业生从事律师职业或进入企业等单位从事法务工作。按照法学专业几乎通用的培养方案，课程设置远远不能满足培养企业等单位法务工作者的需要，毕业生到工作单位后动手能力较差。正是基于上述两个方面的原因，我们在法学专业培养方案改革中，增设了"企业法律实务"等课程。因此，本课程的性质属于法学实践课。

　　开设"企业法律实务"课程，需要解决两个方面的问题，一是师资问题，二是教材问题。现有的师资显然不能完全胜任本课程的教学工作，而通过检索我们发现全国范围内现成可用的教材极少。为了开好这门课程，我们需要做好以下三个方面的准备工作：第一是每年指派一定数量的教师到实务部门进行为期半年的实践锻炼，提高教师自身的实践能力，进而提高教师的校内实践教学水平；第二是聘请实务部门有丰富实践经验、较高理论水平的工作人员来校任教；第三是根据企业等单位的实际工作需要，组织具有实际工作经验的教师和实务部门的工作人员成立教材编写小组，以管用、够用为目标，搜集素材，分工撰写，自编一本适合于教学、适用于学生实习和就业的特色教材。这即是本教材的来源。

企业法律事务是由一系列丰富而又复杂的工作组成的，它们需要综合运用众多法律部门的知识加以处理。因此，本教材不可能局限于传统的部门法体系，而必须根据企业运营、管理活动所涉及的主要法律问题，充分考虑各部门法的学科知识点，从企业法律事务的实际出发，以企业法务人员需要从事的法律事务为目标精心组织编写，并通过课内专业技能训练和到实务部门实习等实践活动，达到提高学生处理企业法律事务能力的目的。所以，学习本课程最根本的方法是理论联系实际。

基于以上思考和实务操作理念，本教材的体例将打破传统教材编写模式，在每章标题下设立若干"实务目标"，通过"操作步骤""注意事项""练习题"三个部分，训练和引导学生掌握相关专业知识和法律事务技能，以达到培养应用型法律人才的专业培养目标。

本教材的编写初衷虽然是为了满足法学专业教学的需要和提高学生法学专业技能以适应就业的能力，但实际上由于它具有阐明在企业等单位如何具体从事法务工作的综合性、实用性、可操作性的特点，所以，它不仅对与我们同层面的高校法学教师具有一定的辅助教学的作用，而且对实务部门法务工作者、执业律师和其他相关读者也具有重要的参考价值。

本教材是我校法学专业课程改革的一种尝试，虽然经过三届学生的教学实验，但粗疏错漏仍在所难免。通过本教材的编写，我们一方面期望加强与其他兄弟院校和实务部门的交流与合作，另一方面更期望得到各界同仁的批评指正。

湖南理工学院政法学院　陈建军

2016 年 9 月 6 日

目　录

绪论 企业法律实务概述

概述(一) 企业及其法律属性

一、企业的含义及其特性

(一)企业及其分类

现代汉语中的"企业"一词源自日语。"企业"一词是日本在明治维新后,大规模引进西方文化与制度的过程中由西语翻译而来的。与其他一些社会科学领域常用的基本词汇一样,"企业"一词是在我国戊戌变法之后,由日本借鉴而来。

一般来说,企业是指以营利为目的,运用各种生产要素(包括土地、劳动力、资本、技术和企业家才能等),向市场提供商品或服务,实行自主经营、自负盈亏、独立核算的社会经济组织。

在市场经济中,企业作为社会组织之一,是按照一定的组织形式有机构成的经济实体,一般以营利为目的,以实现投资人、客户、员工、社会大众的利益最大化为使命,通过提供产品或服务来换取收入。它是市场经济活动的主要参与者。现代经济学理论认为,企业本质上是"一种资源配置的机制",它能够实现整个社会经济资源的优化配置,降低整个社会的"交易成本"。

根据不同的标准,从不同的角度,可以对企业进行不同的分类。

(1)按投资人的出资方式和责任形式不同,可分为个人独资企业、合伙企业和公司制企业。这是企业存在的三类最基本的组织形式。其中公司制企业又是现代企业中最主要的组织形式。按股东对公司所负责任不同,公司可分为无限责任公司、有限责任公司和股份有限公司;按股东信用等级不同,公司可分为人合公司、资合公司、人合兼资合公司;按公司地位类型不同,公司可分为母公司、子公司和总公司、分公司。公司只是企业组织形式中的一种。

(2)按投资者所属的地区不同,可分为内资企业、外资企业和港澳台商投资企业。

(3)按企业的所有制结构不同,可分为全民所有制企业、集体所有制企业、私营企业和外资企业。

(4)按企业的规模不同,可分为特大型企业、大型企业、中型企业、小型企业和微型企业。

(5)按企业所属的经济部门不同,可分为农业企业、工业企业和服务企业等。

(6)按企业所属的行业不同,可分为建筑企业、生产企业、运输企业等。

(二)企业的特征

1. 组织性

企业不同于个人和家庭,它是一种有名称、组织机构、规章制度,并经过登记注册的正式组织,即使是家族企业也是如此;它是由企业所有者和员工通过契约关系组合而成的一种开放的社会组织。

2. 经济性

企业作为一种社会组织,不同于行政机构、军事机构、政党机构、社团组织和教科文卫组织,它本质上是经济组织,以经济活动为中心,实行全面的经济核算,追求并致力于不断提高经济效益;它也不同于政府和国际组织对宏观经济活动进行调控和监管的机构,它是直接从事经济活动的实体,和消费者同属于微观经济单位。

3. 商品性

企业作为经济组织,又不同于自给自足的自然经济组织,而是商品经济组织、商品生产者或经营者,是从事生产、流通、服务等活动的经济组织。其经济活动围绕市场进行,是市场主体。不仅企业的产出(产品、服务)和投入(资源、要素)是商品,即企业是"以商品生产商品",而且企业自身(企业的有形、无形资产)也是商品,即企业是"生产商品的商品",企业产权可以有偿转让。

4. 营利性

企业作为商品经济组织,是市场经济的基本单位或"细胞",是以赢取利润为直接目的的商品经济组织，它利用生产、经营某种商品的手段，通过资本经营，交换生产经营的成果(产品与劳务)与消费者或其他生产单位发生经济联系，满足一定的社会需要，同时追求资本增值和利润最大化。这是企业的最主要的特征。其数量、发展水平及变化趋势反映社会经济发展水平和产业特点。

5. 独立性

企业还是一种在法律和经济上都具有独立性的组织，无论是法人企业还是非法人企业都必须依法设立。它对外完全独立，具有独立的经济利益，自主经营，自负盈亏。法人企业还必须依法独立承担民事责任。

二、企业的法律属性

有一些学者认为企业是具有法人资格的社会经济组织。这样的看法是错误的。实际上，并不是所有的企业都具有法人资格。

法人是在法律上人格化了的、依法具有民事权利能力和民事行为能力并独立享有民事权利、承担民事义务的社会组织。根据《中华人民共和国民法通则》(简称《民法通则》)第 37 条的规定，法人必须同时具备四个条件，缺一不可。

1. 依法成立

依法成立是指依照法律规定而成立。首先，法人组织的设立要合法，其设立的目的、宗旨要符合国家和社会公共利益的要求，其组织机构、设立方案、经营范围、经营方式等要符合法律的要求；其次，法人的成立程序要符合法律、法规的规定。

2. 有必要的财产或者经费

所谓必要的财产或者经费是指法人的财产或者经费应与法人的性质、规模等相适应。我国一些法律法规对有关法人的财产或者经费作了明确的要求。如《中华人民共和国商业银行法》第 13 条规定：设立商业银行的注册资本最低限额为10 亿元人民币，城市合作商业银行的注册资本最低限额为 1 亿元人民币，农村合作商业银行的注册资本最低限额为 5000 万元人民币。必要的财产或者经费是法人生存和发展的基础，也是法人独立承担民事责任的物质基础。因此，具备必要的财产或者经费是法人应具备的最重要的基础条件。

3. 有自己的名称、组织机构和场所

法人通过确定的名称使自己与其他法人相区别。根据国务院关于《企业名称登记管理规定》，企业的名称应依次由字号、行业或者经营特点、组织形式组成，并在企业名称前冠以企业所在省或者市或者县行政区划名称。企业名称应当使用文字，民族自治地方的企业名称可以同时使用本民族自治地方通用的民族文字。企业使用外文名称的，其外文名称应当与中文名称相一致，并报登记主管机关登记注册。

法人是社会组织，法人的意思表示必须依法由法人组织机构来完成，每一个法人都应该有自己的组织机构，如股份有限公司法人的组织机构依法应由三部分组成：权力机构——股东大会；执行机构——董事会；监督机构——监事会。三部分机构有机地构成公司法人的组织机构，代表公司进行相应的活动。

法人的场所，可以是自己所有的，也可以是租赁他人的。法人的场所可以是一个，也可以是多个，但申请登记的应该是固定的主要经营场所。《民法通则》规定具有自己的场所是法人应具备的条件，主要是为了交易安全和便于国家主管机关监督。

4. 能够独立承担民事责任

独立承担民事责任是指法人以自己独立的财产对其民事行为或债务独立承担诸如赔偿损失、支付违约金等法律责任。这一条件包括了三层含义：一是必须承担民事责任；二是只能由它自己承担民事责任；三是有能力承担民事责任。企业能否独立承担民事责任是以其是否拥有独立的财产为基础的。如公司制企业由多个投资主体(包括自然人和其他法人)出资，依法定程序设立，所有投资主体的出资形成了公司独立的法人财产，并与投资主体的其他未投入的财产相分离，公司则以它拥有的全部财产独立享有民事权利和承担民事责任，具有与自然人一样的民事权利能力和民事行为能力。

根据上述四个条件，在按投资人的出资方式和责任形式不同所划分的个人独资企业、合伙企业和公司制企业这三类最基本的企业组织形式中，只有公司制企业具有法人资格；个人独资企业和合伙企业都不具有法人资格。因为个人独资企业和合伙企业虽然是独立的民事主体，可以以自己的名义进行各种经营活动，如对外签订合同、履行合同、提供服务等，但不能像法人企业那样仅以企业的财产对外独立承担民事责任，当它们的财产不足以对外偿还债务时，其投资者要以出资以外的其他个人财产对企业的债务承担无限责

任。而公司则不同,如果公司不能清偿到期债务时,可以依法申请破产,不会影响到股东的个人财产。

具备企业法人条件的全民所有制企业、集体所有制企业、联营企业、在中国境内设立的外商投资企业(包括中外合资经营企业、中外合作经营企业、外资企业)和其他企业,应当根据国家法律、法规及《中华人民共和国企业法人登记管理条例施行细则》的有关规定,向工商行政管理机关申请企业法人登记。不具备企业法人条件的联营企业、企业法人所属的分支机构、外商投资企业设立的分支机构和其他从事经营活动的单位,应当向工商行政管理机关申请营业登记。

概述(二) 企业的法律风险

一、企业法律风险的概念和特征

(一)企业法律风险的概念

风险是指未来的不确定性因素对自然人、法人和其他组织实现既定目标的影响,这种影响有可能是这些主体发展的机遇,也有可能是这些主体遭受危险或损失的可能性。一般可分为战略风险、财务风险、市场风险、运营风险、法律风险等。

法律风险是指自然人、法人和其他组织因自身行为的不规范或者相对方违法犯罪、侵权违约以及外部法律环境发生重大变化所带来的不利法律后果的可能性。它是这些主体遭受危险或损失的可能性,一般来说不包括这些主体发展的机遇。

企业法律风险是指作为法人或非法人的社会经济组织的企业在运营、管理过程中,因自身行为的不规范或者相对方违法犯罪、侵权违约以及外部法律环境发生重大变化等法律上的原因所带来的不利法律后果的可能性。对企业的生存和发展来说,它是一些不良的、不安全的因素。

(二)企业法律风险的特征

1. 企业法律风险产生的法定性

企业法律风险发生的原因都是法律法规所规定的因素。例如,企业在运营、管理过程中违反法律规定或违反法律保护的有效合同的约定,侵权,怠于行使法律赋予的权利等，都有可能给自己带来不利的法律后果，这些原因都是由法律法规预先规定的，否则不能直接导致法律风险的发生。

2. 企业法律风险存在的广泛性

企业的所有运营、管理活动都离不开法律规范的调整，企业实施任何行为都必须遵守法律的规定。法律是贯穿企业运营、管理活动始终的基本依据。企业与政府之间，企业之间、企业与消费者或服务对象之间，以及企业内部，都要通过相应的法律来调整和规范。因此，企业法律风险存在于企业运营、管理活动的各个环节之中。

3. 企业法律风险结果的强制性

企业运营、管理活动如果违反法律法规，或者侵害其他单位或者个人的合法权益，势必要承担相应的民事责任、行政责任甚至刑事责任等法律责任。而法律责任具有强制性，法律风险一旦发生，企业必然处于被动承受其不利后果的境地。

4. 企业法律风险形式的关联性

在企业的风险体系中，许多风险形式往往交叉、重叠地联系在一起。法律风险与其他各种形式的风险联系最为密切，关联度最高。如企业发生财务风险、侵权风险，往往也包含法律风险。由于法律风险是依据法定原因产生的，而遵守法律法规是企业在运营、管理中最基本的要求，因此，法律风险是企业风险体系中最需要防范的基本风险。

5. 企业法律风险后果的可预见性

一般来说，由于自然风险、商业风险产生的原因分别是不可抗力和市场因素，因此对于企业来讲，自然风险、商业风险的产生具有不确定性、不可预见性，这种风险不可能从根本上加以避免。与自然风险不同，由于法律风险是由法律规定的原因产生的法定后果，因此事前是可以预见的，可以通过各种有效手段加以防范和控制。只要企业建立了完善的法律风险防控机制，在遵守法律法规的基础上从事运营、管理活动，在他人侵犯自己的合法权利时能够及时拿起法律武器，法律风险的发生就可以得到有效的控制。

二、企业法律风险的表现

(一)企业设立中的法律风险

在设立企业的过程中，发起人是否对拟设立的企业进行过充分的法律论证,是否对企业设立过程有充分的认识和计划,是否完全履行了设立企业的义务,以及发起人本人是否具有相应的法律资格,这些都直接关系到拟设立的企业的设立过程是否合法、规范。如果在企业设立之初,就存在着法律上的瑕疵,那么必然会为日后的运作过程埋下法律隐患。

企业设立时的组织结构是否合理、法人治理结构是否完备、监督控制机制是否健全、管理人员之间的权力如何制衡等是企业运营过程开始时必须解决的问题,如果这些问题解决不好,将直接影响到企业的健康发展。

(二)企业运营、管理过程中的法律风险

1. 人力资源管理上的风险

人力资源是企业发展的源动力,越来越多的企业决策者把对人力资源的管理列入企业发展的重要环节,因此人力资源管理风险也就自然成为了企业风险的一个重要组成部分。

企业人力资源管理法律风险存在于人力资源管理的各个环节,包括人力资源规划环节、员工招聘环节、员工培训环节、绩效考核环节、薪酬与福利环节、劳动关系管理环节等。这些环节都有相关的劳动法律法规调整和规范,企业的任何不遵守法律的行为都有可能给单位带来劳动纠纷,都有可能给单位造成不良的影响。企业在招聘员工时,应履行一定程序,防止招聘尚未解除劳动合同的劳动者,或者招聘负有履行竞业禁止协议义务的劳动者而承担连带赔偿责任。任何企业为了长远发展,往往会花费很大代价来培养业务骨干、技术骨干,而随着企业的发展壮大,骨干员工的期望值也会水涨船高,一旦企业不能满足个人的要求,骨干员工就必然以跳槽相威胁。跳槽骨干员工往往会带走单位宝贵的资源、商业秘密、技术机密,或者选择自己创业,或者选择同行业的其他企业,很快就会成为本企业新的竞争对手,所以竞业禁止协议的签订就显得紧迫和必要。

2. 资产管理上的风险

资产是企业合法成立和发展的物质基础,是为社会公众提供产品或服务的物质条件。因此,保证企业资产的保值增值、防止资产流失等法律风险是企业的管理者必须履行的职责。这种风险主要有:购置资产时,违反政府采购的相关规定采购物品,可能产生不廉洁行为;分配资产时,不按实际需要进行分配,受人情因素干扰或收受好处,违反规定分配,也可能产生不廉洁行为;固定资产管理不到位,录入不及时,可能造成固定资产丢失;资产处

置过程中，处置不合规，随意处置，可能导致固定资产的流失等。

3. 合同管理上的风险

这是指在合同订立、生效、履行、变更、终止及违约责任的确定过程中，合同当事人一方或双方利益损害或损失的可能性。合同法律风险是企业法律风险的重点。因为市场经济也是契约经济，合同双方中的任何一方无论因主观或客观因素导致合同发生变化，且这种变化使得一方当事人的利益受到威胁时，风险就会降临。合同在企业运营、管理过程中的广泛应用，决定了合同订立、履行中的法律风险的广泛存在。近年来，随着人们法律意识的增强，很多企业非常重视合同的订立，在要约、承诺过程中，都聘请律师参与，请律师起草合同文本。但合同当事人在订立合同时，考虑比较多的往往是合同的利益而不是合同文本本身以及履行过程中的风险。签订合同文本只是一个良好的开端，合同的履行才是真正重要的环节。相对于合同文本的法律风险，合同履行的法律风险类型更多、范围更广，管理和防范的难度更大。因此，合同履行过程中双方的来往函件、备忘录、会谈纪要、传真、电子数据等都是重要的证据材料，都要注意整理和保存。

4. 财务税收上的风险

近些年来，企业涉财涉税案件大量涌现，从一个侧面说明，企业在财务税收方面的法律风险日益增高。如不认真执行年初的财经预算，可能导致开支不合理，造成挪用、误用资金，影响工作正常运转；在大额资金的使用上，未经集体讨论，可能导致资金使用不当，给工作造成不利；年终财务决算时，由于账表不符，可能造成财务数据不准，给财务工作带来不良影响。在我国目前的财税政策环境下，很难分清楚合理避税与偷税漏税的界限，如果处理不当，企业很可能要蒙受不必要的经济损失，甚至要负相应的刑事责任，作为法定代表人也可能蒙受牢狱之灾。

企业为了更好地运行和发展，均会进行项目投资。投资就必须要筹资。而由于很多项目的投资期限比较长，资金成本较高，如果不能够在预期内收回或者因为项目自身的问题导致投资无收益，就容易给企业带来资金压力和极大的投资风险。

5. 企业并购上的风险

并购是兼并与收购的总称。在全球范围内，企业并购逐渐成为现代投资的一种主流形式。从法律风险的角度看，企业收购并没有改变原企业的资产状态，对收购方而言法律风险并没有变化。因此，企业并购的法律风险主要表现在企业兼并中。企业兼并涉及公司法、反不正当竞争法、税收法、知识产权法等法律法规，且操作复杂，对社会影响较大，潜在的法律风险较高。

6. 知识产权上的风险

知识产权包括商标权、专利权、著作权等权利，是蕴涵创造力和智慧结晶的成果，其客体是一种非物质形态的特殊财产，要求相关法律给予特别规定。在知识产权领域，企业稍有疏忽，自己的知识产权就会被别人侵犯；同时，稍有不慎，企业可能就侵犯了别人的知识产权。无论是侵权还是被侵权，企业都面临着巨大的法律风险，"央视一套""春晚"等被抢注即是典型的例子。如果从企业自身找原因的话，决策层和法律顾问风险防范意识不强可能是最重要的因素之一。

7. 诉讼上的风险

企业在运营、管理的过程中，如果运营、管理不善就会给自己带来劳动、人事等民商事仲裁或民事诉讼、刑事诉讼的风险。如对劳动者个人资料的真实性没有认真核实，或者劳动者对原单位负有竞业限制义务，而没有进行核实，就有可能发生不可预测的诉讼风险；再如合同未全面履行，就可能导致企业承担违约责任、经济利益受损的败诉风险。诉讼本身也存在许多风险，仅以举证责任的承担来说，如果提供的证据材料不充分，或证据材料虚假，或没有原始证据材料，或获取证据材料的方式不合法，或证据材料证明力不强，或关键证人不愿意提供证言等，都有可能导致败诉的风险。

上述七个方面的法律风险一旦发生，就会导致企业花费增加，或者失去行业优势，严重时则导致彻底丧失竞争力，甚至灾难性的后果。

三、企业法律风险的成因

(一)企业存在风险的内部因素

1. 管理人员的职业操守、员工的专业胜任能力等人力资源因素

企业作为社会组织形式，其运营、管理首先需要人力资源，因此其运营、管理的风险也必然首先是人的风险。企业的人力资源大致可分为管理者和被管理者两类。企业运营、管理的好坏，最重要的是人力资源因素，尤其是管理者。人作为独立的生命个体充满各种欲望，或多或少都存在一些弱点。私欲极强的管理者，在管理或决策时，不可避免地会首先考虑其个人私利，从而有可能不惜让企业承担较大的法律风险。另外，企业员工要胜任本职工

作，为企业的发展出力，还需其具有一定的专业能力，也需要一定的时间和平台。因此企业在选人用人时首先就存在着所用人员道德好坏、能力高低的风险。

2. 资产管理、财务状况、资金运行等制度缺陷因素

企业运营、管理光靠管理者个人的权威和能力是远远不够的，科学的管理最重要的是制度管理。因此个人的私欲和弱点，需要有良好的制度来约束。企业的资产管理、财务状况、资金运行等制度健全并切实得到执行，则管理者个人的权威和能力就是正能量；反之，这些方面的制度不健全或得不到切实执行，管理者个人的权威和能力，则可能是企业发展的祸害。当然，制度由人来制定，人自身的认识能力总是有限的，所以，十全十美的制度不可能存在。正因为如此，才使得企业存在着潜在的法律风险。

3. 组织机构等管理体制因素

随着改革的深入和科技的发展，企业之间的融合兼并已经成为较为普遍的现象，特别是不少企业都在不断地进行有效的或盲目的扩张，为了组织生产要素，企业自身的组织机构也相应复杂起来，其内部各职能部门的配合和沟通也会变得越来越困难，这使得企业运营的法律风险控制的成本增加、难度加大。特别是当企业被那些私欲极强的管理者控制或操纵、背离守法经营的基本理念时，只要其中的一个环节出了问题，对企业所造成的损失很可能就是全局性的、致命性的。

4. 企业内部的其他因素

企业在研究开发、信息技术运用等方面的自主创新因素，以及企业的安全稳定、企业员工的健康状况等因素，都有可能给企业带来一定的法律风险。

(二)企业存在风险的外部因素

1. 同行业竞争对手方面的因素

企业作为市场经济的主体要想在市场竞争中谋求生存和发展，争得有利地位，必然会抓住竞争对手的一些弱点或其在法律方面的疏忽来做文章。如企业知识产权保护的意识淡薄、对知识产权的管理不善，就有可能会被竞争对手或第三方利用，使自己遭受不应承受的利益损失。目前不少知名企业的商标、网络域名被抢注就是典型的例子。

2. 政治环境、经济形势、国家政策、法律法规等变化因素

政治环境是指一个国家或地区的政治制度、方针政策等背景条件的总和，包括政治制度、党和国家的方针政策、政治气候等国内政治环境和国际政治局势、国际关系等国际政治环境。它对企业的影响是直接的、难以预测的且不可逆转的。如果国家政局稳定，以发展经济为中心，人民就能安居乐业，从而给企业营造良好的环境；相反，如果国家政局不稳，社会矛盾尖锐，秩序混乱，甚至产生冲突和战争，就会严重影响经济和社会的发展。在政治环境中政府公平公正，清正廉洁，无政治干预，企业家才有可能恪守商业道德；若是官僚主义盛行，官员利用职务之便占用公共资源，企业则无法健康发展。

经济形势是指国家宏观经济的运行状况和走向。国家宏观经济运行状况良好，企业就能快速稳定地发展，反之则会遇到很多意想不到的困难和风险，例如，2007 年 8 月爆发的美国次贷危机就严重影响全球经济和贸易。在经济全球一体化的今天，中国自然逃避不了这种影响。近几年来，能源、原材料价格持续攀升，劳动力成本大幅度增加，土地价格不断上涨，从紧的货币政策使企业融资的成本明显增加，这些都导致企业生产成本大幅度上升。

国家政策是指国家政权机关规定在一定的历史时期内应该达到的奋斗目标、遵循的行动原则、完成的明确任务、实行的工作方式、采取的一般步骤和具体措施。企业的发展与国家政策息息相关。国家政策的制定和出台需要一定的周期，这个周期往往滞后于社会发展的现状，这就会给企业的运营、管理带来一定的决策盲区。另外，国家政策、法律法规自身也是变化着的，昔日合法或合规的事情，今日或明日可能就变成非法的事情。如改革开放初期，政府对外商投资的各项政策都优于本国企业，特别是减税等政策，而现在则一视同仁。所以，国家政策、法律法规的不断变化对不能把握其变化的企业来说，无疑也是一种产生法律风险的外在因素。

3. 社会稳定、自然灾害等环境因素

当前中国各种问题和矛盾凸显，不少问题和矛盾还呈现出继续恶化的态势，如"三农"问题、腐败问题、土地房屋征收问题、国有资产流失问题、贫富悬殊问题、就业问题、金融风险问题、安全生产问题、犯罪猖獗问题、诚信危机问题等，这些问题如果得不到较好的解决和处理，累积到一定程度，就可能失控从而形成社会危机。这些问题都对企业的生存和发展有着巨大的影响。尽管有些企业已经尽了最大的努力去规避这些风险，但社会动乱、罢工等意外事件，以及自然灾害、自然事件等不可抗力，仍然无法规避。

四、企业法律风险的防范

(一)加强法律风险防范的必要性

1. 加强法律风险防范,是企业适应市场竞争环境变化的客观需要

在经济全球化的背景下,企业可以在更大的范围和更广的领域合理配置资源,但市场竞争也将更加充分和空前激烈。实践表明,经济全球化越加剧,市场竞争越激烈,企业面临的法律风险就越大,就越有必要建立健全企业法律风险防范机制。市场竞争环境的变化,既可能给企业带来更加丰厚的竞争回报,也可能给企业带来更多潜在的法律风险。因此,重视和加强企业法律风险防范,是企业适应市场环境变化,争取市场竞争优势的一项基础性工作。

2. 加强法律风险防范,是企业自身改革和发展的重要保障

近些年来,市场经济迅速发展,企业改革也取得了新的进展,但我们也应当看到,企业改革发展的任务还十分艰巨,现代企业制度建设的步伐还有待进一步加快,企业的法人治理结构还需要进一步完善。所有这些问题的解决,客观上要求我们必须继续深化改革,加快建立规范的法人治理结构,重视提高防范和化解法律风险的能力和水平。

(二)法律风险防范的具体措施

1. 强化法律风险防范意识

强化法律风险意识是识别风险、化解风险的前提,也是建立健全法律风险防范机制的思想基础。随着我国政治经济体制改革的不断深化和完善,企业必须具有强烈的法律风险意识。一是要认识到,法律风险一旦发生,就会给企业带来严重的后果;二是要认识到,法律风险在事前是可防可控的,关键是要有风险防范意识。

2. 完善法律风险防范工作体系

法律风险产生的原因是多方面的。如果企业的内部责任不清,制度不健全,监管不力,就有可能导致法律风险的产生。因此,建立健全法律风险防范机制,要与加快建立现代企业制度、完善法人治理结构有机结合起来,使法律风险防范成为企业内部控制体系的重要组成部分。要紧紧围绕企业生产经营、改革发展的中心任务,深入分析企业面临的法律风险,强化企业各部

门各岗位的职责，建立政策法规部门与各部门的联动机制，完善重大法律风险的防控、处理和备案机制，建立企业主要负责人统一负责、有关部门相互配合的重大法律风险管理工作体系。

3. 推进法律风险防范制度建设

(1)运用人力资源管理约定在先制度。目前，越来越多的用人单位开始重视对商业秘密的保护，因此企业在与录用的关键岗位人员签订劳动合同或聘用合同时应要求签订保密条款、竞业限制条款等。这样做，第一，可以减少企业的商业秘密被侵害，从而保持企业的竞争力；第二，可以使企业在劳动者身上的投资得到回报保证，而有信心在劳动者身上继续进行人才的投资，以激发其创造力；第三，还可以防止随意跳槽、恶性"挖墙脚"等行为。

(2)建立、健全合同审查机制和管理制度。法律风险防范涉及企业运营管理、战略发展的各个方面。其中合同是企业运营管理行为中最基本的法律文本，加强合同管理是防范企业法律风险的基础性工作，要建立以事前防范、事中控制为主，事后补救为辅的合同管理制度。

①重视合同的签订工作。要针对合同起草、审核、签订等环节，建立健全合同审查机制，实行合同签约人负责制和重大合同签约报告制度，促进依法审慎签约。

②重视合同证据，做好合同公证、鉴证工作。企业应重视合同文本和凭据的收集、整理、归档工作，一旦涉及纠纷，要及时查阅原始档案，搜集、保全相关证据，提高胜诉的概率。同时，要对大额合同、重要合同依法进行公证、鉴证，以防范、避免合同履行的风险。

③正确适用合同担保制度，预防、规避合同项目风险。要严格遵守合同法、担保法的规定，设定担保的内容、程序要符合规范，真正用好合同担保制度，降低合同风险。企业要求其他企业提供担保的，应审查对方的担保资格以及用来担保的财产权利状况，并在合同中明确担保责任条款，一旦交易对方违约，可依法追究其担保责任，实现担保合同权利。企业如果是为其他企业提供担保，要依法审慎设定，必要时可要求被担保人提供反担保，以减小合同担保风险。

④健全招投标机制，减少合同项目成本。企业的办公室和法律部门要全程参与招标合同项目的管理，对合同的签订、审批、履约质量把好法律审查关。对重大投资或招标合同项目，要邀请相关经济和法律专家组成专家委员

会，进行可行性论证，保证合同项目的合法性、可行性、安全性。在当前买方市场条件下，通过投标者的相互竞争，企业可以选择最优的产品和服务，同时又有利于降低成本，减小合同风险。

（3）建立、健全知识产权管理制度。知识产权保护应当成为建立健全法律风险防范机制的一项重点工作，要努力改变重发明轻专利、重运用轻保护的现状。企业应积极遵守知识产权的法律法规，加强对专利信息的检索，避免因侵犯他人知识产权而给企业带来法律风险，抓紧建立健全知识产权纠纷处理机制，要依照法律规定，完善管理制度，严格授权程序，切实加强监督。

（4）建立、健全固定资产与财务管理制度。资产管理必须严格依法。在固定资产的采购中引入招投标机制，完善销售一线通、资产一线通、对外担保审批、不良资产处置等制度，保障固定资产采购工作的顺利、安全。财务管理必须坚持依法、合规、保障、监督的原则。

（5）建立、健全法律纠纷管理制度。第一，要重视和加强企业法律工作者队伍建设。这是防范法律风险的组织保障。要积极推行法律风险委员会和法律顾问制度建设，健全法律事务机构，强化工作职责，选拔、培养和充实一批高素质的专业法律工作者。第二，要建立风险预警机制与救济机制。建立纠纷预警、仲裁和诉讼风险代理、案件会审等制度，及时解决企业可能面临的法律纠纷，减少法律风险。第三，要加强风险信息建设。要广泛收集风险信息，排查风险点，完善风险防控体系。

概述（三）　企业的法律事务

一、担任企业法律顾问

（一）法律顾问的含义与类型

1. 法律顾问的含义

为了尽可能地避免法律风险，企业必须建立、健全法律顾问制度。法律顾问，有广义和狭义之分。广义上是指具有法律方面的专门知识，接受公民、法人或其他组织的聘请为其提供法律服务的人员，以及法人或其他组织内部设置的法律事务机构中处理法律事务的人员。它既包括律师、基层法律工作者，也包括具有法律专业知识的法学研究人员，2014 年以前还包括取得法律顾问资格的人员(2014 年 8 月 12 日发布的国发〔2013〕44 号文件《国务院关于取消和下放一批行政审批项目的决定》已经取消了企业法律顾问的职业资格许可)。狭义上仅指接受公民、法人或其他组织的聘请为其提供法律服务的执业律师。

2. 法律顾问的类型

(1)法律顾问根据聘请主体的不同，可以分为企业法律顾问、事业单位法律顾问、社会团体法律顾问、政府法律顾问、私人法律顾问。

(2)法律顾问按照服务期限的不同，可以分为常年法律顾问、专项法律顾问。

(3)法律顾问按照执业的"准入门槛"不同，可以分为企业法律顾问、公司律师、公职律师、社会律师。

(二)企业法律顾问的特征、任务和工作原则

1. 企业法律顾问的特征

企业法律顾问是企业内部人员，是专门从事企业法律事务的人员；只从事与本企业生产经营和管理活动相关的法律事务，不得从事受聘企业以外的其他法律服务业务。他与企业之间是劳动合同关系。

还有一种"企业法律顾问"，是企业与律师事务所签订法律顾问合同，由律师事务所指派执业律师担任的企业法律顾问，他并不是有关企业的内部成员，而是企业外聘的法律顾问。他可以从事其所属律师事务所的其他法律服务业务。他与受聘企业之间只是劳务合同关系。依照中国现代企业制度的有关规范，国有企业应当尽快建立和完善其内部的企业法律顾问机制，从而及时有效地防范企业生产经营管理中的各种法律风险。而是否需要外聘法律顾问，则应根据企业的特殊需要而选聘。本章概述所讲的企业法律顾问是指企业内部的法律顾问，或者叫企业律师。

2. 企业法律顾问的任务

促进企业依法经营管理；防范企业法律风险；维护企业合法权益。

3. 企业法律顾问的工作原则

依法执业；为本企业服务；以管理为主；坚持以事前法律防范、事中法律控制为主，事后法律补救为辅。

（三）企业法律顾问的工作内容

企业法律顾问的工作包括以下内容中的数项或全部：

（1）参与企业相关谈判、磋商，为企业草拟、制订、审查或修改合同，健全企业合同制度，预防合同纠纷。

（2）以解答咨询或出具法律意见书的方式解答企业在经营管理中所发生的法律问题。

（3）根据企业实际情况，帮助引导企业建立和完善现代企业制度，寻找适合企业发展的管理模式，规范企业的管理行为，将企业的管理活动纳入法制轨道。

（4）参与企业重大决策、企业章程的制定，参与企业改制和企业重组上市等重要活动。

（5）当企业面临法律风险时，进行法律论证，提出解决方案，出具法律意见书。

（6）代理企业参加诉讼、仲裁，维护企业合法权益。

上述企业法律顾问所要从事的法律事务大体可分为非诉讼法律事务和诉讼法律事务两类。日常非诉讼法律事务和诉讼法律事务在本教材中都有专门章节进行训练，故本章概述只重点阐述企业法律顾问如何参与企业重大决策和企业改制两个问题。

（四）企业法律顾问的权利和义务

1. 企业法律顾问的权利

负责处理企业经营、管理和决策中的法律事务，对企业重大经营决策提出法律意见；对损害企业合法权益、损害出资人合法权益和企业违反法律法规的行为，提出意见和建议；查阅本企业有关文件、资料、财务报表、统计报表等；办理企业法律事务时，依法向有关单位或个人调查情况，收集证据。

2. 企业法律顾问的义务

遵纪守法；忠于职守，依法履行职责，维护企业合法权益；对所提出的法律意见、起草的法律文书以及办理的法律事务的合法性负责；保守国家和企业秘密。

二、参与企业重大决策

(一)企业重大决策概述

企业重大决策是指企业针对运营管理活动中的重大事项,按照规定的权限和程序确定最佳方案的判断决定过程,包括资本经营决策、企业产品经营决策、财务经营管理决策、市场营销决策等。

企业重大决策一般由决策主体、决策对象、决策目标、备选方案、决策结果五个基本要素构成,具有针对性、预测性、系统性、选择性和可行性五个特点。

企业进行重大决策时应坚持信息准确全面、科学性、民主性、可行性、跟踪监控等主要原则。

(二)法律顾问参与企业重大决策的方式

法律顾问参与企业重大决策可以为企业重大决策提供可靠的法律依据,确保重大决策有切实的法律保障,从而有效防范企业重大决策的法律风险。

法律顾问参与企业重大决策的方式包括:

(1)参加企业重大决策会议,这是最重要和最佳的方式。

(2)为企业重大决策提供法律咨询意见,这是最直接、较常见的方式。

(3)参加企业重大决策前期准备工作和承办相关法律事务。

(4)起草、修改、审核、会签企业重大决策相关法律文件,这是最普遍的方式。

(5)主动提出建议或方案,被接受采纳后形成企业重大决策。这是最高形式,标志着企业法律顾问工作进入企业决策体系,实现了由被动型向主动型转变。

(三)法律顾问参与企业重大决策的具体要求

(1)全面准确地掌握重大决策的有关背景。

(2)准确了解与重大决策有关的资信情况。

(3)熟悉掌握重大决策的有关法律、法规、规章和政策。

(4)注意协调好与企业有关业务或职能部门的关系。

(5)提出完整准确的法律意见和方案。

(四)法律顾问参与企业重大决策应形成法律意见书

法律意见书是法律顾问在参与企业重大决策过程中，就决策对象的有关问题，以书面形式正式提出意见和方案的文书。

1. 法律意见书的格式

(1)标题：如投资建设某项目的法律意见书。

(2)主送：即呈送的对象。

(3)正文：包括议题的简要陈述、法律依据及其分析、权利义务关系的分析、有关问题及对策、结论性意见和建议。

(4)附件：如法律、法规的条文规定等。

(5)落款：以企业法律顾问个人的名义署名、送呈时间。

2. 法律意见书的要求

(1)明确提出决策涉及的法律问题。

(2)透彻分析问题及风险。

(3)系统论述解决问题的方案。

(4)清楚表明建议。

(5)形式规范、文字严谨。

三、参与企业改制

(一)企业改制的概念及主要形式

企业改制是指将现有企业的职能和管理运作模式进行改革或者进行彻底的产权变化，使之成为真正面向市场的、具有科学有效的法人治理结构的法人实体。如国有独资企业改为国有独资公司；国有独资企业、国有独资公司改为国有资本控股公司或者非国有资本控股公司；国有资本控股公司改为非国有资本控股公司等。

企业改制的主要形式有：

1. 公司制改造

普通的有限责任公司是人资兼合的公司，具有股权多元化的特点，规模可大可小，不需要向社会公开财务情况，且股权多元化，有利于建立科学、有效的法人治理结构，因此是企业改制的主要形式。

2. 股份合作制改造

在股份合作制企业中,劳动合作和资本合作有机结合,不吸收企业外部股份,城市国有小企业和集体企业适合进行股份合作制改造。职工离开企业时不能带走股份,只能在企业内部转让,其他职工有优先购买权。

3. 企业分立

企业分立应当有厂长(经理)办公会、股东会等企业决策机构的决议,国家出资企业进行分立时应履行报批的手续,要听取企业工会的意见,并通过职工代表大会或者其他形式听取职工的意见和建议。

4. 债权转股权

实施债权转股权的目的和原则是:盘活商业银行不良资产,加快不良资产的回收,增加资产流动性,防范和化解金融风险;减少企业债务负担,加快实现债权转股权的国有大中型亏损企业转亏为盈;促进企业转换经营机制,加快建立现代企业制度;协议中不能约定股权固定回报、设立监管账户、原企业回购或担保回购金融资产管理公司股权等条款。

5. 国有产权转让

在国有产权转让价款支付上,原则上应当一次付清;在产权交易过程中,当交易价格低于评估结果的90%时,应当暂停交易,在获得相关产权转让批准机构同意后方可继续进行;企业国有产权转让应当在依法设立的产权交易机构中公开进行。

6. 企业兼并

企业兼并有多种方式,主要的有三种:一是购买其他企业,被收购企业失去法人资格,即公司法规定的吸收合并;二是购买其他企业后两个企业均失去法人资格,重新设立一个企业,即新设合并;三是承担被兼并企业的债务,两个企业分别存在,即承债式兼并。

7. 利用外资改组国家出资企业

利用外资改组国家出资企业应当符合下列要求:改组后企业控制权转移,或企业的全部或主要经营资产出售给外国投资者的,改组方和被改组企业应当制定妥善安置职工的方案,并应当经职工代表大会审议通过;以出售资产方式进行改组的,企业债权债务仍由原企业承继;以其他方式改组的,企业债权债务由改组后的企业承继。

(二)企业改制的主要环节

企业改制的主要环节包括：制订方案，上报批准；清产核资；财务审计；资产评估；交易管理；定价管理；转让价款管理。

对企业各类资产、负债进行清查，按照"谁投资、谁所有、谁受益"的原则进行。凡改制为非国有的企业，必须按照国家有关规定对企业法定代表人进行离任审计；转让国有产权的价款原则上应当一次结清。一次结清确有困难的，经转让和受让双方协商，并经有关单位批准，可采取分期付款的方式。分期付款时，首期付款不得低于总价款的30%，其余价款应当由受让方提供合法担保，并在首期付款之日起1年内支付完毕。转让国有产权的价款优先用于支付解除劳动合同职工的经济补偿金和移交社会保障机构管理职工的社会保险费，以及偿还拖欠职工的债务和企业欠缴的社会保险费。

国有企业改制方案和国有控股企业改制为非国有企业的方案，必须提交企业职工代表大会或职工大会审议，充分听取职工意见，职工安置方案需经企业职工代表大会或职工大会审议通过后方可实施；经营管理者筹集收购国有产权的资金，要执行《贷款通则》的有关规定，不得向包括本企业在内的国有及国有控股企业借款，不得以这些企业的国有产权或实物资产作标的物为融资提供保证、抵押、质押、贴现等。经营管理者对企业经营业绩下降负有责任的，不得参与收购本企业国有产权。

国家出资的主业企业的职工不得有辅业企业股权。国家出资的大型企业改制，职工持股不得处于控股地位；国有企业集团公司及其各级子企业改制，经国资监管机构或集团公司批准，职工可投资参与本企业改制，确有必要的，也可持有上一级改制企业股权，但不得直接或间接持有本企业所出资各级子企业、参股企业及本集团公司所出资其他企业股权。科研、设计、高科技企业科技人员确因特殊情况需要持有子企业股权的，须经同级国资监管机构批准，且不得作为该子企业的国有股东代表。

国家出资企业不得要求与本企业有业务往来的其他企业为职工投资提供借款或帮助融资；严格限制职工投资关联关系企业，禁止职工投资为本企业提供燃料、原材料、辅料、设备及配件和提供设计、施工、维修、产品销售、中介服务或与本企业有其他业务关联的企业；禁止以上管理人员，在一定时间内转让所持股份，或者辞去所任职务。在股权转让完成、辞去所任职务之前，不得向其投资企业增加投资。已投资上述不得投资的企业的其他职工晋升为中层以上管理人员的，须在晋升后6个月内转让所持股份。

　　国家出资企业剥离出部分业务、资产改制设立新公司需引入职工持股的，该新公司不得与该国有企业经营同类业务；新公司从该国有企业取得的关联交易收入或利润不得超过新公司业务总收入或利润的1/3。

　　企业国有产权转让必须获得政府或授权的部门批准；转让的企业国有产权权属应当清晰，权属关系不明确或者存在权属纠纷的企业国有产权不得转让；企业国有产权转让应当在依法设立的产权交易机构中公开进行，不受地区、行业、出资或者隶属关系的限制，国家法律、行政法规另有规定的，从其规定；企业国有产权转让可以采取拍卖、招投标、协议转让以及国家法律、行政法规规定的其他方式进行；国有独资企业的产权转让，应当由总经理办公会议审议。国有独资公司的产权转让，应当由董事会审议，没有设立董事会的，由总经理办公会议审议。涉及职工合法权益的，应当听取转让标的企业职工代表大会的意见，对职工安置等事项应当经职工代表大会讨论通过，确保企业职工合法权益不受侵犯。

（三）企业改制后有关法律责任的承担

　　企业以其部分资产和相应债务与他人组建新公司，对所转移的债务，债权人认可的，由新设公司承担民事责任；对所转移的债务未通知债权人，或者债权人不予认可的，由原企业承担民事责任。原企业无力偿还债务，新设公司在所接收的资产范围内与原企业承担连带责任。

　　企业以其优质财产与他人组建新公司，而将债务留在原企业，债权人以新设公司和原企业作为共同被告提起诉讼主张债权的，新设公司应当在所接收的财产范围内与原企业共同承担连带责任。

　　企业进行股份合作制改制时，参照公司法有关规定，公告通知了债权人，股份合作制改制后，债权人就原企业出资人隐瞒或者遗漏的债务起诉股份合作制企业的，如债权人在公告期内申报过该债权，股份合作制企业在承担民事责任后，可再向原企业资产管理人（出资人）追偿。如债权人在公告期内未申报过该债权，则股份合作制企业不承担民事责任，人民法院可告知债权人另行起诉原企业资产管理人（出资人）。

（四）企业法律顾问参与企业改制的主要任务

　　为了帮助企业进行改制，实现建立现代企业制度的总体目标，维护企业和职工的合法权益，企业法律顾问参与企业改制应出具企业改制法律意见书，法律意见书具体包括但不限于以下内容：

（1）根据企业形式、条件、特点、性质、规模和内部运行机制，提出企业改制的方向和目标。

（2）根据企业改制的方向和目标，制定企业改制的总体方案。

（3）根据企业改制的总体方案，制定企业改制的实施程序和步骤。

（4）根据企业改制的总体方案，制定企业的清产核资、产权界定方案。

（5）根据企业改制的总体方案，制定企业的债权、债务处置方案。

（6）根据企业改制的总体方案，制定企业的职工安置方案。

（7）根据企业改制的总体方案，提出企业改制的可行性研究报告和法律分析报告。

第一章 企业设立法律实务

实务目标(一) 个人独资企业的设立

一、操作步骤

(一)明确个人独资企业设立应具备的条件

(1)投资人为一个自然人;法律法规禁止从事营利性活动的人,不得作为个人独资企业投资人。

(2)有合法的企业名称,名称中不得使用"有限""有限责任"或"公司"字样。

(3)有投资人申报的出资额。

(4)有固定的生产经营场所和必要的生产经营条件。

(5)有必要的从业人员。

(二)提交申请

设立条件具备时,必须按照法律规定的程序提交设立申请。申请有两种方式:一是直接向当地工商行政管理机关提出登记申请;二是采用网上名称预核准的方式提交注册申请。

1. 直接向当地工商行政管理机关提出登记申请

申请设立个人独资企业,应当由投资人或者其委托的代理人向个人独资企业所在地的工商行政管理机关提交以下文件:

(1)个人独资企业登记(备案)申请书,本申请书适用于个人独资企业向登记机关申请设立、变更、备案及注销登记,因此只需填写"基本信息"栏、"设立"栏有关内容。

(2)投资人身份证明。

(3)财务负责人信息、联络员信息。

(4)若有委托的代理人应当出具投资人的委托书和代理人的合法证明。

(5)若从事法律法规规定需报经有关部门审批的业务，应当提交有关批准文件，申请名称冠以"中国""中华""国家""全国""国际"字词的，提交国务院批准文件复印件。

附一：

个人独资企业登记(备案)申请书填写说明及规范

(仅供填写申请书时参照使用，不需向登记机关提供)

填写说明

(1)本申请书适用于个人独资企业向登记机关申请设立、变更、备案及注销登记。

(2)向登记机关提交的申请书只填写与本次申请有关的栏目。

(3)申请企业设立登记，填写个人独资企业登记(备案)申请书(附表1)的"基本信息"栏、"设立"栏有关内容和"投资人信息"(附表2)、"联络员信息"(附表3)、"财务负责人信息"(附表4)。"申请人声明"由企业投资人签署，委托他人办理企业设立登记相关事项的填写。

(4)企业申请变更登记，填写"基本信息"栏及"变更"栏有关内容。"申请人声明"由原投资人签署并加盖企业公章。申请变更同时需要"备案"的，同时填写"备案"栏有关内容。申请企业投资人变更的，应填写、提交拟任"投资人的信息"(附表2)。变更项目可加行续写或附页续写。

(5)企业增设(注销)分支机构，应向原登记机关备案，填写"基本信息"栏及"备案"栏有关内容，"申请人声明"由投资人签署并加盖企业公章。"增设(注销)分支机构"项可加行续写或附页续写。

(6)企业申请其他事项备案，填写"基本信息"栏及"备案"栏有关内容。申请联络员备案的，应填写"联络员信息"(附表3)；"申请人声明"由企业投资人签署并加盖企业公章。

(7)办理企业设立登记，填写名称预先核准通知书文号，不填写注册号/统一社会信用代码。办理变更登记、备案，填写注册号/统一社会信用代码，不填写名称预先核准通知书文号，未进行名称预先核准的，按拟使用"名称"填写。

（8）"经营范围"栏应参照《国民经济行业分类》国家标准及有关规定填写。

（9）企业申请注销登记，填写"基本信息"栏及"注销"栏有关内容。"申请人声明"由投资人或清算人签署并加盖企业公章。

（10）申请人提交的申请书应当使用 A4 纸。依本表打印生成的，使用黑色钢笔或签字笔签署；手工填写的，使用黑色钢笔或签字笔工整填写、签署。

填写规范

（1）申请书中"居所"是指投资人的现住址。申请人在填写申请书中"居所""企业住所"栏时，应填写所在市、县、乡（镇）及村、街道门牌号码。

（2）申请人在填写"出资方式"栏时，在选择项的序号上划"√"。

（3）申请人在填写申请书中"从业人数"栏时，应填写企业拟聘用从业人员的数量。

（4）申请变更登记，申请人只填写登记事项变更的栏目，登记事项未变的不填。以个人财产出资变更为以家庭共有财产作为个人出资的，家庭成员应签名。

（5）申请人应当按要求如实填写财务负责人信息、联络员信息。

附表1

个人独资企业登记（备案）申请书

注：变更、备案、注销时请填写基本信息和相应栏目，请不要填写设立内容。

□基本信息

名　　称	
备用名称1	
备用名称2	
名称预先核准文号/注册号/统一社会信用代码	
企业住所	请填写所在市、县、乡（镇）及村、街道门牌号码

续上表

生产经营地	省(市/自治区)　　　市(地区/盟/自治州)　　　县(自治县/旗/ 自治旗/市/区)　　乡(民族乡/镇/街道)　　村(路/社区)号

□设立

出资额	与名称核准时的出资额一致	从业人数	请填写企业拟聘用 从业人员的数量
出资方式	□以个人财产出资 □以家庭共有财产作为个人出资(在选择项前□划"√") 出资人的家庭成员签名:		
经营范围	请按实际经营范围自行填写(以营业执照核准为准)		

□变更

变更项目	原登记内容	申请变更登记内容

□备案

分支机构 □增设□注销	名称		注册号/统一 社会信用代码
	登记机关		登记日期
其他	□联络员　□财务负责人		

□注销

注销原因	□投资人决定解散 □投资人死亡或者被宣告死亡,无继承人或者继承人决定放弃继承 □依法被吊销营业执照 □法律、行政法规规定的其他情形_____

续上表

分支机构 注销情况	
清税情况	□已清理完毕　□未涉及纳税义务

□申请人声明

　　本企业依照相关法律法规规定申请登记、变更(备案)、注销，提交材料真实有效。通过联络员登录企业信用信息公示系统向登记机关报送、向社会公示的企业信息为本企业提供、发布的信息，信息真实、有效。

投资人签字：<u>此处请投资人手签</u>
投资人或清算人签字：<u>企业盖章</u>
年　　月　　日

　　注：此表变更、备案或注销时请勾选相应栏目并对应填写，变更项目按上表选择填写，表格的左边填写变更前内容，表格右边填写此次新变更的内容。

附表2

投资人信息

姓　　名		性　　别	
出生日期		民　　族	
文化程度		政治面貌	
移动电话		电子邮箱	
身份证件类型		身份证件号码	
居　　所	请填写与身份证一致的地址	邮政编码	
申请前职业状况			

(身份证件复印件粘贴处)
此处粘贴身份证复印件的正反两面，并在复印件上签写
"复印件与原件一致"，签名并签时间

附表3

联络员信息

姓　　名		固定电话	
移动电话		电子邮箱	
身份证件类型		身份证件号码	

（身份证件复印件粘贴处）

此处粘贴身份证复印件的正反两面，并在复印件上签写

"复印件与原件一致"，签名并签时间

注:①企业设立或以前未作联络员备案或联络员有变更的填写此表。此表与工商联络员相关，负责每年的企业年报，可以是投资人、会计等。②联络员主要负责本企业与企业登记机关的联系沟通，以本人个人信息登录企业信用信息公示系统依法向社会公示本企业有关信息等。联络员应了解企业登记相关法规和企业信息公示有关规定，熟悉操作企业信用信息公示系统。

附表4

财务负责人信息

姓　　名		固定电话	
移动电话		电子邮箱	
身份证件类型		身份证件号码	

（身份证件复印件粘贴处）

此处粘贴身份证复印件的正反两面，并在复印件上签写"复印件与原件一致"，

签名并签时间

注：企业设立时或未办理税务登记证，需变更换照时填写此表。财务负责人可为企业会计，此信息将传输给税务局，应有会计证为宜，且企业管理人员不得任此职。

附表5

指定代表或者共同委托代理人授权委托书

申请人：_____

指定代表或者委托代理人：_____

委托事项及权限：

1. 办理_____(企业名称)的

□名称预先核准 □设立 □变更 □注销 □备案 □撤销变更登记

□股权出质(□设立 □变更 □注销 □撤销)□其他手续

2. 同意□不同意□核对登记材料中的复印件并签署核对意见

3. 同意□不同意□修改企业自备文件的错误

4. 同意□不同意□修改有关表格的填写错误

5. 同意□不同意□领取营业执照和有关文书

指定或者委托的有效期限：自　　年　月　日　至　　年　月　日

指定代表或委托代理人或者经办人信息	签　　字：
	固定电话：
	移动电话：

（指定代表或委托代理人、具体经办人身份证明复印件粘贴处）

（申请人签字或盖章）

年　月　日

注：①名称预先核准，新申请名称申请人为全体投资人或隶属企业，已设立企业变更名称申请人为本企业，由企业法定代表人签署。

②委托事项及权限：第1项应当选择相应的项目并在□中打"√"，或者注明其他具体内容；第2、3、4、5项选择"同意"或"不同意"并在□中打"√"。

③指定代表或者委托代理人可以是自然人，也可以是其他组织；指定代表或者委托代理人是其他组织的，应当另行提交其他组织证照复印件及其指派具体经办人的文件、具体经办人的身份证件。

④申请人提交的申请书应当使用A4纸。依本表打印生成的，使用黑色钢笔或签字笔签署；手工填写的，使用黑色钢笔或签字笔工整填写、签署。

2. 用网上名称预核准的方式提交注册申请

以湖南省为例，根据2013年1月1日开通的"湖南企业登记网"，企业可以通过这个网站实现网上办理注册登记、企业年检、名称核准、信息查询等行政许可和审批。在网上办理行政许可和审批业务，不但与到工商行政管理机关实地办理具有完全一致的法律效力，而且便捷高效。企业可以利用任何连接互联网的电脑登陆该网站，通过注册大厅入口的企业网上登记系统，即可下载有关企业注册登记申请的表格资料，并可轻松在网上申请办理企业名称预先核准、企业注册登记、企业年度检验等行政许可事项和审批业务，工商行政管理机关可以在网上远程实现核准，为市场主体提供方便、快捷的网络登记服务，避免了企业来回"跑路"，大大方便了群众办事。

因此，目前全国各地的工商行政管理机关均主推网上名称核准的方式。

附二：

企业设立流程图（该流程适用于所有内资企业的设立）

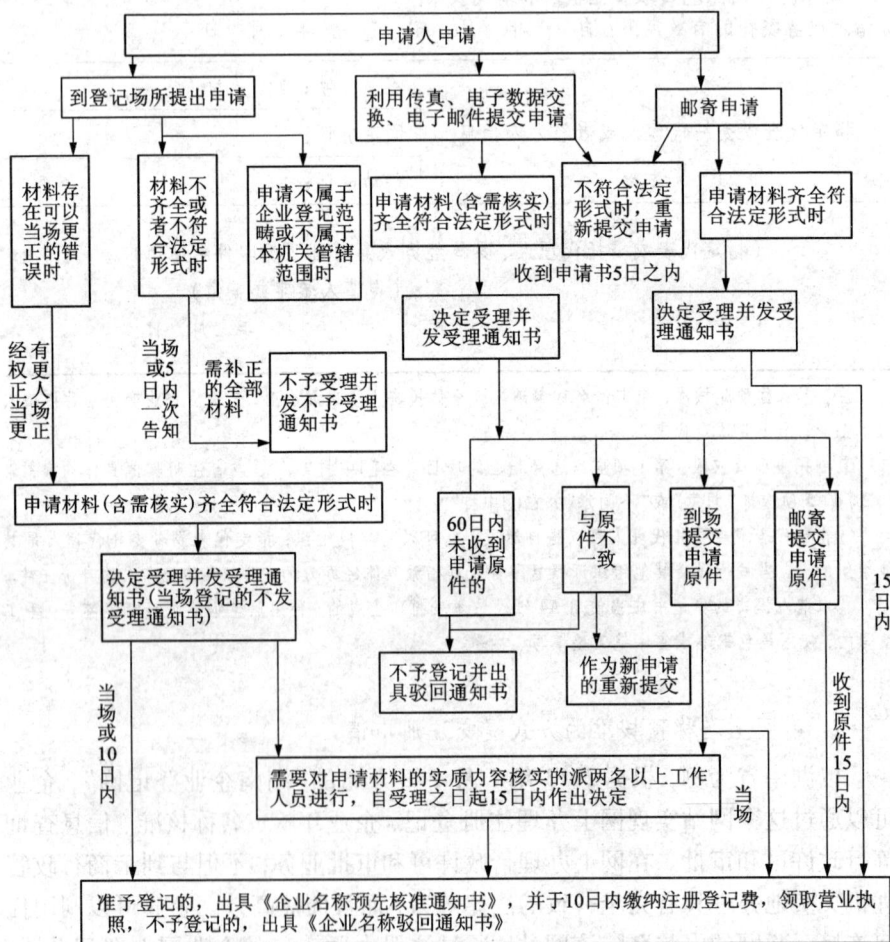

附三：

湖南省企业名称网上登记操作流程

第一步，在网上搜索"湖南企业登记网"，打开并进入官网；

第二步，点击"湖南企业登记网"右上角"网上注册"；

第三步，点击"网上工商登记"；

第四步，点击"自然人账号登录"（无账号的，先在本页面进行用户注册）；

第五步，将相应的"登录信息、账户信息、联系信息"填好之后，点击"提交"（带"＊"的项目都要填写）；

第六步，页面出现"注册成功，请返回首页进行登录"，点击"返回首页"；

第七步，跳到第四步，进行"自然人账号登录"，再跳到第三步，点击"网上工商登记"；

第八步，点击"名称预先核准申请"，把相应的资料填好，只要是带"＊"的项目都要填写，并特别注意填报说明，点击"字号检查"；

第九步，填写资料申请成功后，点击"确定"，再点击"下一步"；

第十步，将"名称预先核准申请书"填写好之后，还需填写"代理人/拟设立企业申报人员信息"和"相关材料"；在"企业类型"一栏中选择不同的企业类型，就会对应不同的操作步骤及程序，按照不同的程序填写对应的资料；再点击"校验"；

第十一步，将"相关材料"（2.3.4）上传（不同的企业类型对应提交不同的材料，拍照文件须<5M上传），点击"校验"后就可以点击"提交到工商局"；

最后一步，等登记机关受理审核之后，返回到申请状态，若出现"退回修改"，则按照系统提示的原因进行修改；若出现"不予受理"，则需查看自己的材料以及不予受理的原因，再次修改后提交；若出现"预审通过"，则直接打印"企业名称网上预先核准告知书"，持本《告知书》和全部资料到所属工商行政管理机关领取《企业名称预先核准通知书》，并办理相关手续。

（三）登记审批

个人独资企业所在地的工商行政管理机关应当在收到设立申请文件之日起15日内对企业提交的文件进行审查，对符合个人独资企业规定条件的，予以登记，发给营业执照。个人独资企业的营业执照的签发日期，为个人独资企业的成立日期。在领取个人独资企业营业执照前，投资人不得以个人独资企业名义从事经营活动。

二、注意事项

(1)复印件须加盖公章、提交的材料须使用 A4 纸。

(2)如果提交的申请材料不完整或有错误，受理部门应一次性告知申请人需要补充或修改的全部内容。

(3)申请设立登记的，应由个人独资企业投资人办理登记手续。变更登记时，可委托企业职工办理登记手续。

(4)如果委托有资格的登记注册代理机构办理，应提交加盖该工商代理机构公章的代理机构《营业执照》复印件、指派函、委托书、代理人员的资格证明及身份证明。

(5)申请人通过湖南企业登记网填报企业名称登记信息，信息提交之日即为企业名称登记申请日。

(6)企业的名称要遵循我国《企业名称登记管理办法》的规定要求：①企业通常只能使用一个名称；②企业名称通常应包括字号(或商号)、行业或者经营特点和组织形式；③企业名称应当使用汉字；④不得使用法律禁止以及与自身实际情况不符的名称；⑤企业名称应经工商行政管理机关核准登记。

(7)个人独资企业投资人在申请企业设立时若明确以其家庭财产作为个人出资的，应当依法以家庭共有财产对企业债务承担无限责任。

三、练习题

1.案例分析

案情:李燕是湖南省某国家机关的工作人员，享受国家公务员待遇。由于李燕的工作比较清闲，收入也不高，因此李燕很想从事一些其他的职业，并借此增加自己的收入。1999 年 8 月 30 日，全国人大常委会通过并颁布了《中华人民共和国个人独资企业法》，并于 2000 年 1 月 1 日起正式开始施行。李燕了解到这一情况之后，对个人独资企业非常感兴趣，并且非常希望自己能够创办一间个人独资企业。李燕了解到市场上饮食业非常赚钱，因此打算成立一家餐馆，采取个人独资企业的形式。但是由于担心自己的资金以及管理水平有限，李燕同自己的表弟王琪商量后，决定两人共同出资成立该餐馆。两人决定将该餐馆命名为"好味来海鲜酒楼"，酒楼登记注册的企业名称为"好味来餐饮公司（个人独资）"。李燕了解到成立个人独资企业的出资由自己自愿申报，为了减少自己的责任风险，打算不予申报。同时，由于经营场所对于经营饮食业非常重要，李燕和王琪商量后，打算要好好挑选，所以想在取得了工商局营业登记，获得了个人独资企业的营业执照后再行确定酒楼的营业地点。接着，李燕拿着自己以及王琪的身份证明以及填写好的个人独资企业设立申请书，到当地工商行政管理部门办理设立登记。由于诸多事项不符合法律规定，李燕的申请被退回。

问题：李燕的行为是否符合个人独资企业的设立条件？不符合之处有哪些？个人独资企业应当如何设立？

2. 实践操作

请按照设立个人独资企业的程序，采用两种方式申请设立个人独资企业，企业名称（要经过网上预核准）、经营范围自拟，投资人为你的家人（需填写相应的身份信息），同时需要指定委托代理人。联络员为：程家阳，固定号码：0730 - 8640011，移动号码：13948651234，身份证号码：430522198710081546（虚拟），邮箱：13948651234@139.com，财务负责人：都敏俊，固定号码：0730-8640012，移动号码：13948654321，身份证号码：430522197711121456（虚拟），邮箱：13948654321@139.com. 请按照逻辑顺序准备齐全所有的资料和表格。

实务目标（二） 合伙企业的设立

一、操作步骤

（一）明确合伙企业设立应具备的条件

(1) 合伙人应为两个以上的自然人；

(2) 有书面合伙协议；

(3) 有各合伙人实际缴付的出资；

(4) 有合伙企业的名称，名称中不得使用"有限""有限责任"或"公司"

等字样,并且根据其不同组织形式在合伙企业名称中分别标明"普通合伙""特殊普通合伙""有限合伙";

(5)有经营场所和从事合伙经营的必要条件。

(二)提交申请

合伙企业设立条件具备时,须按照法律规定的程序提交设立申请。第一步,采用网上名称预核准的方式提交注册申请;第二步,领取《企业名称网上预先核准通知书》后,准备好相关文书直接向当地工商行政管理机关提出登记申请。

1. 用网上企业名称预核准的方式提交注册申请

该步骤与实务目标(一)中个人独资企业设立流程一致,其表格及填写说明一致,其中流程图中第十步、第十一步不一致的地方已在操作流程中说明,填好对应的资料即可完成《企业名称网上预先核准告知书》,并向工商行政管理机关申领《企业名称预先核准申请书》。

2. 准备好下列相关文书,直接向当地工商行政管理机关提出登记申请

申请设立合伙企业,应当由投资人或者其委托的代理人向合伙企业所在地的工商行政管理机关提交以下文件:

(1)合伙企业登记(备案)申请书,本申请书适用于合伙企业向登记机关申请设立、变更、备案及注销登记,因此只需填写"基本信息"栏、"设立"栏有关内容。

(2)合伙协议(见附二)。

(3)执行事务合伙人(委派代表)信息。

(4)全体合伙人名录及出资情况。

(5)全体合伙人主体资格证明或自然人身份证明复印件。

(6)企业名称预先核准申请书。

(7)财务负责人信息、联络员信息。

(8)若有委托的代理人,则应当提交相应的委托书,如全体合伙人委托执行事务合伙人的委托书、法人或其他组织委派代表的委托书、全体合伙人委派分支机构负责人的委托书、全体合伙人指定代表或共同委托代理人的委托书。

(9)若从事法律、法规规定需报经有关部门审批的业务,应当提交有关

批准文件,申请名称冠以"中国""中华""国家""全国""国际"字词的,提交国务院批准文件复印件,合伙人为外商投资企业(不含外商投资的投资性公司),合伙企业申请的经营范围涉及《外商投资产业指导目录》中限制类的,还应提交商务部门的批准文件。

附一:

合伙企业登记(备案)申请书填写说明及规范
(仅供填写申请书时参照使用,不需向登记机关提供)

填写说明

(1)本申请书适用合伙企业向登记机关申请设立、变更、备案及注销登记。

(2)向登记机关提交的申请书只填写与本次申请有关的栏目。

(3)申请合伙企业设立登记,填写合伙企业登记(备案)申请书(附表1)"基本信息"栏、"设立"栏有关内容和"执行事务合伙人(委派代表)信息"(附表2)、"全体合伙人名录及出资情况"(附表3)、"全体合伙人主体资格证明或自然人身份证明复印件"(附表4)、"联络员信息""财务负责人信息"(见个人独资企业设立附表3、附表4,表格一致),需要填写委托书的,填写附表5、附表6、附表7、附表8、附表9相应的委托书。"申请人声明"由企业拟任执行事务合伙人(委派代表)签署。"合伙人名称或姓名"栏可加行续写或附页续写。

(4)合伙企业申请变更登记,填写"基本信息"栏及"变更"栏有关内容。"申请人声明"由原执行事务合伙人(委派代表)或者拟任执行事务合伙人(委派代表)签署并加盖企业公章。申请变更且需要"备案"的,同时填写"备案"栏有关内容。申请企业执行事务合伙人(委派代表)变更的,应填写、提交拟任执行事务合伙人(委派代表)信息,即"执行事务合伙人(委派代表)信息"(附表2);申请合伙人及投资情况变更的,应填写、提交合伙人基本信息及投资情况,即"全体合伙人名录及出资情况"(附表3)。变更项目可加行续写或附页续写。

(5)合伙企业增设(注销)分支机构应向原登记机关备案,填写"基本信息"栏及"备案"栏有关内容,"申请人声明"由执行事务合伙人(委派代表)签署并加盖企业公章。"增设分支机构"项可加行续写或附页续写。

(6)合伙企业协议修订或其他事项备案,填写"基本信息"栏及"备案"栏有关内容。申请合伙人出资信息变化备案的,应填写"全体合伙人名录及出资情况"(附表3);申请工商联络员备案的,应填写"联络员信息"(见个人独资企业设立附表3,表格一致)。"申请人声明"由执行事务合伙人(委派代表)签署并加盖企业公章;申请清算组成员备案的,"申请人声明"由合伙企业清算人签署。

(7)办理合伙企业设立登记应填写名称预先核准通知书文号,不填写注册号/统一社会信用代码。办理变更登记、备案应填写注册号/统一社会信用代码,不填写名称预先核准通知书文号。未进行名称预先核准,按拟使用优先顺序填写"名称"和"备用名称"。

(8)"经营范围"栏应根据企业合伙协议、参照《国民经济行业分类》国家标准及有关规定填写。

(9)申请注销登记,填写"基本信息"栏及"注销"栏。"申请人声明"由清算人签署,加盖合伙企业公章。

(10)申请人提交的申请书应当使用 A4 型纸。依附表1打印生成的,使用黑色钢笔或签字笔签署;手工填写的,使用黑色钢笔或签字笔工整填写、签署。

填写规范

(1)执行事务合伙人或委派代表一栏填写自然人姓名、法人或其他组织的名称及其委派代表的姓名。

(2)合伙企业类型填写"普通合伙企业"或者"特殊的普通合伙企业"或"有限合伙企业"。

(3)合伙协议未规定合伙期限的,合伙期限一栏可不填。

(4)申请设立普通合伙企业、特殊的普通合伙企业的,有限合伙人数一栏可不填。

(5)从业人数一栏,填写企业拟聘用从业人员的数量。

(6)出资额为各合伙人实际缴付或认缴的货币出资及非货币出资评估作价金额之和(均以人民币表示)。

(7)主要经营场所只能有一个,应填写所在市、县、乡(镇)及村、街道门牌号码。

(8)以货币出资的,评估方式不填;以非货币财产出资的,出资方式填写"实物、知识产权、土地使用权或其他财产权利",评估方式填写"全体合伙人评估或机构评估";以劳务出资的,出资方式填写"劳务",评估方式填写"全体合伙人评估"。

(9)缴付期限填写合伙协议约定的缴付期限。

(10)承担责任方式填写"无限责任"或者"特殊的普通合伙人责任"或者"有限责任"。

(11)办理变更登记,申请人只填写申请书中登记事项变更的栏目,登记事项未变的不填。

(12)办理注销登记,在异地设有分支机构的合伙企业,应当提交分支机构所在地企业登记机关核发的分支机构注销登记决定书。

(13)申请人应当按要求如实填写财务负责人信息、联络员信息。

附表1

合伙企业登记(备案)申请书

□基本信息

名 称	(名称预核请至政务中心市工商局窗口,名称变更请咨询柜台)
备用名称1	
备用名称2	
名称预先核准文号/注册号/统一社会信用代码	
主要经营场所	
生产经营地	省 (市/自治区) 市(地区/盟/自治州) 县(自治县/旗/自治旗/市/区) 乡(民族乡/ 镇/街道) 村(路/社区)号

续上表

联系电话		邮政编码	

□设立

执行事务合伙人	姓名或名称	(由企业自行决定)
	委派代表(仅限执行事务合伙人为法人或其他组织时填写)	

合伙企业类型	□普通合伙　　□特殊的普通合伙　　□有限合伙
出资额 (万元)	其中:实缴____万元,认缴____万元(普通合伙均为认缴,出资金额与核名时一致)
经营范围	请企业自行填写(以营业执照核准为准)
合伙期限	自　年　月　日到　年　月　日(由企业自行约定,原则上普通合伙企业可以为长期)

合伙人数		其中,有限合伙人数 (仅限有限合伙填写)	
从业人数	请填写企业拟聘用从业人员的数量		

全体合伙人签字:请全体合伙人手写签名

申请日期:

□变更

变更项目	原登记内容	申请变更登记内容
合伙人		
经营范围		
住所		
执行事务合伙人		

执行事务合伙人(含委派代表)签字:请手写签名

申请日期:

<table>
<tr><td colspan="4" align="center">□备案</td></tr>
</table>

分支机构 □增设□注销	名称		注册号/统一社 会信用代码	
	登记机关		登记日期	
清算人成员	清算人		联系电话	
	成员名单			
合伙协议	□初次备案　□涉及变更事项备案			
其他	□联络员　□财务负责人			

<table><tr><td colspan="2" align="center">□注销</td></tr></table>

注销原因	□1.合伙期限届满,合伙人决定不再经营 □2.合伙协议约定的解散事由出现 □3.全体合伙人决定解散 □4.合伙人已不具备法定人数满30天 □5.合伙协议约定的合伙目的已经实现或者无法实现 □6.依法被吊销营业执照、责令关闭或者被撤销 □7.法律、行政法规规定的其他原因:_____
分支机构 注销情况	
清税情况	□已清理完毕　　□未涉及纳税义务

<table><tr><td align="center">□申请人声明</td></tr></table>

　　本企业依照相关法律法规规定申请登记、备案,提交材料真实有效。通过联络员登录企业信用信息公示系统向登记机关报送、向社会公示的企业信息为本企业提供、发布的信息,信息真实、有效。

执行事务合伙人(含委派代表)签字:请手写签名　　　　　公章

清算人签字:　　　　　　　　　　　　年　月　日

　　注:变更、备案、注销时请填写基本信息和相应栏目,请不要填写设立内容。此表变更、备案或注销时请勾选相应栏目并对应填写,变更项按上表选择填写,表格的左边填写变更前内容,表格右边填写此次新变更的内容。

附表2

执行事务合伙人(含委派代表)信息

姓　名			
固定电话	可选填	移动电话	负责人有效手机号码
电子邮箱			
身份证件类型		居民身份证	
身份证件号码			

（身份证件复印件粘贴处）

此处粘贴身份证复印件的正反两面，并在复印件上签写"复印件与原件一致"，签名并签时间

附表3

全体合伙人名录及出资情况

合伙人名称或姓名	住所	证件类型及号码	承担责任方式	出资方式	评估方式	认缴出资额（万元）	实缴出资额（万元）	缴付期限
	与身份证上地址一致	居民身份证：＊＊＊＊＊	无限连带责任/有限责任	货币/劳务/财产权利	全体合伙人自行评估			

全体合伙人签名：此处请合伙人手写签名　　　　　　　　　　　日期：

附表 4

全体合伙人主体资格证明或自然人身份证明复印件

复印件粘贴处

附表 5

全体合伙人委托执行事务合伙人的委托书

经全体合伙人协商一致,同意委托_____为执行事务合伙人。

全体合伙人:<u>此处请手写签名</u>

年 月 日

附表 6

法人或其他组织委派代表的委托书

我单位作为合伙企业_____的执行事务合伙人,现委托_____代表我单位执行合伙事务。

委托单位法定代表人(负责人)签字:

委托单位印章
年 月 日

附表7

全体合伙人委派分支机构负责人的委托书

　　经全体合伙人与受托人协商一致，全体合伙人委派受托人为全体合伙人所办的合伙企业(名称) 岳阳市岳阳楼区＊＊大药房(普通合伙) 的分支机构(名称) 岳阳市岳阳楼区＊＊大药房＊＊店负责人。

全体合伙人：此处请手写签名　　　　　　受托人：此处请手写签名
　　年　月　日　　　　　　　　　　　　　年　月　日

附表8

全体合伙人指定代表或共同委托代理人的委托书

　　经全体合伙人与受托人协商一致，全体合伙人指定　张三　作代表人或共同委托代理人　张三　向登记机关申请办理合伙企业(分支机构)的设立(变更、注销)登记事宜。

全体合伙人：此处请手写签名　　　　　　受托人：此处请手写签名
　　年　月　日　　　　　　　　　　　　　年　月　日

附表9

执行事务合伙人(含委派代表)指定的代表或者委托的代理人的委托书

作为合伙企业(名称)_____的执行事务合伙人或委派代表,现指定代表或者委托代理人向登记机关申请办理合伙企业(分支机构)的变更(注销)登记事宜。

执行事务合伙人(含委派代表)签字:　　　　　　　受托人:
　　　　　　年　月　日　　　　　　　　　　　　　　年　月　日

附二:

_____合伙协议

第一章　总　则

第一条　根据《中华人民共和国合伙企业法》(以下简称《合伙企业法》)及有关法律、行政法规、规章的有关规定,经协商一致订立本协议。

第二条　本企业为普通合伙企业,是根据协议自愿组成的共同经营体。全体合伙人愿意遵守国家有关的法律、法规、规章,依法纳税,守法经营。

第三条　本协议条款与法律、行政法规、规章不符的,以法律、行政法规、规章的规定为准。

第四条　本协议经全体合伙人签名、盖章后生效。合伙人按照合伙协议享有权利,履行义务。

第二章　合伙企业的名称和主要经营场所的地点

第五条　合伙企业名称:_____。

第六条　企业经营场所:_____。

第三章　合伙目的和合伙经营范围及合伙期限

第七条　合伙目的:为了保护全体合伙人的合伙权益,使本合伙企业获得最佳经济效益。

第八条　合伙经营范围:_____。

经营范围合伙由合伙人申请,以工商机关登记的为准。

第四章 合伙人的姓名或者名称、住所

第九条 合伙人共____个,分别是:

1. _____,
   住所(址):_____,
   证件名称:_____,
   证件号码:_____。

2. _____,
   住所(址):_____,
   证件名称:_____,
   证件号码:_____。

3. _____,
   住所(址):_____,
   证件名称:_____,
   证件号码:_____。

4. _____,
   住所(址):_____,
   证件名称:_____,
   证件号码:_____。

5. _____,
   住所(址):_____,
   证件名称:_____,
   证件号码:_____。

6. _____,
   住所(址):_____,
   证件名称:_____,
   证件号码:_____。

以上合伙人为自然人的,都具有完全民事行为能力。

第五章 合伙人的出资方式、数额和缴付期限

第十条 合伙人的出资方式、数额和缴付期限:

1. 合伙人:_____ 以_____方式出资_____万元。
2. 合伙人:_____ 以_____方式出资_____万元。
3. 合伙人:_____ 以_____方式出资_____万元。
4. 合伙人:_____ 以_____方式出资_____万元。

5. 合伙人：_____ 以_____方式出资_____万元。

6. 合伙人：_____ 以_____方式出资_____万元。

各位合伙人的出资可以在筹建或设立合伙企业之时缴纳，但最迟在领取营业执照之日起____个月内缴足。

以实物、知识产权、土地使用权或其他财产权利出资的，由全体合伙人协商确定价值。如全体合伙人不能确定其价值时，应当由全体合伙人委托法定评估机构评估。

以非货币财产出资的，依照法律、行政法规的规定，需要办理财产权转移手续的，应当依法办理。

第六章　利润分配、亏损分担方式

第十一条　合伙企业的利润分配，由各位合伙人按其实际出资总额的比例进行分配。

第十二条　合伙企业的亏损分担，由各位合伙人按其在合伙协议中认缴出资占全体合伙人认缴出资总额的比例进行承担。

第七章　合伙事务的执行

第十三条　合伙人对执行合伙事务享有同等的权利。本企业采用下列第_____种方式执行合伙事务：

1. 经全体合伙人决定，委托_____名合伙人执行合伙事务；其他合伙人不再执行合伙事务。

2. 合伙人分别执行合伙事务。

执行合伙事务的合伙人对外代表企业。

第十四条　不执行合伙事务的合伙人有权监督执行事务合伙人执行合伙事务的情况。执行事务合伙人应当定期向其他合伙人报告事务执行情况以及合伙企业的经营和财务状况，其执行合伙事务所产生的收益归合伙企业，所产生的费用和亏损由合伙企业承担。

第十五条　合伙人分别执行合伙事务的，执行事务合伙人可以对其他合伙人执行的事务提出异议。提出异议时，暂停该事务的执行。如果发生争议，依照本协议第十六条的规定作出决定。受委托执行合伙事务的合伙人不按照合伙协议的决定执行事务的，其他合伙人可以决定撤销该委托。

第十六条　合伙人对合伙企业有关事项作出决议，实行合伙人一人一票并经全体合伙人过半数通过的表决办法。

第十七条　合伙企业的下列事项应当经全体合伙人一致同意：

(一)改变合伙企业的名称；

（二）改变合伙企业的经营范围、主要经营场所的地点；

（三）处分合伙企业的不动产；

（四）转让或者处分合伙企业的知识产权和其他财产权利；

（五）以合伙企业名义为他人提供担保；

（六）聘任合伙人以外的人担任合伙企业的经营管理人员。

第十八条　合伙人不得自营或者同他人合作经营与本合伙企业相竞争的业务。除经全体合伙人同意外，合伙人不得同本合伙企业进行交易。

第十九条　合伙人经全体合伙人决定，可以增加或者减少对合伙企业的出资。

第八章　入伙与退伙

第二十条　新合伙人入伙，经全体合伙人同意，依法订立书面入伙协议。订立入伙协议时，原合伙人应当向新合伙人如实告知原合伙企业的经营状况和财物状况。入伙的新合伙人与原合伙人享有同等权利，承担同等责任（注：也可依据《合伙企业法》第四十四条的规定在本条约定新合伙人的其他权利和责任）。新合伙人对入伙前合伙企业的债务承担无限连带责任。

第二十一条　有《合伙企业法》第四十五条规定的情形之一的，合伙人可以退伙。（注：合伙协议约定合伙期限的，保留该条；否则，删除该条）

合伙人在不给合伙企业事务执行造成不利影响的情况下，可以退伙，但应当提前三十日通知其他合伙人。（注：合伙协议未约定合伙期限的，保留该条；否则，删除该条）

合伙人违反《合伙企业法》第四十五或第四十六条规定退伙的，应当赔偿由此给合伙企业造成的损失。

第二十二条　合伙人有《合伙企业法》第四十八条规定的情形之一的，当然退伙。

合伙人被依法认定为无民事行为能力人或者限制民事行为能力人的，经其他合伙人一致同意，可以依法转为有限合伙人，普通合伙企业依法转为有限合伙企业。其他合伙人未能一致同意的，该无民事行为能力或者限制民事行为能力的合伙人退伙。

退伙事由实际发生之日为退伙生效日。

第二十三条　合伙人有《合伙企业法》第四十九条规定的情形之一的，经其他合伙人一致同意，可以决议将其除名。

对合伙人的除名决议应当书面通知被除名人。被除名人接到除名通知之日，除名生效，被除名人退伙。被除名人对除名决议有异议的，可以自接到除名通知之日起三十日内，向人民法院起诉。

第二十四条　合伙人死亡或者被依法宣告死亡的，对该合伙人在合伙企业中的财产份额享有合法继承权的继承人，经全体合伙人一致同意（注：也可依据《合伙企业法》第五十条的规定在本条约定其他同意方式），从继承开始之日起，取得该合伙企业的合伙人资格。

有《合伙企业法》第五十条规定的情形之一，合伙企业应当向合伙人的继承人退还被继承合伙人的财产份额。

合伙人的继承人为无民事行为能力人或者限制民事行为能力人的，经全体合伙人一致同意，可以依法成为有限合伙人，普通合伙企业依法转为有限合伙企业。全体合伙人未能一致同意的，合伙企业应当将被继承合伙人的财产份额退还该继承人。

经全体合伙人决定，可以退还货币，也可以退还实物。（注：也可依据《合伙企业法》第五十二条的规定在本条约定其他退还办法）。

第二十五条　退伙人对基于其退伙前的原因发生的合伙企业债务，承担无限连带责任。合伙人退伙时，合伙企业财产少于合伙企业债务的，退伙人应当依照本协议第十一条的规定分担亏损。

第九章　合伙财产份额转让

第二十六条　合伙人向合伙人以外的人转让其在合伙企业中的全部或者部分财产份额时，须经其他合伙人一致同意（以上可自行约定）。合伙人之间转让在合伙企业中的全部或者部分财产份额时，应当通知其他合伙人。

第二十七条　合伙人向合伙人以外的人转让其在合伙企业中的财产份额的，在同等条件下，其他合伙人有优先购买权。（以上可自行约定）

第二十八条　合伙人以外的人依法受让合伙人在合伙企业中的财产份额的，经修改合伙协议即成为合伙企业的合伙人，依照本法和修改后的合伙协议享有权利，履行义务。

第十章　争议解决办法

第二十九条　合伙人履行合伙协议发生争议的，合伙人可以通过协商或者调解解决。不愿通过协商、调解解决或者协商、调解不成的，可以按照合伙协议约定的仲裁条款或者事后达成的书面仲裁协议，向仲裁机构申请仲裁。合伙协议中未订立仲裁条款，事后又没有达成书面仲裁协议的，可以向人民法院起诉。

第十一章　合伙企业的解散与清算

第三十条　合伙企业有下列情形之一的，应当解散：

（一）合伙期限届满，合伙人决定不再经营；

（二）合伙协议约定的解散事由出现；

（三）全体合伙人决定解散；

（四）合伙人已不具备法定人数满30天；

（五）合伙协议约定的合伙目的已经实现或者无法实现；

（六）依法被吊销营业执照、责令关闭或者被撤销；

（七）法律、行政法规规定的其他原因。

第三十一条　合伙企业清算办法应当按《合伙企业法》的规定进行清算。清算期间，合伙企业存续，不得开展与清算无关的经营活动。

合伙企业财产在支付清算费用和职工工资、社会保险费用、法定补偿金以及缴纳所欠税款、清偿债务后的剩余财产，依照本协议第十一条的规定进行分配。

第三十二条　清算结束后，清算人应当编制清算报告，经全体合伙人签名、盖章后，在十五日内向企业登记机关报送清算报告，申请办理合伙企业注销登记。

第十二章　违约责任

第三十三条　合伙人违反合伙协议的，应当依法承担违约责任。

第十三章　其他事项

第三十四条　经全体合伙人协商一致(注：也可根据《合伙企业法》第十九条第二款另行约定)，可以修改或者补充合伙协议。

第三十五条　本协议一式_____份，合伙人各持一份，并报合伙企业登记机关一份。（注：此条供合伙人参考。设立合伙企业必须依法向企业登记机关提交合伙协议）

本协议未尽事宜，按国家有关法律规定执行。

全体合伙人签名(或盖章)：

(注：合伙人为自然人的应签名，合伙人为法人或其他组织的应加盖公章)

年　月　日

（三）登记审批

申请人提交的登记申请材料齐全、符合法定形式，合伙企业所在地的工商行政管理机关能够当场登记的，应予当场登记，发给营业执照。材料不齐全、不符合法定形式的，应当在收到设立申请文件之日起20日内，作出是否登记的决定。对符合合伙企业规定条件的，予以登记的，发给合伙企业营业执照。合伙企业的营业执照的签发日期，为合伙企业的成立日期。在领取合伙企业营业执照前，合伙人不得以合伙企业名义从事经营活动。

二、注意事项

（1）企业名称申请人应当向具有登记管辖权的名称登记机关申请名称核准登记。名称预先核准登记后，申请人不得跨地域或跨级别向其他登记机关申请设立（变更）登记注册。

（2）法律、行政法规或者国务院决定设立公司必须报经批准，或者经营范围中属于法律、行政法规、国务院决定在登记前须经批准的项目，申请人应当在取得名称预先核准后凭核准的名称报送批准。在登记注册时应提交符合法定形式的批准文件。

（3）名称预先核准时不审查投资人资格和企业设立条件，投资人资格和企业设立条件在企业登记时审查。

（4）普通合伙企业没有最低注册资本的规定，只要求合伙人认缴或实际缴付的出资即可。

（5）企业的名称要遵循我国《企业名称登记管理办法》的规定，合伙企业的名称都应该要标明"普通合伙""有限合伙"字样。

（6）申请人通过湖南企业登记网填报企业名称登记信息，信息提交之日即为企业名称登记申请日。

（7）不得作为合伙人的情形：

①国有独资公司、国有企业、上市公司以及公益性的事业单位、社会团体不得成为普通合伙人。

②党政机关、司法行政部门以及党政机关主办的社会团体不得成为合伙人。

③党政机关所属具有行政管理和执法监督职能的事业单位，以及党政机关各部门所办后勤性、保障性经济实体（企业法人）和培训中心不得成为合伙人。

④被锁入信用信息系统的"警示信息系统"的人员，在锁入期间不能作为个人独资企业的投资人、合伙企业的合伙人，不能担任个人独资企业分支机构负责人、合伙企业分支机构负责人。

（8）区分有限合伙企业和普通合伙企业：

附表 10

有限合伙企业和普通合伙企业的区别

不同点	有限合伙企业	普通合伙企业
概念	由普通合伙人和有限合伙人组成，普通合伙人对合伙企业债务承担无限连带责任，有限合伙人以其认缴的出资额为限对合伙企业债务承担责任的合伙企业形式	由普通合伙人订立合伙协议，并根据合伙协议共同出资、共同经营、共担风险、共享收益，对合伙企业债务按规定承担责任的营利性组织
人数要求	2 人以上 50 人以下的普通合伙人和有限合伙人组成，普通合伙人必须有一人	2 人以上普通合伙人（没有上限规定）
责任承担	其中普通合伙人承担无限连带责任，有限合伙人以其认缴的出资额为限承担责任当有限合伙只剩下普通合伙人时，应当转为普通合伙企业，只剩下有限合伙人时，应当解散	普通合伙人承担无限连带责任

(9)区分有限合伙人和普通合伙人：

附表 11

有限合伙人和普通合伙人的区别

不同点	有限合伙人	普通合伙人
利润分配	有限合伙企业不得将全部利润分配给部分合伙人；但合伙协议另有约定的除外	合伙协议不得约定将全部利润分配给部分合伙人或者由部分合伙人承担全部亏损
自我交易	有限合伙人可以同本有限合伙企业进行交易，但合伙协议另有约定的除外	（普通合伙）除合伙协议另有约定或者经全体合伙人一致同意外，合伙人不得同本合伙企业进行交易
同业竞争	有限合伙人可以自营或者同他人合作经营与本有限合伙企业相竞争的业务，但合伙协议另有约定的除外	（普通合伙）合伙人不得自营或者同他人合作经营与本合伙企业相竞争的业务

不同点	有限合伙人	普通合伙人
合伙份额的转让	有限合伙人可以按照合伙协议的约定向合伙人以外的人转让其在有限合伙企业中的财产份额，但应当提前30日通知其他合伙人	（普通合伙）除合伙协议另有约定外，合伙人向合伙人以外的人转让其在合伙企业中的全部或者部分财产份额时，须经其他合伙人一致同意
对企业债务的承担	有限合伙人，以其认缴的出资额为限对合伙企业债务承担责任	普通合伙人，承担无限连带责任
出资	可以以货币、实物、知识产权、土地使用权或者其他财产权利作价出资，但不得以劳务出资	可以以劳务出资

三、练习题

1. 案例分析

案情：甲、乙、丙、丁、戊是某村村民，其中乙是甲的儿子，年龄15岁；戊是甲的弟弟，是本县公安局的副局长。五人于2006年9月1日在本县县城达成书面协议，决定创办普通合伙企业共同经营服装零售，合伙协议规定：

(1)合伙企业名字为顺达服装经营部，营业地点为本县县城集贸市场123号，租房四间。

(2)经营范围：服装零售；合伙目的：共同经营，共同受益。

(3)五人各出资人民币1万元。

(4)利润和亏损平均分担。

(5)合伙企业的事务由甲负责执行。

(6)合伙企业解散时各自取回自己的出资。

当时合伙协议经全体合伙人签字盖章后生效并于当日各自缴付出资。甲持该协议到县工商局书面申请合伙企业设立登记，县工商局于2006年9月30日电话告知戊，该申请因不符合条件不予登记。

请根据上述资料回答下列问题：

(1) 本合伙企业的合伙人是否符合条件？

(2) 甲向工商局申请设立登记时提交的文件是否齐备？

(3) 县工商局在登记过程中违反了哪些规定？

2. 实践操作

请按照设立合伙企业的程序，自拟企业名称（要预先经过网上预核准）、合伙人、执行事务合伙人（需按要求填写相应的身份信息）、经营范围，同时需要指定委托代理人。联络员：程家阳，固定号码：0730-8640011，移动号码：13948651234，身份证号码：430522198710081546（虚拟），邮箱：13948651234@139.com,财务负责人：都敏俊，固定号码：0730-8640012，移动号码：13948654321，身份证号码：430522197711121456（虚拟），邮箱：13948654321@139.com.请按照逻辑顺序准备齐全所有的资料和表格。

实务目标（三）　有限责任公司的设立

一、操作步骤

(一)明确有限责任公司设立应具备的条件

(1) 股东符合法定人数，有限责任公司的股东人数限定为50人以下；

(2) 有符合公司章程规定的全体股东认缴的出资额；

(3) 股东共同制定公司章程；

(4) 有公司名称，建立符合有限责任公司要求的组织机构；

(5) 有公司住所。

(二)提交申请

有限责任公司设立条件具备时，须按照法律规定的程序提交设立申请。第一步，先采用网上企业名称预核准的方式提交注册申请；第二步，领取《企业名称网上预先核准通知书》后，准备好相关文书，直接向当地工商行政管理机关提出登记申请。

1. 用网上企业名称预核准的方式提交注册申请

根据《企业名称登记管理实施办法》的规定，设立公司应当申请名称预先核准。以湖南省为例，设立公司要在湖南企业登记网上申请公司名称核准；

设立有限责任公司,应当由全体股东指定的代表或者共同委托的代理人向公司登记机关申请名称预先核准。通过后领取《企业名称网上预先核准通知书》,该步骤与实务目标(一)中个人独资企业设立流程一致,其表格及填写说明一致,其中流程图中第十步、第十一步不一致的地方已在操作流程中说明,填好对应的资料即可完成《企业名称网上预先核准告知书》,并向工商行政管理机关申领《企业名称预先核准申请书》。

2. 准备以下相关文书,直接向当地工商行政管理机关提出登记申请

申请设立有限责任公司,应当由全体股东指定的代表或者其委托的代理人向有限责任公司所在地的工商行政管理机关提交以下文件:

(1)公司登记(备案)申请书,本申请书适用于有限责任公司向登记机关申请设立、变更、备案及注销登记,因此只需填写"基本信息"栏、"设立"栏有关内容。

(2)法定代表人信息。

(3)董事、监事、经理信息。

(4)股东(发起人)出资情况。

(5)财务负责人信息、联络员信息。

(6)若有委托的代理人,则应当出具投资人的委托书和代理人的合法证明,即为《指定代表或者共同委托代理人授权委托书》。

(7)全体股东签署的公司章程(见附二)。

(8)企业名称预先核准申请书[与实务目标(一)个人独资企业设立表格及填写说明一致]。

(9)法律、行政法规和国务院决定规定设立有限责任公司必须报经批准的,应提交有关批准文件或者许可证件复印件。

(10)公司申请登记的经营范围中有法律、行政法规和国务院决定规定必须在登记前报经批准的项目,应提交有关批准文件或者许可证件的复印件。

附一:

公司登记(备案)申请书填写说明及规范

(仅供填写申请书时参照使用,不需向登记机关提供)

(1)本申请书适用于有限责任公司、股份有限责任公司向公司登记机关申请设立、变更登记及有关事项备案。

(2)向登记机关提交的申请书只填写与本次申请有关的栏目。

(3)申请公司设立登记，填写公司登记(备案)申请书(附表1)"基本信息"栏、"设立"栏和"备案"栏有关内容及"法定代表人信息"(附表2)、"董事、监事、经理信息"(附表3)、"股东(发起人)出资情况"(附表4)、"联络员信息""财务负责人信息"(见个人独资企业设立附表3、附表4，表格一致)。"申请人声明"由公司拟任法定代表人签署。

(4)公司申请变更登记，填写"基本信息"栏及"变更"栏有关内容。"申请人声明"由公司原法定代表人或者拟任法定代表人签署并加盖公司公章。申请变更需要备案的，同时填写"备案"栏有关内容。申请公司名称变更，在名称中增加"集团或(集团)"字样的，应当填写集团名称、集团简称(无集团简称的可不填)；申请公司法定代表人变更的，应填写、提交拟任法定代表人信息，即"法定代表人信息"(附表2)；申请股东变更的，应填写、提交"股东(发起人)出资情况"(附表4)。变更项目可加行续写或附页续写。

(5)公司增设分公司应向原登记机关备案，注销分公司可向原登记机关备案。填写"基本信息"栏及"备案"栏有关内容，"申请人声明"由法定代表人签署并加盖公司公章。"分公司增设/注销"项可加行续写或附页续写。

(6)公司申请章程修订或其他事项备案，填写"基本信息"栏、"备案"栏及相关附表所需填写的有关内容。申请联络员备案的，应填写"联络员信息"(见个人独资企业设立附表3，表格一致)。"申请人声明"由公司法定代表人签署并加盖公司公章；申请清算组备案的，"申请人声明"由公司清算组负责人签署。

(7)办理公司设立登记应填写名称预先核准通知书文号，不填写注册号或统一社会信用代码。办理变更登记、备案应填写公司注册号或统一社会信用代码，不填写名称预先核准通知书文号。

(8)公司类型应当填写"有限责任公司"或"股份有限责任公司"。其中，国有独资公司应当填写"有限责任公司(国有独资)"；一人有限责任公司应当注明"一人有限责任公司(自然人独资)"或"一人有限责任公司(法人独资)"。

(9)股份有限责任公司应在"设立方式"栏选择填写"发起设立"或者"募集设立"。有限责任公司无须填写此项。

(10)"经营范围"栏应根据公司章程、参照《国民经济行业分类》国家标准及有关规定填写。

(11)申请人提交的申请书应当使用A4型纸。依附表1打印生成的，使用黑色钢笔或签字笔签署；手工填写的，使用黑色钢笔或签字笔工整填写、签署。

附表1

公司登记(备案)申请书

注：请仔细阅读本申请书填写说明，按要求填写。

□基本信息

名　称	
名称预先核准文号/注册号/统一社会信用代码	
住　所	省(市/自治区)　　市(地区/盟/自治州)　　县(自治县/旗/自治旗/市/区)　　乡(民族乡/　镇/街道)　　村(路/社区)号
生产经营地	省(市/自治区)　　市(地区/盟/自治州)　　县(自治县/旗/自治旗/市/区)　　乡(民族乡/　镇/街道)　　村(路/社区)号
联系电话		邮政编码	

□设立

法定代表人姓　名		职　务	□董事长　□执行董事 □经理
注册资本	（万元）	公司类型	
设立方式（股份公司填写）	□发起设立		□募集设立
经营范围			
经营期限	□＿＿年　□长期	申请执照副本数量	个

□变更

变更项目	原登记内容	申请变更登记内容

续上表

□备案

分公司 □增设 □注销	名 称		注册号/统一 社会信用代码	
	登记机关		登记日期	
清算组	成 员			
	负责人		联系电话	
其 他	□董事　　□监事　　□经理　　□章程　　□章程修正案 □财务负责人　　□联络员			

□申请人声明

本公司依照《中华人民共和国公司法》《中华人民共和国公司登记管理条例》相关规定申请登记、备案，提交材料真实有效。通过联络员登录企业信用信息公示系统向登记机关报送、向社会公示的企业信息为本企业提供、发布的信息，信息真实、有效。

法定代表人签字：　　　　　　　　　　　　　　　　公司盖章
（清算组负责人）签字：　　　　　　　　　　　　　年　月　日

附表2

法定代表人信息

姓　　名		固定电话	
移动电话		电子邮箱	
身份证件类型		身份证件号码	

（身份证件复印件粘贴处）

法定代表人签字：　　　　　　　　　　　　　　年　　月　　日

附表3

董事、监事、经理信息

姓名_____职务_____身份证件类型_____身份证件号码_____

（身份证件复印件粘贴处）

姓名_____职务_____身份证件类型_____身份证件号码_____

（身份证件复印件粘贴处）

姓名_____职务_____身份证件类型_____身份证件号码_____

（身份证件复印件粘贴处）

附表4

股东(发起人)出资情况

股东(发起人)名称或姓名	证件类型	证件号码	出资时间	出资方式	认缴出资额（万元）	出资比例

附表5

指定代表或者共同委托代理人授权委托书

申请人：＿＿＿＿＿＿＿＿＿＿＿

指定代表或者委托代理人：＿＿＿＿＿＿＿＿＿＿＿

委托事项及权限：

1. 办理＿＿＿＿＿＿＿＿＿＿＿＿＿＿＿＿＿＿＿（企业名称）的

□名称预先核准 □设立 □变更 □注销 □备案 □撤销变更登记

□股权出质(□设立 □变更 □注销 □撤销)□其他手续。

2. 同意□不同意□核对登记材料中的复印件并签署核对意见；

3. 同意□不同意□修改企业自备文件的错误；

4. 同意□不同意□修改有关表格的填写错误；

5. 同意□不同意□领取营业执照和有关文书。

指定或者委托的有效期限：自　　年　月　日至　　年　月　日

指定代表或委托代理人或具体经办人信息	签　　字：
	固定电话：
	移动电话：

（指定代表或委托代理人、具体经办人身份证明复印件粘贴处）

（申请人签字或盖章）

年　月　日

注：①名称预先核准，新申请名称申请人为全体投资人或隶属企业，已设立企业变更名称申请人为本企业，由企业法定代表人签署。

②委托事项及权限：第1项应当选择相应的项目并在□中打√，或者注明其他具体内容；第2、3、4、5项选择"同意"或"不同意"，并在□中打√。

③指定代表或者委托代理人可以是自然人，也可以是其他组织；指定代表或者委托代理人是其他组织的，应当另行提交其他组织证照复印件及其指派具体经办人的文件、具体经办人的身份证件。

④申请人提交的申请书应当使用A4纸。依本表打印生成的，使用黑色钢笔或签字笔签署；手工填写的，使用黑色钢笔或签字笔工整填写、签署。

附二：

有限责任公司章程

依据《公司法》《公司登记管理条例》及其他有关法律法规的规定，由全体股东共同出资设立＿＿＿＿＿＿有限公司(以下简称"公司")，依法履行公司权利，承担公司义务，特制定本章程。本章程如与国家法律法规相抵触，以国家法律法规为准。

第一章 公司名称、住所和经营范围

第一条 公司名称：＿＿＿＿＿＿＿＿有限公司

第二条 公司住所：＿＿＿＿市＿＿＿＿区＿＿＿＿路＿＿＿号

第三条 公司经营范围：＿＿＿＿＿(以公司登记机关核准为准)。

第四条 公司在＿＿＿＿工商行政管理局申请登记注册，公司合法权益受国家法律保护。公司为有限责任公司，实行独立核算、自主经营、自负盈亏。

股东以认缴的出资额为限对公司承担责任，公司以全部资产对公司的债务承担责任。

第二章 公司注册资本

第五条 公司的注册资本为在公司登记机关登记的全体股东认缴的出资额。

公司的注册资本为人民币＿＿＿＿＿万元。

股东出资期限由股东自行约定，但不得超出公司章程规定的营业期限。

公司变更注册资本，必须召开股东会并由代表三分之二以上表决权的股东通过并作出决议。公司减少注册资本，应当自公告之日起四十五日后申请变更登记，并提交公司在报纸上登载公司减少注册资本公告的有关证明和公司债务清偿或者债务担保情况的说明。

第三章 股东名称或姓名、出资方式、出资额、出资时间

第六条 股东名称或姓名、出资方式及出资额、出资时间如下：

股东名称或者姓名	证照号码	资本金	出资方式（金额：万元）					出资百分比	出资时间
			货币金额	实物金额	无形金额	其他金额	合计金额		
		认缴							
		实缴							
		认缴							
		实缴							

第七条　股东可以用货币出资，也可以用实物、知识产权、土地使用权等可以用货币估价并可以依法转让的非货币财产作价出资；但是，法律、行政法规规定不得作为出资的财产除外。对作为出资的非货币财产应当评估作价，核实财产，不得高估或者低估作价。法律、行政法规对评估作价有规定的，从其规定。

第八条　股东应当按期足额缴纳公司章程中规定的各自所认缴的出资额。股东不按照前款规定缴纳出资的，除应当向公司足额缴纳外，还应当向已按期足额缴纳出资的股东承担违约责任。

第九条　公司成立后，应向股东签发出资证明书。

第四章　股东的权利和义务

第十条　股东享有如下权利：

（一）参加或推选代表参加股东会并根据其出资份额享有表决权；

（二）了解公司经营状况和财务状况；

（三）选举和被选举为执行董事或监事；

（四）依照法律法规和公司章程的规定获取股利并转让；

（五）优先购买其他股东转让的出资；

（六）优先购买公司新增的注册资本；

（七）公司终止后，依法分得公司的剩余财产；

（八）有权查阅股东会议记录和公司财务报告；

第十一条　股东承担以下义务：

（一）遵守公司章程；

（二）按期缴纳所认缴的出资；

（三）依所认缴的出资额承担公司的债务；

（四）在公司办理登记注册手续后，不得抽逃出资。

第五章　公司的股权转让

第十二条　公司的股东之间可以相互转让其全部或者部分股权。

股东向股东以外的人转让股权，应当经其他股东过半数同意。股东应就其股权转让事项书面通知其他股东，并征求同意，其他股东自接到书面通知之日起满三十日未答复的，视为同意转让。其他股东半数以上不同意转让的，不同意的股东应当购买该转让的股权；不购买的，视为同意转让。

经股东同意转让的股权，在同等条件下，其他股东有优先购买权。

两个以上股东主张行使优先购买权的，协商确定各自的购买比例；协商不成的，按照转让时各自的出资比例行使优先购买权，人民法院依照法律规定的强制执行程序转让股东的股权时，应当通知公司及全体股东，其他股东在同等条件下有优先购买权。其他股东自人民法院通知之日起满二十日不行使优先购买权的，视为放弃优先购买权。

依照《公司法》第七十一条、第七十二条转让股权后，公司应当注销原股东的出资证明书，向新股东签发出资证明书，并相应修改公司章程和股东名册中有关股东及其出资额的记载。对公司章程的该项修改不需再由股东会表决。

第十四条　出现下列情形之一的，对股东会该项决议投反对票的股东可以请求公司按照合理的价格收购其股权：

（一）公司连续五年不向股东分配利润，而公司该五年连续盈利，并且符合本法规定的分配利润条件的；

（二）公司合并、分立、转让主要财产的；

（三）公司章程规定的营业期限届满或者章程规定的其他解散事由出现，股东会会议通过决议修改章程使公司存续的。

自股东会会议决议通过之日起六十日内，股东与公司不能达成股权收购协议的，股东可以自股东会会议决议通过之日起九十日内向人民法院提起诉讼。

第十五条　自然人股东死亡后，其合法继承人可以继承股东资格。

第六章　公司的机构及其产生办法、职权、议事规则

第十六条　股东会由全体股东组成，是公司的权力机构，行使下列职权：

（一）决定公司的经营方针和投资计划；

（二）选举和更换非由职工代表担任的执行董事、监事，决定执行董事、

监事的报酬事项；

（三）审议批准执行董事的报告；

（四）审议批准监事的报告；

（五）审议批准公司的年度财务预算方案、决算方案；

（六）审议批准公司的利润分配方案和弥补亏损方案；

（七）对公司增加或者减少注册资本作出决议；

（八）对发行公司债券作出决议；

（九）对公司合并、分立、解散、清算或者变更公司形式作出决议；

（十）修改公司章程。

第十七条　股东会的首次会议由出资最多的股东召集和主持。

第十八条　股东会会议由股东按照出资比例行使表决权。

第十九条　股东会会议分为定期会议和临时会议，并应当于会议召开十五日以前通知全体股东。定期会议应每半年召开一次，临时会议由代表十分之一以上表决权的股东或者监事提议方可召开。股东出席股东会议也可书面委托他人参加股东会议，行使委托书中载明的权利。

第二十条　股东会会议由执行董事召集并主持。执行董事因特殊原因不能履行职务时，由执行董事书面委托其他人召集并主持，被委托人全权履行执行董事的职权。

执行董事不能履行或者不履行召集股东会会议职责的，由公司监事召集和主持；监事不召集和主持的，代表十分之一以上表决权的股东可以自行召集和主持。

第二十一条　股东会会议应对所议事项作出决议，决议应由股东表决通过，股东会应当对所议事项的决定作出会议记录，出席会议的股东应当在会议记录上签名。

股东会会议作出修改公司章程、增加或者减少注册资本的决议，以及公司合并、分立、解散或者变更公司形式的决议，必须经代表三分之二以上表决权的股东通过；股东会作出其他决议，必须经代表二分之一以上表决权的股东通过。

第二十二条　公司设执行董事一人，由股东会选举产生，对公司股东会负责。执行董事任期每届三年，任期届满，可连选连任。执行董事应符合《公司法》规定的任职资格，在任期届满前，股东会不得无故解除其职务。

第二十三条　执行董事对股东会负责，行使下列职权：

（一）召集和主持股东会会议，并向股东会报告工作；

（二）执行股东会的决议；

（三）决定公司的经营计划和投资方案；

（四）制订公司的年度财务预算方案、决算方案；

（五）制订公司的利润分配方案和弥补亏损方案；

（六）制订公司增加或者减少注册资本以及发行公司债券的方案；

（七）制订公司合并、分立、解散或者变更公司形式的方案；

（八）决定公司内部管理机构的设置；

（九）决定聘任或者解聘公司经理及其报酬事项，并根据经理的提名决定聘任或者解聘公司副经理、财务负责人及其报酬事项；

（十）制定公司的基本管理制度。

第二十四条 公司设经理一人，由执行董事聘任和解聘。经理应符合《公司法》规定的任职资格，对执行董事负责，行使下列职权：

（一）主持公司的生产经营管理工作，组织实施执行董事的决定；

（二）组织实施公司年度经营计划和投资方案；

（三）拟订公司内部管理机构设置方案；

（四）拟订公司的基本管理制度；

（五）制定公司的具体规章；

（六）提请聘任或者解聘公司副经理、财务负责人；

（七）决定聘任或者解聘除应由执行董事决定聘任或者解聘以外的负责管理人员；

（八）执行董事授予的其他职权。

公司章程对经理职权另有规定的，从其规定。

经理列席股东会会议。

第二十五条 执行董事（或经理）为本公司法定代表人。法定代表人行使下列职权：

（一）代表公司对外签署有关文件；

（二）检查股东决定的落实情况，并向股东报告；

（三）在发生战争、特大自然灾害等紧急情况下，在符合公司利益的前提下，对公司事务行使特别裁决权，并事后向股东报告。

第二十六条 公司设监事一人，由公司股东会选举产生，对公司股东会负责。监事任期每届三年，任期届满，可连选连任。监事应符合《公司法》规定的任职资格，行使下列职权：

（一）检查公司财务；

（二）对执行董事、高级管理人员执行公司职务的行为进行监督，对违反法律、行政法规、公司章程或者股东会决议的执行董事、高级管理人员提出罢免的建议；

（三）当执行董事、高级管理人员的行为损害公司的利益时，要求执行董事、高级管理人员予以纠正；

（四）提议召开临时股东会会议，在执行董事不履行本法规定的召集和主持股东会会议职责时召集和主持股东会会议；

（五）向股东会会议提出提案；

（六）依照《公司法》第一百五十一条的规定，对执行董事、高级管理人员提起诉讼；

（七）公司章程规定的其他职权。

监事列席股东会会议。

第二十七条 公司执行董事、经理、财务负责人不得兼任公司监事。

第七章 财务、会计、利润分配及劳动用工制度

第二十八条 公司应当依照法律、行政法规和国务院财政主管部门的规定建立本公司的财务、会计制度，并应在每一会计年度终了时制作财务会计报告，并应于第二年 3 月 31 日前送交各股东。

第二十九条 公司利润分配按照《公司法》及有关法律法规、国务院财政主管部门的规定执行。

第三十条 劳动用工制度按国家法律、法规及国务院劳动部门的有关规定执行。

第八章 公司的解散事由与清算办法

第三十一条 公司的营业期限为____年，从营业执照签发之日起计算（或公司营业期限为长期）。

公司章程规定的营业期限届满或者公司章程规定的其他解散事由出现，可以通过修改公司章程而存续，但须经持有三分之二以上表决权的股东

通过。

第三十二条　公司有下列情形之一的，可以解散：

（一）公司章程规定的营业期限届满或者公司章程规定的其他解散事由出现；

（二）股东会决议解散；

（三）因公司合并或者分立需要解散；

（四）依法被吊销营业执照、责令关闭或者被撤销；

（五）人民法院依照《公司法》第一百八十二条的规定予以解散。

第三十三条　公司解散时，应依《公司法》的规定成立清算组对公司进行清算。清算组应当在成立之日起十日内将清算组成员、清算组负责人名单向公司登记机关办理备案。

第三十四条　清算组自成立之日起十日内通知债权人，于六十日内在报纸上公告。债权人应当自接到通知书之日起三十日内，未接到通知书的自公告之日起四十五日内，向清算组申报债权。在申报债权期间，清算组不得对债权人进行清偿。

第三十五条　清算组在清算期间行使下列职权：

（一）清理公司财产，分别编制资产负债表和财产清单；

（二）通知、公告债权人；

（三）处理与清算有关的公司未了结的业务；

（四）清缴所欠税款以及清算过程中产生的税款；

（五）清理债权、债务；

（六）处理公司清偿债务后的剩余财产；

（七）代表公司参与民事诉讼活动。

第三十六条　清算组在清理公司财产、编制资产负债表和财产清单后，应当制定清算方案，并报股东会或者人民法院确认。公司在分别支付清算费用、职工的工资、社会保险费用和法定补偿金，缴纳所欠税款，清偿公司债务后的剩余财产，按照股东的出资比例分配。清算期间，公司存续，但不得开展与清算无关的经营活动。公司财产在未按前款规定清偿前，不得分配给股东。

第三十七条　清算组在清理公司财产、编制资产负债表和财产清单后，发现公司财产不足清偿债务的,应当依法向人民法院申请宣告破产。

公司经人民法院裁定宣告破产后,清算组应当将清算事务移交给人民法院。

公司清算结束后,清算组应当制作清算报告,报股东会或者人民法院确认,并报送公司登记机关,申请注销公司登记,公告公司终止。

第九章 股东认为需要规定的其他事项

第三十八条 公司章程所列条款及其他未尽事项均以国家现行的法律法规为准则。根据需要或涉及公司登记事项变更的可修改公司章程,经股东表决通过,修改后的公司章程不得与法律法规相抵触。修改后的公司章程应送原公司登记机关备案,涉及变更登记事项的,同时应向公司登记机关申请变更登记。

第三十九条 公司章程的解释权属于股东会。

第四十条 公司登记事项以公司登记机关核定的为准。

第四十一条 本章程经各方出资人共同订立,自公司全体股东(或法定代表人)签署之日起生效。

第四十二条 本章程一式____份,公司留存一份,各股东留存一份,报公司登记机关备案一份。

全体股东盖章(非自然人股东)或签名(自然人股东):

法定代表人签名:

年 月 日

备注:

1. 本章程适用于两个以上五十个以下股东出资设立,组织机构不设董事会、监事会的有限公司。

2. 本文本"_____"部分,公司应根据实际情况填写,括号内提示"或"为选择内容,定稿时请务必删除弃选内容。

3. 公司新设立时,章程由全体股东签署;变更或备案时修改章程时,由法定代表人签署。

(三)登记审批

申请人提交的登记申请材料齐全、符合法定形式,公司所在地的工商行政管理机关能够当场登记的,应予当场登记,发给营业执照。材料不齐全、不符合法定形式的,公司所在地的工商行政管理机关在收到设立申请文件之日起15日内对企业提交的文件进行审查,对符合有限责任公司规定条件的,予以登记,发给营业执照。公司营业执照应当载明公司的名称、住所、注册资本、经营范围、法定代表人姓名等事项。公司的营业执照的签发日期，为公司的成立日期。

附三：

有限责任公司设立、变更、注销流程图

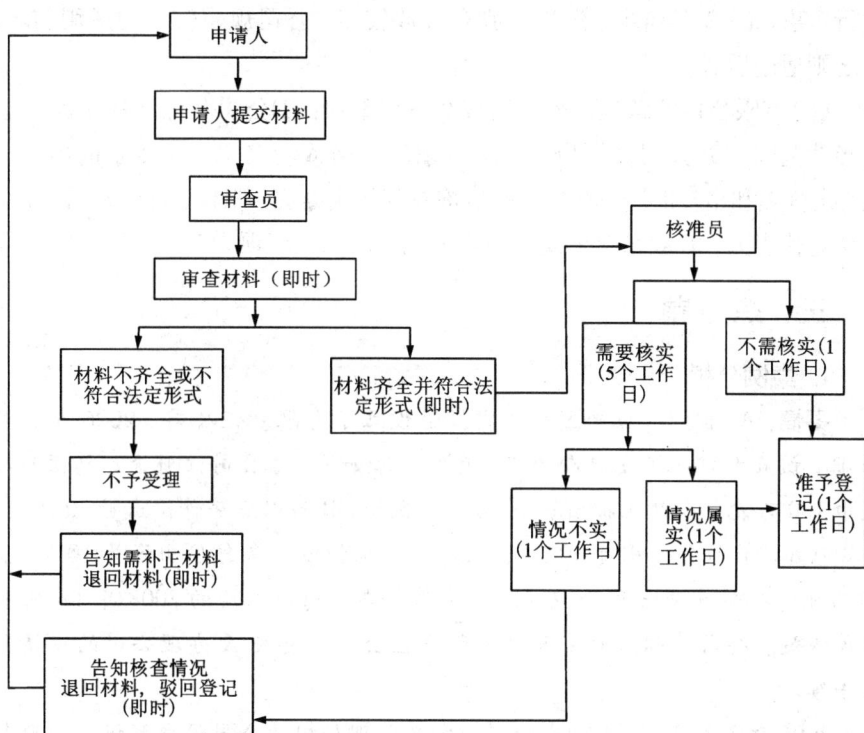

二、注意事项

（1）提交材料未注明提交复印件的，应当提交原件；提交复印件的，应当注明"与原件一致"并由申请人签署，或者由其指定的代表或共同委托的代理人加盖公章或签字。

（2）提交材料涉及签署的，未注明签署人的，自然人由本人签字，法人和其他组织由法定代表人或负责人签字并加盖公章。

（3）有限责任公司的注册资本为在公司登记机关登记的全体股东认缴的出资额。法律、行政法规以及国务院决定对有限责任公司注册实缴、注册资

本最低限额另有规定的从其规定。

(4)设立有限责任公司,其名称除应符合企业法人名称的一般性规定外,还须在公司名称中标明"有限责任公司"或"有限公司"。

(5)有限责任公司组织机构的组成、产生、职权等应符合《公司法》的规定。公司的组织机构一般是指股东会、董事会、监事会、经理,或者股东会、执行董事、1~2名监事、经理。股东人数较多、公司规模较大的适用前者,反之则适用后者。

(6)有限公司的章程内容应当载明下列事项:①公司名称和住所;② 公司经营范围;③ 公司注册资本;④股东的姓名或者名称;⑤股东的出资方式、出资额和出资时间;⑥公司的机构及其产生办法、职权、议事规则;⑦公司法定代表人;⑧股东会会议认为需要规定的其他事项。

三、练习题

1. 案例分析

案情: A、B、C、D、E5人共同投资设立了有限责任公司。2006年3月13日,该五人订立了发起人协议,具体内容如下:该公司注册资本总额为人民币100万元,其中A拟出资20万元人民币,B拟以厂房作价出资20万元,C拟以知识产权作价出资30万元,D、E分别拟以劳务作价出资为10万元、20万元。公司首次出资15万元,其余部分在公司成立后的2008年12月31日前缴足。公司名称为北京翰林有限责任公司。委托A办理公司的申请登记手续。

2006年3月21日A到当地工商行政管理局申请公司设立登记。工商行政管理局指出了申请人在公司出资方式、名称方面的不合法之处,后经A与另外4人商妥均予以纠正。2006年4月7日,A到当地工商行政管理局领取了表明签发日期为2006年4月2日的《企业法人营业执照》。A认为,根据有关法律规定,公司成立应当公告,于是于2006年4月11日发出公司成立的公告。公司成立后,A主持首次股东会,并对公司的生产经营作出决议。2006年4月21日,G打算加入该公司并拟投入10万元,经股东会决议,有代表65万元股权的有表决权的股东同意增加注册资本,于是G加入到该公司。公司成立后,董事会发现,B作为出资的厂房的实际价额显著低于公司章程所定的价额,董事会提出了解决方案,即:由B补足差额,如果B不能补足差额，则向 A、C、D、G 按出资比例分担该差额。2006 年 5 月，A 要求转让出资给 F，A 于 2006 年 4 月 5 日以书面形式向其他 5 位股东发出书面征求意见的通知。C 表示同意，G 在当日收到后，一直未予答复。D、E 称无所谓，但并不反对。B 以前曾与 F 共过事有过恩怨，故坚决反对，但出价不如 F 高。2006 年 6 月 11 日，A 将出资转让给 F，并办理了变更登记手续。B 不服，认为这是 A 故意跟自己过不去并认为转让无效。

2006 年 7 月，因公司业务发展的需要，依法成立了天津分公司。天津分公司在生产经营过程中，因违反了合同约定被诉至法院，对方以翰林公司是天津分公司的总公司为由，要求翰林公司承担违约责任。2006 年 8 月，翰林公司股东会决议向其他企业投资，于是翰林公司与向某、徐某两位自然人投资设立了合伙企业。

请根据上述材料，回答下列问题：

(1)A、B、C、D、E 订立的发起人协议中不符合公司法规定的地方有哪些？

(2)A 认为，按照有关法律规定翰林公司成立应当公告，A 的观点是否正确？

(3)本题中的翰林公司成立的日期应当是哪一天？

(4)公司成立后的首次股东会的召开程序是否合法？为什么？

(5)公司成立后，G 加入该公司的股东会决议是否合法有效？为什么？

(6)董事会做出的关于 B 出资不足的解决方案的内容是否合法？说明理由。

(7)A 将其股权转让给 F 的行为是否有效？为什么？

(8)翰林公司是否应替天津分公司承担违约责任？告翰林，还是告天津分公司，说明理由。

(9)翰林公司能否投资设立合伙企业？为什么？

2. 实践操作

请按照设立有限责任公司的程序，申请设立有限责任公司，企业名称（要经过网上预核准）、经营范围自拟，同时需要指定委托代理人。联络员：程家阳，固定号码：0730 - 8640011，移动号码：13948651234，身份证号码：430522198710081546（虚拟），邮箱：13948651234@139.com，财务负责人：

都敏俊，固定号码：0730－8640012，移动号码：13948654321，身份证号码：4305221977111121456（虚拟），邮箱：13948654321@139.com. 请按照逻辑顺序准备齐全所有的资料和表格。

实务目标（四）　股份有限公司的设立

一、操作步骤

（一）明确股份有限公司设立应具备的条件

（1）发起人符合法定人数；

（2）有符合公司章程规定的全体发起人认购的股本总额或者募集的实收股本总额；

（3）股份发行、筹办事项符合法律规定；

（4）发起人制订公司章程，采用募集方式设立的经创立大会通过；

（5）有公司名称，建立符合股份有限公司要求的组织机构；

（6）有公司住所。

（二）提交申请

股份有限公司设立条件具备时，须按照法律规定的程序提交设立申请。第一步，先采用网上企业名称预核准的方式提交注册申请；第二步，领取《企业名称网上预先核准通知书》后，准备好相关文书，直接向当地工商行政管理机关提出登记申请。

1. 用网上企业名称预核准的方式提交注册申请

根据《企业名称登记管理实施办法》的规定，设立公司应当申请名称预先核准。以湖南省为例，设立公司应当要在湖南企业登记网上申请公司名称核准；设立股份有限公司，应当由全体发起人指定的代表或者共同委托的代理人向公司登记机关申请名称预先核准，通过后领取《企业名称网上预先核准通知书》，该步骤与实务目标（一）中个人独资企业设立流程一致，其表格及填写说明一致，其中流程图中第十步、第十一步不一致的地方已在操作流程中说明，填好对应的资料即可完成《企业名称网上预先核准告知书》，并向工商行政管理机关申领《企业名称预先核准申请书》。

2. 准备以下相关文书，直接向当地工商行政管理机关提出登记申请

申请设立股份有限公司，应当由投资人或者其委托的代理人向股份有限公司所在地的工商行政管理机关提交以下文件：

（1）公司登记（备案）申请书，本申请书适用于股份有限公司向登记机关申请设立、变更、备案及注销登记，因此只需填写"基本信息"栏、"设立"栏有关内容。

（2）法定代表人信息。

（3）董事、监事、经理信息。

（4）股东（发起人）出资情况。

（5）财务负责人信息、联络员信息。

（6）若有委托的代理人，应当出具投资人的委托书和代理人的合法证明，即《指定代表或者共同委托代理人授权委托书》。

（7）企业名称预先核准申请书。

（8）由会议主持人和出席会议的董事签署的股东大会会议记录（募集设立的提交创立大会的会议记录）。

（9）全体发起人签署或者出席股东大会或创立大会的董事签字的公司章程。

（10）募集设立的股份有限公司应提交依法设立的验资机构出具的验资证明。涉及发起人首次出资是非货币财产的，提交已办理财产权转移手续的证明文件。

（11）募集设立的股份有限公司公开发行股票的应提交国务院证券监督管理机构的核准文件。

（12）法律、行政法规和国务院决定规定设立股份有限公司必须报经批准的，提交有关的批准文件或者许可证件复印件。

（13）公司申请登记的经营范围中有法律、行政法规和国务院决定规定必须在登记前报经批准的项目，提交有关批准文件或者许可证件的复印件。

前7项的表格及要求与实务目标（三）有限责任公司的表格及要求一致，可参照适用。

附一：

发起设立股份有限公司基本流程

基本流程	具体要求
①发起人认购股份 （发起人之间以书面形式订立发起人协议，由全体发起人订立公司章程，制定后即生效，发起人认购全部股份）	发起人应当书面认足公司章程规定其认购的股份。认购采用书面形式，载明认股人的姓名或名称、住所、认股数、应交股款金额、出资方式，由认股人填写、签章。认股书一经填妥并签署，即具有法律上的约束力
②发起人缴清股款	发起人在认购股份后，如规定其一次缴纳的，应缴纳全部出资；分期缴纳的，应即缴纳首期出资。发起人以实物、知识产权、非专利技术或者土地使用权出资的，应当依法估价，并办理财产转移手续
③选举董事会和监事会	发起人缴纳首期出资后，应当选举董事会和监事会
④申请设立登记 【注：设立登记的流程与实务目标(三)有限公司的设立流程一致】	董事会应向公司登记机关申请设立登记，申请时应当报送公司章程以及法律、行政法规规定的其他文件(见操作步骤(二)-2)。公司登记机关自接到股份有限公司的设立申请之日起30日内作出是否予以登记的决定。对符合法律规定条件的，发给公司营业执照。公司以营业执照签发日期为公司成立日期。公司成立后，应当进行公告

简图如下：

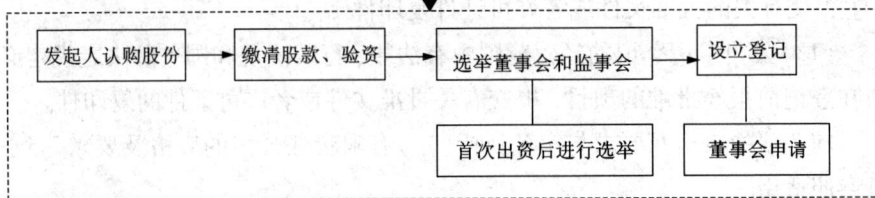

附二：

募集设立股份有限公司基本流程

基本流程	具体要求
①发起人认购股份 （发起人之间以书面形式订立发起人协议，发起人起草公司章程，由日后召开的创立大会通过）	以募集方式设立股份有限公司，发起人认购的股份不得少于公司应发行股份总数的35%（35%部分是实收资本）。法律、行政法规对此另有规定的，从其规定
②向社会公开募集其他股份，公告招股说明书，制作认股书（向国务院递交募股申请。申请时，还必须同时报送公司法规定的一些文件，比如公司章程、经营估算书、发起人的姓名、认购的股份数等。募股申请必须获得国务院主管部门批准）	招股说明书应当附有发起人制定的公司章程，并载明下列事项：发起人认购的股份数；每股的票面金额和发行价格；无记名股票的发行总数；募集资金的用途；认股人的权利和义务；本次募股的起止期限及逾期未募足时认股人可撤回所认股份的说明
③签订承销协议和代收股款协议（验资股款缴足后，需经法定的验资机构验资并出具证明）	发起人就股份承销的方式、数量、起止日期、承销费用的计算与支付等具体事项，与证券公司签订承销协议；发起人就代收和保存股款的具体事宜，与银行签订代收股款协议
④召开创立大会	创立大会通常被认为是股份有限公司募集设立过程中的决议机构。发起人应当在发行股份的股款缴足后30日内召开创立大会。创立大会由发起人、认股人组成。 创立大会的职权包括：a. 审议发起人关于公司等筹办情况的报告；b. 通过公司章程；c. 选举董事会成员；d. 选举监事会成员；e. 对公司的设立费用进行审核；f. 对发起人用以抵作股款的财产的作价进行审核；g. 发生不可抗力或者经营条件发生重大变化直接影响公司设立的，可以作出不设立公司的决议。创立大会对前款所列事项作出决议，必须经过出席会议的认股人所持表决权过半数通过
⑤设立登记并公告 【注：设立登记的流程与实务目标（三）有限公司的设立流程一致】	以募集方式设立的公司在创立大会结束后30日内，由董事会向公司登记机关即工商行政管理局申请设立登记，按照公司登记管理条例的规定提交有关文件

简图如下：

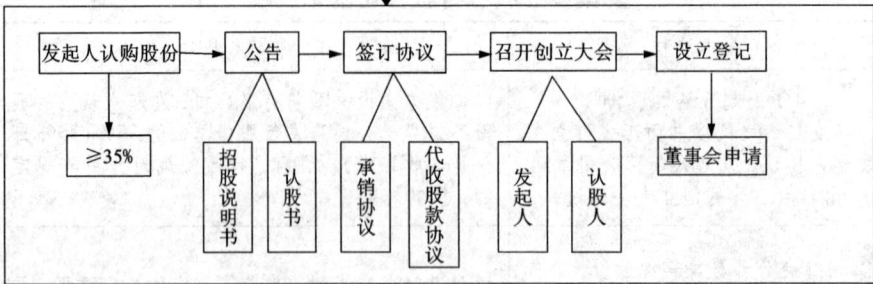

附三：

公司股东大会议范本

_____公司股东大会决议

会议时间：_____

会议地点：_____

召集人：_____

主持人：_____

会议按照《公司法》(或本公司章程)规定的方式通知了全体股东。应出席股东____人，实际出席股东____人，其中，股东_____委托_____出席会议并代为行使表决权。代表股份_____万股，占公司股本总额的____%。

(一)会议通过的决议情况：

1. 通过_____公司章程。

2. 选举_____、_____、_____、_____、……(5个以上)为公司董事会成员，任期3年。

3. 选举_____、_____、……为监事会成员，任期3年；职工代表监事待公司成立后由职工代表大会选举产生，并向公司登记机关备案。

(二)会议表决情况：

1. 对本次股东大会第1项决议内容表决：

代表股份_____万股同意，占出席会议股东表决权的____%；

代表股份_____万股不同意，占出席会议股东表决权的____%；

代表股份_____万股弃权，占出席会议股东表决权的____%。

2. 对本次股东大会第2项决议内容表决：

代表股份_____万股同意，占出席会议股东表决权的____%；

代表股份_____万股不同意，占出席会议股东表决权的____%；

代表股份_____万股弃权，占出席会议股东表决权的____％。

3. 对本次股东大会第3项决议内容表决：

代表股份_____万股同意，占出席会议股东表决权的____％；

代表股份_____万股不同意，占出席会议股东表决权的____％；

代表股份_____万股弃权，占出席会议股东表决权的____％。

发起人加盖公章(法人股东)或签字(自然人股东)：

_____年__月__日

附四：

股分有限公司创立大会纪要

_____股份有限公司创立大会纪要

会议时间：_____

会议地点：_____

召集人：_____

主持人：_____

会议以《公司法》规定的方式通知了全体发起人、认股人。应出席发起人、认股人_____人，实际出席发起人、认股人_____人，其中，_____委托_____出席会议并代为行使表决权。_____在知晓本次会议召开的时间、地点、内容的前提下，自主决定不出席本次会议，放弃对会议讨论事项的表决权。出席发起人、认股人共代表本公司股份总数_____％的表决权。

会议的召开程序符合《公司法》(或本公司章程)的规定，通过的决议合法有效，内容如下：

(1)出席会议的认股人所持表决权_____％审议通过了关于公司筹办情况的报告；公司名称为：_____；公司注册资本为：_____；发起人为：_____；公司经营范围为：_____。

(2)出席会议的认股人所持表决权　　％审议通过了公司章程；

(3)出席会议的认股人所持表决权_____％通过了选举_____、____与职工董事_____、____、____等____人组成公司董事会；

(4)出席会议的认股人所持表决权_____％通过了选举_____、____与职工监事_____、____、____等____人组成公司监事会；

(5)出席会议的认股人所持表决权____％审核通过了公司的设立费用；

(6)出席会议的认股人所持表决权_____％同意委托本公司拟任员工__

__(或者委托中介代理机构_____)办理本公司登记事宜。

出席会议的发起人、认股人盖章(非自然人)或签名(自然人):

会议主持人及出席会议的董事签名:

___年__月__日

附五:

向特定对象募集设立的股份有限公司创立大会的会议记录

_____股份有限公司创立大会的会议记录

会议时间:_____年____月____日

会议地点:在____市____区____路____号(____会议室)

参加会议人员:

1. 发起人(或者代理人)_____。

2. 认股人(或者代理人)_____。

备注:也可再补充说明会议通知情况及出席本次创立大会的发起人、认股人(及其代理人)共____名(其中代理人____名),代表公司股份____万股,占全部股份总额的____%,本次创立大会的举行符合法定要求。

会议议题:协商表决本股份有限公司事宜。

会议由发起人(或全体与会人员)选举_____作为创立大会的主持人。主持人宣布大会开始,并宣读了会议议程。会议依次讨论并(一致)通过了如下决议:

一、审议通过了发起人关于公司筹办情况的报告

发起人代表____向大会作了公司筹办情况的报告,经与会人员审议,大会通过了该筹办情况的报告。其中,_____名赞成,代表股份____万股;____名反对,代表股份____万股;____名弃权,代表股份__万股。(或者经全体与会人员表决,一致同意通过该筹办报告。)

二、表决通过公司章程

发起人代表_____向与会人员介绍了公司章程的起草经过和主要内容,经与会人员认真讨论,一致表决通过该公司章程(或者与会人员提议将章程第_____条_____修改为_____后,一致表决通过了该公司章程。或者:经与会人员的表决,赞成人数符合法定比例,通过了公司章程,其中

____名赞成，代表股份__万股；____名反对，代表股份__万股；____名弃权，代表股份__万股。)

公司章程如未获得通过亦应注明表决结果。

三、选举董事会成员

发起人代表_____向大会介绍了董事候选人名单。经与会人员讨论后，以无记名投票(或举手)方式选举下列人员为公司董事：

1.选举_____为公司董事，任期____年。其中，____名赞成，代表股份____万股；____名反对，代表股份__万股；____名弃权，代表股份__万股，赞成人数符合法定比例。

2.选举_____为公司董事，任期____年。其中，____名赞成，代表股份____万股；____名反对，代表股份__万股；____名弃权，代表股份__万股，赞成人数符合法定比例。

3.选举_____为公司董事，任期_____年。其中，____名赞成，代表股份____万股；____名反对，代表股份__万股；____名弃权，代表股份__万股，赞成人数符合法定比例。

注：如上述当选董事的得票率不同应具体注明。

同意上述人员____、____、____……组成公司第一届董事会。

四、选举监事会成员

发起人代表_____向大会介绍了监事候选人名单。经与会人员讨论后，以无记名投票(或举手)方式选举下列人员为公司监事：

1.选举_____为公司监事，任期三年。其中，____名赞成，代表股份____万股；____名反对，代表股份__万股；____名弃权，代表股份__万股，赞成人数符合法定比例。

2.选举_____为公司监事，任期三年。其中，____名赞成，代表股份____万股；____名反对，代表股份__万股；____名弃权，代表股份__万股，赞成人数符合法定比例。

3.选举_____为公司监事，任期三年。其中，____名赞成，代表股份____万股；____名反对，代表股份__万股；____名弃权，代表股份__万股，赞成人数符合法定比例。

注：如上述当选董事的得票率不同应具体注明。

同意上述人员_____与职工(代表)大会选举产生的职工代表监事、共同组成公司第一届监事会。

五、审核公司设立费用

发起人代表_____向大会介绍公司设立费用预算及设立费用预算书,设立费用预算_____元人民币,实际支出_____元人民币(实际支出比预算超出_____元人民币)。经与会人员讨论后,一致同意(或者____票赞成、____票反对、____票弃权,赞成名额符合法定人数,同意)对实际支出费用____元人民币计入公司创办费(或者将实际费用____元人民币计入公司创办费,____元人民币由发起人自负),在公司成立后____月内如数偿还。

六、审核发起人非货币出资情况

发起人代表_____向大会介绍了发起人非货币出资情况,非货币出资者____名,出资标的为实物(或者知识产权、土地使用权),折价为____元人民币,折合普通股____股。与会人员经讨论,一致同意(或者____票同意、____票反对、____票弃权,赞成名额符合法定人数),通过了上述非货币出资事项(或者有____票不同意上述折价,认为折价应为____元人民币,差价由发起人连带补足)。

注:大会通过其他决议及表决结果应逐项列明。

会议主持人:_____(签字)

出席会议人员:_____、_____、_____、_____、_____、_____、_____、_____、_____、_____(签字)

记录人:_____(签字)

____年____月____日

备注:

(1)创立大会的会议记录是创立大会会议过程及决议情况的重要法律文书。

(2)创立大会的会议记录要记明创立大会召开的时间、地点、出席人数(包括代理人),出席人数占认股人总数的比例,是否符合法定要求。

(3)创立大会的会议记录要对创立大会所讨论的议题逐项作出完整的记录。最后要有会议主持人、发起人及出席会议的认股人、记录人的签字。

(4)发起人应当自股款缴足之日起30日内主持召开公司创立大会。创立大会由发起人、认股人组成。

（5）发起人应当在创立大会召开 15 日前将会议日期通知各认股人或者予以公告。创立大会应有代表股份总数过半数的发起人、认股人出席，方可举行。

（6）创立大会对所列事项作出决议，必须经出席会议的认股人所持表决权过半数通过。

（7）董事任期按公司章程规定，但每届任期不得超过 3 年；监事的任期每届为 3 年；董事、监事任期届满，连选可以连任。

（三）登记审批

申请人提交的登记申请材料齐全、符合法定形式，公司所在地的工商行政管理机关能够当场登记的，应予当场登记，发给营业执照。材料不齐全、不符合法定形式的，公司所在地的工商行政管理机关需要公司登记机关在收到设立申请文件之日起 15 日内对企业提交的文件进行审查，30 日内作出是否予以登记的决定。对符合股份有限公司规定条件的，予以登记，发给营业执照。公司的营业执照的签发日期，为公司的成立日期。公司成立后，应当进行公告。

二、注意事项

（1）提交材料未注明提交复印件的，应当提交原件；提交复印件的，应当注明"与原件一致"并由申请人签署，或者由其指定的代表或共同委托的代理人加盖公章或签字。

（2）提交材料涉及签署的，未注明签署人的，自然人由本人签字，法人和其他组织由法定代表人或负责人签字并加盖公章。

（3）股份有限公司名称必须符合企业名称登记管理的有关规定，同时名称应当标明"股份有限公司"或"股份公司"字样。

（4）股份有限公司必须有一定的组织机构，对公司实行内部管理和对外代表公司。股份有限公司的组织机构是股东大会、董事会、监事会和经理。股东大会作出决议；董事会是执行公司股东大会决议的执行机构；监事会是公司的监督机构，依法对董事、经理和公司的活动实行监督；经理是由董事会聘任，主持公司的日常生产经营管理工作，组织实施董事会决议。

(5)股份有限公司组织机构的组成、产生、职权等应符合《公司法》的规定。公司的组织机构一般是指股东会、董事会、监事会、经理，或者股东会、执行董事、1~2名监事、经理。股东人数较多、公司规模较大的适用前者，反之则适用后者。

(6)股份有限公司的章程，是股份有限公司重要的文件，其中规定了公司最重要的事项，它不仅是设立公司的基础，也是公司及其股东的行为准则。因此，公司章程虽然由发起人制订，但以募集设立方式设立股份有限公司的，必须召开由认股人组成的创立大会，并经创立大会决议通过。股份有限公司章程应当载明下列事项：名称和住所；公司经营范围；公司设立方式；公司股份总数、每股金额和注册资本；发起人的姓名或者名称、认购的股份数、出资方式和出资时间；董事会的组成、职权和议事规则；公司法定代表人；监事会的组成、职权和议事规则；公司利润分配办法；公司的解散事由与清算办法；公司的通知和公告办法；股东大会会议认为需要规定的其他事项。

(7)股份公司采取发起设立的，注册资本为在公司登记机关登记的全体发起人认购的股本总额。在发起人认购的股份缴足前，不得向他人募集股份。

股份公司采取募集设立的，注册资本为在公司登记机关登记的实收股本总额。发起人认购的股份不得少于公司股份总数的35%；但是，法律、行政法规另有规定的，从其规定。

(8)设立股份有限公司，必须达到法定的人数，应有2人以上200人以下的发起人。发起人可以是自然人，也可以是法人，但发起人中须有过半数的人在中国境内有住所。

(9)有限责任公司与股份有限公司的区别：

附六：

有限责任公司与股份有限公司的区别

区别	有限责任公司	股份有限公司
股东人数	50人以下	应当有2人以上200人以下为发起人（须有半数以上的发起人在中国境内有住所）
组织机构	董事会、监事会并非必设机构	董事会、监事会为必设机构

区别	有限责任公司	股份有限公司
制度	主要由公司章程规定	除了公司章程，还有三会议事规则、关联交易规则、对外投资规则等诸多制度规范
资源	股东人数有限，资源整合有限	股东人数众多，不同的股东可以给公司带来资金、技术、人脉、市场等不同资源
流动性	股权设置封闭，股权转让受限多，股权流动性差	股权设置开放，股东可以自由转让其股份不受其他股东及股东会的制约
决策体系	股东会议由股东按照出资比例行使表决权；但是，公司章程另有规定的除外	股东出席股东大会，所持每一股份有一表决权。但是，公司持有的本公司股份没有表决权。股东大会作出决议，必须经出席会议的股东所持表决权过半数通过
特别事项表决	必须经代表 2/3 以上表决权的股东通过	必须由出席会议的股东所持表决权的 2/3 以上通过
资金募集	发起人筹集，不能向社会公开募集资金，股票不能公开发行，更不能上市交易	可以通过发起或者募集的方式向社会募集资金，股票可以公开发行并上市交易
价值评定	受公司人合性和封闭性的限制，公司价值评定过程繁琐，操作复杂	受公司资合性及开放性的影响，公司各项制度健全，财务运作规范，价值评定简单快捷
运作成本	低	高
财务规范性	或多或少存在票据、纳税、结算流程等问题，财务独立性较差	有完整的财务运作体系，财务制度健全，具有独立性
财务公开程度	只需按公司章程规定的期限交各股东即可，无须公告和备查，财务状况相对保密	由于其设立程度复杂，并且要定期公布财务状况，操作和保密难度更大

区别	有限责任公司	股份有限公司
注册资本	除了法律、行政法规以及国务院决定对注册资本最低限额另有规定的,不再有最低注册资本要求	设立股份有限公司根据公司冠名省、市州、区县的不同,仍有最低注册资本的要求
增加注册资本	优先认缴出资;但全体股东另有约定的除外	无
股东大会	定期会议应当依照公司章程的规定按时召开	股东大会应当每年召开一次年会
	代表 1/10 以上表决权的股东,1/3 的董事,监事会或者不设监事会的公司的监事提议召开临时会议的,应当召开临时会议	有下列情形的,应召开临时股东大会:董事人数不足法定或章程所定人数的 2/3 时;未弥补的亏损达实收资本 1/3 时;单独或合计持有 10% 以上股份的股东请求;董事会认为必要时;监事会提议召开时;其他
	监事会或者监事不召集和主持的,代表 1/10 以上表决权的股东可以自行召集和主持	监事会不召集和主持的,连续 90 日以上单独或者合计持有公司 10% 以上股份的股东可以自行召集和主持
	无	大会召开前的临时提案权
	非特别事项股东以书面形式一致表示同意的,可以不召开股东会会议,直接作出决定,并由全体股东在决定文件上签名、盖章	/
董事会	3~13 人(依法不设董事会者可设执行董事)	5~19 人
	董事会的议事方式和表决程序,除《公司法》另有规定的外,由公司章程规定	每年至少召开两次。代表 1/10 以上表决权的股东、1/3 以上董事或监事会,可提议召开临时会议。过半数的董事出席方可举行。作出决议须经全体董事过半数通过。可委托出席
	无	董事应当对董事会的决议承担责任

区别	有限责任公司	股份有限公司
监事会	依法不设者需设 1~2 名监事	/
	每年度至少召开一次会议，监事可以提议召开临时监事会会议	监事会每 6 个月至少召开一次会议。监事可以提议召开临时监事会会议
董、监、高借款限制	无	公司不得直接或者通过子公司向董事、监事、高级管理人员提供借款
企业所有权与经营权分离程度	两权分离程度较低，其股东往往通过出任经营职务直接参与公司的经营管理，决定公司事务	两权分离程度较高，法律对其规定较多的强制性义务
信息披露义务	无限制	财务状况和经营情况等要依法进行公开披露
股权/份收购	公司连续 5 年不向股东分配利润，而公司该 5 年连续盈利，并且符合《公司法》规定的分配利润条件的；公司合并、分立、转让主要财产的；公司章程规定的营业期限届满或者章程规定的其他解散事由出现，股东会会议通过决议修改章程使公司存续的	减少公司注册资本；与持有本公司股份的其他公司合并；将股份奖励给本公司职工；股东因对股东大会作出的公司合并、分立决议持异议，要求公司收购其股份的
公司规模	一般性规模，资本较少，股东人数少，抗风险能力较低	规模较大，尤其是上市类公司一般属于股本大、资金雄厚、股东人数众多、内部管理机构权责分明、效益高、竞争力强的公司

三、练习题

1. 案例分析

案情: 甲股份有限公司(以下简称甲公司)于 2006 年 2 月 1 日召开董事会会议,该次会议召开情况及讨论决议事项如下:

(1)甲公司董事会的 7 名董事中有 6 名出席该次会议。其中,董事谢某因病不能出席会议,电话委托董事李某代为出席会议并行使表决权。

(2)甲公司与乙公司有业务竞争关系,但甲公司总经理胡某于 2003 年下半年擅自为乙公司从事经营活动,损害甲公司的利益,故董事会作出如下决定:解聘公司总经理胡某;将胡某为乙公司从事经营活动所得的收益收归甲公司所有。

(3)为完善公司经营管理制度,董事会会议通过了修改公司章程的决议,并决定从通过之日起执行。

根据上述情况和《公司法》的有关规定,回答下列问题:

(1)董事谢某电话委托董事李某代为出席董事会会议并行使表决权的做法是否符合法律规定? 简要说明理由。

(2)董事会作出解聘甲公司总经理的决定是否符合法律规定? 简要说明理由。

(3)董事会作出修改公司章程的决议是否符合法律规定? 简要说明理由。

2. 实践操作

请按照设立股份有限公司的程序,并且采用两种方式(发起设立和募集设立)申请设立股份有限公司,企业名称(要经过网上预核准)、经营范围自拟,投资人为你的家人(需填写相应的身份信息),同时需要指定委托代理人。联络员为:程家阳,固定号码:0730 - 8640011,移动号码:13948651234,身份证号码:430522198710081546(虚拟),邮箱:13948651234@139.com,财务负责人:都敏俊,固定号码:0730 - 8640012,移动号码:13948654321,身份证号码:430522197711121456(虚拟),邮箱:13948654321@139.com. 请按照逻辑顺序准备齐全所有的资料和表格。

第二章　企业商事合同法律实务

实务目标(一)　商事合同的订立

一、操作步骤

(一)明确合同签订的流程

(1)业务部门与对方初步洽商、草拟合同,必要时可由法务人员及律师等专业人士参与谈判,尽量争取合同的草拟权,因为在草拟的合同上再进行审查难以摆脱主体框架,审查修改的力度非常有限;

(2)业务部门经理审核业务可行性、风险;

(3)法律部门审核法律风险,根据风险程度提出法律意见或出具《法律意见书》;

(4)财务部门出具分析意见;

(5)分管领导审批;

(6)董事长或者负责人根据企业发展战略角度进行取舍、审批;

(7)签署合同;

(8)登记存档。

并非所有的合同都必须经过上述流程,例如企业采购办公用品等日常性且为小额的经营行为,可根据实际情况授权有关部门完成。但是,企业一定要根据自身特点建立签订重大合同审查审批制度,绘制《签订重大合同审查审批表》(见附表1)。

附表1

签订重大合同审查审批表

合同名称			合同标的	
各方当事人	甲方：		乙方：	
	丙方：		丁方：	
主要内容				
合同经办人意见		签名	年 月 日	
相关部门意见		签名	年 月 日	
法务部门意见		签名	年 月 日	
分管领导意见		签名	年 月 日	
单位主要领导审定		签名	年 月 日	

（二）规范授权代理行为

（1）建立授权管理制度，严格控制代理人对外签订合同的权限的范围、取得程序等。

明确规定持有盖有企业公章空白介绍信或者盖有企业公章格式合同的代理人可以签订合同的具体项目、金额上限和期限，代理人必须妥善保管授权书，不得将其转借、出卖，授权委托书遗失时应及时请求企业登报声明作废，代理人离岗应交回授权委托书。

在授权程序上，由业务部门申请，经过法务部门或合同管理部门审查，由法定代表人签署授权委托书，授权事项变更的应及时履行变更手续。

法人的分支机构、职能部门等对外签订合同应有法定代表人的授权委托书，分支机构或职能部门的负责人变更时应由法定代表人重新签发新的授权委托书。

（2）每年对代理人的授权委托书进行核查，对不符合要求的委托书应当及时收回；在代理人的职务停止或者调整岗位后，及时清理、收回空白介绍信、授权委托书和空白的盖有企业公章的格式合同，同时以最快的速度书面通知与其有业务往来的关系客户。

（3）已经发生了无权代理的，可以权衡利弊及时选择行使追认权和拒绝权。

（三）明确对方的交易主体资格等基本信息

1. 审查交易对方的资质

我国法律对某些行业作了限制性规定，即没有从业资格的单位和个人不得从事特定的业务，比如经营医药产品需要相应的国家药品生产或经营许可证，经营房地产项目必须要有从事房地产的相应资格。因此，在签订合同前，应审查对方有无签约主体资格、经营范围是否合法及签约人是否取得签约主体方的授权许可。

（1）可要求交易对方提供签约资质证明，比如营业执照、特许经营证复印件，同时通过网络信息查询判断，如全国企业信用信息公示系统（http：//gsxt. saic. gov. cn/）即可查询对方资质，必要时还可通过调查工商档案，了解涉案标的额是否需要对方公司履行股东会或董事会内部审批手续。通过上述信息的获取，可了解对方主体资格的类型（有限责任公司、股份有限公司，还是总公司、分公司、公司分支机构或者是母子公司，或者是个人独资、个人合伙企业、个体工商户），并根据不同的主体资格提出相应的风险防范建议。如与某公司人力资源部、某大学某学院签订的合同属于效力待定合同，需得到法人的追认方有效。

（2）我国法律对某些特殊行业的从业资格作了限制性规定的，应进行特殊的资格审查。超越经营范围的合同在一般情况下有效，但违反国家限制经营、特许经营以及法律、行政法规禁止经营规定的除外。

（3）签约人是否合法。如对方盗用其他单位名义签订合同或以虚假的单位签订合同等情形，如果造成己方损失，该假冒人或者盗用人可能没有能力承担民事责任，而被假冒单位由于没有做出交易的意思表示，不是合同当事人，除非其有过错，一般不承担合同上的法律责任。

2. 调查交易对方的资信

可通过全国法院失信被执行人名单信息公布与查询系统（http：//shixin.

court.gov.cn/）判断对方资信情况，也可以到工商、税务、银行等单位，调查对方的行业地位、商业信誉、财产状况、生产和经营能力、产品的销售渠道和市场份额。例如，可以调查企业经营状况是否正常，合同标的是否存在争议或者是否被司法行政机关依法查封、扣押、冻结等，还可以了解对方的经营历史、履约记录、客户评价、财务报表上体现的盈利能力、是否受到任何行政处罚或者处罚是否影响企业的商誉或履约能力等，甚至通过该企业的上游企业或者下游企业了解其是否讲信用。即使是"老赖"，也并非绝对不能与其做生意，而是在合同签署和履行过程中要时刻注意把握和控制风险，在合同条款设计方面应更加注意细节，防范"老赖"占便宜。对于金额大的合同，应当要求对方提供担保，或者要求其先履行义务。因此，好的企业一般会实行客户资信管理制度，以便最大限度地调查和了解客户的资信信息、资信档案、信用状况、信用等级，了解对方的经营范围以及其资金、经营情况，判断对方是否具有法定的资格进行合同项下的业务。

重大的合同在签订前，还应派遣高级管理人员、专业技术人员、法务人员、财务人员等相关人员组成考察团进行实地考查，并制作专项调查报告。这需要仔细审查对方提供的各类执照、资格证、许可证、债权债务状况、涉诉状况及财务报表等，审查的主要方式有：去工商行政管理局调查核实该企业的年检注册和历年的奖罚情况，去土地管理部门和房屋管理部门调查核实该企业是否存在不动产的抵押担保，去税务局调查核实该企业是否存在拖延缴纳税费或者是否还有税费没有及时上缴情况，去环保局调查核实是否存在严重污染环境的行为等。

合同不同，其调查内容的重点也不同。比如说，合作发展项目合同，必须调查缴纳规费、权属状况的情况；引进生产线项目合同，必须详细调查生产许可审批及环保限制等情况；如果是房地产合作开发项目，那么对该房地产项目的土地权属、规划、施工手续等是否齐全和是否设立过抵押担保、是否被法院执行查封等的调查则要尽可能详细；涉及标的物处分或转让的，应当审查对方是否对标的物享有处分权，必要时要求对方就其处分权作出保证。

（四）知悉合同订立的背景及交易地位等相关信息

（1）了解合同订立目的，包括其中存在或可能存在的问题。如果签订的合同是为了锁定价格条款，则需要重点关注价格条款的措辞及安排。

（2）了解其中是否涉及违反法律规定的法律风险，了解合同及合同所代表的交易的背景情况和签约地点的约束等信息。

（3）知悉合同中哪些是当事人之间约定不可更改的条款。比如已确定的付款方式、价格条款等内容。法务人员针对此种条款，需要提示其存在的风险，并就相应问题提出至少一种以上的解决方案。

（五）合同审查

1. 形式审查

合同文件本身分为三部分：首部（合同名称、编号、双方当事人和鉴于条款）、正文（第一条至最后一条）、尾部（即双方签字盖章和签署时间）。

（1）审查合同首部各方名称的表述是否完整准确，法定代表人是否为营业执照上登记的法定代表人；审查经办人是否为企业授权委托书所委托授权的代理人，该授权委托书签字盖章是否真实、授权范围以及委托代理的期限是否明确，有无涂改之处，以确定对方签约人的合法身份和权限范围、期限，确保合同的合法性和有效性。

（2）审查尾部的签章名称与合同各方名称是否一致，还应该核对合同上注明的对方企业名称是否和对方营业执照上的企业名称完全一致。

（3）审查合同的三部分是否完整，是否有前后矛盾之处；审查是否附有对方营业执照、其他证书、法定代表人身份证明书、委托书等相关资料；审查相关文件之间内容是否有矛盾之处。

2. 实质审查

实质审查主要是对合同正文的审查，其主要内容包括：合同条款是否完备、合法；合同内容是否公平，是否严重损害公司利益；条款内容是否清楚，是否存在重大遗漏或严重隐患、陷阱。具体从宏观和微观两个方面进行合同审查。

宏观审查主要包括以下内容：

（1）预览合同文本。分清结构体系与总体内容，特别是篇幅较长的合同，可通过目录或大小标题分清它的结构体系，判断合同条款是否完备，结构体系是否清晰。

（2）核对相关法规。核对相关的法规可加强法规的熟悉度，并借以判断合同条款的合法性和合同可能出现的问题，评估整体思维是否严谨。

微观审查主要包括以下内容：

（1）审查用词是否严谨规范。合同语言需要以最简练的语言表达双方最准确的意思，避免模棱两可的解释或者歧义。其一，如果合同文本使用不同于日常生活含义的特定术语，则应在合同中对该术语进行定义。如合同约定"甲方提供的产品不得存在工艺上的缺陷"，就应在合同中规定该"缺陷"具体包括哪些内容，因为"缺陷"在不同的语言环境中可能有不同的指示对象；再如合同约定要求一方股东不得失去控制权，由于"控制"在法律上包括持有股权50%以上的控制和实际控制两种情况，如果不定义，双方肯定会提出对自己有利的主张。其二，条款表述应具周延性。约定重要事项时应尽量考虑所有的情况，不要留有缺口。如约定合同终止的处理，终止合同包括有正当理由的终止和无故终止两种情况，如果合同约定甲方仅对无故终止承担责任，则在有正当理由终止合同情形下的所有法律后果均由乙方承担，甚至包括因不可抗力终止合同的情形，这显然对乙方是不利的。其三，列举不一定要穷尽。对合同中的某些事项，概括性的规定可能会造成一定的理解困难，通过列举的方式就会一目了然。但事物的不可预测性往往导致不能将所有需要考虑到的事项都列举穷尽，因此，在列举时应进行"包括但不限于"的表述，否则，对方的责任仅仅限定在列举的部分，超出列举部分的责任风险就会转移到己方身上。

以买卖合同等合同为例，对合同用词的审查，主要需要明确以下内容：

A. 明确约定交易标的和标的物。详细描述合同标的和标的物可以避免歧义，明确具体约定标的物，如名称、性能、成分、数量（对标的物的数量应尽量细到它最小的计量单位，因为同样的产品，如果它的计量方法不同，可能就会出现不同的后果）、适用的质量标准、大小、重量、面积、形状、单价和总价、折扣和包装（包括外包装的材质、内包装或者填充物保护的说明，对防潮、防火、防撞击颠簸的要求等；采用国家标准或行业标准的，是否已经表明该标准的名称、代号或编号；包装费用的承担方式是否已经约定明确）等。为防止发生质量争议，应约定质量所适用的客观标准，同时约定有几个标准的应明确以哪个标准优先，没有质量标准的应在合同中具体详细地约定合同产品的质量要求，并尽量避免以某一方的主观判断为标准，即使在约定不明确的情况下也必须规定另由双方诚信协商解决；规定只有在约定的时间期限内发生的质量问题才承担责任，质量保证期一般应从产品交付之日起算，约定质量异议期限，期满未提出异议即视为质量符合约定（国家规定有质保期的除外）。

B. 确定交易价格。关于价格，要注意计量单位；是涉外合同的，注意计价是按美元还是人民币。当然，万一当事人未能对此进行约定，我国合同法也规定了一个推定的法则：价款或者报酬不明确的，按照订立合同时履行地的市场价格履行；依法应当执行政府定价或者政府指导价的，按照规定履行。

C. 确定合同履行的始期和终期。明确起止的计算方法。例如，若仅仅约定"自增资完成之日起届满18个月，乙方应收购甲方股权"，那么在合同履行过程中就会出现问题：究竟从哪一天开始算"增资完成"。故可以具体规定为："自增资完成之日起届满18个月，乙方应收购甲方股权。本条所称'增资完成之日'是指注册会计师出具验资报告所记载的、甲方将资金划入指定的验资账户之日。"

D. 具体约定付款期限。要避免约定以下付款期限：一是季付。季付仅约定了付款频率，但是未约定具体的付款时间。可以约定为"每季度开始后的第一个工作日结算、付款"或者"每季度最后一个工作日结算、付款"。二是检验合格后付款或者收到货物后付款。究竟是检验合格、收到货物后多少天付款并没有明确。如果约定"检验合格后3日内付款"或"收到货物后3日内付款"，就不会因为付款期限问题发生争议。

E. 明确约定担保。一要区别"定金"与"订金"。二要注意如果合同条款中约定己方保证具有某种能力和资格，包括但不限于订约能力、履约能力、特别资格的许可、资格证书等内容，应引起重视。该保证虽然与担保中的保证是两码事，但如果违反了约定，即使不具有该能力或资格并不影响合同的履行，对方也可以要求己方承担违约责任。如果己方不具备对方要求的特别资格，应该协商将该条款从合同文本中删除。

F. 其他。如合同中应列明收货方的经办人的姓名，目的是防止经办人离开后，对方不承认收货的事实。再如出售货物的合同应避免签订"货到付款"条款，最好采用先付款后发货的方式，如果先支付货款有一定的难度，可以采用先交部分定金的方式来减少供方的风险，并在合同约定交付定金之日起，合同生效，如果对方未交付定金，合同未生效，己方无义务发送货物；如果一定要采用先发货后付款的方式，则在合同签订前要注重把握好需方的整体实力、信誉度及付款时间的长短等。为避免在合同履行中发生对价款支付的争议，要详细列明每项商品的单价，特别是在标的物是多类商品的购销合同中，不应为图省事只在合同中明确商品的总价款，而不确定具体每种商品的单价，否则一旦合同部分履行后发生争议，就难以确定尚未履行的部分商品的价款。

(2)审核合同的主观性条款。一般应特别注意如下内容：

A. 单方决定条款。在合同中一般不得出现一方单独决定的条款，如货物买卖合同的运费已经体现在合同的金额当中，但通常该笔费用是计算至对方所在地的运输费用，如果合同规定货物运送至对方指定的任意地点，则运送至对方所在地以外的目的地所发生的额外费用要由己方承担。

B. 单方确认条款。有些合同，需方一般会要求在合同文本中规定货物或工作成果经验收合格后支付款项，但未规定验收的客观标准，合格与否完全取决于其主观态度，这就为其违约提供了合理的理由。因此，这种条款一般应规定根据双方约定的客观标准验收，并规定发生争议时通过双方诚信协商解决或者共同委托独立的第三方裁决。此外，如果对方拖延确认或拒绝确认，也会给其迟延履行义务提供机会，建议在该等条款中规定无正当理由不得迟延或拒绝确认。在合同履行过程中，在必要时应注意及时要求对方签署书面确认书，并将其妥善保存。

C. 单方要求修改条款。有的合同规定对方可以对合同产品提出修改意见，如果没有任何限制性的条件，存在的风险至少有两个方面：第一，如果对合同产品没有最终的认定标准，则对方可以借提出修改意见的机会随意改变产品的要求，甚至提高产品标准，而相关费用则由己方承担；第二，即使在约定客观标准的情况下，对方也可以为拖延自己履行义务的期限而随意提出任何修改理由。因此对于这样的条款应增加"合理"的限制，即对方提出的修改理由应为合理的要求。

(3)审查合同的法律条款。一般应特别注意如下内容：

A. 损害赔偿条款。应注意审查每一违约事项所对应的赔偿金额和可预计的损失金额，如果约定的赔偿金额过高，则己方有可能因轻微的违约事件而承担高额的损害赔偿金。因此，应尽量将该条款修改为"对违约所发生的损失承担相应的赔偿金额"。

B. 研发风险承担条款。技术开发为产品供应合同的前提条件，供应方只有在技术开发经采购方认可后才能供应产品，如果技术开发成功，当然可以将开发费用分摊到产品价格中去，一旦开发失败，产品供应事实上成为履行不能，这就存在开发费用承担的问题。因此，在约定技术开发条款时应对技术开发失败的风险承担作出安排，否则就会导致有一方承担所有风险损失的不公平后果。

C. 商业秘密保护条款。商业秘密保护条款，应规定双方相互承担保密责任，且保密责任期限一般应持续到合同终止或解除后的一定期限，关键技术秘密则应永久性保密。

D. 违约责任条款。应注意审查合同条款是否对双方违约所应承担的法律责任作出明确的约定，包括违约金和赔偿金的数额或计算方法。注意审查有无不平等的违约责任条款和加重己方责任的违约责任条款。在约定责任承担方式时，一般只能在违约金和经济损失中选择其中一种。如果对违约的损失能够预先估计，可以约定一定金额或一定比例的违约金，可以免除争议发生后举证证明损失额多少的问题。如果损失无法估计，则应当约定违约方向守约方赔偿因违约实际造成的损失。

E. 连带责任承担条款。如果合同对方为几个当事人，则应在合同文本中规定对方违约时其所有当事人相互承担连带责任，以加强对己方利益的保护。

F. 合同成立和合同生效条款。合同一般经双方签字盖章成立后即生效，但有些合同在成立后需待一定条件成熟或履行一定程序后才生效。对方当事人往往利用这些空档进行欺诈。因此在审查合同时应注意合同生效的时间和条件，对于需要一定事件的发生或遵守法定的形式或程序后方才生效的合同，己方应考虑是否有能力保证这些条件得以实现。如果合同签订以后尚未生效，应谨慎向对方作出任何履行行为。此外，如果合同约定有利于己方，对尚未生效的合同发生争议，应尽量在诉讼的一审答辩结束前使合同生效。

G. 争议解决条款。合同约定法院管辖时应避免如下问题：一是表述不清楚容易产生歧义；二是约定违反了级别管辖或专属管辖的规定，导致约定的受诉法院实际上没有管辖权。若法律明确规定属于专属管辖的情况下，为争取己方利益的最大化，合同审查时可建议在条款中采用仲裁的方式解决争议。采用仲裁的方式，仲裁条款或仲裁协议应注意以下问题：其一，约定的仲裁机构必须真实存在。其二，仲裁机构的名称应具体明确，避免笼统约定由甲方（或乙方）所在地仲裁部门解决的条文，因为这样只是约定了仲裁地点。当然，如果约定的地区只有一家仲裁机构，一般视为约定了确定的仲裁机构。其三，如果约定法院和仲裁机构同时管辖，则视为约定不明，争议由法院管辖。其四，因仲裁没有地域管辖，为了避免仲裁机构的地方保护主义倾向，可以约定双方以外的地区的仲裁机构仲裁。

二、注意事项

（一）重视重大合同

要对重大合同作出界定，法务部门或者律师应对重大合同出具法律意见书，按照企业合同审查审批制度，由各个部门填写《签订重大合同审查审批表》后方能签署。《签订重大合同审查审批表》一般应对申报业务部门、申报时间、合同名称、合同类别、合同标的、合同编号、合同总金额、合同履行期限等主要信息进行记载。涉及的业务部门经理、法律部门、财务部、分管领导、董事长或者负责人应分别先后签字审批。企业公章管理部门根据董事长或者负责人的签字，确定是否盖章。在此之前，公章管理者不得在任何重大合同文本上盖章。

（二）无名合同的处理

尽量将无名合同向有名合同转化，确实无法转化的则可在合同文本中采用对当事人最为有利的有名合同条款。特别是当发生根据合同文本可能会对合同的类型和性质作出两种以上判断的情况时，合同名称的准确就尤为重要，因为合同类型不同，适用的法律规则不同，最后的法律效果可能完全迥异。

（三）可制定合同范本

对于企业长期反复发生的经济业务，可根据实际情况制定合同范本，以供企业有针对性的长期使用，亦可减轻合同审查重担。当然合同范本的提供及扩大化使用，也有一定的局限性，即无法针对具体业务，有时会发生合同对不上业务的情况（部分常规合同范本详见本章后文）。

（四）关注合同附件

附件是合同的组成部分，与合同其他条款一样具有法律效力。附件可用于说明主体资格以及交易内容的细节。如果合同附件不在合同中列明，一旦产生争议可能会面临举证方面的麻烦。

（五）合同审核的快与慢

从快的角度审核，主要是：我方最关心的问题是什么？对方最关心的问题是什么？怎么实现我方合同目的？合同有什么风险和陷阱？有什么大的问题？双方卷入本合同诉讼的概率多大？从慢的角度审核，必须像起草合同一样去修改，从格式排版到内容措辞，精雕细琢。快与慢是相对的，必须根据实际情况来确定。

(六)合同审查后的处理方式

除合同本身采用书面形式外，对于合同审查的建议应尽量采用书面痕迹并自行留档，且留存原合同进行比对，以规避自身的执业风险。对于原稿应当保存，原稿为电子档的，应另存为规范的文件名称并标注日期，原稿为纸质稿的，应复印后保留原稿并在复印件上开展工作。须经反复审查的合同，应全程保留各阶段的审查稿和审查意见。

(七)掌握部分常用合同范本

1. 房地产类合同范本

附一：

材料设备采购合同

合同编号：_____年____字第____号

供　方：_____（以下简称甲方）

需　方：_____（以下简称乙方）

根据《中华人民共和国合同法》及其他相关法律法规的规定，甲、乙双方就材料、设备的购销事项，经充分协商，特订立本合同，以便共同遵守。

第一条　产品的名称、品种、规格和质量

(一)产品的名称、品种、规格见下表或详见清单(附件)：

产品名称	牌号商标	规格型号	计量单位	质量标准	单价	金额

合同总价为_____元(￥)。

(二)产品的技术标准(包括质量要求)，按下列第____项执行：

1. 按国家标准执行；

2. 按_____部颁标准执行；

3. 按企业标准执行；

4. 有特殊要求的，按供需双方在合同中商定的技术条件、样品或补充的技术要求执行：_____。
（对机电设备，必要时应当在合同中明确规定随主机的辅机、附件、配套的产品、易损耗备品、配件和安装修理工具等。对成套供应的产品，应当明确成套供应的范围，并提出成套供应清单）

5. 产品交货数量的正负尾差、合理磅差和在途自然减（增）量的规定及计算方法：

_____。

第三条　产品的包装标准和包装物的供应与回收，按下列第____项执行：

（一）国家或业务主管部门有技术规定的，按技术规定执行；

（二）由供需双方商定：_____。

第四条　产品的交货单位、交货方法、运输方式、到货地点（包括专用线、码头）

1. 产品的交货单位：_____。

2. 交货方法，按下列第____项执行：

（1）甲方送货；

（2）甲方代运；

（3）乙方自提自运。

3. 运输方式：_____。

4. 甲方送货或代运时，到货地点和接货单位（或接货人）

_____。

甲方如要求变更到货地点或接货人，应在合同规定的交货期限（月份或季度）前____天通知乙方，并经乙方同意，以便乙方及时变更接货计划。

第五条　产品的交（提）货期限

_____。

第六条　付款方式

（一）在本合同签订之日起____个工作日内，乙方支付甲方合同总价款的____%，即_____元；（根据实际情况决定是否约定）

（二）货到乙方指定的交货地点后____个工作日内，乙方支付甲方合同总价款的____%，即____元；

（三）甲方负责现场指导安装调试，时间为一个月，所有费用（包括但不限于差旅费、市内交通费、住宿费等)均由方负责,安装调试经乙方验收达到合同约定的质量标准后____个工作日内,乙方一次性付清甲方剩余款项。

第七条 产品验收

(一)验收时间:_____。

(二)验收手段:_____。

(三)验收标准:_____。

(四)验收和检验负责人:_____。

在验收中发生纠纷后,由产品质量监督检查机构执行仲裁。

第八条 对产品提出异议的时间和办法

(一)乙方在验收中,如果发现产品的品种、型号、规格和质量不合规定,应一面妥为保管,一面在____天内向乙方提出书面异议;在托收承付期内,乙方有权拒付不符合合同规定部分的货款。

(二)甲方在接到乙方书面异议后,应在____天内负责处理,否则,即视为默认乙方提出的异议和处理意见。

第九条 违约责任

(一)甲方的违约责任

1. 甲方所交产品品种、型号、规格、质量等不符合合同规定的,如果乙方同意利用,应当按质论价;如果乙方不能利用的,应根据产品的具体情况,由甲方负责包换或包修,并承担修理、调换或退货而支付的实际费用。甲方不能修理或者不能调换的,按不能交货处理。

2. 甲方因产品包装不符合合同规定,必须返修或重新包装的,甲方应负责返修或重新包装,并承担支付的费用。乙方不要求返修或重新包装而要求赔偿损失的,甲方应当偿付乙方该不合格包装物低于合格包装物的价值部分。因包装不符合规定造成货物损坏或灭失的,甲方应当负责赔偿。

3. 甲方逾期交货的,每逾期一天,按逾期交货部分货款的____%,向乙方偿付逾期交货的违约金,并承担乙方因此所受的损失费用,逾期超过____天,乙方有权解除合同,甲方赔偿乙方由此所造成的一切经济损失。

4. 甲方提前交货的产品、多交的产品和品种、型号、规格、质量不符合合同规定的产品,乙方在代保管期内实际支付的保管、保养等费用以及非因乙方保管不善而发生的损失,应当由甲方承担。

5. 产品错发到货地点或接货人的,甲方除应负责运交合同规定的到货地点或接货人外,还应承担乙方因此多支付的一切实际费用和逾期交货的违约金。甲方未经乙方同意,单方面改变运输路线和运输工具的,应当承担由此增加的费用。

（二）乙方的违约责任

1. 乙方未按合同规定的时间和要求提供应交的技术资料或包装物的，除交货日期得顺延外，乙方的交货期限相应顺延。

2. 乙方自提产品未按甲方通知的日期或合同规定的日期提货的，每逾期一天，按逾期提货部分货款总值的＿＿%，向甲方偿付逾期提货的违约金。

3. 乙方逾期付款的，每逾期一天，按逾期交货部分货款的＿＿%，向甲方偿付违约金。

4. 乙方违反合同规定拒绝接货的，应当承担甲方由此造成的一切损失。

（三）甲、乙双方任何一方不履行本合同的，违约方应向守约方支付总货款的＿＿%的违约金，并赔偿守约方由此所造成的一切经济损失。

（四）甲、乙双方任何一方部分不履行本合同的，违约方应向守约方支付总货款的＿＿%的违约金，并赔偿守约方由此所造成的一切经济损失。

第十条　不可抗力

供需双方的任何一方由于不可抗力的原因不能履行合同时，应及时向对方通报不能履行或不能完全履行的理由，在取得有关主管机关证明以后，允许延期履行、部分履行或者不履行合同，并根据情况可部分或全部免予承担违约责任。

第十一条　其他约定

（一）按本合同规定应该偿付的违约金、赔偿金、保管保养费和各种经济损失，应当在明确责任后10天内，按银行规定的结算办法付清，否则按逾期付款处理。但任何一方不得自行扣发货物或扣付货款来充抵。

（二）本合同如发生纠纷，当事人双方应当及时协商解决，协商不成时，任何一方均可请业务主管机关调解，调解不成，按以下第＿＿项方式处理：

1. 请＿＿＿＿＿＿仲裁委员会仲裁。

2. 向合同签订地人民法院起诉。

（三）合同履行期内，供需双方均不得随意变更或解除合同。

（四）合同如有未尽事宜，须经双方共同协商，作出补充规定，补充规定与本合同具有同等效力。

（五）本合同自双方签字、盖章后生效。本合同正本一式＿＿份，共计＿＿页，其中，附件＿＿页，副本＿＿份，供需双方各执正本＿＿份，副本＿＿份，具同等法律效力。

甲方(公章):　　　　　　　　乙方(公章):

法定代表人:　　　　　　　　　法定代表人:

委托代理人:　　　　　　　　　委托代理人:

地址:　　　　　　　　　　　　地　址:

电话:　　　　　　　　　　　　电　话:

传真:　　　　　　　　　　　　传　真:

开户银行:　　　　　　　　　　开户银行:

账号:　　　　　　　　　　　　账　号:

邮政编码:　　　　　　　　　　邮政编码:

　　　　　　　　　　　　　　　合同签订时间:　　年　月　日

　　　　　　　　　　　　　　　签订地点:

(附件)产 品 清 单

产品名称	牌号商标	规格型号	计量单位	数量	质量标准	单价	金额

附二:

建设工程委托监理合同

合同编号:＿＿＿年＿＿＿字第＿＿＿号

委托人:＿＿＿＿＿＿＿＿＿＿＿＿＿＿＿＿＿＿＿＿＿＿＿＿＿＿＿＿。

监理人:＿＿＿＿＿＿＿＿＿＿＿＿＿＿＿＿＿＿＿＿＿＿＿＿＿＿＿＿。

依据《中华人民共和国建筑法》《中华人民共和国合同法》及其他相关法律法规的规定,委托人与监理人就建设工程监理事项,经协商一致,签订本合同。

第一条　建设工程概况

工程名称：_____。

工程地点：_____。

工程规模：_____。

总投资：_____。

第二条　工程监理范围

_____

_____。

第三条　监理期限

自_____年____月____日开始实施，至_____年____月____日完成。

第四条　监理价款及支付

_____

_____。

第五条　双方代表

委托人的常驻代表为_____。

监理人的总监理工程师为_____，监理工程师为_____。

第六条　委托人的权利和义务

（一）委托人的权利

1. 委托人有对工程规模、设计标准、规划设计、生产工艺设计和设计使用功能要求的认定权，以及对工程设计变更的审批权。

2. 监理人调换总监理工程师必须事先经委托人书面同意。

3. 委托人有权要求监理人提交监理工作月报及监理业务范围内的专项报告。

4. 委托人有权监督监理人员按监理合同履行监理职责。

（二）委托人的义务

1. 委托人提供的工程资料及提供时间：_____。

2. 委托人协助监理人处理工程建设的所有外部关系的协调。

3. 委托人应当将授予监理人的监理权利，以及监理人主要成员的职能分工、监理权限及时书面通知已选定的承包合同的承包人，并在与第三人签订的合同中予以明确。

4. 委托人应在_____天内对监理人书面提交并要求作出决定的事宜作出书面答复。

第七条　监理人的权利和义务

（一）监理人的权利

1. 对工程建设有关事项包括工程规模、设计标准、规划设计、生产工艺设计和使用功能要求，向委托人的建议权。

2. 对工程设计中的技术问题，按照安全和优化的原则，向设计人提出建议；如果拟提出的建议可能会提高工程造价，或延长工期，应当事先征得委托人的同意。当发现工程设计不符合国家颁布的建设工程质量标准或设计合同约定的质量标准时，监理人应当及时书面报告委托人并要求设计人更正。

3. 审批工程施工组织设计和技术方案，按照保质量、保工期和降低成本的原则，向承包人提出建议，并向委托人提出书面报告。

4. 负责工程建设有关协作单位的组织协调，重要协调事项应当事先向委托人报告。

5. 工程上使用的材料和施工质量的检验权。对于不符合设计要求和合同约定及国家质量标准的材料、构配件、设备，有权通知承包人停止使用；对于不符合规范和质量标准的工序、分部分项工程和不安全施工作业，有权通知承包人停工整改、返工。

6. 工程施工进度的检查、监督权，以及工程实际竣工日期提前或超过工程施工合同规定的竣工期限的签认权。

7. 在工程施工合同约定的工程价格范围内，工程款支付的审核和签认权，以及工程结算的复核确认权与否决权。未经总监理工程师签字确认，委托人不支付工程款。

8. 在监理过程中如发现工程承包人员工作不力，监理机构可要求承包人调换有关人员。

（二）监理人的义务

1. 监理人按合同约定派出监理工作需要的监理机构及监理人员，向委托人报送委派的总监理工程师及其监理机构主要成员名单、监理规划，完成监理合同专用条件中约定的监理工程范围内的监理业务。在履行合同义务期间，应按合同约定定期向委托人报告监理工作。

2. 监理人在履行本合同的义务期间，应认真、勤奋地工作，为委托人提供与其水平相适应的咨询意见，公正维护各方面的合法权益。

3. 监理人使用委托人提供的设施和物品属委托人的财产。在监理工作完成或中止之日起＿＿日内，应将其设施和剩余的物品移交给委托人。

4. 在合同期内或合同终止后，未征得有关方同意，不得泄露与本工程、本合同业务有关的保密资料，亦不得泄露设计人、承包人等提供的商业秘密。

5. 监理人驻地监理机构及其职员不得接受监理工程项目施工承包人的任何报酬或者经济利益。

6. 监理人不得参与可能与合同规定的或与委托人的利益相冲突的任何

活动。

第八条　委托人应在不影响监理人开展监理工作的时间内提供如下资料：

1. 与本工程合作的原材料、构配件、机械设备等生产厂家名录。

2. 提供与本工程有关的协作单位、配合单位的名录。

第九条　委托人应免费向监理人提供办公用房、通信工具、监理人员工地住房，但水电费用、通信费用由监理人自行承担。

第十条　违约责任

（一）委托人的违约责任

1. 由于委托人原因使监理工作受到阻碍或延误，以致发生了附加工作或延长了持续时间，则监理人应当将此情况与可能产生的影响及时通知委托人。完成监理业务的时间相应延长，由委托人向监理人支付附加工作的报酬。

2. 委托人逾期支付监理报酬，每逾期一日，向监理人支付款项万分之____的违约金。

（二）监理人的违约责任

1. 监理人指派的监理人员与承包人串通给委托人或工程造成损失的，监理人向委托人支付违约金____万元，委托人有权要求监理人更换监理人员，直到终止合同，并要求监理人承担全部赔偿责任。

2. 监理人在合同期内或合同终止后，泄露与本工程、本合同业务有关的保密资料的，向委托人支付违约金____万元，并赔偿委托人的全部损失。

3. 监理人擅自更换监理人员的，向委托人支付违约金____万元，并赔偿委托人的全部损失。

4. 监理人不按本合同的规定履行职责，给委托人造成损失的，应向委托人支付违约金____万元，并赔偿委托人的全部损失。

（三）双方的违约责任

1. 任何一方不履行本合同，导致本合同终止，除由违约方赔偿守约方全部损失外，由违约方向守约方支付违约金____万元。

2. 任何一方部分不履行本合同，由此产生的损失，由违约方向守约方全部赔偿，同时，违约方向守约方支付违约金____万元。

第十一条　不可抗力

（一）不可抗力是指缔约时双方无法合理预见、规避的事件；

（二）因不可抗力不能履行本合同或部分不能履行本合同，双方互不追究法律责任。

(三)遇有不可抗力的一方,应在____小时内将事件的情况以信件、电报、电传、传真等书面形式通知另一方,并且在事件发生后____日内,向另一方提交合同不能履行或部分不能履行或需要延期履行理由的报告。

第十二条 争议的解决

双方在合同履行过程中发生争议的,应当协商解决,协商不成的,双方均可向人民法院提起诉讼。

第十三条 其他约定

1. 在监理业务范围内,如需要聘用专家咨询或协助,由监理人聘用的,其费用由监理人承担;由委托人聘用的,其费用由委托人承担。

2. 监理人在监理工作过程中提出的合理化建议,使委托人得到了经济效益,委托人可给予监理人经济奖励。

3. 监理人对于由其编制的所有文件拥有版权,委托人仅有权为本工程使用或复制此类文件。

委 托 人:_____(公章)   监 理 人:_____(公章)

住 所:_____   住 所:_____

法定代表人:_____   法定代表人:_____

委托代理人:_____   委托代理人:_____

电 话:_____   电 话:_____

传 真:_____   传 真:_____

开户银行:_____   开户银行:_____

账 号:_____   账 号:_____

邮政编码:_____   邮政编码:_____

年 月 日   年 月 日

附三:

建筑装饰工程施工合同

合同编号:_____年____字第____号

发包方:_____(以下简称甲方)。

承包方:_____(以下简称乙方)。

按照《中华人民共和国合同法》和《建筑安装工程承包合同条例》的规定,甲、乙双方结合本工程的具体情况,经协商一致达成如下协议。

第一条 工程概况

1.1 工程名称：＿＿＿＿＿＿＿＿＿＿＿＿＿＿＿＿。

1.2 工程地点：＿＿＿＿＿＿＿＿＿＿＿＿＿＿＿＿。

第二条 承包范围

＿＿＿＿＿＿＿＿＿＿＿＿＿＿＿＿＿＿＿＿＿＿＿＿＿＿＿。

第三条 工程承包方式

＿＿＿＿＿＿＿＿＿＿＿＿＿＿＿＿＿＿＿＿＿＿＿＿＿＿＿

第四条 工期

4.1 本合同总工期为＿＿＿日历天。

4.2 开工日期：＿＿＿＿年＿＿月＿＿日。

4.3 竣工日期：＿＿＿＿年＿＿月＿＿日。

第五条 工程质量标准

＿＿＿＿＿＿＿＿＿＿＿＿＿＿＿＿＿＿＿＿＿＿＿＿＿＿＿。

第六条 合同价款

6.1 合同价款为人民币＿＿＿＿元整（￥＿＿元）。

6.2 上述价款为一次性包干价，具体包括本工程所需的材料、设备和物资采购费、运输费（含第二次转运）、保管费、检验费（含材料设备检验、调试、检测费用）、人工费及机械费调整、施工机械的进出场费、现场经费、企业管理费、利润以及按现行取费标准计取的建安营业税、劳保基金等全部费用，并包括乙方产生的垃圾、废杂物的清理外运费、环保、城管、市政的所有政府职能部门的收费。

6.3 除上述价款外，甲方不再向乙方支付任何费用。

第七条 甲方的权利与义务

7.1 指派＿＿＿＿＿为驻工地代表，负责合同履行。对工程质量、进度进行监督检查与验收，办理验收、变更、登记手续和其他事宜。

7.2 如确实需要拆改原建筑物结构或设备管线，负责到有关部门办理相应审批手续。

7.3 协调有关部门做好现场保卫、消防、垃圾处理等工作。

7.4 提供施工现场电源和水源，并装表计量。

第八条 乙方的权利与义务

8.1 乙方严格按双方认可确认的施工图和施工方案进行施工，并达到设计方提供的效果图的总体要求，工程应将空调电源接到空调开关底盒处。

8.2 负责保护好周围建筑物及装修、设备管线、古树名木、绿地等不受损坏，并承担相应费用。

8.3 乙方在装修过程中所使用的材料必须达到国家的质量标准和环保标准。所使用的主要材料必须符合双方约定的《产品材料一览表》上所列明的品牌、产地和价格档次的要求。乙方采购的主要材料使用前，应向甲方提供产品的产地证、质量合格证和质量保证书等相关资料，经甲方验证认可后方可使用。

8.4 材料设备的采购由甲方代表全程监督，其采购程序为：由甲方会同乙方到材料供应商处按照《产品材料一览表》的约定进行现场验收、核对，经甲方代表签字认可后，乙方才能进行采购。材料到达工地后，经甲方检查，未达到合同约定要求的，甲方有权拒绝使用，由乙方按本款规定重新采购，直至达到国家质量标准和本合同约定的要求，所有费用由乙方承担，工期不予顺延。

8.5 附件《产品材料一览表》中双方约定的价格为材料的购买价，乙方因采购材料的采包费、人工工资、管理费、各项税费及各项定额计费等均在乙方总承包价格内，乙方不得再向甲方收取任何费用。乙方采购的材料、设备由于特殊原因未达到双方约定的价格，在满足质量标准的前提下，对低于约定价格的部分，甲方有权从工程款内对差价部分按实扣回。

8.6 乙方保证：乙方组织进场的施工人员保证全部持有上岗证，保证不是拼合队伍，技工决不用在湖南临时招集的队伍，决不将承包工程分包给其他施工单位。但工程所需要的小工可以从当地招聘。

8.7 在施工过程中，乙方恪守商业道德，不贿赂甲方任何人员，不得向甲方人员请客送礼和邀请甲方人员参加娱乐性消费。

8.8 指派为乙方驻工地代表，负责合同履行。按要求组织施工，保质、保量，按期完成施工任务，解决由乙方负责的各项事宜。

8.9 严格执行施工规范、安全操作规程、防火安全规定、质量检查记录，参加竣工验收。

8.10 遵守国家或地方政府及有关部门对施工现场管理的规定，妥善保护施工现场周围建筑、设备管线、古树名木不受损坏，做好施工现场保卫和垃圾处理等工作，处理好由于施工带来的扰民问题及与周围单位(住户)的关系。

8.11 施工中未经甲方同意，不得随意拆改原建筑结构及各种设备管线。

8.12 工程竣工未移交甲方之前，负责对现场的一切设备、设施和工程成品进行保护。

8.13 乙方施工所用水电按表计量并按"水：＿＿元/吨，电：＿＿元/
（kW·h）"的标准计算水电费，由乙方支付给甲方。

第九条 关于工期的其他约定

9.1 甲方要求本合同约定的工期提前时，应征得乙方同意，并支付乙
方赶工费用。

9.2 因甲方未完成约定工作，影响工期，工期经甲方书面确认后可
顺延。

9.3 因乙方责任，不能按期开工或中途无故停工，影响工期，工期不
顺延。

9.4 因设计变更（设计变更必须有设计变更通知单并经甲方书面认可）
或非乙方原因造成的停电、停水[一个月停水、停电累计三天（含三天）不计
延误工期]。一天内影响工程正常施工时间超过二小时不足六小时的可计半
天，达到六小时可计一天，每月累计超过三天的经乙方施工代表书面报告、
甲方工地代表认可并加盖工程审核章后，工期方可顺延。除上述原因、不可
抗力原因外，其他情况均不得顺延工期。

第十条 设计变更

设计变更除甲方提出要求变更外，乙方不得进行设计变更，由于乙方设
计遗漏的项目，由乙方负责完善，达到工程使用功能和验收标准，合同总价
不变。

甲方提出要求设计变更的，设计变更必须有设计变更通知单并经甲方加
盖工程审核专用章方能作为工程结算依据。

第十一条 工程价款支付、结算

11.1 甲方按下表约定支付工程价款

付款日期	付款比例	付款金额	备注

11.2 工程竣工验收后，乙方将全部工程资料完整地送交甲方。甲方应自

接到上述资料之日起_____天内审查完毕，期满未审查完毕或未提出异议，视为工程资料移交合格。甲方支付全部工程款的_____%即人民币_____万元（￥_____万元）给乙方，其余5%即人民币____元（￥_____元）作为质保金，保修期届满后十个工作日内，甲方全额无息一次性支付给乙方。

第十二条　安全生产

12.1　施工图纸或作法说明，应符合中华人民共和国消防条例和有关防火设计规范。

12.2　乙方在施工期间应严格遵守建筑安装工程安全技术规程、建筑安装工人安全操作规程、中华人民共和国消防条例和其他相关的法规、规范。

12.3　乙方负责现场的安全管理，其他单位进场施工必须服从乙方的现场安全管理。如其他施工单位违反安全操作规程，危及现场安全，乙方有权建议甲方中止第三方的作业。乙方在施工过程中，由于自己的原因和不能明确的原因引发的安全事故，所造成的一切后果，由乙方自行负责。由于第三方的责任，造成乙方损失的，由甲方协调第三方进行赔偿或由乙方通过法律程序解决，如属乙方和第三方的共同原因造成的事故，按事故分析报告确定的责任分担责任。

第十三条　工程验收

13.1　按照_____等国家制订的施工及验收规范的质量评定验收标准和设计的效果图进行验收。

13.2　甲、乙双方应及时办理隐蔽中间工程的检查与验收手续。隐蔽工程必须通过甲方代表现场检查验收合格后方能隐蔽，并达到相关规范标准，测试时必须有甲方代表参加并对测试结果签证，未经验收所产生的一切后果由乙方承担。如果甲方不按时参加隐蔽工程和中间工程验收，由此造成乙方的停工、误工损失，由甲方承担，乙方工期相应顺延。

13.3　工程竣工后，乙方应通知甲方验收，甲方自接到验收通知_____日，内组织验收，经甲方验收达到优良工程标准的，办理验收、移交手续。如甲方在规定时间内未能组织，需及时通知乙方，另定验收日期，但甲方应确认竣工日期，并承担乙方的看管费用。

第十四条　违约责任

（一）甲方的违约责任

14.1　由于甲方原因导致延期开工或中途停工，甲方应补偿乙方因停工、窝工所造成的损失。每停工或窝工一天，甲方补偿乙方人民币____元（￥_____元）。

14.2 甲方未办理任何手续，擅自同意拆改原有建筑物结构或设备管线，由此发生的损失或事故（包括罚款），由甲方负责并承担损失。

14.3 未办理验收手续，甲方提供使用或擅自运用，造成损失由甲方负责。

14.4 甲方逾期支付乙方工程款的，每逾期一日，按未付款项的____%向乙方支付违约金，工期相应顺延。

（二）乙方的违约责任

14.5 未经甲方同意，乙方擅自拆改原建筑结构或设备管线，由此发生的损失或事故（包括罚款），由乙方负责并承担损失。

14.6 乙方应妥善保护甲方提供的设备及现场堆放的家具、陈设和工程成品，如造成损失，应照价赔偿。

14.7 乙方逾期竣工的，每逾期一日，支付甲方违约金人民币____元（￥____元），逾期达____天的，甲方有权解除本合同，由此造成的所有经济损失由乙方自行承担。

14.8 乙方工程质量不合格的，乙方除立即返工并承担所有费用外，延期竣工的按14.7款处理，并支付甲方违约金人民币____元（￥____元），赔偿甲方由此造成的大于违约金部分的经济损失。

14.9 工程质量达不到本合同约定的优良工程标准的，乙方向甲方支付人民币____元（￥____元）违约金。

14.10 乙方将工程转包或分包的，支付甲方违约金人民币____元（￥____元），并赔偿甲方由此造成的大于违约金部分的经济损失。

14.11 乙方施工人员结构不符合本合同8.5款约定的，应在甲方发现之日起3日内更换达到本合同约定，并支付甲方违约金____万元（￥____元）。

（三）因一方原因，致使合同无法继续履行时，应及时通知对方，如果导致合同终止的，由违约方支付守约方违约金人民币____元（￥____元）并赔偿守约方由此造成的全部经济损失。

（四）任何一方部分不履行本合同的，由违约方支付守约方违约金人民币____元（￥____元），并赔偿守约方由此造成的全部经济损失。

第十五条 工程保修

保修期（从验收合格之日起计算）为____个月，如在保修期限内出现质量问题，乙方在接到通知之日起____天内进行返修。其发生的经费从乙方保修金中扣除，如超出保修金额，超出部分由乙方承担。

第十六条 争议的处理

16.1 本合同在履行期间，双方发生争议时，在不影响工程进度的前提下，双方可采取协商解决或请有关部门进行调解。

16.2 甲、乙双方不愿通过协商、调解解决或者协商、调解不成的，双方同意按下列第____种方式处理：

1. 提交仲裁委员会裁决；

2. 由甲方所在地的人民法院管辖。

第十七条 其他约定

17.1 《产品材料一览表》及施工图纸均是本合同的有效组成部分，与本合同具有同等法律效力。

17.2 本合同自双方签字盖章后生效。

17.3 本合同正本两份，双方各执一份；副本四份，双方各执二份，具有同等法律效力。

17.4 本合同履行完成后自行终止，但双方依照本合同约定应当履行的义务必须继续充分履行。

17.5 附件

(1) 施工图纸或作法说明(略)。

(2) 工程项目一览表(略)。

(3) 产品材料一览表。

甲方(公章)：	乙方(公章)：
法定代表人：	法定代表人：
委托代理人：	委托代理人：
地址：	地址：
电话：	电话：
传真：	传真：
开户银行：	开户银行：
账号：	账号：
邮政编码：	邮政编码：
年 月 日	年 月 日

产品材料一览表

序号	材料设备名称	规格	质量等级	厂家和品牌	双方约定价格

2. 其他类型合同范本

附四：

购销合同

合同编号：＿＿＿＿＿年＿＿＿字第＿＿＿号

甲方：＿＿＿＿＿＿＿＿＿＿＿＿＿＿＿＿＿＿＿＿＿＿＿＿＿。

乙方：＿＿＿＿＿＿＿＿＿＿＿＿＿＿＿＿＿＿＿＿＿＿＿＿＿。

1. 经双方友好协商，甲方欲购买乙方生产的＿＿＿＿＿型数量＿＿＿＿＿台，购买价格＿＿＿＿＿元。运输方式：＿＿＿＿＿＿＿＿＿。

2. 甲方确认产品无误后，方能将购货款汇到乙方指定的银行账户或银行卡上，乙方开户行：＿＿＿＿＿＿＿＿＿＿＿＿＿；账号：＿＿＿＿＿＿＿＿＿＿＿；持卡人：＿＿＿＿＿＿＿＿＿＿。

3. 乙方应该将检验合格的产品及时、准确地提交给甲方，并遵守对用户的售后服务承诺(可另附《质量保证书》)，甲方应及时将所需货款汇至乙方指定的账号上。

4. 运输过程中出现的问题由乙方负责，甲方承诺不将该产品用于非法的盗版活动。

5. 本合同需经双方签字盖章后生效，甲乙双方各执一份(传真件有效)。

6. 甲乙双方应共同遵守本合同的顺利实施，如出现问题应先协商解决，如协商不成，可向工商管理部门或法院提起诉讼，由违约方承担全部责任。

7. 本合同未尽事宜，以国家相关法律为准。

甲方盖章签字：　　　　　　　　　　　乙方盖章签字：

签署日期：　　　　　　　　　　　　　签署日期：

附五：

借款合同

合同编号：_____年____字第____号

出借方：_____；借款方：_____；担保方：_____。

三方经过充分协商，特签订本合同。

第一条　自_____年____月____日至_____年____月____日，由出借方提供借款方借款计人民币_____元。还款计划如下：

第二条　借款利率，按利率_____计算。

第三条　借款方保证按本合同所订期限归还借款本息。如果不能按期归还借款，乙方除承担违约责任外，还需承担甲方追讨该借款的差旅费、律师费、诉讼费等。

第四条　本合同的债权，甲方可自由转让与他人。乙方偿还借款的顺序为先利息后本金。

第五条　借款方的借款由担保人用_____作担保，担保期限为_____，担保范围为本金、利息和追讨该借款的差旅费、律师费、诉讼费等。

第六条　借款到期后，如借款方不按期归还本息时，由担保单位(或担保人)依法承担连带责任。

第七条　本合同一式四份，出借方和借款方各持正本一份，担保方一份。

第八条　本合同经双方签字之日起生效。

出借方：_____(章)

借款方：_____(章)

担保方：_____(章)

签约日期：

三、练习题

1. 案例分析一

案情：北京甲公司在上海 A 区成立了一家分公司并取得营业执照。甲公司在上海 A 区某楼盘购买了 2 套毛坯住房，经过装修后分给分公司 2 名高管居住。

问题：你作为公司法务，请起草一份房屋装修合同。

2. 案列分析二

案情：甲方(需方)：北京 A 商业有限公司　　　　地址：北京朝阳区 A 大厦

乙方(供方)：深圳 B 广告有限公司 地址：深圳市宝安区 B 号院

甲、乙双方在平等自愿、互利互惠的基础上，经友好协商，就甲方向乙方购买相关产品事宜达成如下协议：

一、产品基本情况

品 名	型 号	配 置	款 式	数 量	单 价	总 价
壁挂式广告机	GQ－88	单机版	X 款	100 台	5600 元	560000 元
备 注	此价格含税和运费					

二、付款、交货及验收

1. 付款方式：款到发货。

2. 本合同生效后乙方在 10～15 个工作日内，须将该批产品发送至甲方指定地点。

3. 收货人：_____ 电话：_____ 收货地址：_____。

4. 在甲方安装调试时，如发现产品质量、型号等不符合约定时，由乙方自付费用在 3 个工作日进行更换。

三、包装、质量标准及安装

1. 乙方按标准保护措施进行产品包装。包装须适应于远距离运输并具有防潮、防震、防锈功能。

2. 产品质量标准应符合国家相关规定，符合乙方宣传的产品参数、功能及特点。

3. 产品安装由甲方负责，但乙方具有指导安装、调试的义务。

四、售后服务

1. 甲方收到乙方提供的产品，自开箱之日起 1 个月内，如有质量问题，乙方免费包换同等型号产品。

2. 甲方在产品安装调试期间，乙方有义务通过电话或网络等形式进行指导安装。

3. 乙方为甲方提供的质保期：质保 3 年，整机 1 年免费保修，后 2 年按成本维修。

4. 关于免费保修

①免费保修期限从乙方开具的正式发票之日开始起计算或者按机器上面的保修质保签日期计算。

②在免费保修期内，乙方负责对其提供的硬件设备、软件和系统进行维护或维修。

③免费保修期内维修服务所发生的硬件费用均由乙方承担，乙方不得向甲方或甲方客户收取费用，保修期内不属于免费保修范围内的损坏，乙方收取人工费及材料工本费。

④免费保修期内，产品质量问题引起维修中的运费由乙方承担。

⑤免费保修期内若不属于保修范围或人为损坏的运费由甲方承担。

5. 非免费保修情形

对于下列情形，乙方不承担免费保修义务，由甲方选择乙方或者他方提供有偿服务：

①超出免费保修期时。

②由于使用环境超出产品说明规定使用范围、不可抗力因素损坏，以及人为损坏的。

③由于用户故意或者重大过失造成的产品损毁，包括但不限于用户自行运输、搬运时跌落、碰撞、不按说明书使用或操作而造成的损毁。

④由于用户自行对产品进行改装及其他使用不当引起的损毁。

6. 维修服务要求

①如果采购物品在免费保修期内出现质量问题，乙方收到甲方维护要求后，应在 24 小时内做出响应及回复。

②若通过电话或网络等方式不能解决的，保修期内乙方需提供免费上门服务，乙方应当在接到甲方维修通知之日起 2 个工作日内上门进行维修。乙方在 2 个工作日内不能完成维修的，乙方需提供备用机供甲方使用。

7. 有偿服务收费标准

①对于保修范围外的服务，乙方将收取费用，收费标准为技术服务费加更换零件费等。

②保修期结束后乙方依然负责对所售设备进行维护或维修，其间产生的费用由甲方承担。

8. 关于保修，若本合同未有约定的，依照国家有关规定执行。

五、产品责任

1. 如因采购产品的缺陷而发生了损害甲方或使用产品的用户等第三人的人身或财产的事故，乙方应当承担全部赔偿责任。

2. 在甲方向因采购产品遭受损害的第三人赔偿损失，且该损害是因采购产品的缺陷而引起时，乙方有义务最终承担该损害赔偿金以及其他费用，并根据甲方的要求直接支付给甲方或第三人。

六、违约责任

1. 如乙方未按本合同约定的时间或数量交货，每逾期 1 日，应向甲方赔偿迟交产品总额的 5% 的违约金，如超过 10 日，甲方有权单方解除本合同并要求乙方支付合同总金额 20% 的违约金。

2. 因任何一方违约，守约方可单方解除合同，由违约方承担由此导致的损失。

七、不可抗力

1. 本合同所指不可抗力包括地震、火灾、水灾、台风、罢工、暴动、瘟疫、战争、意外事件或其他非双方所能预见并且控制或避免的事件。

2. 如果发生不可抗力，受不可抗力影响的义务的履行期限在不可抗力期间自动中止，并应自动延长，延长期间为中止的期间，受不可抗力影响的一方无须为此承担责任。

3. 如发生不可抗力事件，一方应当及时通知对方，并采取合理、必要的努力降低不可抗力对双方履行合同造成的不利影响。

八、保密

在本合同有效期内及合同终止后 1 年内，若事先未得到对方的书面认可，任何一方不得以任何方式泄露本合同内容以及在双方履行本合同过程中所得到的对方的各种信息(包括但不限于产品价格、产品清单、产品配置、客户清单、客户关系等)。

九、其他

1. 合同及其附件替代并终止双方早期就本合同中的相关内容所作的所有书面或口头的合同或协议。对本合同的未尽事宜或相应修改，须经双方进行协商并签订补充协议，否则对本合同的更改无效。

2. 合同在履行中出现的一切问题，甲、乙双方应先协商解决；协商不成的，应向北京市朝阳区人民法院提起诉讼。

3. 本合同经双方签字盖章之日起开始生效。

4. 合同一式四份，甲乙双方各执两份，具有同等法律效力，传真件有效。

甲方(盖章)：　　　　　　　　　　　　乙方(盖章)：

法定代表人(签字)：　　　　　　　　　法定代表人(签字)：

　　　　　　　　　　　　　　　　　　日期：＿＿＿＿年＿＿＿月＿＿＿日

问题：请以甲方公司法务的身份审查上面的买卖合同存在哪些问题? 如何修改?

实务目标(二)　商事合同的履行

一、操作步骤

(一)跟踪合同履行情况

合同履行过程中,若法律部门为合同主管部门,应监督并跟进合同的履行情况,制定合同履行情况表,判断合同履行情况以减少风险。可以月为单位,要求各业务部门提交合同履行情况汇总表,汇总跟进所有合同的进度,并归纳其中出现的问题。同时要求各业务部门在出现异常时立即反馈至法务部门,并保存相关的证据材料,以便及时应对合同纠纷。

(二)变更合同应采用书面形式

合同签订后,在履行过程中,因单方或双方情况的变化,会导致相关合同条款的变化。合同双方权利义务的变更需要双方协商一致签订补充合同或条款方可有效。如原料上涨导致销售价格的变动,在此种情况下,如合同未明确规定单方有直接变更权,如未经另一方同意强势进行变更,则存在违约的风险。此时,一般可先行与对方沟通协商,确定对方是否同意变更,并对最终同意结果形成书面文本固化,即经双方签字盖章确认。合同的变更、补充需与合同签订审批流程一致。

(三)督促本企业按约定履行合同义务

依法成立的合同受法律保护。企业和客户之间订立的合同如果不存在违反法律、行政法规的强制性规定、损害社会公共利益等情形,即为受法律保护的有效合同,双方有义务严格遵循约定,全面履行合同。无论是单位改变名称、企业股权易手,还是法定代表人、负责人、经办人变更,都不能成为不履行合同的理由。

(四)防范送货的主要风险

按照约定送货的,必须由合同中注明的经办人签收货物,或者由经对方书面授权的其他人签收。接收支票付款的,只要支票真实有效,即使是购货方用别的单位的支票支付货款,实践中也都可以接受。为了避免银行退票带来的麻烦和损失,接收支票当时应重点审查以下内容:① 收款人名称是否正确;②书写是否清楚,字迹是否潦草;③大小写的金额是否一致;④大写数字是否正确;⑤印鉴(公章和法定代表人印章)是否清晰;⑥如果是经过背书的支票,应审查背书是否连续;⑦有无伪造变造的痕迹。对方要求先出发票并挂账的,应当让对方出具收条,并一定要在收据中注明"以上款项未付",这样该张收据就同时具有欠款确认书的作用。

(五)注意及时验收货物、提出异议

购进货物是企业经营的日常业务,注意及时验收货物,发现货物不符合合同约定的,务必在法律规定或者合同约定的期限内尽快以书面方式向对方明确提出异议。不必要的拖延耽搁,将可能导致丧失索赔权。

(六)适当行使不安抗辩权

在合同履行过程中,如果有确切证据证明对方经营状况严重恶化、转移财产或者抽逃资金以逃避债务、丧失商业信誉、有丧失或者可能丧失履行债务能力的其他情形的,可以及时通知对方中止履行依照合同约定应当先履行的义务,等待对方提供适当担保。中止履行后,对方在合理期限内未恢复履行能力并且未提供适当担保的,可以解除合同。

(七)积极寻求利益最大化的履行纠纷解决方法

合同履行过程中,不要轻易选择主动违约、解除合同或者提起诉讼等方式解决问题,与客户平等协商、寻找双方都能接受的解决方案更加有利于减少损失。

(八)按期提出解除合同的异议

一旦客户通知解除合同而企业对此存在异议时,如果合同中约定了异议期限,则应在约定期限内向对方以书面方式提出。如果在约定期限届满后才提出异议并向法院起诉的,法院将无法支持;如果合同中没有约定异议期间,则应在解除合同通知到达之日起三个月内向法院起诉,否则法院不会支持企业对合同解除的异议。

(九)履行减损义务

如果客户违约,不管是什么理由,都应该及时采取措施,防止损失扩大,

由此产生的合理费用将由违约方承担。如果消极对待、放任损失的扩大，对于扩大的损失法院不会予以保护。

二、注意事项

（一）充分关注合同期限

合同期限包括法定期限和约定期限。合同法中有许多法定权利的行使都有明确的期限，超过该期限权利就会丧失。由于期限对企业履行合同有相当大的影响，因此，企业合同管理部门应定期翻阅和审核合同备案件，一旦发现问题要及时汇报，并采取相应的补救措施。

（二）加强证据保存的意识

要妥善保管好合同的原件以及双方履行中往来的全部书面记录。合同原件的保管是非常重要的，它是明辨合同纠纷最直接、最有力的原始证据。许多合同的内容是企业不愿意公开的，也有些合同中会涉及商业秘密或者技术秘密。合同的保管可由签订了保密协议的人员负责。合同原件的保管期限，一般是越长越好，但最短不应少于两年。因为我国的民事纠纷的一般诉讼时效期限也是两年。对于有些合同，保管期限为两年显然过短，尤其是那些设备、工程安装合同、工程施工合同、房屋买卖合同、涉外合同等重要的合同，其保管期限至少应等于或大于使用年限。要特别注意涉及合同签订或履行的重要电子邮件证据的收集，我们不能擅自删除邮箱中的电子文档，应尽量长时间地将往来邮件保存在邮箱服务器中，取证时需要由公证机关下载、保存并打印，制作成公证书。涉及往来的传真件，必须及时复印加以保存。

（三）及时行使合同履行抗辩权

根据我国合同法的有关规定，合同履行抗辩权包括同时履行抗辩权、先履行抗辩权和不安抗辩权三种。发生相关的法定事由，应当及时向企业建议行使相关的抗辩权。

三、练习题

甲方将上一实务目标练习题第 2 题中的合同修改后，已经与对方签订了合同。请分别从甲方和乙方的公司法务人员的角度分析合同履行过程中可能存在哪些风险，这些风险应当怎样避免？

实务目标(三)　商事合同的档案管理

一、操作步骤

(一)建立健全合同专用章管理制度

企事业单位应建立健全合同专用章管理制度，规定合同专用章的名称、编号、刻制与启用、使用范围、使用登记、日常保管与交接等内容。合同专用章，应当由本单位办公室或者法务部门统一保管与使用；合同专用章的编号及其使用范围应由法务部门确定。合同量大、合同管理制度健全，且配备专职合同管理人员的下属单位或者机构，经单位法务部门核准，可以领用和保管固定编号的合同专用章。企事业单位应严格按确定的范围使用合同专用章，不能混用、代用或借用。合同专用章的报废、销毁由合同管理部门或印章管理部门负责。

企事业单位应当禁止在尚未最后拟定的合同文本、空白介绍信、信笺纸或其他空白纸张上加盖合同专用章。一般不得携带合同专用章外出签订合同，特殊情况需经公司总法律顾问或单位领导签字同意并经印章管理部门审查盖章后，由合同主管部门派员携带外出，不能将合同专用章交由合同主管部门以外的其他人员携带外出。

合同专用章被盗或丢失，应及时向公安机关报案、登报声明作废、通知有关相对人或采取其他补救措施，以防止表见代理行为的发生；还应及时向合同主管部门报告。

(二)建立合同档案管理制度

1. 合同档案的管理原则

合同档案是企事业单位业务活动和单位管理的重要法律文件，各单位应建立合同档案管理制度。母、子公司或者总、分公司可根据"分级管理"的原则，分别由单位及其下属单位管理合同档案，各自的职责范围由上级单位确定。

2. 建立每份合同的档案

每份合同均应建立合同档案，合同档案的编号与合同编号一致。合同档案包括在合同考察、洽谈、签订、履行、变更、解除及解决纠纷等过程中,形成的所有书面材料、封存样品等实物及视听资料,其中原始档案资料的保管尤其重要。原始档案主要包括:①合同文本及附件;②补充协议、变更或解除合同协议;③对方营业执照、资格证、特种经营许可证等资信调查资料,对方签约人法定代表人证明或授权委托书;④意向书、备忘录、谈判及会谈记录;⑤往来信函、电报、传真、电子邮件,包括验收确认书、质量异议书、催款通知书等;⑥现场签证、送达回执或确认书。

3. 建立合同管理过程中的形成的档案

合同管理中形成的文档资料也应归类建档、妥善保管。这些文档主要包括:各类台账特别是合同签订与履行登记台账(见附表1)、报表特别是合同统计年报表(见附表2)、记录、领导批示等。

4. 建立合同档案的借阅制度

合同原件原则上不得随意外借。合同经归档后,因其他原因需要查阅、借阅合同原件时,应遵守合同借阅管理制度,各企业单位可根据实际情况制定不同级别的借阅审批权限。

(三)合同档案归档的工作流程

合同归档的工作流程主要是:先由保存资料的责任人整理,做好归档准备,然后向单位申请归档。领导审核后同意归档的,在归档申请书上签字审批,责任人将其保存的资料移交档案室存档。责任人移交档案后应向档案管理员收取回执函,建立台账。

合同签订单位应当及时归档,建议在合同签订之日起5日内将合同原件送法务部门或者办公室、综合部门存档。

二、注意事项

（一）签订合同必须使用合同专用章

企事业单位对外签订合同，应当一律使用合同专用章，不得使用行政公章、部门公章或其他业务专用章，合同专用章的名称应与本单位工商登记的名称一致。

（二）建立合同专用章使用登记台账

企事业单位应建立合同专用章使用登记台账。加盖合同专用章应如实记录合同专用章使用登记台账，记明盖章时间、合同名称、对方名称、标的额、经办人、盖章人等内容。

（三）建立合同签订与履行登记台账

企事业单位应建立合同签订与履行登记台账，具体操作可参照附表1和附表2。

附表1

合同签订与履行登记台账

填报人：   时间：   年   月   日

序号	合同编号和合同名称	甲方		乙方		合同主要内容	标的额(万元)			合同期限			验收人	变更及原因
		名称	经办人	名称	经办人		单价	合同额	结算额	签约日期	履行期限	实际日期		

附表2

合同统计年报表

序号	合同分类	往年签订但未履行完毕的合同		本年度签订的合同		本年度已审查的合同		法律意见书	已履行的合同		正在履行的合同		发生纠纷的合同	
		份数	金额	份数	金额	份数	金额	份数	份数	金额	份数	金额	份数	金额
1	买卖合同													
2	供用电、水、气、热力合同													
3	建设工程合同													
4	借款合同													
5	租赁合同													
6	融资租赁合同													
7	承揽合同													
8	保管仓储合同													
9	运输合同													
10	知识产权合同													
11	委托合同													
12	担保合同													
13	投资合同													
14	资本运作合同													
15	合资合作合同													
16	劳动合同													

单位负责人：　　　　　　　审核人：　　　　　　　　　　　填报日期：

第三章　企业竞争法律实务

实务目标(一)　不正当竞争行为的判定与防范

一、操作步骤

(一)掌握不正当竞争行为的判定标准

不正当竞争行为是指经营者在市场竞争中,采取非法的或者有悖于公认的商业道德的手段和方式,与其他经营者相竞争的行为。企业法务人员,既要努力规范本企业的竞争行为,也要注意防范其他经营者的不正当竞争行为。

根据《中华人民共和国反不正当竞争法》(简称《反不正当竞争法》)、《最高人民法院关于审理不正当竞争民事案件应用法律若干问题的解释》、《关于禁止商业贿赂行为的暂行规定》、《关于制止低价倾销行为的规定》、《关于禁止侵犯商业秘密行为的若干规定》、《关于禁止有奖销售活动中不正当竞争行为的若干规定》、《中华人民共和国招标投标法实施条例》(简称《招标投标法实施条例》)等法律法规的规定,各种不正当竞争行为的判定标准如下:

1. 经营者在自己的商品或服务中有下列行为的属于假冒仿冒行为

(1)假冒他人的注册商标。他人的商标是否注册,是判定假冒仿冒行为的关键,与他人使用该商标的商品是否为知名商品无关。同时,假冒他人的注册商标,不限于同样以商标的形式用于商品或服务上。将他人注册商标登记为企业名称,亦不应以企业名称登记的形式合法而阻却不正当竞争行为性质的认定。

(2)擅自使用知名商品特有的名称、包装、装潢,或者使用与知名商品近似的名称、包装、装潢,造成和他人的知名商品相混淆,使购买者误认为是该知名商品。禁止这一行为，旨在保护"知名商品"的经营者、购买者的合法权益。使用"非知名商品"的名称、包装、装潢，或者使用与"非知名商品"近似的名称、包装、装潢，不构成该类不正当竞争行为。

（3）擅自使用他人的企业名称或者姓名，引人误认为是他人的商品。该行为不限于在商品的商标、名称、包装、装潢上使用他人企业名称或者姓名，还包括行为人在经营场所、宣传资料或者其他载体上的擅自使用。

（4）在商品上伪造或者冒用认证标志、名优标志等质量标志，伪造产地，对商品质量作引人误解的虚假表示。

2．经营者在自己的商品或服务中有下列行为的属于商业贿赂行为

（1）账外暗中给予对方单位或者个人回扣，以及对方单位或者个人在账外暗中收受回扣的。

（2）假借促销费、宣传费、赞助费、科研费、劳务费、咨询费、佣金等名义，或者以报销各种费用等方式，给付对方单位或者个人现金或实物，为对方单位中的有关人员提供国内外各种名义的旅游、考察，设定债权、免除债务、提供劳务或者担保、降低贷款利息、安排子女就业、提供车房免费使用等。

3．经营者的下列行为属于虚假宣传行为

（1）通过对商品作片面的宣传或者对比，将科学上未定论的观点当作定论的事实用于商品宣传，以歧义性语言或者其他引人误解的方式进行商品宣传等手段对商品的质量、制作成分、性能、用途、生产者、有效期限、产地等作引人误解的虚假宣传。

（2）利用广告或者其他方法对不存在的商品或者服务进行宣传；宣传的商品的性能、功能、产地、用途、质量、规格、成分、价格、生产者、有效期限、销售状况、曾获荣誉等信息，或者服务的内容、提供者、形式、质量、价格、销售状况、曾获荣誉等信息，以及与商品或者服务有关的允诺等信息与实际情况不符，对购买行为有实质性影响的；使用虚构、伪造或者无法验证的科研成果、统计资料、调查结果、文摘、引用语等信息作证明材料进行的广告等宣传；虚构使用商品或者接受服务的效果的广告等宣传；以虚假或者引人误解的内容欺骗、误导消费者的广告等宣传。

4．经营者的下列行为属于侵犯商业秘密行为

（1）以盗窃、利诱、胁迫或者其他不正当手段获取权利人的商业秘密。

（2）披露、使用或者允许他人使用以前项手段获取的权利人的商业秘密。

(3)违反约定或者违反权利人有关保守商业秘密的要求,披露、使用或者允许他人使用其所掌握的商业秘密。

此外,第三人明知或者应知前款所列违法行为,获取、使用或者披露他人的商业秘密,视为侵犯商业秘密。但是,行为人通过自行开发研制或者反向工程(即通过技术手段对从公开渠道取得的产品进行拆卸、测绘、分析等而获得该产品的有关技术信息)等方式获得商业秘密的,不属于侵犯商业秘密行为。

5. 经营者的下列行为属于降价排挤行为

(1)生产企业销售商品的出厂价格低于其生产成本的,或经销企业的销售价格低于其进货成本的。

(2)采用高规格、高等级充抵低规格、低等级等手段,变相降低价格,使生产企业实际出厂价格低于其生产成本,经销企业实际销售价格低于其进货成本的。

(3)通过采取折扣、补贴等价格优惠手段,使生产企业实际出厂价格低于其生产成本,经销企业实际销售价格低于其进货成本的。

(4)进行非对等物资串换,使生产企业实际出厂价格低于其生产成本,经销企业实际销售价格低于其进货成本的。

(5)通过以物抵债,使生产企业实际出厂价格低于其生产成本,经销企业实际销售价格低于其进货成本的。

(6)采取多发货少开票或不开票方法,使生产企业实际出厂价格低于其生产成本,经销企业实际销售价格低于其进货成本的。

(7)通过多给数量、批量优惠等方式,变相降低价格,使生产企业实际出厂价格低于其生产成本,经销企业实际销售价格低于其进货成本的。

(8)在招标投标中,采用压低标价等方式使生产企业实际出厂价格低于其生产成本,经销企业实际销售价格低于其进货成本的。

(9)采用其他方式,使生产企业实际出厂价格低于其生产成本,经销企业实际销售价格低于其进货成本的。

下列情形中低于成本价销售商品的行为被规定为依法降价处理,不属于降价排挤行为:①积压商品;②过季或者临近换季的商品;③临近保质期限、有效期限的商品;④临近保质期限的鲜活商品;⑤因依法清偿债务、破产、转产、歇业等原因需要以低于成本的价格销售的商品。

6. 经营者"违背购买者意愿"的下列行为属于捆绑销售行为

(1)经营者采用将附赠商品的价格计入销售商品从而明显提高销售商品

的价格的"有奖销售"，附赠商品实质上是搭售商品，购买者对搭售商品支付了对价，构成捆绑销售。

（2）强制性地限定交易相对方的经营者在销售过程中的商品批发价、零售价，或者限定其市场范围、禁止销售其他商品等，属于附加其他不合理的条件，构成捆绑销售。

7.经营者的下列行为属于不正当奖售行为

（1）采用谎称有奖或者故意让内定人员中奖的欺骗方式进行有奖销售。

（2）利用有奖销售的手段推销质次价高的商品。

（3）抽奖式的有奖销售，最高奖的金额超过5000元。

8.经营者的下列行为属于商业诋毁行为

（1）利用散发公开信、召开新闻发布会、刊登比较广告、发布声明广告等形式损害竞争对手的商业信誉或者商品声誉。

（2）利用商品的说明书抬高自己，贬低别人。

（3）向业务客户和消费者诋毁竞争对手。

（4）唆使他人诋毁竞争对手。

（5）组织人员以顾客或消费者的名义向相关经济管理监督部门作质量低劣、服务质量差、侵害消费者权益等情况的虚假投诉，致使相关部门查处竞争对手。

9.经营者的下列行为属于串通投标行为

（1）投标人串通投标行为。根据《招标投标法实施条例》第39条、第40条规定，下列行为属于投标人串通投标：投标人之间协商投标报价等投标文件的实质性内容；投标人之间约定中标人；投标人之间约定部分投标人放弃投标或者中标；属于同一集团、协会、商会等组织成员的投标人按照该组织要求协同投标；投标人之间为谋取中标或者排斥特定投标人而采取的其他联合行动。下列情形视为投标人串通投标：不同投标人的投标文件由同一单位或者个人编制；不同投标人委托同一单位或者个人办理投标事宜；不同投标人的投标文件载明的项目管理成员为同一人；不同投标人的投标文件异常一致或者投标报价呈规律性差异；不同投标人的投标文件相互混装；不同投标人的投标保证金从同一单位或者个人的账户转出。

（2）投标人与招标人串通投标。根据《招标投标法实施条例》第41条规定，下列行为属于投标人与招标人串通投标：招标人在开标前开启投标文件并将有关信息泄露给其他投标人；招标人直接或者间接向投标人泄露标底、评标委员会成员等信息；招标人明示或者暗示投标人压低或者抬高投标报价；招标人授意投标人撤换、修改投标文件；招标人明示或者暗示投标人为特定投标人中标提供方便；招标人与投标人为谋求特定投标人中标而采取的其他串通行为。

(二)规范己方的竞争行为

企业法务人员最根本的职责是对企业的生产经营活动提供《法律意见书》，适时作出法律风险提示，尽量避免和减少法律纠纷。认为企业法务人员甚至企业法律顾问只是通过打官司来维权的认识，是完全错误的。

企业法务人员应当经常性地通过各种途径和方式提醒企业经营者遵循公平、合法和诚实信用的原则，不弄虚作假，不进行商业贿赂，不侵犯他人的商业秘密，必须通过提高产品质量和声誉来赢得市场、赢得消费者。

(三)对侵权行为的反制——维权途径的选择

1. 私力救济

权利人通过向不正当竞争的行为人发送侵权警告，进而协商，实现让侵权人履行法律义务、承担法律责任的目的。或者，为避免不正当竞争行为造成更严重的侵害后果，在寻求行政和司法渠道维权之前或者在行政程序、司法程序的过程中，通过侵权警告，制止侵权人的不正当竞争。

(1)确认侵权事实。权利人应当在法律允许的范围内，尽一切可能收集和固定不正当竞争行为的相关证据，确定侵权事实。

(2)拟定维权方案。权利人应当判断私力救济措施在所发生的不正当竞争纠纷中的作用大小，根据实际情况确定维权方案。

从民事责任的承担或者从民事权利获得救济的角度，结合有关法律规定，《反不正当竞争法》针对行为人实施不正当竞争行为所规定的下列法律责任可以通过私力救济途径解决：①(任何不正当竞争行为)给被侵害的经营者造成损害的，应当承担损害赔偿责任(第20条)；②假冒仿冒、虚假宣传、侵犯商业秘密、不正当奖售的，应当停止侵害(第21条、第24条、第25条、第26条)；③虚假宣传还应当消除影响(第24条)。对于其他不正当竞争行为的民事责任方面，《反不正当竞争法》除在第20条规定了赔偿损失外，未有其他相应规定。

(3)发送侵权警告。侵权警告是指经营者为制止他人的不正当竞争行为而采取的告知行为人其行为已构成不正当竞争并警告其停止侵权行为的意思表示。侵权警告应当包含但不限于以下内容：①明确被警告对象实施了某种不正当竞争行为的事实。②提出限期让对方承担依法应当承担的法律责任的要求。③给出对方跟己方沟通、协商的期限。期限虽需合理，但为避免侵权后果扩大，应当尽可能短。④告知对方如果不积极沟通、协商，或者继续不正当竞争行为，己方将通过行政机关、司法机关维权的意思。

（4）依法沟通协商。权利人应当本着积极的态度，在符合法律的前提下，遵守平等、自愿的原则，按照切实可行的方案同对方沟通、协商以实现维权目标。权利人应当避免采用违法手段、提出违法要求、接受违法条件，以防范可能的法律风险。

（5）积极应对失败。在不正当竞争纠纷中，私力救济建立在双方平等自愿的基础上，如果通过发送侵权警告、交涉、沟通、协商，不能实现维权目的，权利人应当冷静接受。无论是否采取私力救济措施，只要维权目标未实现，诉诸行政、司法机关的准备工作都不应当松懈。一旦确信私力救济措施不能奏效，以便能在第一时间转而求助于行政或司法渠道。

2．行政权力救济

权利人依法请求具有行政管理职权的行政主体，对不正当竞争行为进行调查、认定、处罚和制止，以达到制止不正当竞争行为、维护自身合法权益的目的。

（1）确定主管行政机关。不同的不正当竞争行为，其监督检查部门可能不一样。权利人寻求行政权力的救济，应当根据不正当竞争行为的种类，向依法对该不正当竞争行为有监督检查职能的行政主体提出。

（2）申请行政机关查处。《反不正当竞争法》第4条规定，国家鼓励、支持和保护一切组织和个人对不正当竞争行为进行社会监督。因此，当不正当竞争行为发生时，一切组织和个人都有权向相应的监督检查部门举报。从企业竞争法律实务的角度看，经营者对待不正当竞争行为的态度，不应当是泛泛地对任何不正当竞争行为都进行举报。其着重点，应当是针对直接侵害自身合法权益的不正当竞争行为进行维权。权利人有权对具有竞争关系的经营者的不正当竞争行为，或者交易相对人损害自身利益的不正当竞争行为，或者其他侵害自身利益的不正当竞争行为，申请具有监督管理职能的行政机关进行检查、认定和处罚。

（3）申请行政复议。《反不正当竞争法》第29条规定，当事人对监督检查部门作出的处罚决定不服的，可以自收到处罚决定之日起15日内向上一级主管机关申请复议。依照行政法法理，"当事人对监督检查部门作出的处罚决定不服"，既可以是被处罚的当事人认为处罚没有事实和法律依据，或者因处罚幅度违法而不服，也可以是申请人认为应当处罚的行为没有处罚或处罚过轻而不服。依照《中华人民共和国行政复议法》（简称《行政复议法》）第6条第9项之规定，公民、法人或者其他组织可以对其申请行政机关履行保护人身权利、财产权利的法定职责，行政机关没有依法履行的情形申请行政复议，权利人申请具有监督检查职责的行政部门对不正当竞争行为进行检查和处罚，而该行政部门不依法履行职责，权利人可以按照《行政复议法》第12条规定，向该部门的本级人民政府申请行政复议，或者该部门的上一级主管部门申请行政复议。

此类案件中，行政复议并非行政诉讼的必经前置程序。依《反不正当竞争法》第29条，当事人对监督检查部门作出的处罚决定不服的，可以申请行政复议，也可以直接向人民法院提起诉讼。

3. 司法权力救济

权利人向司法机关提起民事诉讼、行政诉讼，或者通过刑事追诉的方式，追究不正当竞争的行为人的民事责任、行政责任或刑事责任，从而制裁违法行为人，维护自身合法权益。

（1）提起民事诉讼。《反不正当竞争法》第20条第2款规定，被侵害的经营者的合法权益受到不正当竞争行为损害的，可以向人民法院提起诉讼。民事诉讼救济的是权利人的民事权利，或者说，权利人依法要求侵权人承担的民事责任，包括赔偿损失、停止侵害、消除影响、恢复名誉等，均可以通过民事诉讼实现。《反不正当竞争法》没有规定行政程序前置。

（2）提起行政诉讼。依《反不正当竞争法》第29条，当事人对监督检查部门作出的处罚决定不服的，可以直接向人民法院提起诉讼。《行政诉讼法》第12条规定，公民、法人或者其他组织对其申请行政机关履行保护人身权、财产权等合法权益的法定职责，行政机关拒绝履行或者不予答复的，可以提起行政诉讼。

（3）启动刑事程序。从企业竞争法律实务的角度，权利人仅指受到不正当竞争行为直接侵害的人，在刑事法律上称作被害人。依《中华人民共和国刑事诉讼法》第108条第2款规定，被害人对侵犯其人身、财产权利的犯罪事实或者犯罪嫌疑人，有权向公安机关、人民检察院或者人民法院报案或者控告。根据刑事诉讼法，不正当竞争行为构成犯罪的，即使被害人是自然人，损害商业信誉、商品声誉罪，与诽谤罪仍有本质上的区别，也不属于自诉罪，因而不具有向人民法院报案或控告的情形。商业贿赂、串通投标等行为中可能发生贪污贿赂犯罪，监督检查中国家工作人员的渎职犯罪等，被害人有权向人民检察院报案或控告，其他不正当竞争行为的犯罪应向公安机关报案或控告。

二、注意事项

（一）私力救济中的法律限度

1. 证据保全中私力救济措施的强制性

某些情况下，不正当竞争行为发生时，只要行为人不配合就不能取得和固定证据，且当时无法通过法律程序请求国家机关予以救助，情势紧迫，不采取措施将致使证据灭失，权利人可以依靠自己的力量，对涉及不正当竞争的行为人的财物或自由施加扣押、拘束或其他带有强制性措施的行为。采取这种带有强制性的措施，应当符合以下条件：①必须为权利人的合法利益。②国家公权力不能给予及时的保护。③不能超过必要限度。私力救济正好足以避免证据的灭失，而且没有给相对人造成不应有的危害，没有超出保全证据、排除行为人对证据保全进行妨碍所必需的程度。用轻微方法便可达到目的的，不得采用比较严重的方法。对物可以达到目的的，不能对人；扣押财产可以达到目的的，不得损毁财产；拘束他人自由时不得伤害人的身体。如果超出了必要的限度，救济不适当，造成了不应有的损害，要负法律责任。④及时请求公权力的介入。请求公力救济是为了尽早结束个人的控制，防止控制与反控制的对抗升级，减少和避免损害的进一步扩大。

2. 侵权警告的正当性认定

最高人民法院在审理石家庄双环股份有限公司与本田技研工业株式会社确认不侵害专利权、损害赔偿纠纷一案时指出：权利人针对法院已经判决认定的侵权行为可以向被诉侵权人发送侵权警告，也可以在提起侵权诉讼之前或者诉讼期间发送侵权警告维护权益。权利人发送侵权警告是其自行维护权益的途径和协商解决纠纷的环节，法律对于在侵权判决作出之前权利人自行维护其权益的行为，并无禁止性规定。（法律）允许以此种方式解决争议有利于降低维权成本、提高纠纷解决效率和节约司法资源，符合经济效益。

判决进一步指出，权利人发送侵权警告维护自身合法权益是其行使民事权利的应有之意，但权利行使应当在合理范围内。在采取维护权利行为的同时，也要注重对公平竞争秩序的维护，避免滥用侵权警告，损害竞争对手的合法权益。权利人在侵权判决作出之前发送侵权警告的目的，在于让被警告者知悉存在可能侵害他人权利的事实，自行停止侵权或与权利人积极沟通、协商解决纠纷，权利人无须通过侵权之诉寻求公力救济。制造者作为侵权的源头，通常是权利人进行侵权警告的主要对象，权利人希望被警告的制造者停止侵权行为或者与其进行协商以获得授权，制造者往往会选择与权利人正面协商、沟通的方式解决纠纷。权利人发送侵权警告的对象还可能包括产品的销售商、进口商，或者发明或使用新型产品的使用者等，这些主体作为制造者的交易相对方，往往也是权利人争夺的目标客户群。由于他们通常对是否侵权的判断认知能力相对较弱，对所涉侵权的具体情况知之较少，且避险意识较强，更易受到侵权警告的影响，可能会选择将产品下架、退货等方式停止被警告行为。因此，在向这些主体发送侵权警告时，权利人对确定被警告行为构成侵权而产生的注意义务要高于向制造者发送侵权警告的义务，其警告所涉信息应当详细、充分，如披露请求保护的权利的范围、涉嫌侵权的具体信息以及其他与认定侵权和停止侵权相关的必要信息。权利人未尽审慎注意义务，扩大警告对象范围，向竞争对手的交易相对方发送侵权警告，在被警告行为不能被认定为侵权行为的情况下，其发送侵权警告的行为属于违反《反不正当竞争法》第 2 条的不正当竞争行为。

（二）不正当竞争的执法监督机关

根据《反不正当竞争法》及有关法律规定，不正当竞争行为的执法、监督机关呈现出多元化的特征。具体包括下列情形：

1. 工商行政管理部门

《反不正当竞争法》第 3 条第 2 款规定，县级以上人民政府工商行政管理部门对不正当竞争行为进行监督检查；法律、行政法规规定由其他部门监督检查的，依照其规定。也就是说，对不正当竞争行为的行政执法，除法律、行政法规规定由其他部门监督检查的外，都由工商行政管理部门行使职权，工商行政管理部门是不正当竞争的主要执法监督机关。

2. 价格主管部门

根据《中华人民共和国价格法》（简称《价格法》）第 5 条、第 33 条、第 40 条之规定，县级以上各级人民政府价格主管部门，依法对价格活动进行监督检查，并依照本法的规定对价格违法行为实施行政处罚。属于跨省区的低价倾销行为，由国务院价格主管部门认定；属于省及省以下区域性的低价倾销行为，由省、自治区、直辖市人民政府价格主管部门认定。县级以上各级人民政府价格主管部门，依法对低价倾销行为实施行政处罚。

3.产品质量监督部门

《反不正当竞争法》第21条规定，经营者伪造或者冒用认证标志、创优标志等质量标志，伪造产地，对商品质量作引人误解的虚假表示的，依照《中华人民共和国产品质量法》（简称《产品质量法》）的规定处罚。《反不正当竞争法》第13条所规定利用有奖销售的手段推销质次价高的商品的行为，亦涉及产品质量的认定。根据《产品质量法》第8条之规定，国务院产品质量监督部门主管全国产品质量监督工作。县级以上地方产品质量监督部门主管本行政区域内的产品质量监督工作，因此，我国的产品质量监督部门对涉及产品质量的不正当竞争行为负有监督职能。

4.对外贸易主管部门

《中华人民共和国对外贸易法》（简称《对外贸易法》）第3条规定，国务院对外贸易主管部门依照本法主管全国对外贸易工作。该法第33条规定：在对外贸易经营活动中，不得实施以不正当的低价销售商品、串通投标、发布虚假广告、进行商业贿赂等不正当竞争行为。在对外贸易经营活动中实施不正当竞争行为的，依照有关反不正当竞争的法律、行政法规的规定处理。有前款违法行为，并危害对外贸易秩序的，国务院对外贸易主管部门可以采取禁止该经营者有关货物、技术进出口等措施消除危害。

5.其他有关部门

根据《招标投标法实施条例》第4条规定，国务院发展改革部门指导和协调全国招标投标工作，对国家重大建设项目的工程招标投标活动实施监督检查。国务院工业和信息化、住房城乡建设、交通运输、铁道、水利、商务等部门，按照规定的职责分工对有关招标投标活动实施监督。县级以上地方人民政府发展改革部门指导和协调本行政区域的招标、投标工作。县级以上地方人民政府有关部门按照规定的职责分工，对招标、投标活动实施监督，依法查处招标、投标活动中的违法行为。县级以上地方人民政府对其所属部门有关招标、投标活动的监督职责分工另有规定的，从其规定。财政部门依法对实行招标、投标的政府采购工程建设项目的预算执行情况和政府采购政策执行情况实施监督。监察机关依法对与招标、投标活动有关的监察对象实施监察。

此外，依照《中华人民共和国专利法》《中华人民共和国著作权法》，知识产权局、国家版权局分别对与专利和出版业有关的不正当竞争行为进行监督。

（三）《反不正当竞争法》一般条款的适用

《反不正当竞争法》第二章采用列举主义的立法模式规定了 11 种不正当竞争行为，但纷繁复杂的市场所滋生的扰乱竞争秩序的行为难以用这种列举规定所涵盖，因而无法进行规制。这不利于有效发挥法律对市场经济秩序的调整和保护作用。《反不正当竞争法》第 2 条作为一般条款，应当具有调控不正当竞争行为的能力。从立法本身而言，第 2 条第 2 款将不正当竞争界定为"经营者违反本法规定，损害其他经营者的合法权益，扰乱社会经济秩序的行为"，其中"违反本法规定"应作广义解释，而不应当限于对本法第二章规定的违反。本款与同条第 1 款"经营者在市场交易中，应当遵循自愿、平等、公平、诚实信用的原则，遵守公认的商业道德"的规定相联系，共同构成认定不正当竞争行为的基本依据。

《最高人民法院知识产权案件年度报告（2010）》指出，由于市场竞争的开放性和激烈性，必然导致市场竞争行为方式的多样性和可变性，《反不正当竞争法》作为管制市场竞争秩序的法律不可能对各种行为方式都作出具体化和预见性的规定。因此，在具体案件中，人民法院可以根据《反不正当竞争法》第 2 条的一般规定对那些不属于《反不正当竞争法》第二章列举规定的市场竞争行为予以调整，以保障市场公平竞争。但应当注意严格把握适用条件，以避免不适当干预而阻碍市场自由竞争。凡是法律已经通过特别规定作出穷尽性保护的行为方式，不宜再适用《反不正当竞争法》的一般规定予以管制。因而，适用《反不正当竞争法》第 2 条的原则规定认定构成不正当竞争应当同时具备以下条件：一是法律对该种竞争行为未作出特别规定；二是其他经营者的合法权益确因该竞争行为而受到了实际损害；三是该种竞争行为因确属违反诚实信用原则和公认的商业道德而具有不正当性或者可责性。

关于公认的商业道德的认定标准，该报告指出：在规范市场竞争秩序的反不正当竞争法意义上，诚实信用原则更多的是以公认的商业道德的形式体现出来的。商业道德要按照特定商业领域中市场交易参与者即经济人的伦理标准来加以评判。它既不同于个人品德，也不能等同于一般的社会道德，所体现的是一种商业伦理。经济人追名逐利符合商业道德的基本要求，但不一定合于个人品德的高尚标准；企业勤于慈善和公益合于社会公德，但怠于公益事业也并不违反商业道德。《反不正当竞争法》所要求的商业道德必须是公认的商业道德，是指特定商业领域普遍认知和接受的行为标准，具有公认性和一般性。即使在同一商业领域，由于是市场交易活动中的道德准则，公认的商业道德也应当是交易参与者共同和普遍认可的行为标准，不能仅从买方或卖方、企业或者职工的单方立场来判断。具体到个案中的公认的商业道德，需要根据特定商业领域和个案情形具体确定，特定行业的一般实践、行为后果、交易双方的主观状态和交易相对人的自愿选择等都可能成为考虑因素。

在新兴的互联网市场，同样可以适用《反不正当竞争法》第 2 条的规定认定不正当竞争行为。依据《反不正当竞争法》，经营者遵循自愿、平等、公平、诚实信用的原则，遵守公认的商业道德，是市场交易的法律要求和基本准则。而认定行为是否构成不正当竞争，关键在于该行为是否违反了诚实信用原则和互联网行业公认的商业道德，并损害了他人的合法权益。

三、练习题

1. 案例分析一

案情：星期六 13 点 30 分，法学院大三学生张晓明与七八位同班同学趁着周末，结伴去市中心一个量贩式 KTV 唱歌。他们听人说下午场的 KTV 包厢费便宜，但不免费提供酒水饮料食品等。于是他们便提前在外面的超市购买了 20 瓶啤酒、两瓶可乐以及瓜子花生炸薯片等食物。在 KTV 的前台，工作人员告知他们：根据 KTV 的规定，顾客不能自带酒水饮料食物等，如果确实需要则只能在 KTV 大厅的商店购买，已经带来的酒水饮料食品等不能带进包厢，可以免费存放在前台，保证离开时一样不少地带走。张晓明一行人与工作人员理论，但对方坚决不肯让步，学生们便把带来的酒水饮料食品等存放在前台。他们到 KTV 大厅的商店，选了与先前在外面超市购买的同样数量、同样品牌的酒水饮料瓜子花生炸薯片(每一商品均有价格标签)等。结账时他们发现，同样的商品，价格却是外面超市的 5 倍。但为了不扫兴，他们还是购买了全部所选商品，去包厢唱歌了。

离开之后，大家对 KTV 大厅商店的商品价格不禁唏嘘，并且感觉很受气，最后一致认为该量贩式 KTV 禁止顾客自带酒水饮料食品、并且高价出售酒水饮料食品的行为违法，决定拿起法律武器维权。

问题：试分析张晓明等人可能的维权法律依据。

2. 案例分析二

案情：A 食品公司成立于 1982 年 10 月，其前身自 1979 年起即从事海带对日出口业务。我国对日出口海带受到配额的限制，该配额是日本国政府设定的我国对日出口海带产品的被动配额。获得该配额的国内企业可以就相关区域生产特定数量海带对日出口，获得该配额就获得了对日出口海带的商业机会。根据中粮国际（北京）有限公司（以下简称中粮公司）与日本北海道渔联签订的协议，日方委托中粮公司对海带配额、质量、经营公司进行统一管理，日方认可该公司是其在华海带贸易的唯一窗口。对日出口海带的配额由日本北海道渔联主导，通过中粮公司作为日方在华海带贸易的唯一窗口来选择有关企业进行分配。A 食品公司长期以来从中粮公司获得威海地区生产海带对日出口配额。马某于 1986 年进入 A 食品公司工作，1988 年开始从事海带加工和出口工作，2000 年进入 B 集团公司的前身 B 贸易有限公司工作。A 食品公司曾是 B 集团公司的出资人之一，B 集团公司是 C 水产公司的出资人之一。2005 年 1 月 4 日起，马某与 C 水产公司两次签订劳动合同，期限自 2005 年 1 月 4 日至 2006 年 12 月 31 日。合同期限届满，马某没有与 C 水产公司续签劳动合同，双方劳动合同终止。2006 年 9 月 22 日，D 公司成立，其法定代表人为陈某，公司监事为颜某。其中，陈某系马某的外甥，颜某为马某的配偶。马某从 C 水产公司辞职后在 D 公司任职。2007 年 1 月 10 日，中粮公司要求 A 食品公司和 D 公司报送海带出口工作计划，后又分别拜访两公司，就该计划书的相关内容进行询问和调查。2007 年 2 月 14 日，中粮公司决定将 2007 年威海海带出口日本业务交由 D 公司执行，A 食品公司因此丧失了威海海带对日出口配额。A 食品公司、B 集团公司、C 水产公司遂以 D 公司和马某为被告提起诉讼，请求确认两被告构成不正当竞争，停止利用三原告的收购出口渠道经营海带业务并赔偿损失。

法院在审理过程中确认了以下事实：

（1）马某在 C 水产公司任职期间即筹划设立了 D 公司，D 公司的法定代表人陈某、公司监事颜某均不具有对日出口海带贸易甚至其他对外贸易的经历；

（2）马某在原告公司任职期间，从未担任过高级管理人员；

（3）没有任何原告同马某签订过竞业限制协议，亦无支付竞业限制补偿金的事实；

（4）日本北海道渔联代表理事会副会长宫村正夫证明：日方对马某辞职后 A 食品公司是否还能保证威海海带的品质稳定和数量表示了不安和忧虑，而马某因长期从事威海海带的业务，拥有丰富的经验和知识，已被日本海带界承认和信赖。日方将 2007 年威海海带业务交由 D 公司，是依据中粮公司在当地听取、比较了D公司和A食品公司业务计划后提供的资料所作出的决定。

(5)案件在最高人民法院再审期间，A食品公司通过中华全国总工会和两名全国人大代表分别向最高人民法院反映情况和提出建议，A食品公司职工50多人两次群体进京上访并有400多名职工联名反映情况，主要是认为马某非法攫取了A食品公司的对日出口海带配额，导致国有企业经营困难和国有资产流失，威胁到两千多名职工的生计，影响社会稳定，强烈要求认定马某构成不正当竞争，制止其与A食品公司争夺对日出口海带配额。

问题： 三原告是否受我国《反不正当竞争法》保护？

实务目标(二) 垄断行为的判定与防范

一、操作步骤

(一)掌握垄断行为的判定标准

1. 经营者之间就下列内容协议或采取协同行为属于垄断协议行为

(1)经营者与具有竞争关系的其他经营者就商品价格达成包含下列内容的协议或采取协同行为：固定或者变更商品的价格水平；固定或者变更价格变动幅度；固定或者变更对价格有影响的手续费、折扣或者其他费用；使用约定的价格作为与第三方交易的基础；约定采用据以计算价格的标准公式；约定未经参加协议的其他经营者同意不得变更价格；通过其他方式变相固定或者变更价格。

(2)经营者与具有竞争关系的其他经营者就限制商品的生产数量或者销售数量达成下列协议或采取协同行为：以限制产量、固定产量、停止生产等方式限制商品的生产数量或者限制商品特定品种、型号的生产数量；以拒绝供货、限制商品投放量等方式限制商品的销售数量或者限制商品特定品种、型号的销售数量。

(3)经营者与具有竞争关系的其他经营者分割销售市场或者原材料采购市场达成下列协议：划分商品销售地域、销售对象或者销售商品的种类、数量；划分原料、半成品、零部件、相关设备等原材料的采购区域、种类、数量；划分原料、半成品、零部件、相关设备等原材料的供应商。

(4)经营者与具有竞争关系的其他经营者就限制购买新技术、新设备或者限制开发新技术、新产品达成下列协议或采取协同行为：限制购买、使用新技术、新工艺；限制购买、租赁、使用新设备；限制投资、研发新技术、新工艺、新产品；拒绝使用新技术、新工艺、新设备；拒绝采用新的技术标准。

(5)经营者与具有竞争关系的其他经营者就联合抵制交易达成以下协议或采取协同行为：联合拒绝向特定经营者供货或者销售商品；联合拒绝采购或者销售特定经营者的商品；联合限定特定经营者不得与其具有竞争关系的经营者进行交易。

(6)经营者与交易相对人达成下列价格协议或采取协同行为：固定向第三人转售商品的价格；限定向第三人转售商品的最低价格。

(7)行业协会以下列方式组织本行业的经营者从事下列行为：制定、发布含有排除、限制竞争内容的行业协会章程、规则、决定、通知、标准等；召集、组织或者推动本行业的经营者达成含有排除、限制竞争内容的协议、决议、纪要、备忘录等；制定排除、限制价格竞争的规则、决定、通知等；组织经营者达成价格一致行为的价格协议。

2. 经营者的下列行为属于滥用市场支配地位的行为

(1)具有市场支配地位的经营者从事下列价格行为：以不公平的高价销售商品或者以不公平的低价购买商品；没有正当理由，以低于成本的价格销售商品。

(2)具有市场支配地位的经营者没有正当理由通过下列方式拒绝与交易相对人进行交易：削减与交易相对人的现有交易数量；拖延、中断与交易相对人的现有交易；拒绝与交易相对人进行新的交易；设置限制性条件，使交易相对人难以继续与其进行交易；拒绝交易相对人在生产经营活动中以合理条件使用其必需设施。

(3)具有市场支配地位的经营者没有正当理由实施下列限定交易行为：限定交易相对人只能与其进行交易；限定交易相对人只能与其指定的经营者进行交易；限定交易相对人不得与其竞争对手进行交易。

(4)具有市场支配地位的经营者没有正当理由搭售商品，或者在交易时附加其他不合理的交易条件：违背交易惯例、消费习惯等或者无视商品的功能，将不同商品强制捆绑销售或者组合销售；对合同期限、支付方式、商品的运输及交付方式或者服务的提供方式等附加不合理的限制；对商品的销售地域、销售对象、售后服务等附加不合理的限制；附加与交易标的无关的交易条件。

(5)具有市场支配地位的经营者没有正当理由对条件相同的交易相对人在

交易条件上实行下列差别待遇：实行不同的交易数量、品种、品质等级；实行不同的数量折扣等优惠条件；实行不同的付款条件、交付方式；实行不同的保修内容和期限、维修内容和时间、零配件供应、技术指导等售后服务条件。

3. 经营者的下列行为属于经营者集中行为

经营者集中固然有优化资源配置、提高经济效益、增强企业的国际竞争力、促进产业发展与转型等有利于整体经济利益及社会公共利益的积极作用，但也存在集中失控导致一定市场或者行业内竞争丧失的消极影响，因此各国反垄断法都建立了一系列制度，对可能发生具有限制竞争性质的经营者集中予以规制。《中华人民共和国反垄断法》（简称《反垄断法》）禁止的经营者集中主要有五种情形：一是未向国务院反垄断执法机构申报而实施的经营者集中；二是申报后国务院反垄断执法机构初步审查决定作出前经营者实施的集中；三是在国务院反垄断执法机构进一步审查期间实施集中的行为；四是不按照国务院反垄断执法机构对经营者集中附加的限制性条件实施集中的行为；五是在国务院反垄断执法机构作出禁止实施集中的决定后仍然实施集中的行为。

由此看出，经营者防范经营者集中的法律风险的积极措施，是在实施集中前向商务部申报。经营者集中的申报制度，从以下几个方面把握：

（1）经营者集中的申报标准。依照《国务院关于经营者集中申报标准的规定》，经营者集中达到下列标准之一的，经营者应当事先向国务院商务主管部门申报，未申报的不得实施集中：参与集中的所有经营者上一会计年度在全球范围内的营业额合计超过 100 亿元人民币，并且其中至少两个经营者上一会计年度在中国境内的营业额均超过 4 亿元人民币；参与集中的所有经营者上一会计年度在中国境内的营业额合计超过 20 亿元人民币，并且其中至少有两个经营者上一会计年度在中国境内的营业额均超过 4 亿元人民币。银行、保险、证券、期货等特殊行业、领域的营业额计算，按照《金融业经营者集中申报营业额计算办法》处理。

（2）申报的例外。主要涉及两种情况：一是已经形成控制与被控制关系的经营者之间的集中；二是受同一经营者控制的集中。《反垄断法》第 22 条规定，经营者集中有下列情形之一的，可以不向国务院反垄断执法机构申报：参与集中的一个经营者拥有其他每个经营者百分之五十以上有表决权的股份或者资产的；参与集中的每个经营者百分之五十以上有表决权的股份或者资产被同一个未参与集中的经营者拥有的。

（3）申报集中的文件和资料准备。《反垄断法》和商务部《经营者集中申报办法》规定，经营者申报集中，应当提交下列文件、资料：

第一，申报书。申报书应当载明参与集中的经营者的名称、住所、经营范围、预定实施集中的日期。申报人的身份证明或注册登记证明，境外申报人还须提交当地公证机关的公证文件和相关的认证文件。委托代理人申报的，应当提交经申报人签字的授权委托书。

第二，集中对相关市场竞争状况影响的说明。具体包括：集中交易概况；相关市场界定；参与集中的经营者在相关市场的市场份额及其对市场的控制力；主要竞争者及其市场份额；市场集中度；市场进入；行业发展现状；集中对市场竞争结构、行业发展、技术进步、国民经济发展、消费者以及其他经营者的影响；集中对相关市场竞争影响的效果评估及依据。

第三，集中协议。具体包括：各种形式的集中协议文件，如协议书、合同以及相应的补充文件等。

第四，参与集中的经营者经会计师事务所审计的上一会计年度财务会计报告。

第五，商务部要求提交的其他文件、资料。

经营者提交的文件、资料不完备的，应当在国务院反垄断执法机构规定的期限内补交文件、资料。经营者逾期未补交文件、资料的，视为未申报。

申报人从获得商务部批准、实现经营者集中的目的出发，依照《经营者集中申报办法》第 11 条规定，可以主动提供有助于商务部对该集中进行审查和作出决定的其他文件、资料，如地方人民政府和主管部门等有关方面的意见，支持集中协议的各类报告等。

（4）审查内容。根据《反垄断法》第 27 条之规定，商务部审查经营者集中，应当考虑下列因素：参与集中的经营者在相关市场的市场份额及其对市场的控制力；相关市场的市场集中度；经营者集中对市场进入、技术进步的影响；经营者集中对消费者和其他有关经营者的影响；经营者集中对国民经济发展的影响；商务部认为应当考虑的影响市场竞争的其他因素。此外，依照《反垄断法》第 31 条规定，对外资并购境内企业或者以其他方式参与经营者集中，涉及国家安全的，除依照前述规定进行审查外，还应当按照国家有关规定进行国家安全审查。

商务部经审查，认为经营者集中具有或者可能具有排除、限制竞争效果的，将作出禁止经营者集中的决定。但是，经营者能够证明该集中对竞争产生的有利影响明显大于不利影响，或者符合社会公共利益的，商务部可以作出对经营者集中不予禁止的决定。对不予禁止的经营者集中，商务部可以决定附加减少集中对竞争产生不利影响的限制性条件。

（5）审查程序。分为初步审查和进一步审查两个程序，但并非每个案件都必须经过这两个程序，只有在初步审查中出现反垄断法规定的情况时，第二个审查程序才会启动。

初步审查。依照《反垄断法》第25条规定，商务部应当自收到经营者提交的符合规定的文件、资料之日起30日内，对申报的经营者集中进行初步审查，作出是否实施进一步审查的决定，并书面通知经营者。商务部作出决定前，经营者不得实施集中。商务部作出不实施进一步审查的决定或者逾期未作出决定的，经营者可以实施集中。

进一步审查。根据《反垄断法》第26条规定，进一步审查的期限分为两种情形，一是一般期限。商务部决定实施进一步审查的，应当自决定之日起90日内审查完毕，作出是否禁止经营者集中的决定，并书面通知经营者。二是延长期限，出现下列情形之一，商务部经书面通知经营者，可以延长审查期限，但最长不得超过60日：一是经营者同意延长审查期限的；二是经营者提交的文件、资料不准确，需要进一步核实的；三是经营者申报后有关情况发生重大变化的。进一步审查期间，经营者同样不得实施集中。但商务部逾期未作出决定的，经营者可以实施集中。

4．经营者的下列行为属于滥用行政权力排除、限制竞争的行为

一般情况下，滥用行政权力排除、限制竞争的行为主体是行政机关或者法律、法规授权的具有管理公共事务职能的组织，经营者不能成为该种垄断行为的实施者，《反垄断法》没有规定经营者在滥用行政权力排除、限制竞争中的法律责任。国家工商行政管理局于2010年12月31日颁布的《工商行政管理机关制止滥用行政权力排除、限制竞争行为的的规定》对经营者的下述行为予以禁止和处罚：

（1）以行政机关和法律法规授权的具有管理公共事务职能的组织的行政限定为由，达成、实施垄断协议和滥用市场支配地位；

（2）以行政机关和法律法规授权的具有管理公共事务职能的组织的行政授权为由，达成、实施垄断协议和滥用市场支配地位；

（3）以依据行政机关和法律法规授权的具有管理公共事务职能的组织制定、发布的行政规定为由，达成、实施垄断协议和滥用市场支配地位。

因此，经营者应当避免因上述行为招致行政处罚的法律风险。

（二）对涉嫌垄断行为的维权途径

1. 行政处理程序

（1）向反垄断执法机构举报。《反垄断法》第38条规定，反垄断执法机构依法对涉嫌垄断行为进行调查。对涉嫌垄断的行为，任何单位和个人有权向反垄断执法机构举报。反垄断执法机构应当为举报人保密。举报采用书面形式并提供相关事实和证据的，反垄断执法机构应当进行必要的调查。权利人应当特别注意的是，根据该规定，采用书面形式举报的涉嫌垄断的案件，反垄断执法机构应当进行必要的调查。

（2）申请行政复议。《反垄断法》第53条规定，对反垄断执法机构依据本法第28条、第29条作出的决定不服的，可以先依法申请行政复议；对行政复议决定不服的，可以依法提起行政诉讼。对反垄断执法机构作出的前款规定以外的决定不服的，可以依法申请行政复议或者提起行政诉讼。依据这一规定，行政复议是否行政诉讼的前置程序，并不确定。该条第1款关于对反垄断执法机构作出的禁止或不禁止经营者集中的决定以及对不予禁止的经营者集中作出附加减少集中对竞争产生不利影响的限制性条件的决定不服申请行政复议的，规定为"可以先"，并非"应当先"，并不具有强制性，但结合该条第2款的表述结构，可以将第1款规定理解为行政复议程序前置。

（3）提起行政诉讼。前已述及，不赘。

2. 民事诉讼程序

依据《最高人民法院关于审理因垄断行为引发的民事纠纷案件应用法律若干问题的规定》，自然人、法人或者其他组织，因垄断行为受到损失以及因合同内容、行业协会的章程等违反反垄断法而发生争议，可以向人民法院提起民事诉讼。原告直接向人民法院提起民事诉讼，或者在反垄断执法机构认定构成垄断行为的处理决定发生法律效力后向人民法院提起民事诉讼，并符合法律规定的其他受理条件的，人民法院应当受理。这表明：

（1）自然人、法人或者其他组织，无论是否经营者，均可就垄断民事纠纷案件提起诉讼。

（2）争议内容既可以是因垄断行为受到损失，亦可以是因合同内容、行业协会的章程等违反反垄断法。

（3）就垄断行为提起民事诉讼，不以行政处理程序为前提，可以直接起诉。

二、注意事项

（一）我国反垄断执法机构呈现多元化特征

1. 国务院反垄断委员会

主要负责组织、协调、指导反垄断工作。依照《反垄断法》第 9 条规定，国务院反垄断委员会负责组织、协调、指导反垄断工作，履行下列职责：①研究拟订有关竞争政策；②组织调查、评估市场总体竞争状况，发布评估报告；③制定、发布反垄断指南；④协调反垄断行政执法工作；⑤国务院规定的其他职责。

2. 工商行政管理部门

主要负责对滥用市场支配地位行为的行政执法。依照《反垄断法》和国家工商行政管理局《工商行政管理机关查处垄断协议、滥用市场支配地位案件程序规定》，国家工商行政管理总局统一负责垄断协议、滥用市场支配地位方面的反垄断执法工作。全国范围内有重大影响的垄断案件以及国家工商行政管理局认为应当由其管辖的垄断案件，应当由国家工商行政管理局负责查处。

国家工商行政管理总局根据工作需要，可以授权有关省、自治区、直辖市工商行政管理局负责查处下列垄断行为：①该行政区域内发生的；②跨省、自治区、直辖市发生，但主要行为地在该行政区域内的；③国家工商行政管理总局认为可以授权省级工商行政管理局管辖的。被授权的省级工商行政管理局不得再次向下级工商行政管理局授权。

因此，查处垄断协议、滥用市场支配地位案件，其职权只能由国家工商行政管理局及其授权的省级工商行政管理局行使。而且，省级工商行政管理局的管辖权，是通过国家工商行政管理局以个案形式的授权而取得，而非自主决定是否对涉嫌垄断协议、滥用市场支配地位的垄断行为进行查处。对权利人来说，最直接的行政救济渠道是向国家工商行政管理局举报。

3. 价格主管部门

主要负责对价格垄断行为的行政执法。根据《反垄断法》及国家发展和改革委员会《反价格垄断行政执法程序规定》规定，国务院价格主管部门（即国家发展和改革委员会）负责全国反价格垄断执法工作。国务院价格主管部门授权的省、自治区、直辖市人民政府价格主管部门，负责本行政区域内的反价格垄断执法工作。对跨省、自治区、直辖市发生的价格垄断案件，由国务院价格主管部门指定有关省、自治区、直辖市人民政府价格主管部门进行查处，重大案件由国务院价格主管部门直接组织查处。

同时，对涉嫌价格垄断行为，国务院和省、自治区、直辖市人民政府价格主管部门可以在其法定权限内委托下一级政府价格主管部门实施调查。受委托的政府价格主管部门在委托范围内，以委托机关的名义实施调查，不得再委托其他行政机关、组织或者个人实施调查。

4. 商务主管部门

主要负责对经营者集中垄断的行政执法。根据《反垄断法》和商务部《经营者集中审查办法》规定，商务部是经营者集中反垄断审查执法机构，承担受理和审查经营者集中申报的具体执法工作。

（二）《反垄断法》的适用除外

《反垄断法》的适用除外，又称适用豁免，是指国家为了保护整个国民经济的发展，在《反垄断法》中规定的对特定行业或企业的特定行为不适用反垄断法的法律制度。各国反垄断法的适用除外一般有以下几种情况：一是国家垄断，即国家对某些产业领域或经营活动实施独占控制而形成的垄断。二是自然垄断，即由于某些产业的自然性质所形成的垄断，这些产业内的企业如果实行市场竞争则可能导致社会资源的浪费，如电力、电信、供水、供气等。三是知识产权，即国家通过知识产权法对权利人所赋予的独占权利，以激励和保护发明创造的积极性，推动社会生产力的发展。四是农业，农业是国家的基础产业，本身具有可增值幅度小和深受自然条件影响的特点，为保证农业的稳定发展，很多国家亦明确规定农业不适用反垄断法。

关于我国《反垄断法》的适用除外，应当注意两点：

1. 特殊行业的监管和调控

《反垄断法》第 7 条规定了国有经济占控制地位的关系国民经济命脉和国家安全的行业以及依法实行专营专卖的行业，国家对其经营者的合法经营活动予以保护，但不意味着这些领域的经营者不受反垄断法的规制，《反垄断法》同时规定，国家对这些经营者的经营行为及其商品和服务的价格依法实施监管和调控，以维护消费者利益，促进技术进步。前述行业的经营者应当依法经营，诚实守信，严格自律，接受社会公众的监督，不得利用其控制地位或者专营专卖地位损害消费者利益。这表明，我国《反垄断法》与绝大多数国家的反垄断法一样，并不反对垄断地位或市场支配地位本身，即便国家垄断或自然垄断的经营者实施了反垄断法规定滥用其垄断地位侵害消费者利益的垄断行为，仍要受到反垄断法的规制。

《反垄断法》明确规定适用除外的领域或行业，一是经营者依照有关知识产权的法律、行政法规规定行使知识产权的行为，二是农业生产者及农村经济组织在农产品生产、加工、销售、运输、储存等经营活动中实施的联合或者协同行为。但《反垄断法》同时规定经营者滥用知识产权，排除、限制竞争的行为"适用本法"。

2. 特定的联合行动

根据《反垄断法》第15条规定，经营者能够证明所达成的协议属于下列情形之一的，不适用本法第13条、第14条的规定：①为改进技术、研究开发新产品的；②为提高产品质量、降低成本、增进效率，统一产品规格、标准或者实行专业化分工的；③为提高中小经营者经营效率，增强中小经营者竞争力的；④为实现节约能源、保护环境、救灾救助等社会公共利益的；⑤因经济不景气，为缓解销售量严重下降或者生产明显过剩的；⑥为保障对外贸易和对外经济合作中的正当利益的；⑦法律和国务院规定的其他情形。属于前款第1至第5项情形，不适用本法第13条、第14条规定的，经营者还应当证明所达成的协议不会严重限制相关市场的竞争，并且能够使消费者分享由此产生的利益。

（三）垄断协议的构成要件

经营者之间达成的或者行业协会组织本行业经营者达成的排除、限制竞争的协议、决定或者其他协同行为构成垄断协议。是否构成垄断协议，应当具备如下要件：

1. 行为主体

垄断协议的行为主体必须是两个或两个以上在同一经济层次中的有竞争关系的经营者（横向垄断），或者处于上下游具有供销关系的经营者（纵向垄断），以及行业协会。各经营者相互独立、自主经营。

2. 方式是订立协议或采取协同行为

不管采用什么方式，都有"共谋""协定"和"联合"的要素，即都是通过共谋达成某种协定以便联合行动。协议或者决定包括书面形式和口头形式，但协议和决定的违法性决定了行为主体通常采取密谋方式进行，外人难以获知。

除协议和决定外，《反垄断法》还规定了其他协同行为亦构成垄断协议。《工商行政管理机关禁止垄断协议行为的规定》将其他协同行为界定为经营者虽未明确订立书面或者口头形式的协议或者决定，但实质上存在协调一致的行为。认定其他协同行为，应当考虑下列因素：一是经营者的市场行为是否具有一致性；二是经营者之间是否进行过意思联络或者信息交流；三是经营者能否对一致行为作出合理的解释。必要时还应当考虑相关市场的结构情况、竞争状况、市场变化情况、行业情况等。从这一规定看，认定其他协同行为，一方面固然是对垄断协议的协议、决定方式的补充和兜底，另一方面亦不能否定其在缺乏直接证据证明存在协议或决定时对协议或决定存在事实的推断功能。在经营者的市场行为具有一致性的情况下，执法机构或民事诉讼的原告无法证明经营者之间进行过意思联络或者信息交流（实际上，能够确定经营者进行过意思联络或者信息交流，则可认定为有协议或决定的垄断行为），执法机构或者人民法院有权要求经营者对一致行为作出合理的解释，经营者不能对一致行为作出合理解释的，认定为其他协同行为的垄断协议。

3. 目的是限制竞争

评判一项协议是限制竞争还是促进竞争应总体考虑以下因素：一是协议是否具有限制竞争的动机和意图；二是协议是否具有限制竞争的可能性；三是协议所规定的具体内容；四是协议是否为实现声称的促进竞争的目标所必需；五是协议的总体竞争后果是否是损害竞争的后果。

(四)滥用市场支配地位的特征

1. 滥用市场支配地位的法律特征

(1)行为主体具有特殊性，即行为主体是占有市场支配地位的企业，因为只有那些具有市场支配地位的企业才能实施该种行为。

(2)行为目的具有针对性，即维持或加强其支配市场的地位，能够继续通过限定产量、控制价格、封锁市场等方式排挤对手，从而获得极大化的利润。

(3)行为本质具有限制竞争性，即破坏市场公平竞争，降低经济运行效率，损害消费者利益和社会公共利益，危害国家经济秩序的健康发展。

2. 市场支配地位的认定

根据《反垄断法》第17条，市场支配地位是指经营者在相关市场内具有能够控制商品价格、数量或者其他交易条件，或者能够阻碍、影响其他经营者进入相关市场能力的市场地位。该法第18条进一步规定，认定经营者具有市场支配地位，应当依据下列因素：

（1）该经营者在相关市场的市场份额，以及相关市场的竞争状况；

（2）该经营者控制销售市场或者原材料采购市场的能力；

（3）该经营者的财力和技术条件；

（4）其他经营者对该经营者在交易上的依赖程度；

（5）其他经营者进入相关市场的难易程度；

（6）与认定该经营者市场支配地位有关的其他因素。

在《反垄断法》第19条中还规定，有下列情形之一的，可以推定经营者具有市场支配地位：

（1）一个经营者在相关市场的市场份额达到二分之一的；

（2）两个经营者在相关市场的市场份额合计达到三分之二的；

（3）三个经营者在相关市场的市场份额合计达到四分之三的。

有前款第2项、第3项规定的情形，其中有的经营者市场份额不足十分之一的，不应当推定该经营者具有市场支配地位。被推定具有市场支配地位的经营者，有证据证明不具有市场支配地位的，不应当认定其具有市场支配地位。

3. 相关市场的界定并非必须

尽管《国务院反垄断委员会关于相关市场界定的指南》（简称《指南》）指出，相关市场的界定通常是对竞争行为进行分析的起点，是反垄断执法工作的重要步骤。科学合理地界定相关市场，对识别竞争者和潜在竞争者、判定经营者市场份额和市场集中度、认定经营者的市场地位、分析经营者的行为对市场竞争的影响、判断经营者行为是否违法以及在违法情况下需承担的法律责任等关键问题，具有重要的作用。但《指南》亦认为，在禁止经营者达成垄断协议、禁止经营者滥用市场支配地位、控制具有或者可能具有排除、限制竞争效果的经营者集中等反垄断执法工作中，均"可能"涉及相关市场的界定问题，而不是任何案件中都"必须"界定相关市场。

《最高人民法院知识产权案件年度报告（2014）》同样提出：并非在任何滥用市场支配地位的案件中均必须明确而清楚地界定相关市场；即使不明确界定相关市场，也可以通过排除或者妨碍竞争的直接证据对被诉经营者的市场地位及被诉垄断行为可能的市场影响进行评估。

三、练习题

1. 案例分析一

案情：2016 年 8 月 1 日，滴滴出行宣布与 Uber 全球达成战略协议，滴滴出行将收购优步（Uber）中国的品牌、业务、数据等全部资产。

问题：试以《反垄断法》为依据，分别从经营者滴滴出行实现集中和反垄断执法机构反垄断行政执法两个角度，拟定法律意见书。

2.案例分析二

案情：中国 B 省的烟草市场上，难以找到 A 省烟草制品生产企业生产的香烟。B 省不少商家为应对消费者对 A 省所生产香烟品牌的需求，在无法从本省的烟草专卖局（公司）取得货源的情况下，便秘密地从省外市场收购、运回，偷偷销售，但常因违反国家《烟草专卖法》相关规定而遭到 B 省烟草专卖行政主管部门的行政处罚，甚至招致刑事责任。

问题：试分析可能的解决方案。

第四章 企业会计法律实务

实务目标(一) 货币资金的审查

一、操作步骤

(一)明确审查货币资金的目的

货币资金是指可以立即投入流通,用于购买商品或劳务,或用以偿还债务的交换媒介。货币资金是流动性最强、唯一能够转化为其他任何资产的流动资产。货币资金按存放地点和用途的不同可以分为库存现金、银行存款和其他货币资金。企业法务人员对货币资金的审查主要为了确定货币资金是否存在,货币资金是否确实为企业所拥有或控制,货币资金的收支记录是否完整,库存现金、银行存款以及其他货币资金的余额是否正确,货币资金在会计报表上的披露是否恰当。

(二)库存现金的审查

(1)核对库存现金与总账的金额是否相符,检查非记账本位币库存现金的折算汇率及折算金额是否正确。库存现金余额测试的起点是,核对库存现金日记账与总账的金额是否相符。如果不相符,应查明原因,必要时应建议做出适当调整。

(2)监盘库存现金。监盘库存现金是证实资产负债表中货币资金项目下所列库存现金是否存在的一项重要审查程序。

企业盘点库存现金,通常包括对已收到但未存入银行的现金、零用金、找换金等的盘点。盘点库存现金的时间和人员应视企业的具体情况而定,但现金出纳员和企业会计主管人员必须参与见证,并由企业法务人员进行监盘。

(3)分析企业日常库存现金余额是否合理,关注是否存在大额未缴存的现金。

(4)抽查大额库存现金收支。检查大额现金收支的原始凭证是否齐全、原始凭证内容是否完整、有无授权批准、记账凭证与原始凭证是否相符、账务处理是否正确、是否记录于恰当的会计期间等项内容。

(5)抽查资产负债表日前后若干天的、一定金额以上的现金收支凭证。企业资产负债表的货币资金项目中的库存现金数额,应以结账日实有数额为准。

(6)检查库存现金是否在财务报表中做出恰当列报。根据有关规定,库存现金在资产负债表的"货币资金"项目中反映,应审查确定"库存现金"账户的期末余额是否恰当,进而确定库存现金是否在资产负债表中恰当披露。

(三)银行存款的审查

(1)获取银行存款余额明细表,复核加计是否正确,并与总账数和日记账合计数核对是否相符;检查非记账本位币银行存款的折算汇率及折算金额是否正确。

(2)计算银行存款累计余额应收利息收入,分析比较企业银行存款应收利息收入与实际利息收入的差异是否存在,利息收入是否已经完整记录。

(3)检查银行存款账户发生额。对银行存款账户的发生额进行审查,通常能够有效应对编制虚假财务报告、管理层或员工非法侵占货币资金等舞弊风险。

(4)取得并检查银行对账单和银行存款余额调节表。这是证实资产负债表中所列银行存款是否存在的重要程序。银行存款余额调节表通常应由企业根据不同的银行账户及货币种类分别编制。

(5)函证银行存款余额,编制银行函证结果汇总表,检查银行回函。

(6)检查银行存款账户存款人是否为本企业,若存款人非本企业,应获取该账户户主和本企业的书面声明,确认资产负债表日是否需要提请本企业进行调整。

(7)关注是否存在质押、冻结等对变现有限制或存在境外的款项。如果存在,是否已提请本企业作必要的调整和披露。

(8)查抽大额银行存款收支的原始凭证,检查原始凭证是否齐全、记账凭证与原始凭证是否相符、账务处理是否正确、是否记录于恰当的会计期间等项内容。检查是否存在非营业目的的大额货币资金转移，并核对相关账户的进账情况；如有与企业生产经营无关的收支事项，应查明原因并作相应的记录。

（9）检查银行存款是否在财务报表中做出恰当列报。根据有关规定，企业的银行存款在资产负债表的"货币资金"项目中反映，所以，应审查确定银行存款账户的期末余额是否恰当，进而确定银行存款是否在资产负债表中恰当披露。此外，如果企业的银行存款存在抵押、冻结等使用限制情况或者潜在回收风险，应关注企业是否已经恰当披露有关情况。

（四）其他货币资金的审查

1. 如果本企业有定期存款，应考虑的审查程序

（1）向管理层询问定期存款存在的商业理由并评估其合理性。

（2）获取定期存款明细表，检查是否与账面记录金额一致，存款人是否为本企业，定期存款是否被质押或限制使用。

（3）在监盘库存现金的同时，监盘定期存款凭据。如果本企业在资产负债表日有大额定期存款，基于对风险的判断考虑选择在资产负债表日实施监盘。

（4）对未质押的定期存款，检查开户证书原件，以防止本企业提供的复印件是未质押（或未提现）前原件的复印件。在检查时，还要认真核对相关信息，包括存款人、金额、期限等，如有异常，需实施进一步审查程序。

（5）对已质押的定期存款，检查定期存单复印件，并与相应的质押合同核对。

（6）函证定期存款相关信息。

（7）结合财务费用审查测算利息收入的合理性，判断是否存在体外资金循环的情形。

（8）在资产负债表日后已提取的定期存款，核对相应的对付凭证等。

（9）关注本企业是否在财务报表附注中对定期存款给予充分披露。

2. 除定期存款外，对其他货币资产实施审查程序时，应特别关注的事项

（1）保证金存款的检查，检查开立银行承兑汇票的协议或银行授信审批文件。可以将保证金账户对账单与相应的交易进行核对，根据本企业应付票据的规模合理推断保证金数额，检查保证金与相关债务的比例和合同约定是否一致，特别关注是否存在有保证金发生而本企业无对应保证事项的情形。

(2)对于存出投资款等批准文件、开户资料、授权操作资料，如果投资于证券交易业务，通常应结合相应金融资产项目审查，核对证券账户名称是否与本企业相符，获取证券公司证券交易结算资金账户的交易流水，抽查大额的资金收支，关注资金收支的财务账面记录与资金流水是否相符。

二、注意事项

(一)常见相关货币资金的财务舞弊手段

(1)出借银行账号，多见于小企业，这种情况一般是在对账单上先有一笔资金收入，在相近日期又有一笔资金支出，金额相等，常以整数出现。

(2)收入不入账，多见于有避税需求的企业，这种情况一般是在对账单上先出现一笔资金收入，然后一次或分次转出。

(3)挪用资金，多见于内部控制不完善的企业，一般是对账单上先出现一笔资金支付，然后一次或分次转回。

(4)虚列凭证、虚构内容，通过改动凭证或者直接虚列支出，如采用工资、补贴等手段作弊，这样可以达到少纳税的目的。

在具体审查过程中，以上情况应引起足够的重视。

(二)货币资金审查应特别关注的情况

(1)企业的现金交易比例较高，并与其所在的行业常用的结算模式不同。

(2)库存现金规模明显超过业务周转所需资金。

(3)在没有经营业务的地区开立银行账户。

(4)银行账户开立数量与企业实际的业务规模不匹配。

(5)企业资金存放于管理层或员工个人账户。

(6)货币资金收支金额与现金流量表不匹配。

(7)不能提供银行对账单或银行存款余额调节表。

(8)存在长期或大量银行未达账项。

(9)银行存款明细账存在非正常转账的"一借一贷"。

(10)相关人员以各种理由不配合实施银行函证。

三、练习题

1.案例分析一

案情:2015 年 3 月 10 日下午 6 时,甲公司的法务人员对公司库存现金进行突击盘点。经过盘点,实际的情况如下:

(1)现钞有 100 元币 11 张、50 元币 12 张、10 元币 13 张、5 元币 17 张、1 元币 24 张、5 角币 32 张、2 角币 10 张、1 角币 30 张、硬币 1 元 5 角,总计 1959.5 元。

(2)已收款尚未入账的收款凭证 3 张,共计 650 元。

(3)已付款尚未入账的付款凭证 5 张,共计 370 元,其中有员工王某借条一张,日期为 2011 年 7 月 12 日,金额 400 元,未经批准和说明用途。

(4)盘点的库存现金账面余额为 2190.50 元,2015 年 1 月 1 日至 2015 年 3 月 10 日收入现金 4360.50 元,支出现金 4220 元。2014 年 12 月 31 日库存现金账面余额为 156.7 元。

请根据上述资料回答以下问题:

(1)请说明上述资料是如何获得的?

(2)指明企业存在的问题,提出处理意见。

2.案例分析二

案情:企业法务人员在 2015 年 8 月 14 日检查了本企业 7 月份银行存款日记账的收支业务并与银行对账核对。企业 7 月 31 日银行对账单余额为 233646 元,银行存款日记账为 210100 元,核对后发现有下列不符情况:

(1)7 月 8 日,银行对账单上收到外地存款 6200 元(查系外地某乡镇企业),但日记账上无此记录。

(2)7 月 11 日,日记账上有付出转账支票 3400 元,但对账单上无此记录。

(3)7 月 13 日,日记账上有存入转账支票 2040 元,但对账单上无此记录。

(4)7 月 16 日,日记账上付出 40 元,对账单上无此记录(查系记账员误记)。

(5)7 月 17 日,对账单付出 82200 元(查系转账支票),但日记账无此记录。

(6)7 月 22 日,对账单上有存款利息 4260 元,日记账上为 4514 元(查系记账凭证写错)。

(7)对账单有 7 月 30 日收到托收款 2200 元,但日记账无此记录。

问题：指出该企业银行存款管理上存在的问题。

实务目标(二) 利润表的审查

一、操作步骤

(一)明确审查利润表的目的

利润表是反映企业一定时期经营成果的会计报表，它反映了企业收入、成本、费用、税收情况，揭示了企业利润的构成和实现过程，是企业内外部相关利益者了解企业经营业绩的主要窗口，为企业分配利润和评价企业经营管理业绩提供重要依据，也是用来预测企业未来利润情况的基础。审查利润表通常是用来证实企业利润表中各种收入、费用交易在一定时期内确已发生，即对报表存在性认定的检查。证实企业利润表中已包含企业一定期间所有的收入、费用交易而无遗漏，即对报表完整性认定的检查。证实企业收入和费用等要素均已按适当的方法进行计价，列入利润表的利润总额、净利润等金额是正确的，即对报表的估价与分摊认定的检查。同样对利润表的审查也用来证实企业是否按法定程序分配利润。目前我国采用多步式利润表，在对其进行审查时，先对各个步骤对应的账户分别进行审查，然后再对各账户进行总体评估。

附一：

利润表样表

项　　目	行次	本期金额	上期金额
一、营业收入	1		
减：营业成本	2		
营业税金及附加	3		
销售费用	4		
管理费用	5		
财务费用	6		
资产减值损失	7		
加：公允价值变动收益(损失以"－"号填列)	8		
投资收益(亏损以"－"号填列)	9		

其中：对联营企业和合营企业的投资收益	10		
二、营业利润(亏损以"－"号填列)	11		
加：营业外收入	12		
其中：非流动资产处置利得	13		
减：营业外支出	14		
其中：非流动资产处置损失	15		
三、利润总额(亏损以"－"号填列)	16		
减：所得税费用	17		
四、净利润(亏损以"－"号填列)	18		
五、其他综合收益的税后净额	19		
(一)以后不能重分类进损益的其他综合收益	20		
1.重新计量设定受益计划净负债或净资产的变动	21		
2.权益法下在被投资单位不能重分类进损益的其他综合收益中享有的份额	22		
(二)以后将重分类进损益的其他综合收益	23		
1.权益法下在被投资单位以后将重分类进损益的其他综合收益中享有的份额	24		
2.可供出售金融资产公允价值变动损益	25		
3.持有至到期投资重分类为可供出售金融资产损益	26		
4.现金流量套期损益的有效部分	27		
5.外币财务报表折算差额	28		
六、综合收益总额	29		
七、每股收益：	30		
(一)基本每股收益	31		
(二)稀释每股收益	32		

(二)主营业务利润的审查

1. 主营业务收入的审查

主营业务收入的检查,主要采用抽查法、核对法、复核法。审阅产品销售和营业收入的内部控制制度是否健全、有效。审查销售确认的时间是否正确。运用分析性复核方法,作比较分析。获取产品价格目录,抽查售价是否符合价格政策,并注意销售给关联方或关系密切的重要客户的产品价格是否合理,有无低价或高价结算,以转移收入的现象。抽取一定数量销售发票,审查开票、记账数量单价金额是否与发货单、销售合同一致。审阅账簿记录并核对凭证,查明企业已发生的销货退回、销售折扣和销售折让等有关手续和账务处理是否正确,是否按规定作为主营业务收入的抵减项目处理。检查年终、年初有无将某些主营业务收入有意推迟至下期或提前至本期,以达到调节利润的目的。

主营业务收入和主营业务成本配比,还要和应收账款对应审查。借方审查侧重于客户,贷方审计侧重于品名、规格、数量以及计入收入的金额等。重点强调收入截止测试:整理出年末前后各三天出库单,核对相关销售发票,看是否一一对应,称之为顺查。整理年末前后各三天发票,检查是否都有相应出库单,以此识别是否存在收入确认不规范等问题。

2. 主营业务成本的审查

对主营业务成本的审查,应通过审阅主营业务收入明细账、产成品明细账等记录并核对有关的原始凭证和记账凭证来进行。分析比较本年度与上年度主营业务成本,以及各月份主营业务成本金额,如有重大波动和异常,应查明原因。结合生产成本审查、抽查销售成本结转数额的正确性,并检查其是否与销售收入配比。

除了与主营业务收入配比,还应结合存货计价测试审计。期初存货 + 本期入库存货 – 期末存货 = 本期产品成本。有的企业会计利用这个公式倒轧期末存货以取得一个需要的本期产品成本从而达到虚增利润的目的。因此存货期末计价是否准确恰当,关系到销售成本结转数额的正确与否。

3. 营业税金及附加的审查

由于营业税金及附加是销售环节中针对营业收入这一流转额而征纳的税,所以对该项目审查要注意:结合主营业务收入的审查,进一步复核计算相应税金正确与否。注意个别税如城建税和教育附加费是"税上税",计税基数是增值税和消费税合计。

审查方法是：①取得或编制明细表，复核其加计数是否正确，并与报表、总账、明细账核对；②有关大额凭证的抽查；③将费用中的工资、折旧等明细科目与相关的资产负债表科目进行核对，检查其勾稽关系。重点检查业务招待费、宣传费、广告费的支出是否合理，审批手续是否齐全，是否取得有效的原始凭证。计算支出数是否超过规定限额，在计算应纳税所得额时应予以调整（税法规定以上费用超过一定限额，不得在税前费用中扣除）。

（三）其他业务利润的审查

其他业务利润由其他业务收入减其他业务支出可得，它是企业主营业务以外的经营成果。在审查时需注意：通过抽查凭证和账簿记录，主要检查其他销售收入所包括的内容范围是否符合规定。如收取的经营性租金收入，出售多余材料，工业企业对外提供维修、运输等非工业性劳务收入。审查中要注意审查其他业务的真实性，有无出售多余材料或外购商品不入账、隐瞒收入，私存小金库，用于非法开支等情况；无形资产转让业务是否按新企业会计制度规定不应在本项目核算，应列入营业外收支中。抽查其他大额业务收支项目，注意其他业务支出与其他业务收入的配比，有无有意地多转、少转或漏转其他业务支出情况。与上期其他业务利润比较，了解重大波动的原因，分析其合理性，追查其他异常的业务收支项目。

（四）期间费用的审查

1. 销售费用

检查销售费用的项目设置和开支是否符合有关规定，查明其项目设置是否划清它与其他费用的界限。将本期销售费用与上期销售费用进行比较，并将本期各月销售费用进行比较，如有重大波动和异常情况应查明原因。选择重要或异常的销售费用，检查其原始凭证是否合法、会计处理是否正确，检查有无跨期入账的现象，进行人为调节利润。

2. 管理费用

在固定资产折旧、待摊费用摊销、应付职工薪酬等审计中要结合管理费用的明细科目审查，做到相互索引，不重复抽查。管理费用中的转账凭证要结合贷方科目审查，进行核对、计算，检查其全年金额是否正确；需要抽查的一般是付款凭证。此外还要关注漏记的账外费用。

3. 财务费用

主要包括利息支出、汇兑损失、银行手续费等。应当进行利息收入、支出的测算，并和相关资产负债科目核对。此外还应采取计算和比较的方法，将本期财务费用明细和上年对比，必要时比较本期各月份财务费用，如发现大的波动或异常，应及时与主审联系，追查原因。计算借款平均实际利率，并同以往年度和市场平均利率比较，根据借款平均余额、平均利率，测算当期利息费用和应付利息，并与账面记录比较。根据银行存款平均余额和平均利率复核利息收入。检查利息收入的原始凭证时，要特别关注从其他企业或非银行金融机构取得的利息收入。

（五）企业利润总额的审查

1. 投资收益的审查

查阅"投资收益"账户记录及有关账户记录，并核对凭证，确定投资收益核算内容及会计账务处理的正确性。计算投资收益占利润总额的比例，分析企业在多大程度上依赖投资收益，判断企业盈利能力的稳定性。将重大投资项目与以前年度进行比较，分析是否存在异常变动。

2. 营业外收入和营业外支出的审查

由于营业外收支是企业生产经营活动以外的原因带来的收入和支出。营业外收入主要包括：处置非流动资产所得、盘盈利得、捐赠利得、政府补助等。营业外支出主要包括：处置非流动资产损失、盘亏损失、公益性捐赠支出、罚款支出、其他等。另外，营业外支出中可能会有一些预计负债，如对外提供担保、未决诉讼，应取得担保合同、仲裁或法院判决书，检查其计入营业外支出的金额是否恰当，并关注是否进行了应纳税所得额的调整。

在审查营业外收支时应分析其发生原因，核对有关凭证和账簿，特别应注意固定资产盘盈、盘亏、毁损价值的真实性；罚没收支的真实性、正确性；有无利用计提固定资产折旧、在建工程减值准备来调节利润的现象；确认无法支付的欠款和非正常损失等是否履行审批手续等。除此，要注意审查企业是否将营业收入与营业外收入混淆，营业外支出与生产经营成本、费用是否界限不清；是否将营业外收入和营业外支出分别进行核算，有无以营业外支出直接冲减营业外收入的情况，详查并逐笔摘录记账凭证，核查其原始凭证是否齐全，记账凭证与原始凭证是否相符，账务处理是否正确，是否划清营业外收入与其他收入的界限，会计期限是否恰当等。

二、注意事项

由于利润表的编制遵循权责发生制和配比原则,因此在审查有关收入时应有与其相配比的成本、费用,如主营业务收入与主营业务成本的配比,其他业务收入与其他业务成本相配比。在审查过程中发现有不配比的异常情况,应加以注意。

三、练习题

1. 案例分析一

岳华公司 2011 年度编制的利润表

编制单位:岳华公司   2011 年 12 月

单位:元

项　　目	本月数	本年累计数
一、产品销售收入	100000	1450000
减:产品销售成本	55000	797500
产品销售费用	12000	210000
产品销售税金及附加	15000	201000
二、产品销售利润	18000	241500
加:其他业务利润	10000	80000
减:管理费用	8000	40000
财务费用	2000	8000
三、营业利润	18000	273500
加:投资收益	17000	98000
营业外收入	6000	15000
减:营业外支出	1500	7500
四、利润总额	39500	379000
减:所得税	13035	125070
五、净利润	26465	253930

企业法务人员对上述利润的真实性和合法性进行审查后,发现以下情况:

(1)2011 年 12 月 30 日,售给宏达公司甲产品 50000 元,该产品成本 35000 元、货款 50000 元和税金 8500 元已收到,成本和货款均未入账。

(2)12 月 14 日,将甲产品作为福利分给个人 2000 元,未作销售,税金 340 也未记账,但成本 1400 元已结账。

(3)产品销售费用中有属于应由下半年摊销的广告费 7000 元。

(4)2011 年度管理费用中业务招待费超过标准 2000 元。

(5)2011 年盘点存货,甲材料盘盈 1000 千克,价值 26000 元,计入资本公积。

(6)由于火灾造成一台设备净损失 5000 元,冲减盈余公积。

(7)支付违反税法的罚款 3200 元,列入营业外支出。

(8)当年利润总额中有收到的国库券利息收入 10000 元。

(9)岳华公司 2011 年底尚有未弥补的亏损 30000 元(可在 2011 年税前弥补)。

问题:指出以上情况对利润总额有何影响?

2.案例分析二

案情:企业法务人员在审查本企业 2014 年 6 月份"银行存款"日记账时,发现 6 月 24 日的摘要中注明预收某产品货款,但对方科目的名称是"主营业务收入",金额计 30 万元,决定进一步查证。经查阅 2014 年 6 月 24 日 17#记账凭证,记账凭证上的会计分录如下:

借:银行存款　　　　　　　300000

　贷:主营业务收入　　　　　　300000

该凭证所附的原始凭证仅是一张信汇收账通知,无发票记账联,经过询问当事人并调阅有关销售合同,确定该企业预收某单位产品预购款 30 万元,但因对制度规定不熟悉,会计人员已将其在收到预购款当日做了收入处理。

问题:请指出企业会计存在的问题,并提出处理意见。

实务目标(三)　资产负债表的审查

一、操作步骤

(一)明确资产负债表审查的主要目的

资产负债表是反映企业在某一特定日期(月末、季末、年末)财务状况的会计报表。它反映企业在某一特定日期所拥有或控制的经济资源、所承担的现时义务和所有者对净资产的要求权。资产负债表审查的主要目的在于分析该报表是否存在虚报情况,主要分析资产负债表整体结构的合理性,数据与往期相比不存在过大不合理变化；另外也要分析资产负债表主要项目填报的合规性，即是否符合现行会计准则和会计制度的规定，报表项目填列是否齐全，如编制单位、日期、数据单位(元或万元)、单位负责人签名、制表人签名、单位盖章等是否齐全。对于资产负债表中的疑点项目，进一步追踪审查相关账簿、凭证，以取得相关的审计证据。

附一：

资产负债表样表

资　产	行次	年初余额	期末余额	负债和所有者权益（或股东权益）	行次	年初余额	期末余额
流动资产：				流动负债：			
货币资金	1			短期借款	32		
以公允价值计量且其变动计入当期损益的金融资产	2			交易性金融负债	33		
应收票据	3			应付票据	34		
应收账款	4			应付账款	35		
预付账款	5			预收账款	37		
应收利息	6			应付职工薪酬	38		
应收股利	7			应交税费	39		
其他应收款	8			应付利息	40		
存货	9			应付股利	41		
一年内到期的非流动资产	10			其他应付款	42		
其他流动资金	11			一年内到期的非流动负债	43		
流动资产合计	12			其他流动负债	44		
非流动资产：				流动负债合计	45		
可供出售金融资产	13			非流动负债：			
持有至到期投资	14			长期借款	46		
长期应收款	15			应付债券	47		

续上表

资　　产	行次	年初余额	期末余额	负债和所有者权益（或股东权益）	行次	年初余额	期末余额
长期股权投资	16			长期应付款	48		
投资性房地产	17			专项应付款	49		
固定资产	18			预计负债	50		
在建工程	19			递延所得税负债	51		
工程物资	20			其他非流动负债	52		
固定资产清理	21			非流动负债合计	53		
生产性生物资产	22			负债合计	54		
油气资产	23			所有者权益（或股东权益）：			
无形资产	24			实收资本（或股本）	55		
开发支出	25			资本公积	56		
商誉	26			减：库存股	57		
长期待摊费用	27			盈余公积	58		
递延所得税资产	28			未分配利润	59		
其他非流动资产	29			所有者权益（或股东权益）合计	60		
非流动资产合计	30						
资产总计	31			负债和所有者权益（或股东权益）总计	61		

（二）掌握资产负债表审查的主要内容和方法

目前我国采用的是账户式资产负债表，在实际审查过程中应对这些账户逐一审查，采用抽凭、盘点、对账、函证等手段来确保填报数值的准确性。

以下为具体账户的审查方式：

1. 以公允价值计量且其变动计入当期损益的金融资产

(1)获取归类为交易性金融资产的股票、债券、基金等账户对账单，与明细账余额核对。

(2)获取或编制交易性金融资产盘点表，对交易性金融资产实施监盘程序。检查交易性金融资产名称、数量、票面价值、票面利率等内容，与相关账户余额进行核对；如有差异，查明原因。

(3)如交易性金融资产在审计工作日已售出或兑换，则追查至相关原始凭证，以确认其在资产负债表日存在。

(4)对于在外保管的交易性金融资产，查阅有关保管的文件，必要时可向保管人函证，复核并记录函证结果。了解在外保管的交易性金融资产实质上是否为委托理财。如是，则应详细记录，分析资金的安全性和可收回性，提请被审计单位调整，并充分披露。

2. 应收票据

(1)获取或编制应收票据明细表，检查非记账本位币应收票据的折算汇率及折算是否正确的同时，也应检查逾期票据是否已转为应收账款。

(2)检查被审查单位应收票据备查簿，核对是否与账面记录一致：

A. 在应收票据明细表上标出至审计时已兑现或已贴现的应收票据；追查至期后的相关原始凭证，以确认在资产负债表日存在。

B. 获取或编制在资产负债表日未到期但已贴现或已背书转让的商业承兑汇票清单，关注被审计单位的连带责任及是否存在贴现保证金。

(3)对库存票据实施监盘程序，并与应收票据备查簿有关内容核对：

A. 监盘库存票据，关注票据的种类、号数、签收的日期、到期日、票面金额、合同交易号、付款人、承兑人、背书人姓名或单位名称以及利率、贴现率、收款日期、收回金额等是否与应收票据备查簿记录相符。

B. 关注是否存在已作质押的票据和银行退回的票据。

(4)对于大额票据，获取相应销售合同或协议、销售发票和出库单等原始交易资料并进行核对，证实是否存在真实交易。

(5)复核带息票据的利息计算及其会计处理是否正确。

(6)标明应收关联方包括持股5%以上(含5%)股东的票据，执行关联方及其交易审计程序。

3. 应收账款

(1)获取或编制应收账款(包括相应的坏账准备)明细表(含账龄分析):

A. 复核加计是否正确,并与总账数和明细账合计数核对是否相符;结合坏账准备科目与报表数核对是否相符。

B. 检查非记账本位币应收账款的折算汇率及折算是否正确。

C. 分析有贷方余额的项目,查明原因,必要时,提请被审计单位重新分类调整。

D. 结合其他应收款、预收账款等往来项目的明细余额,检查有无同一客户多处挂账、异常余额或与销售无关的其他款项(如代销账户、关联方账户或雇员账户)。

E. 标识重要的欠款单位,计算其欠款合计数占应收账款余额的比例。

(2)对与应收账款相关的财务指标进一步分析:

A. 分析信用政策是否发生变化,计算本期应收账款借方累计发生额与营业收入百分比,并与上期及管理层的考核指标进行比较;

B. 分析应收账款周转率、应收账款周转天数等指标,与被审计单位以前年度指标、同行业指标对比分析,是否存在重大异常。

(3)实施应收账款函证程序(除非有充分证据表明应收账款对财务报表不重要或函证很可能无效,否则,应对应收账款进行函证。如果不对应收账款进行函证,在工作底稿中说明理由。如果认为函证很可能无效,应当实施替代审计程序获取充分、适当的审计证据):

A. 根据分析的账龄和标注的重要欠款单位,选取适量的样本函证。

B. 对函证实施过程进行控制:询证函应由法务人员直接收发;被询证者以传真、电子邮件等方式回函的,应要求被询证者寄回询证函原件;如果未能收到积极式函证回函,应当考虑与被询证者联系,要求对方作出回应或再次寄发询证函。

C. 编制应收账款函证结果汇总表,分析评价函证结果。核对回函内容与被审计单位账面记录是否一致,如不一致,分析不符事项的原因,编制应收账款函证结果调节表,并检查支持性凭证;如果不符事项构成错报,应重新考虑所实施审计程序的性质、时间和范围。

D. 针对最终未回函的账户实施替代审计程序(如实施期后收款测试、检查运输记录、销售合同等相关原始资料及询问被审计单位有关部门等)。

(4)应收账款豁(减)免的截止测试:

A. 在资产负债表日前后分别选取适量的样本(____日内被审计单位授

予欠款单位的、金额大于____的减免应收账款凭证)，测试豁(减)免的金额是否记入恰当的期间。

B. 检查资产负债表日前后销售退回和赊销水平，确定是否存在异常迹象(与正常水平相比)，并考虑是否有必要追加审计程序。

(5)分析评价坏账准备的适当性：

A. 检查坏账准备计提和核销的批准程序，取得书面报告等证明文件。评价计提坏账准备所依据的资料、假设及方法；复核应收账款坏账准备是否按经股东会或董事会批准的既定方法和比例提取，计算和会计处理是否正确。

B. 在账龄分析表中，选取适量样本(金额大于_____的账户，逾期超过_____天的账户以及认为必要的其他账户)，测试账龄及计提坏账准备的适当性。与授信部门经理或其他相关人员讨论其可收回性，复核往来函件或其他相关信息。

C. 实际发生坏账损失的，检查转销依据是否符合有关规定，会计处理是否正确，关注是否已办妥税务部门审批手续。

D. 检查应收账款中是否存在债务人破产或者死亡，以其破产财产或者遗产清偿后仍无法收回，或者债务人长期未履行偿债义务的情况，如果存在，应提请被审计单位处理。

E. 已经确认并转销的坏账重新收回的，检查其会计处理是否正确；

F. 通过比较前期坏账准备计提数和实际发生数以及检查期后事项，评价应收账款坏账准备计提的合理性。

(6)标明应收关联方[包括持股5%以上(含5%)股东]的款项，执行关联方及其交易审计程序。

4. 预付账款

(1)获取或编制预付账款明细表：

A. 复核加计是否正确，与报表数、总账数和明细账合计数核对是否相符；

B. 结合应付账款明细账审计，检查有无重复付款或将同一笔已付清的账款在预付账款和应付账款两个科目中同时挂账的情况；

C. 分析出现贷方余额的项目，查明原因，必要时提请被审计单位进行重新分类调整；

D. 对期末预付账款余额与上期期末余额进行比较，解释其波动原因。

(2)分析预付账款账龄及余额构成，并检查：

A. 大额款项是否根据有关购货合同支付；

B. 一年以上预付账款未核销的原因及发生坏账的可能性；

C. 是否存在不符合预付账款性质的款项。

(3)选择预付账款的重要项目函证其余额和交易条款，对未回函的再次发函或实施替代的检查程序（检查原始凭单，如合同、发票、验收单，核实预付账款是否存在）。

(4)检查资产负债表日后的预付账款、存货及在建工程明细账，并检查相关凭证，核实期后是否已收到实物并转销预付账款，分析资产负债表日预付账款是否存和完整。

(5)标明应收关联方[包括持股5%以上(含5%)股东]的款项，执行关联方及其交易审计程序。

5. 应收利息

(1)获取或编制应收利息明细表：

A. 复核加计是否正确，与报表数、总账数和明细账合计数核对是否相符；

B. 检查非记账本位币应收利息的折算汇率及折算是否正确。

(2)检查应收利息增减变动：

A. 结合短期投资、长期债权投资等相关项目审计，确定应收利息计算及会计处理是否正确；

B. 获取相应的债券契约条款，审查应收利息的内容是否均为购入分期付息、到期还本的债权投资应收取的利息。

(3)检查期后收款情况：

A. 对至审计时已收回金额较大的款项进行检查，如核对收款凭证、银行对账单等；

B. 关注长期未收回及金额较大的应收利息，询问被审计单位管理人员及相关职员。必要时，向被投资单位函证利息支付情况，复核并记录函证结果。

(4)标明应收关联方的利息，执行关联方及其交易审计程序。

6. 应收股利

(1)获取或编制应收股利明细表：

A. 复核加计是否正确，与报表数、总账数和明细账合计数核对是否相符；

B. 检查非记账本位币应收股利的折算汇率及折算是否正确。

(2)检查应收股利增减变动:

A. 结合股权投资项目审计,验证应收股利的计算是否正确,检查会计处理是否正确;

B. 对于重大的应收股利项目,获取并审阅利润分配方案等相关文件,必要时,向被投资单位函证并记录。

(3)检查期后收款情况:

A. 对至审计时已收回金额较大的股利进行检查,如核对收款凭证、银行对账单、股利分配方案等;

B. 关注长期未收回且金额较大的应收股利,询问被审计单位管理人员及相关职员或者查询被投资单位的情况。必要时,向被投资单位函证股利支付情况,复核并记录函证结果。

(4)结合股权投资审计,检查确定境外投资应收股利的汇回是否存在重大限制。如果存在,检查被审计单位是否已充分披露。

7. 其他应收款

(1)获取或编制其他应收款(包括相应的坏账准备)明细表(含账龄分析):

A. 复核加计是否正确,并与总账数和明细账合计数核对是否相符,结合坏账准备科目与报表数核对是否相符;

B. 检查非记账本位币其他应收款的折算汇率及折算是否正确;

C. 了解其他应收款重大项目的内容及性质,重点关注是否存在资金被关联企业(或实际控制人)大量占用、变相拆借资金、隐形投资、或有损失等情况;

D. 结合应收账款、其他应付款等明细余额,检查是否有同时挂账的项目;

E. 分析有贷方余额的项目,查明原因,必要时,提请被审计单位重新分类调整;

F. 标识重要明细项目。

(2)对其他应收款实施函证程序。

(3)结合货币资金等项目的审计,检查是否存在未入账的其他应收款。

(4)评价坏账准备计提的合理性:

A. 检查其他应收账款坏账准备计提和核销的批准程序,取得相关审计证据。评价坏账准备所依据的资料、假设及计提方法。复核其他应收款坏账准备是否按股东会或董事会批准的既定方法和比例提取,会计处理是否正确;

B. 在账龄分析表中，选取适量样本(金额大于_____账户，逾期超过_____天账户，以及认为必要的其他账户)。针对所选取的账户，测试账龄及计提坏账准备的适当性；

C. 检查其他应收款转作坏账损失的项目是否符合规定，会计处理是否正确，关注是否已办妥税务部门审批手续；

D. 检查其他应收款中是否存在债务人破产或者死亡，以其破产财产或者遗产清偿后仍无法收回，或者债务人长期未履行偿债义务的情况。如果存在，应提请被审计单位处理；

E. 检查已经确认并转销的坏账重新收回的，其会计处理是否正确；

F. 通过比较前期坏账准备计提数和实际发生数，以及检查期后事项，评价坏账准备计提的合理性。

(5)标明应收关联方[包括持股5%以上(含5%)股东]的款项，执行关联方及其交易审计程序。

8. 存货

(1)获取或编制存货(包括构成存货报表项目的各类存货及对应的存货跌价准备)余额明细表。分别复核加计是否正确，并与总账数、明细账核对是否相符，存货总计数与报表数核对是否相符。

(2)实施存货监盘程序：

A. 取得被审计单位存货盘点计划。了解并询问盘点范围、方法、人员分工及时间安排等，在存货盘点计划问卷等工作底稿中记录和评价。

B. 在被审计单位盘点存货前，确定应纳入盘点范围的存货是否已经适当整理和排列，并附有盘点标识。对未纳入盘点范围的存货，应当查明未纳入的原因。

C. 对所有权不属于被审计单位的存货，应当取得其规格、数量等有关资料，并确定这些存货是否已分别存放和标明，且未被纳入盘点范围。

D. 观察被审计单位盘点人员是否遵守盘点计划并准确地记录存货的数量和状况。

E. 选取代表性样本，抽查(存在实物形态的)各类存货明细账的数量与盘点记录的数量是否一致，以确定账面存货的存在和完整性：①从各类存货明细账中选取具有代表性的样本，与盘点报告(记录)核对；②从盘点报告(记录)中抽取有代表性的样本，与各类存货明细账的数量核对。

F. 监盘后复核监盘结果，编制存货监盘报告。

(3)实施实质性分析程序：

A. 基于对被审计单位及其环境的了解，通过进行以下比较，同时考虑有关数据间关系的影响，建立用于分析程序的期望值：①按品种分析重要存货项目各月单位成本的变动趋势；②分析重要存货项目各月份材料成本差异率的变动趋势；③根据被审计单位现有生产能力，分析本期产量与生产能力匹配关系；④计算本期主要产品的直接材料、直接人工、制造费用占生产成本的比例，分析本期及较上年同期的变化趋势。

B. 确定可接受的差异额。

C. 将实际的情况与期望值相比较，识别需要进一步调查的差异。

D. 如果差异额超过可接受的差异额，调查原因，获取充分的解释和恰当的佐证审计证据（如检查相关的凭证）。

E. 评估分析程序的测试结果。

（4）存货计价方法的测试：

A. 检查被审计单位存货的计价方法是否符合企业会计准则的规定，前后期是否一致。

B. 检查存货的入账基础和计价方法是否正确，自存货明细表中选取适量样本（按品种）：①以实际成本计价时，将单位成本与购货发票核对，并确认存货成本中不包含增值税；②以计划成本计价时，将单位成本与材料成本差异明细账及购货发票核对，复核入库存货的材料成本差异金额是否正确，同时关注被审计单位计划成本制订的合理性；③检查进口存货的外币折算是否正确，检查相关的关税、增值税及消费税的会计处理是否正确。

C. 检查存货发出计价的方法是否正确：①以实际成本计价的，复核发出存货的金额计算是否正确；以计划成本计价的，复核发出存货应负担的材料成本差异是否正确；②编制本期发出材料汇总表，与相关科目勾稽核对，并复核本月发出材料汇总表是否正确。

D. 结合存货监盘，检查期末有无货到单未到情况。如有，应查明是否已暂估入账，暂估价是否合理。

（5）生产成本计算的测试：

A. 了解被审计单位的生产工艺流程和成本核算方法，检查成本核算方法与生产工艺流程是否匹配，前后期是否一致并作出记录；

B. 抽查成本计算单，检查直接材料、直接人工及制造费用的计算和分配是否正确，并与有关佐证文件（如领料记录、生产工时记录、材料费用分配汇总表、人工费用分配汇总表等）相核对：①获取并复核生产成本明细汇总表、直接人工与职工薪酬分配表、制造费用总额与制造费用明细表及相关账项的明细表核对，并作交叉索引；②检查车间在产品盘存资料，与成本核算资料核对；检查车间月末余料是否办理假退料手续；③获取直接材料、直接人工和制造费用的分配标准和计算方法，评价其是否合理和适当，以确认在产品中所含直接材料、直接人工和制造费用是合理的；

C. 获取完工产品与在产品的生产成本分配标准和计算方法，检查生产成本在完工产品与在产品之间以及完工产品之间的分配是否正确，分配标准和方法是否适当，与前期比较是否存在重大变化，该变化是否合理；

D. 关注废品损失和停工损失(包括季节性停工损失)的核算是否符合有关规定。

(6)存货的截止测试：

A. 借方(入库)的截止测试：①在资产负债表日前后存货明细账借方发生额中各选取适量样本(_____张、_____金额以上的凭证)，与入库记录(如入库单、购货发票或运输单据)核对，以确定存货入库被记录在正确的会计期间；②在资产负债表日前后的入库记录(如入库单、购货发票或运输单据)中各选取适量样本(_____张、_____金额以上的凭证)，与存货明细账的借方发生额进行核对，以确定存货入库被记录在正确的会计期间；③存货成本的截止测试：在资产负债表日前后的制造费用明细账借方发生额中各选取适量样本(_____天_____金额以上凭证)，确定有无跨期现象；

B. 贷方(出库)的截止测试：①在资产负债表日前后存货明细账的贷方发生额中各选取适量样本(_____张、_____金额以上的凭证)，与出库记录(如出库单、销货发票或运输单据)核对，以确定存货出库被记录在正确的会计期间；②在资产负债表日前后的出库记录(如出库单、销货发票或运输单据)中各选取适量样本(_____张、_____金额以上的凭证)，与存货明细账的贷方发生额进行核对，以确定存货出库被记录在正确的会计期间。

(7)检查材料采购或在途物资：

A. 对大额材料采购或在途物资，追查至相关的购货合同及购货发票，复核采购成本的正确性，并抽查期后入库情况，必要时发函询证；

B. 检查期末材料采购或在途物资，核对有关凭证，查看是否存在不属于材料采购(在途物资)核算的交易或事项；

C. 检查月末转入原材料等科目的会计处理是否正确。

(8)检查发出商品：

A. 检查发出商品有关的合同、协议和凭证，分析交易实质，检查其会计处理是否正确；必要时，向接受商品单位函证；

B. 检查发出商品退回的会计处理是否正确。

(9)委托加工物资：抽查_____份委托加工业务合同，检查有关发料凭证、加工费、运费结算凭证，关注所有权归属，核对成本计算是否正确，会计处理是否正确。必要时，向受托加工单位函证。

（10）检查低值易耗品/包装物：

A. 检查低值易耗品/包装物的转销或摊销方法是否符合企业会计准则的规定，前后期是否一致；

B. 检查低值易耗品/包装物与固定资产的划分是否符合规定；

C. 是否存在出租、出借包装物和收取包装物押金的情况。如有，检查相关的会计处理是否正确。

（11）结合长短期借款等科目，了解是否存在用于债务担保的存货。如有，则应取证并作相应的记录，同时提请被审计单位恰当披露。

（12）检查存货是否存在减值迹象，确定被审计单位计提存货跌价准备是否合理：

A. 将存货余额与现有的订单、资产负债表日后各期的销售额和下一年度的预测销售额进行比较，评估存货滞销和跌价的可能性；

B. 比较当年及以前年度存货跌价准备占存货余额的比例，并调查异常情况的原因；

C. 结合存货监盘，对存货的外观形态进行观察，了解其物理形态是否正常；检查期末结存库存商品和在产品，对于型号陈旧、产量下降、生产成本或售价波动、技术或市场需求变化的情况，结合期后销售情况考虑是否需要进一步计提跌价准备。

（13）检查存货可变现净值计算是否合理、计提的存货跌价准备是否适当：

A. 根据成本与可变现净值孰低的计价方法，评价存货跌价准备所依据的资料、假设及计提方法，考虑是否有确凿证据为基础计算确定存货的可变现净值，检查计提存货跌价准备的合理性，关注前后期计提方法是否一致。

B. 考虑不同存货可变现净值的确定原则，复核可变现净值计算的正确性（即充足但不过度）：①对于用于生产而持有的原材料，检查是否以所生产的产成品的估计售价减去至完工时估计将要发生的成本、估计的销售费用和相关税费后的金额作为其可变现净值的确定基础；②对于库存商品和用于出售而持有的原材料等存货，检查是否以该存货的估计售价减去估计的销售费用和相关税费后的金额作为其可变现净值的确定基础；③对于为执行销售合同而持有的库存商品等存货，检查是否以合同价格作为可变现净值的确定基础；如果被审计单位持有库存商品的数量多于销售合同订购数量，超出部分的库存商品可变现净值是否以一般销售价格作为可变现净值的确定基础。

C. 抽查计提存货跌价准备的项目，其资产负债表日后售价是否低于账面价值。

二、注意事项

（一）资产负债表审查应重点关注往来账目

企业往来科目主要包括应收账款、应付账款、预收账款、预付账款、其他应收账款、其他应付账款。这些科目往往是最容易发生舞弊的项目。譬如企业将收取的货款计入应收账款或其他应付款，不结转收入；出纳或业务人员收回欠款不向单位报账，而是据为己有，导致不按规定冲减应收账款；收甲欠款，冲乙应收账款，混账；应收账款记录的金额不真实、不合法；凭空捏造应收账款，以达到虚增收入、虚增利润的目的；通过应收账款，提前确认销售实现；发生销货退回，不调整应收账款，从而虚增应收账款等。在具体审查过程中，这些情况应引起足够重视。

（二）要注意识别资产负债表中的会计造假

在审查过程中要注意审查项目会计处理方法是否保持前后一致，即使有必要变更是否在报表附注中予以说明；检查体现谨慎性原则的各项资产减值准备的计提是否合规、合理等。

三、练习题

1. 案例分析一

案情：企业法务人员审查企业固定资产时，发现企业财务部门将报废出售的某项固定资产的变价收入5000元冲减"固定资产"账户（借：银行存款，贷：固定资产），并将发生的固定资产清理费用3000元直接列入营业外支出（借：营业外支出，贷：银行存款）。同时了解到该项固定资产原始价值为50000元，预计使用5年，预计残值2000元，采用双倍余额递减法计提折旧，已使用3年并将其报废出售给一家乡镇企业。

问题：指出该项业务的错误及其影响。

2. 案例分析二

案情：以下是日长公司2015年12月31日编制的资产负债表。

资产负债表

编制单位：日长公司　　　　　　2015 年 12 月 31 日　　　　　　单位：元

资　产	行次	年初余额	期末余额	负债和所有者权益（或股东权益）	行次	年初余额	期末余额
流动资产：				流动负债：			
货币资金	1	1 425 200	1 256 054	短期借款	32	109 000	195 000
以公允价值计量且其变动计入当期损益的金融资产	2	350 200	0	交易性金融负债	33	0	0
资　产	行次	年初余额	期末余额	负债和所有者权益（或股东权益）	行次	年初余额	期末余额
应收票据	3	924 000	581 000	应付票据	34	630 000	690 000
应收账款	4	951 310	1 192 800	应付账款	35	3 815 200	4 626 200
预付账款	5	423 000	390 000	预收账款	37	0	0
应收利息	6	0	0	应付职工薪酬	38	382 000	530 000
应收股利	7	0	0	应交税费	39	136 410	806 924
其他应收款	8	820 000	710 000	应付利息	40	4 300	0
存货	9	10 320 000	10 140 800	应付股利	41	0	28 265
一年内到期的非流动资产	10	0	0	其他应付款	42	311 400	330 000
其他流动资产	11	365 000	0	一年内到期的非流动负债	43	10 000	0
流动资产合计	12	15 578 710	14 270 654	其他流动负债	44	0	0
非流动资产：				流动负债合计	45	5 398 310	7 206 389
可供出售金融资产	13	0	350 000	非流动负债：			
持有至到期投资	14	0	0	长期借款	46	1 232 000	3 685 000
长期应收款	15	0	0	应付债券	47	0	0

资 产	行次	年初余额	期末余额	负债和所有者权益(或股东权益)	行次	年初余额	期末余额
长期股权投资	16	1 322 100	1 175 000	长期应付款	48	0	0
投资性房地产	17	0	0	专项应付款	49	0	0
固定资产	18	7 735 000	9 964 000	预计负债	50	0	0
在建工程	19	4 960 000	1 492 000	递延所得税负债	51	0	0
工程物资	20	0	8 495 000	其他非流动负债	52	0	0
固定资产清理	21	0	0	非流动负债合计	53	1 232 000	3 685 000
生产性生物资产	22	25 100	0	负债合计	54	6 630 310	10 891 389
油气资产	23	0	0	所有者权益(或股东权益):			
无形资产	24	8 667 000	8 321 800	实收资本(或股本)	55	3 200 000	3 200 000
开发支出	25	0	0	资本公积	56	0	46 000
商誉	26	0	0	减：库存股	57	0	0
长期待摊费用	27	0	0	盈余公积	58	373 600	399 000
递延所得税资产	28	0	29 090	未分配利润	59	120 000	355 155
其他非流动资产	29	623 000	0	所有者权益(或股东权益)合计	60	28 587 000	29 206 000
非流动资产合计	30	23 332 200	29 826 890				
资产总计	31	38 910 910	44 097 544	负债和所有者权益(或股东权益)总计	61	38 910 910	44 097 544

问题：请审阅该表，指出存在的问题。

实务目标(四)　现金流量表的审查

一、操作步骤

(一)明确审查现金流表的主要目的

现金流量表是以现金或现金等价物为基础反映现金流入、现金流出及现金的期末期初存量状况的财务报表。对企业现金流量表进行审查,不仅能够对企业的支付能力、偿债能力、盈利能力等财务状况进行整体评价,而且能够通过对企业在经营活动、投资活动、筹资活动等经济活动引起的现金流量变化及各种现金流量占现金流量总额的比重变化的分析得到相关审查信息,发现企业在各种经济活动中存在的问题。

附一:

现金流量表样表

项　　　　　目	行次	金　　额
一、经营活动产生的现金流量:		
销售商品、提供劳务收到的现金	1	
收到的税费返还	2	
收到的其他与经营活动有关的现金	3	
经营活动现金流入小计	4	
购买商品、接受劳务支付的现金	5	
支付给职工以及为职工支付的现金	6	
支付的各项税费	7	
支付的其他与经营活动有关的现金	8	
现金流出小计	9	
经营活动产生的现金流量净额	10	
二、投资活动产生的现金流量:		

续上表

项　　　　目	行次	金　　额
收回投资所收到的现金	11	
取得投资收益所收到的现金	12	
处置固定资产、无形资产和其他长期资产所收回的现金净额	13	
收到的其他与投资活动有关的现金	14	
投资活动现金流入小计	15	
购建固定资产、无形资产和其他长期资产所支付的现金	16	
投资所支付的现金	17	
支付的其他与投资活动有关的现金	18	
现金流出小计	19	
投资活动产生的现金流量净额	20	
三、筹资活动产生的现金流量：		
吸收投资所收到的现金	21	
借款所收到的现金	22	
收到的其他与筹资活动有关的现金	23	
现金流入小计	24	
偿还债务所支付的现金	25	
分配股利、利润或偿付利息所支付的现金	26	
支付的其他与筹资活动有关的现金	27	
现金流出小计	28	
筹资活动产生的现金流量净额	29	
四、汇率变动对现金的影响	30	
五、现金及现金等价物净增加额	31	
加：期初现金及现金等价物余额	32	
六、期末现金及现金等价物余额	33	

附二：

现金流表补充资料模板

补　充　资　料	行次	金　　额
1. 将净利润调节为经营活动现金流量：		
净利润	34	
加：计提的资产减值准备	35	
固定资产折旧、油气资产折耗、生产性生物资产折旧	36	
无形资产摊销	37	
长期待摊费用摊销	38	
待摊费用减少	39	
预提费用增加	40	
处置固定资产、无形资产和其他长期资产的损失（收益以"－"号填列）	41	
固定资产报废损失（收益以"－"号填列）	42	
公允价值变动损失（收益以"－"号填列）	43	
财务费用（收益以"－"号填列）	44	
投资损失（收益以"－"号填列）	45	
递延所得税资产减少（增加以"－"号填列）	46	
递延所得税负债增加（减少以"－"号填列）	47	
存货的减少（增加以"－"号填列）	48	
经营性应收项目的减少（增加以"－"号填列）	49	
经营性应付项目的增加（减少以"－"号填列）	50	
其他	51	
经营活动产生的现金流量净额	52	
2. 不涉及现金收支的投资和筹资活动：		
债务转为资本	53	
一年内到期的可转换公司债券	54	
融资租入固定资产	55	
3. 现金及现金等价物净增加情况：		

补　充　资　料	行次	金　　　　额
现金的期末余额	56	
减：现金的期初余额	57	
加：现金等价物的期末余额	58	
减：现金等价物的期初余额	59	
现金及现金等价物净增加额	60	

（二）审查现金流表的一般方法

现金流量表审查的一般方式与其他财务报表审查大体相同，即直接从现金流量表审查入手，发现表内问题或对表内重要、异常或风险较大、易出现问题的项目直接审查、取证，然后回到现金流量表，予以分析、评价和确认。

（三）审查现金流表的特殊步骤

1. 对现金流量信息形成的内控制度进行符合性测试和评价

现金流量信息的形成及其质量，取决于企业内部会计控制系统的建立运行效果。健全有效的内部控制制度，形成的会计信息质量高则可信程度高，反之，则形成的会计信息质量低且可信程度低。因此，对现金流量表审查，可先对企业实施内部控制制度测试，以此为基础，确定现金流量表审查的重点，然后进入实质性审查。

2. 对现金流量表编制技术合规性进行审查

为保证现金流量表实质性审查建立在报表规范化要求基础上，一般应在对现金流量表实质性审查前对现金流量表编制技术进行合规性审查。具体包括审查现金流量表的格式是否符合企业会计准则及会计制度的规定；报表结构及项目排列是否完整；补充资料及其项目填列是否齐全；表外应附注的项目是否列示等。

3. 对现金流量表主要项目实施分析性测试

现金流量表审查中的分析性测试，即结合同期资产负债表、利润表有关项目，对现金流量表作整体分析，注意报表中基本项目的变动及趋势，如利润表中销售收入明显较前期上升，经营活动产生现金流入数额却较前期减少，则有必要将经营活动现金流量审查作为重点，并予以深入审查。通过对现金流量表实施分析性测试，可进一步明确下一步审查范围和审查重点，有利于提高审查效率，保证审查质量。

4. 对现金流量表构成项目真实性、正确性及合规性审查

对现金流量表构成项目审查，可根据《企业会计准则——现金流量表》规定的编制方法和要求，抽查重点项目或交易事项，采用复算、核对等方法确认报表的真实性、正确性及合规性。此环节审查的工作量较大，是现金流量表审查的重要环节。

(1)审查"销售商品提供劳务所收到现金"项目的准确性。审查"销售商品提供劳务所收到现金"项目，要以利润表中的营业收入为基础，考虑是否调整资产负债表中的应收账款、应收票据、预收账款的期末金额与期初金额增减变化；同时是否考虑了本期应交增值税的本期销项税额；又要考虑是否调整了实际发生的坏账以及是否为当前收回前期的坏账；是否调整当期发生的现金折扣、销售退回；是否调整了当前发生的票据贴现利息等。

(2)审查"购买商品接受劳务所支付现金"项目的准确性。审查"购买商品接受劳务所收到现金"项目，要以利润表中的营业成本和资产负债表中的存货项目为基础，是否调整应付账款、应付票据、预付账款的期末金额与期初金额增减变化；同时是否考虑了本期应交税费的应交增值税的本期进项税额，应交税费中是债务重组、非货币资产交换、捐赠等非经营活动形成的是否扣除；是否调整了本期计提的存货跌价准备以及存货跌价准备的转回；是否调减了当前列入生产成本、制造费用的工资薪酬费用以及当期实际发生的计入制造费用的折旧费用；与商品购进无关的存货增加(主要包括存货的盘盈、债务重组、非货币资产交换、接受捐赠、股东投入)是否进行了调整；与商品销售无关的存货减少主要包括存货用于在建工程、存货盘亏毁损是否进行了调整。

(3)审查支付各项税费项目的准确性。审查支付各项税费项目的金额是否以利润表中的营业税金及附加。所得税费用、管理费用中的税金等为基础，调整应交税费的相关明细账的期末金额与期初金额的变化。

(4)审查收到其他与经营活动有关的现金和支付的其他与经营活动有关的现金项目。审查数据是否有张冠李戴的情况，是否有将不属于经营活动的现金流入计入，是否有会计期末向银行集中贷款以及通过关联方的配合，从而虚增了经营活动的现金流量；是否有将"购买商品接受劳务支付的现金""支付的其他与经营活动有关的现金"项目的现金流出计入投资或筹资活动，

从而减少经营活动现金流出量，进而虚增了经营活动现金流量；是否有将筹资或投资活动的现金流量通过临时拆借的方式流出，再以业务往来的名义流出，"包装"为经营活动现金流入量。

(5)审查经营活动现金流量的质量。通常情况下，企业经营活动现金流量流入越大，资产的流动状况越佳，支付能力越强。如果企业盈利，在保证正常生产所需资金的前提下，为满足投资者尽快收回投资成本的愿望，企业一般会安排较多的资金用于回报投资者，当经营现金流量较大、企业可分配利润较多时，应进一步审查企业是否进行了较多的利润分配，并进一步结合企业的发展计划进行认真研究，警惕粉饰现金流量表和利润表的可能。因此，经营活动现金流量的质量高低，可以反映企业经营活动的现金自适应能力、再投资能力、偿债能力的强弱。

5. 分析和评价企业财务状况

对现金流量表实施具体审查后，还应根据审查的情况对企业财务状况作出整体客观评价，形成审查意见和结论，包括企业经营周转状况、流动资产质量、债务偿付能力及股利发放能力等。

二、注意事项

现金流量表的审查要与其他会计报表相结合。现金流量表与其他各种会计报表有着以现金流动为主线的内在联系，所以在对现金流量表进行审查时，要结合资产负债表、利润表等相关会计报表提供的各种信息，从而得出比较全面、客观的审查评价。另外应注意对现金流量的变化过程进行审查；要注重审查企业各部分现金流量的比重与其从事的经济活动是否相适应；应注重审查企业现金流量的状况与不涉及现金收支的理财活动是否相适应。

三、练习题

1. 案例分析一

案情：某公司 2015 发生如下经济业务：

(1)公司分得现金股利 12 万元；

(2)用银行存款购入不需要安装的设备一台，全部价款为 31 万元(计入购买商品、接受劳务支付的现金)；

(3)出售设备一台，原值为 100 万元，折旧 42 万元，出售收入为 81 万元，清理费用 2 万元，设备已清理完毕，款项已存入银行(计入销售商品、提供劳务收到的现金)；

（4）计提短期借款利息3万元，计入预提费用（计入分配股利、利润或偿付利息所支付的现金）。

问题：指明企业存在的问题，提出处理意见。

2. 案例分析二

案情：某公司2015发生的经济业务有：销售产品一批，成本为250万元，售价为400万元，增值税税票注明税款61万元，货已发出，款已入账（计入收回投资所收到的现金）；出口产品一批，成本为120万元，售价为201万元，当期收到货款及出口退税28万元（计入销售商品、提供劳务收到的现金）；收回以前年度应收账款21万元，存入银行（计入销售商品、提供劳务收到的现金）。

问题：指明该企业存在的问题，提出处理意见。

第五章 企业融资法律实务

实务目标(一) 贷款融资

一、操作步骤

(一)满足贷款融资的条件

贷款是指银行或其他金融机构按一定利率和必须归还等条件出借货币资金的一种信用活动形式。贷款融资是指企业因需要向银行或其他金融机构有偿出借货币资金的行为。贷款融资是企业最常用的融资渠道。

根据《贷款通则》的规定：贷款对象应当是经工商行政管理机关(或主管机关)核准登记的企(事)业法人、其他经济组织、个体工商户或具有中华人民共和国国籍的具有完全民事行为能力的自然人。因此，商业银行的贷款对象必须是经营性企业单位，即具有经济收入，预付的价值能够得到补偿和增值，有归还贷款本息的资金来源。凡非经营性、没有经济收入的单位，只能作为财政拨款对象，而不能成为银行贷款对象。

确定贷款条件的依据是：企业单位设置的合法性、经营的独立性、自有资本的足够性、经营的盈利性及贷款的安全性。因此，凡需要向银行申请贷款的企业必须具备以下基本条件：

(1)经营的合法性。须经国家工商行政管理部门批准设立，登记注册，持有营业执照和经营许可证，且经工商行政管理部门办理了年检手续。

(2)经营的独立性。实行独立经济核算，自主经营、自负盈亏，具有独立的法人人格。

(3)有一定数量的自有资金，生产经营具有效益。

(4)在银行开立基本账户。遵守政策法令和银行信贷、结算管理制度，并按规定在银行开立基本账户和一般存款账户。

（5）有按期还本付息的能力。即原应付贷款本金及利息已偿还，没有偿还的已经做了银行认可的偿还计划。

（6）法律法规及银行规定的其他条件。

（二）建立信贷关系

企业首次向贷款行申请贷款或借款人变更法人主体时，应首先向贷款行申请建立信贷关系，并填写《建立信贷关系申请书》，并向银行提供下列资料：

（1）国家有关部门注册登记或批准成立的有关文件复印件，如营业执照和经营许可证，有特殊规定的行业应有有权批准机关核发的生产许可或专营证件。

（2）企业经济或财务状况资料，法人应提供上一年度财务报表和最近一期财务报表及会计师事务所出具的审计报告。

（3）企事业法人单位的章程，或个人合伙企业的合同或协议复印件。

（4）法人代表人身份证明。借款人是股份有限公司和有限责任公司的还应同时提供董事会或股东会授权法定代表人办理借款事宜的授权书。

（5）银行开户许可证、预留印鉴卡和贷款证（卡）。

（三）贷款申请与贷前调查

在建立信贷关系后，企业申请贷款时应提供的资料包括：

（1）《借款申请书》。

（2）法定发证机关办理的年审合格的本企业贷款证。

（3）贷款申请报告。报告载明下列内容：企业的基本情况，包括注册资金、企业性质、隶属关系、办公地点、联系电话、联系人、主营业务及企业介绍；企业法人概况，包括姓名、性别、文化程度、专业职称、曾经从事的职业及职务、有何业绩等；详细写清借款金额、用途、期限、还款途径及担保形式，以及附上项目可行性报告、购销合同等；企业财务情况，包括货币资金、存货量、负债总额、所有者权益合计、总资产、本期净利润以及最近一年累计利润总额。

（4）财务报表。包括两方面内容：上年度的资产负债表、损益表和财务状况变动表；本期的资产负债表和损益表。

（5）有关证件、证明（借款人、担保人均须提交）。这些证明包括：营业执照的副本及其复印件；法人身份证及其复印件；如有其他人代替法人签字，还需提交本人身份证复印件及法人授权委托书（授权书须有法人亲笔签字并加盖公章）。

（6）保证贷款应提交的资料。即保证单位的营业执照副本及复印件；保证单位的财务报表，包括上年度的资产负债表、损益表和财务状况变动表，本期的资产负债表和损益表；保证单位同意保证的证明书，应加盖公章。

（7）抵、质押担保贷款应提交的资料。如：抵押、质押物的详细目录和产权或所有权证明；抵押物和动产质押物价值证明；抵押物和动产质押物经银行指定中介机构出具的评估报告；权利质押物鉴定书；登记机关办理登记的证明文件和证书等。

在提交资料后，银行会从贷款的直接用途、企业近期经营状况、企业挖潜计划、流动资金周转加速计划、流动资金补充计划的执行情况、企业发展前景、企业负债能力等方面进行贷前审查，以决定是否贷款。

（四）签订贷款合同与担保合同

根据《中华人民共和国商业银行法》（简称《商业银行法》）和《贷款通则》的规定，所有贷款应由借款人和贷款人签订贷款合同，或称借款合同。此外，保证贷款与保证人签订保证合同，抵押、质押贷款与抵押人、出质人签订抵（质）押合同，并依法办理抵押、质押登记。贷款合同是贷款人与借款人签署的明确双方权利义务的法律文件。其内容是否合法有效、完整准确，将直接影响银行与借款人之间的权利义务以及相应从合同的法律效力。目前，一般情况下商业银行等金融机构都已经具备通用的格式合同。但是，无论是否有现成的格式合同，每次贷款业务中，对于贷款合同均应按照每个项目的实际情况予以审查，必要时进行补充、修改或另行起草。一般来说，企业法务人员对于贷款合同，应主要审查以下内容：

（1）贷款合同载明的主合同编号、金额、币种、期限、借款用途等内容必须与授信审批表、授信合同、担保合同、借据等相关文件保持一致。

（2）贷款合同载明的借款用途不得违反国家限制经营、特许经营以及法律、行政法规明令禁止经营的规定。如果借款人将贷款用于非法用途，违反国家法律、行政法规的禁止性规范，将导致贷款合同无效，企业法务人员应注意提示。

（3）应注意核对借款金额以及大小写是否一致，核对币种、利率。

（4）贷款合同应有明确的起止期限，以约束贷款人的贷款行为，避免贷款人拖延贷款。应当注意的是，贷款合同并不都是在签字后立即执行提款，有些必须等到合同所规定的某些条件已经具备的时候才能执行提款，甚至在贷款开始执行后，通常会要求在以后每次提款时还要满足进一步的条件。在签订贷款合同时，企业法务人员应特别注重对提款先决条件的协商、谈判与审查。在合同履行过程中，要积极促成所有提款先决条件的成就，以及时获得贷款人的放贷。

（5）贷款合同应载明违约责任，约定好损害赔偿的计算方式。如果贷款人不按贷款合同的规定向借款人发放贷款，借款人可以要求给予损害赔偿，以维护企业的利益。

（6）贷款合同可以设置担保条款，也可以另行签订担保合同。对于由担保公司提供担保的，企业法务人员应注意审查公司提供担保行为是否符合该公司章程规定；审查担保公司章程对担保额度的限制以及签订担保合同的签订人有无该公司的法定授权。如果是由企业自身提供抵押担保的，则要审查核对抵押物详细清单，包括产权人、抵押物名称、用途、建造年份、房产证号、土地证号、购置价、账面价、评估价、抵押价等，避免出现差错。

（7）填写合同应当符合制定格式合同时的使用说明，合同待定内容应当填写完整，空白处应当划线删除。如果修改合同的，修改处应当加盖双方公章或校对章。

（8）当事人签字、盖章应当正确齐备，合同签订时间应当填写正确。借款合同必须由当事人双方的代表或凭法定代表授权证明的经办人签章，并加盖公章。

（五）配合银行贷后检查

贷后检查是指银行在借款人提取贷款后，会对其贷款提取情况和有关生产活动、经营情况、财务活动进行监督和跟踪调查。企业应当接受贷款人对其使用信贷资金情况和有关生产经营、财务活动的监督，这是企业的法定义务。

（六）还款

贷款合同对借款人偿还贷款的期限和方式一般都有具体的规定。贷款到期时，借款人应当按照贷款合同规定按时足额归还贷款本息。企业应及时筹备资金，贷款到期时，一般由借款人主动开出结算凭证，交银行办理还款手续。对于贷款到期而借款人未主动还款的，银行可采取主动扣款的办法，从借款人的存款账户中收回贷款本息。

对于借款人提前还款问题，贷款合同中对于该条款一般都有一些限制，规定得较为详尽，主要是为了保证贷款人的投资能得到预期的收益。因此，提前还款一般需要得到贷款方的同意，根据情况贷款人可以要求借款人支付一定比例的费用。

二、注意事项

（一）借款企业的权利与义务

借款企业的权利包括：①有权按合同约定提取和使用全部贷款；②有权拒绝借款合同以外的附加条件；③有权向贷款人的上级和中国人民银行反映、举报有关情况；④在征得贷款人同意后，有权向第三人转让债务。借款企业在贷款融资过程中可以充分行使这些权利，以维护自己的正当利益。

借款企业的义务包括：①应当如实提供贷款人要求的资料（法律规定不能提供者除外），应当向贷款人如实提供所有开户行、账号及存贷款余额情况，配合贷款人的调查、审查和检查；②应当接受贷款人对其使用信贷资金情况和有关生产经营、财务活动的监督；③应当按借款合同约定用途使用贷款；④应当按借款合同约定及时清偿贷款本息；⑤将债务全部或部分转让给第三人的，应当取得贷款人的同意；⑥有危及贷款人债权安全情况时，应当及时通知贷款人，同时采取保全措施。

（二）贷款风险防范与控制

贷款是双方合意行为，银行一般会提高借贷门槛，减少信用贷款的数量，并要求提供担保。那些信用状况良好的企业更容易获得借贷，对资产不够雄厚、担保较少的小企业而言，只能望"行"兴叹。因此，银行方面往往对企业贷款设置了苛刻的条件,借款期限也相对较短,长期投资很少能获得贷款。加之银行借款额度有限,企业难以通过银行解决自身发展所需要的全部资金。特别是在起步和创业阶段的企业,经营风险较大,很难获得银行借款。

贷款融资,相对股权融资面对的风险较简单,主要有担保风险和财务风险。担保风险主要发生在借款企业向担保企业申请担保时,担保企业也会要求借款企业提供反担保,大量的担保与反担保使得企业间形成一个担保圈,一旦圈中一家企业运作出现问题,就有可能引起连锁反应,导致其他企业面临严重债务危机。财务风险主要指企业的资产负债结构出现问题,当企业用债权方式进行融资时,财务费用的增加会对企业经营造成很大压力。理论上,企业的净资产利润率若达不到借款利率,企业的借款就会给企业股东带来损失,但更重要的是,债权融资将提高企业的资产负债率,从而降低企业再次进行债权融资的能力,如果企业不能通过经营的盈利降低资产负债率,并获得足够的现金流来偿还到期的债务,等待企业的后果可能就是破产。

(三)贷款融资相关的法律文书格式

1. 建立信贷关系申请书格式:

附一:

信贷关系申请表

企业名称			法定代表人	
地址			联系人姓名	
			联系电话	
批准成立机关			文号	
			日期	年 月 日
主管单位			性质	
在册职工	人	生产车间(营业网点)	个	厂房(营业)面积
两证办理情况				

续上表

登记注册机关		文号	
		日期	
注册资本		固定资产净值	
生产(经营)方式		生产经营范围	
建立信贷关系申请事由		单位名称(章):法定代表人(章): 年 月 日	
客户经理意见	客户经理(签字): 年 月 日	支行意见	负责人(签字): 年 月 日

2. 借款申请书格式:

附二:

借款申请表

借款人(单位名称)		证件类型		
		证件号码		
地址		联系电话		
经营项目		主要产品		
原欠贷款金额		其中	逾期贷款	
			结欠利息	
本次借款金额(大写)				
借款期限	自 年 月 日 至 年 月 日			

贷款方式		保证人 （抵、质 押人）		
抵（质）押物名称		存放地点		
注册资本		对外担保		
本年销 售额		本年销 售回笼额		本行销售 回笼额

借款理由：

还款来源：

借款人承诺：在平等、自愿的基础上主动填写借款申请信息，确保内容真实、完整、有效。同时委托你行办理信用等级评定。

借款人（盖章）
年 月 日

三、练习题

1. 简答题

在贷款融资过程中，企业法务人员应当如何审核贷款合同？

2. 案例分析

案情： A 公司于 2007 年 1 月以流动资金短缺为由向 B 银行申请 500 万元流动资金贷款，以 C 公司所有的一栋商品房作抵押。A 公司实力较弱，原本不符合 B 银行贷款条件，但 B 银行个别领导考虑到各方面关系而同意贷款，并向该公司发放了 500 万元贷款，期限 12 个月。由 C 公司提供房产抵押，并与银行签订了担保协议。但是，C 公司所抵押的房产产权证尚未办理完毕，故以其购买房产的契约抵押。2007 年末，A 公司因经营管理不善，一直无法全部达产，开工率严重不足，进而出现持续亏损。2008 年贷款到期后，A 公司无力偿还贷款。由于本案中的担保方式存在重大缺陷，抵押人并没有取得抵押房产的合法产权，故 B 银行无法进行抵押登记，也就无法就该抵押房产受偿。B 银行与 C 公司之间的担保协议实际上无法实现。B 银行遂向 A 公司发出还款通知书，并向法院提起了诉讼。

问题：从本案来看，借款企业在寻找担保人时，应注意哪些事项？借款企业应当如何评估贷款风险？在获得银行贷款后，借款企业应如何避免无法按时还款？

实务目标(二)　债券融资

一、操作步骤

(一)满足债券融资的条件

作为直接融资手段的一种，企业债券是指具有法人资格的企业依照法定程序公开向投资者发行，并承诺在一定期限内支付利息和偿还本金的有价证券。目前，我国公司法规定的公司债券种类包括记名债券与无记名债券，可转换债券和非转换债券。

《企业债券管理条例》《中华人民共和国证券法》(简称《证券法》)《公司法》及《国家发展改革委关于推进企业债券市场发展、简化发行审核程序有关事项的通知》等法律法规共同构成发行企业债券的规范文件。企业发行债券融资的积极条件如下：

(1)股份公司的净资产额不低于人民币 3000 万元，有限责任公司净资产额不低于人民币 6000 万元。

(2)累计债券总额不得超过公司净资产额(不包括少数股东权益)的 40%。

(3)最近 3 年平均可分配利润(净利润)足以支付公司债券 1 年的利息。

(4)筹集资金的投向符合国家产业政策和行业发展方向，相关手续齐全。用于固定资产投资项目的，应符合固定资产投资项目资本金制度的要求，原则上累计发行额不得超过该项目总投资的 60%。用于收购产权(股权)的，比照该比例执行。用于调整债务结构的，不受该比例限制，但企业应提供银行同意以债还贷的证明；用于补充营运资金的，不超过发债总额的 20%。

(5)债券利率不得超过国务院限定的利率水平。根据《企业债券管理条例》的规定，企业债券的利率不得高于银行同期限居民储蓄存款利率的 40%。

(6)国务院规定的其他条件。

具备了上述积极条件后，还必须排除负面条件，即企业要想发行债券，不得出现以下情形：

（1）最近36个月内公司财务会计文件存在虚假记载，或公司存在其他重大违法行为。

（2）本次发行申请文件存在虚假记载、误导性陈述或者重大遗漏。

（3）对已发行的公司债券或者其他债务有违约或者迟延支付本息的事实，仍处于继续状态。

（4）严重损害投资者合法权益和社会公共利益的其他情形。

（二）作出发行债券的决议

企业在具备了发行债券的资格和条件后，要发行债券筹集资金须先作出发行债券的决定。股份有限公司、有限责任公司发行公司债券，由董事会制订方案，股东会作出决议；国有独资公司发行公司债券，应由国家授权投资的机构或者国家授权的部门作出决定。决定内容具体包括发行债券的名称、债券募集资金的用途、债券总额和债券的票面金额、债券利率的确定方式、还本付息的期限和方式、债券的发行价格、发行的起止日期等内容。

（三）制定发行债券的章程

企业作出发行债券决议后，应制定发行债券的章程。

债券发行章程应包括以下内容：发行企业的名称、地址及承销法人代表；发行企业的经营管理情况简介；发行企业的自有资产净值；发行债券的目的、用途；发行债券的效益预测；发行债券的总面额、票面额及发行价格；债券的票面利率、期限及还本付息的方式；债券发行的对象及地区范围；债券发行的起止日期；承销机构的名称、地址及承销方式；债券还本付息的资金来源及担保者；其他需要说明的事项等。

（四）办理债券等级评定手续

发行企业应向债券管理部门指定的资信评估机构申请办理债券等级评定手续。债券的信用等级对于发行企业和债券购买者都具有重要影响。实践中债券评级机构一般从企业概况、企业素质、财务质量、项目状况、项目发展前景、偿债能力几个方面对企业的债券等级进行分析判断。一般只有在资信评估机构出具的债券等级证明为A级以上时，才允许企业正式提出发行申请。

（五）提出发行债券申请

企业通过当地发改委向上一级发改委逐级申报,省发改委对所有符合条件的企业根据项目情况进行初选,并上报国家发改委。未经批准,企业不得发行债券。

（六）公告债券募集办法

发行企业债券的申请经批准后,公开向社会发行债券时,企业应当向社会公告债券募集办法。根据我国法律的规定,企业债券募集办法中应当载明下列主要事项:①企业名称;②债券总额和债券的票面金额;③债券的利率;④还本付息的期限与方式;⑤债券发行的起止日期;⑥企业净资产额;⑦已发行而尚未到期的企业债券总额;⑧企业债券的承销机构等。企业制定好债券募集办法后,应按当时和当地通行、合理的方法向社会公告。

（七）签订承销合同

在间接发行方式下,当发行债券的申请被批准后,发行企业要与债券承销机构正式签订承销合同。

（八）发售债券

承销机构按照合同规定,在发行期内向投资者发售债券。投资者直接向承销机构付款购买,承销机构代为收取债券款,交付债券。

（九）收进债券款

到债券发售期截止日,扣除承销机构应得的手续费后,发行企业向承销机构收缴债券款项,债券发行即告结束。

二、注意事项

（一）理清发债企业与其他主体之间的法律关系

1. 发债企业与债权人的法律关系

企业债券代表着发债企业和投资者之间的一种债权债务关系。投资者享有的基本债权是要求企业按照发行公告中承诺的期限与方式偿还本金和利息。由这种基本权利也引申出一些其他权利,如投资者有对企业经营状况和偿债能力变化情况的知情权和查阅权；在企业出现偿债危险的时候，可以要求企业追加担保或提前偿还债务权；在企业出现履行债务不能的情况下，有申请企业破产偿债的权利等。相对应的，企业负有保障这些权利实现的义务，如按期偿还本金和支付利息，定期向投资者披露企业的经营情况和跟踪评级，在出现影响企业偿债能力的重大事项时及时向投资者披露等。

2. 发债企业与中介服务机构的法律关系

在企业债券的发行与存续期间，各中介机构与企业之间构成服务法律关系。中介机构为企业债券的发行提供必要的业务支持及服务，让企业能够顺利地以最低的成本发行债券。为企业发行债券提供业务支持的中介机构包括商业银行、证券公司、会计师事务、资产评估机构、律师事务所、信用评级机构、债券交易所等。这些中介机构将直接与发债企业签订相关协议，形成服务法律关系。服务机构制作的各类文件，若存有差错，应承担相应的法律责任。

3. 发债企业与监管者的法律关系

由于债券投资者的社会公众性，企业债券所产生的各种法律关系不是纯粹的私关系，而是涉及社会公共利益和公共秩序的私关系，这种关系需要有一个监管机构对企业债券法律关系和各主体进行监督，即监管法律关系。目前，企业债券的监管主要由国家发改委负责，并由财务部、中国人民银行、证监会等协调，企业债券的发行总额规模还需要国务院批准。

（二）债券融资风险的防范与控制

发行债券虽然在企业融资方面具有较多优点，但仍具有风险，需要企业法务人员注意评估与防范。债券筹资有固定的到期日，须定期支付利息，如不能兑现承诺则可能引起公司破产。债券筹资具有一定限度，随着财务杠杆的上升，债券筹资的成本也不断上升，进而加大财务风险和经营风险，可能导致公司破产。

首先，在债券融资中，利率风险是较为广泛存在的风险。债券发行后，企业的生产经营发生变化，可能有利润下降的风险，如果按照发行债券时确定的债券利率支付债息，则有可能导致企业债务负担增加，甚至出现债务危机。其次，企业发行债券的目的在于获得资金并将其投入到生产经营中，而企业所投资的行业可能会面临政策与法律修改、行业竞争加剧、市场供需状况变动等风险，需要对这些行业风险进行准确评估，并提出防范方案。最后，所有发行债券的企业都面临可能因经营不善、资金周转困难而导致的偿付风险。因此，企业在作出发行债券的决定前就应认真规划经营战略，评估自身偿付能力，在发行债券后仍应努力改善内部管理，提高资金利用率。

（三）掌握债券融资相关法律文书格式

1. 企业（公司）债券募集说明书基本格式

募集说明书应包括封面、扉页、目录、释义和正文内容等部分。

募集说明书扉页应包括以下内容：

（1）发行人或发行人董事会声明。如："发行人或发行人董事会已批准本期债券募集说明书及其摘要，发行人领导成员或全体董事承诺其中不存在虚假记载、误导性陈述或重大遗漏，并对其真实性、准确性、完整性承担个别和连带的法律责任。"

（2）企业负责人和主管会计工作的负责人、会计机构负责人声明。如："企业负责人和主管会计工作的负责人、会计部门负责人保证本期债券募集说明书及其摘要中财务报告真实、完整。"

（3）主承销商勤勉尽责声明。

（4）投资提示。如"凡欲认购本期债券的投资者，请认真阅读本募集说明书及其有关的信息披露文件，并进行独立投资判断。主管部门对本期债券发行所作出的任何决定，均不表明其对债券风险作出实质性判断。""凡认购、受让并持有本期债券的投资者，均视同自愿接受本募集说明书对本期债券各项权利义务的约定。""债券依法发行后，发行人经营变化引致的投资风险，投资者自行负责。"

（5）其他重大事项或风险提示。

（6）本期债券基本要素。债券名称、发行总额、期限、利率、发行方式、发行对象、信用级别、担保等。

募集说明书释义应在目录次页排印，对募集说明书中的有关机构简称、代称、专有名词、专业名词进行准确、简要定义。

附一：

募集说明书的主要内容

第一条　债券发行依据

本次发行的审批文件文号＿＿＿＿＿＿＿＿＿＿＿＿＿＿＿＿＿＿。

第二条　本次债券发行的有关机构

主要包括：本次发行涉及的机构的名称、法定代表人、经办人员、办公地址、联系电话、传真、邮政编码等。

第三条 发行概要

主要包括：债券名称、发行总额、期限、利率、还本付息、发行价格、发行方式、发行对象、发行期、认购托管、承销方式、信用级别、担保、重要提示等。

第四条 承销方式

_____○

第五条 认购与托管

_____○

第六条 债券发行网点

_____○

第七条 认购人承诺

_____○

第八条 债券本息兑付办法

_____○

第九条 发行人基本情况

主要包括：发行人概况；历史沿革；股东情况；公司治理和组织结构；发行人与母公司、子公司等投资关系；主要控股子公司情况；发行人领导成员或董事、监事及高级管理人员情况等。

第十条 发行人业务情况

主要包括：发行人所在行业现状和前景；发行人在行业中的地位和竞争优势；发行人主营业务模式、状况及发展规划。

第十一条 发行人财务情况

主要包括：发行人最近三年及最近一期主要财务数据及资产负债表、利润及利润分配表、现金流量表；发行人财务分析(包括营运能力分析、盈利能力分析、偿债能力分析和现金流量分析等)。

第十二条 已发行尚未兑付的债券

_____○

第十三条 筹集资金用途

主要包括：发债资金投向概况，如项目审批、核准或备案情况、收购合同或意向书签订情况、以债还贷情况、补充营运资金情况等。发债募集资金使用计划及管理制度。

第十四条 偿债保证措施

主要包括：担保人基本情况、财务情况(主要财务数据及财务报表)、资信情况、担保函主要内容。采用资产抵押担保的，应提供抵押资产的评估、登记、保管和相关法律手续、保障投资者履行权利的有关制度安排等情况。

发行人制定的偿债计划及保障措施，包括偿债专户、偿债基金以及违约时拟采取的具体偿债措施和赔偿方式。

第十五条　风险与对策

主要包括：与本期债券有关的风险与对策；与行业相关的风险与对策；与发行人有关的风险与对策。

第十六条　信用评级

主要包括：信用评级报告的内容概要以及跟踪评级安排等。

第十七条　法律意见

主要包括：法律事务所对本期债券的合法合规性及信息披露文件的真实性、完整性等出具的法律意见的概要。

第十八条　其他应说明的事项

_____。

第十九条　备查文件

包括备查文件清单、查阅地点、方式、联系人等。

附二：

债券发行承销协议样本

债券发行人(以下称甲方)：_____。

住所：_____。

法定代表人：_____。

债券承销人(以下称乙方)：_____。

住所：_____。

法定代表人：_____。

甲方经批准，采用招投标方式发行"_____金融债券"(以下简称债券)，负责债券招投标发行的组织工作；乙方自愿成为该种债券承销商，承诺参与投标，并履行承购包销义务。

根据《中华人民共和国经济合同法》和中国人民银行的有关规定，甲乙双方经协商一致，签订本协议。

第一条　债券种类与数额

本协议项下债券指甲方按照____年中国人民银行批准的债券发行计划采用招投标方法发行的债券。甲方根据其资金状况，经中国人民银行批准，分批确定发行数量。乙方承销数量包括中标数量和承销基本额度。

第二条　承销方式

乙方采用承购包销方式承销债券。

第三条　承销期

每次债券承销期由甲方在债券发行公告或发行说明书中确定。

第四条　承销款项的支付

乙方应按中标通知书的要求，将债券承销款项及时足额划入甲方指定的银行账户。

异地承销商通过中国人民银行电子联行划款，同城承销商以支票方式支付。

第五条　发行手续费的支付

甲方按乙方承销债券总额的一定比例（由甲方在发债说明书中确定）向乙方支付发行手续费，该笔费用由甲方在收到乙方承销款后十个营业日内划至乙方指定的银行账户。

第六条　登记托管

债券采用无纸化发行，中央国债登记结算有限责任公司（以下简称中央结算公司）负责债券的登记托管。

第七条　附属协议

甲乙双方均认可，通过债券招标系统在招标期间按规定格式传送和给出的投标书和中标通知书均为本协议项下附属协议。

第八条　信息披露

一、甲方应于每次债券发行前向承销人提供招投标办法和发债说明书，并于招投标结束后发布发行公告；

二、甲方应在发债说明书中公告每次债券发行的发债条件和发债方式；

三、甲方应在发债说明书中公布最近三年的主要财务数据；

四、甲方应按年披露其财务状况及其他有关债券兑付的重要信息。

第九条　甲方的权利和义务

甲方的权利如下：

一、甲方有权按债券发行条件和乙方承销额向乙方收取债券承销款项；

二、在符合公开、公平、公正原则的前提下，甲方可在债券招投标发行额度内确定乙方的基本承销额度，全体承销商的基本承销额度总额不超过发行总额的10%，并在承销团成员之间等额分配；

三、债券发行的招投标条件、程序和方式等由甲方确定；

四、按照国家政策，自主运用发债资金。

甲方的义务如下：

一、甲方应依约履行归还本息的义务，不得提前或推迟归还本金和支付利息；

二、甲方应按债券发行条件向乙方支付发行手续费；

三、甲方保证其采用的发债方式符合中国人民银行的有关规定，并保证对全体承销商给予同等待遇；

四、甲方应按本协议约定及时披露信息。

第十条　乙方的权利和义务

乙方的权利如下：

一、有权参与每次债券发行承销投标；

二、向甲方收取其持有债券的本金和利息，兑付本金时向甲方收取兑付手续费；

三、有权向认购人分销债券；

四、按甲方的发债条件取得发行手续费；

五、可获得承销期内（发行起始日至缴款日之间）分销认购款的暂存利息；

六、有权参加甲方举行的发行预备会议，有权获得甲方招投标发债的所有应依法公告的信息。

七、经中国人民银行批准后，可在同业债券市场进行债券交易，甲方参与同业债券交易时，乙方可与甲方进行对手交易。

八、有权无条件退出承销团，但须提前三十日书面通知甲方。

乙方的义务如下：

一、应以法人名义参与债券承销投标；

二、应按时足额将债券承销款项划入甲方指定的银行账户；

三、应按债券承销额度履行承购包销义务，依约进行分销；

四、应严格按承销额度分销债券，不得超冒分销；

五、如甲方在招投标发债中确定了每个承销商的基本承销额度，乙方应承担该基本承销额度的承销义务。

六、乙方有义务按甲方确定的招标方式和发行条件参与债券发行投标，不得与其他投标人相互串通，操纵市场；

七、乙方应将发行经办部门、人员授权或变更等情况及时书面通知甲方和中央结算公司。

第十一条　违约责任

乙方如未能依约支付承销款项，则应按未付部分每日万分之五的比例向甲方支付违约金，未付款部分和违约金甲方可从应支付给乙方的其他债券的本息中扣除；缴款逾期十天以上的，甲方可取消乙方未付款项部分的承销额度，乙方自动丧失承销商资格，但对已承销的债券仍应按本协议承担义务。

乙方如借承销债券之机超冒分销债券，超冒分销部分甲方不予确认，责任由乙方承担。甲方保留单方面终止其承销商资格的的权利。

甲方如未依约履行债券还本付息义务，则应按未付部分每日万分之五的比例向乙方支付违约金。

乙方如未按发债条件承担分配的基本承销额度，或连续三次不参与投标或未按规定进行有效投标的，则视为自动放弃承销商资格。

第十二条　协议的变更

本协议的变更应经双方协商一致，达成书面协议。

如本协议与中国人民银行有关规定不一致时，甲乙双方应按中国人民银行的规定执行。

第十三条　附则

一、本协议项下附件包括：

1. 发债说明书；

2. 债券发行办法；

3. 甲方出具的招标书。

二、本协议的未尽事宜，经甲乙双方协商一致，可签订其他补充协议。本协议与补充协议不一致的，以补充协议为准。

三、本协议正式文本一式五份，甲乙双方各执二份，中央结算公司一份，具有同等法律效力。

四、本协议经双方法定代表人或其授权的代理人签字并加盖公章后生效。

甲方：　　　　　　　　　　　乙方：

法定代表人签字：　　　　　　法定代表人签字：

三、练习题

1. 简答题

企业法务人员应当如何提出债券融资风险的防范与控制方案？

2. 案例分析

案情：中国华润于 2005 年 5 月 27 日发行了"2005 年中国华润总公司公

司债券"，面值为 30 亿元人民币，债券期限为 10 年，采取固定利率形式，票面年利率 5.05%，每年付息一次，于 2015 年 5 月 27 日到期一次性兑付本金。2006 年 3 月，中国华润总公司发行"06 华润公司债券"，债券名称为"2006 年中国华润总公司公司债券"。此债券为固定利率债券，总面值为 30 亿元人民币，发行期限为 15 年，票息率为 4.05%，每年付息一次。每年 3 月 7 日付息一次，到期一次还本，最后一期利息随本金的兑付一起支付。相关发行单位计划于发行结束后即申请此债券在合法的证券交易场所上市交易。交通银行深圳分行为中国华润此次发行的 30 亿元公司债券的还本付息提供全额无条件的不可撤销连带责任保证担保。2006 年 3 月 17 日，"06 华润公司债券"成功在银行间债券市场上市。

中国华润的资产规模雄厚，至 2004 年底，公司的总资产与净资产分别达 1077 亿、528 亿元，并且保持了总资产超过 20% 的增长速度。中国华润的主业规模非常庞大，至 2004 年底，公司主营业务收入达 668 亿，净利润达 19 亿，分别达 37%、18% 的增长率。中国华润在规模较大的基础上，具有良好的盈利能力。此外，中国华润拥有多元化的经营模式。华润集团现有业务涉及日用消费品制造与分销、地产及相关行业、基础设施及公用事业三大领域，包含地产、食品、啤酒、石化、零售、纺织、水泥、电力、微电子 9 个行业，并在通信、基础建设等产业内进行策略性投资。

问题：从上述案例来看，企业要想成功发行公司债券，除了需要满足基本的条件以外，还应当具备哪些实力？

实务目标(三)　股权融资

一、操作步骤

(一)满足公开发行新股并上市的股权融资条件

股权融资是指企业的股东愿意让出部分企业所有权，通过企业增资的方式引进新的股东的融资方式。股权融资所获得的资金成为企业股东权益，企业无须还本付息，新股东将与老股东同样分享企业的盈利与增长。除了私募股权融资的形式外，公司公开发行新股并上市也是我国非常重要的股权融资方式之一。

根据我国《证券法》的规定，股份有限公司申请其股票上市公开发行新股必须符合下列条件：

（1）具备健全且运行良好的组织机构；

（2）具有持续盈利能力，财务状况良好；

（3）最近三年财务会计文件无虚假记载，无其他重大违法行为；

（4）经国务院批准的国务院证券监督管理机构规定的其他条件。

上市公司非公开发行新股，应当符合经国务院批准的国务院证券监督管理机构规定的条件，并报国务院证券监督管理机构核准。

同时，依照《证券法》的规定，股份有限公司申请股票上市，应当符合下列条件：

（1）股票经国务院证券监督管理机构核准已公开发行；

（2）公司股本总额不少于人民币三千万元；

（3）公开发行的股份达到公司股份总数的百分之二十五以上；公司股本总额超过人民币四亿元的，公开发行股份的比例为百分之十以上；

（4）公司最近三年无重大违法行为，财务会计报告无虚假记载；

（5）证券交易所规定的其他上市条件。

而企业申请在不同市场上市，条件也会不一样，企业还需要满足拟上市板块的其他要求。

（二）改制与设立

如果已设立的公司不是股份有限公司，在申请公开发行新股并上市前，就应当先进行股份制改造：拟定改制方案，聘请保荐机构（证券公司）和会计师事务所、资产评估机构、律师事务所等中介机构对改制方案进行可行性论证，对拟改制的资产进行审计、评估，签署发起人协议和起草公司章程等文件，设置公司内部组织机构，将公司改造成股份有限公司。

（三）尽职调查与辅导

保荐机构和其他中介机构对公司进行尽职调查、问题诊断、专业培训和业务指导，学习上市公司必备知识，完善组织结构和内部管理，规范企业行为，明确业务发展目标和募集资金投向，对照发行上市条件对存在的问题进行整改，准备首次公开发行申请文件。

尽职调查的内容包括：①企业资质、基础资料、证书等；②股东、股东出资、股东协议及股东会资料；③董事/监事、董事会/监事会决议及其附件；

④组织架构、管理及人员相关资料；⑤财务资料；⑥重要合同；⑦技术相关资料；⑧行业相关资料；⑨公司发展规划方面资料；⑩公司股改计划、上市计划；⑪其他。

辅导内容主要包括以下方面：股份有限公司设立及其历次演变的合法性、有效性；股份有限公司人事、财务、资产及供、产、销系统独立完整性；对公司董事、监事、高级管理人员及持有5%以上（含5%）股份的股东（或其法人代表）进行《公司法》《证券法》等有关法律法规的培训；建立健全股东大会、董事会、监事会等组织机构，并实现规范运作；依照股份公司会计制度建立健全公司财务会计制度；建立健全公司决策制度和内部控制制度，实现有效运作；建立健全符合上市公司要求的信息披露制度；规范股份公司和控股股东及其他关联方的关系；公司董事、监事、高级管理人员及持有5%以上（含5%）股份的股东持股变动情况是否合规。

（四）向证监会报送募股申请

公司公开发行新股，应当向国务院证券监督管理机构报送募股申请和下列文件：①公司营业执照；②公司章程；③股东大会决议；④招股说明书；⑤财务会计报告；⑥代收股款银行的名称及地址；⑦承销机构名称及有关的协议；⑧依照法律规定聘请保荐人的，还应当报送保荐人出具的发行保荐书。

符合申报条件的，中国证监会在5个工作日内受理申请文件。未按规定要求制作申请文件的，不予受理。同意受理的，根据国家有关规定收取审核费人民币3万元。

（五）申请文件的审核

中国证监会设发行审核委员会，依法审核股票发行申请。发行审核委员会由国务院证券监督管理机构的专业人员和所聘请的该机构外的有关专家组成，以投票方式对股票发行申请进行表决，提出审核意见。证监会正式受理申请文件后，对申请文件进行初审，同时征求发行人所在地省级人民政府和国家发改委意见，并向保荐机构反馈审核意见，保荐机构组织发行人和中介机构对反馈的审核意见进行回复或整改，初审结束后发行审核委员会审核前，进行申请文件预披露，最后提交股票发行审核委员会审核。

（六）路演、询价与定价

发行申请经发行审核委员会审核通过后，中国证监会进行核准，企业在指定报刊上刊登招股说明书摘要及发行公告等信息，并将该文件置备于指定场所供公众查阅。证券公司与发行人进行路演，向投资者推介和询价，并根据询价结果协商确定发行价格。发行人申请首次公开发行股票的，在提交申请文件后，应当按照国务院证券监督管理机构的规定预先披露有关申请文件。

（七）发行与上市

根据中国证监会规定的发行方式公开发行股票，向证券交易所提交上市申请，办理股份的托管与登记，挂牌上市，上市后由保荐机构按规定负责持续督导。申请股票上市交易，应当向证券交易所报送下列文件：①上市报告书；②申请股票上市的股东大会决议；③公司章程；④公司营业执照；⑤依法经会计师事务所审计的公司最近三年的财务会计报告；⑥法律意见书和上市保荐书；⑦最近一次的招股说明书；⑧证券交易所上市规则规定的其他文件。证券交易所审核同意后，由双方签订上市协议。

二、注意事项

（一）股票与债券的比较与选择

企业债券与企业股票作为直接融资手段，两者之间存在着较多区别，甚至两种融资手段之间具有完全相反的特征。因此，作为融资企业，需要在比较的基础上根据自身情况选择最合适的融资方式。

（1）从概念上看，股票是公司签发的证明股东所持股份的凭证，而公司债券是指公司依法定程序发行的、约定在一定期限内还本付息的有价证券，两者性质不同。

（2）公司债券的持有人是公司的债权人，对于公司享有民法上规定的债权人的所有权利；而股票的持有人则是公司的股东（即所有人），享有公司法所规定的种种权利和义务。

（3）公司债券的持有人，不管公司是否有盈利，对公司享有利息给付请求权，公司即使亏损，债券的利息仍应给付。而股票持有人，则必须在公司有充分的盈利时才能获得股利。

（4）公司债券到了规定期限，公司必须偿还原本金；而股票持有人，可以转让所持股份，在公司解散时享有分配公司剩余财产的权利。

（5）公司债券的持有人，享有优先于股票持有人的权利，可以优先就公司盈余或剩余财产请求清偿；而股票持有人，必须在公司全部债务清偿后，才可就公司盈余或剩余财产请求分派。

（6）公司债券的利率一般是固定不变的，风险较小，易于吸收投资。而股票的股息高低，与公司经营好坏密切相关，股价常有变动，风险较大。

（二）理清股权融资过程中的法律关系

企业在股权融资过程中，涉及的主体和债券融资相同，一般包括了企业、投资者、中介服务机构、监管机构等主体。在融资企业与投资者间，股票一经发行，购买股票的投资者即成为公司的股东。股票实质上代表了股东对股份公司净资产的所有权，股东可以凭借股票获得公司的股息和红利，参加股东大会并行使自己的权利（如参与重大决策和选择管理者），同时也承担相应的责任与风险。在融资企业与中介服务机构间，通过签订相关协议，中介机构为企业债券的发行提供必要的业务支持及服务。在融资企业与中国证监会间，因上市给企业带来的经济效益，证监会会从严控制与监管企业上市的申请、股票的发行。

（三）股权融资中的风险防范与控制

一般而言，股权融资过程中主要存在以下风险：

（1）控制权稀释风险。投资方获得企业的一部分股份，必然导致企业原有股东的控制权被稀释，甚至有可能丧失实际控制权。

（2）经营风险。创始股东在公司战略、经营管理方式等方面与投资方股东产生重大分歧，导致企业经营决策困难。该种风险主要体现在以董事会为治理核心的法人治理机构中，且投资方股东要求公司保证投资方在公司董事会中占有一定席位。

（3）融资运作风险。由于我国证券市场不够成熟，上市公司违反法律法规的规定从事内幕交易、欺诈客户、擅自回购本公司股票等扰乱市场秩序和侵犯投资者权益的现象仍然存在。这将致使一些上市公司形象受损，遭遇信用风险而面临退市的危险。

因此，作为法务人员，在公司上市过程中，有责任强化公司风险意识，正确认识融资过程中可能会遇到的融资风险，使融资决策更加合理，从而降低公司的融资成本，使公司能更好地进行融资。企业在引入外来资本进行股权融资时，防止公司控制权的旁落成为控股股东应考虑的首要问题。其次，股权融资需要企业建立较为完善的公司法人治理结构，注重股权分置问题的解决，根据公司以及外部实际情况对股权进行分散化，降低融资经营风险。第三，企业应加强对融资风险的过程控制。在上市公司的融资过程中，公司应该设立相应的风险控制指令，进而提高风险转化效率和风险控制水平。

（四）掌握上市融资相关法律文书格式

1. 上市公司新股发行申请文件目录

根据证监发〔2001〕52 号《公开发行证券的公司信息披露内容与格式准则第 10 号——上市公司新股发行申请文件》的规定，新股发行申请文件包括如下：

第一部分要求在指定报刊或网站披露文件：

（1）本次配股/增发招股文件：

①招股说明书（配股或增发）；招股说明书（配股或增发）（申报稿）；附录一：盈利预测报告及盈利预测报告审核报告全文（如有）；附录二：重大资产重组发行人提供模拟财务报告及其审计报告重组进入发行人相关资产经审计财务报表及附注；附录三：发行人董事会监事会关于非标准无保留意见审计报告涉及事项处理情况说明（如有）；附录四：注册会计师关于非标准无保留意见审计报告补充意见（如有）。②发行公告（适用于增发）。

第二部分不要求在指定报刊或网站披露文件：

（2）主承销商关于本次配股/增发的文件：①主承销商推荐函；②主承销商尽职调查报告；③本次配股/增发申请文件核对表。

（3）发行人律师关于本次配股/增发文件：①法律意见书；②律师工作报告。

（4）发行人关于本次配股/增发申请与授权文件：①发行人关于本次配股/增发申请报告；②发行人董事会决议；③董事会决议及召开股东大会通知公告（复印件）；④发行人股东大会决议；⑤股东大会决议公告（复印件）。

（5）关于本次配股/增发募集资金运用文件：①本次配股/增发募集资金运用可行性分析报告；②政府有关部门同意投资项目立项（包括固定资产投资技改项目等）批文（参考文件）；③发行人拟收购资产（包括权益）财务报告

（如有）资产评估报告和/或审计报告（涉及发行人收购资产）。

（6）其他文件：①发行人最近三年及最近一期财务报告及其审计报告；②重大资产重组发行人购入资产原始财务报告及其审计报告；③注册会计师关于发行人内部控制制度评价报告；④检查中发现问题发行人整改报告；⑤会计师事务所关于前次募集资金使用情况专项报告；⑥发行人董事会关于前次募集资金使用情况说明；⑦主承销商关于发行人投资价值分析报告（适用于增发）；⑧主承销商承诺函（适用于增发）；⑨发行人承诺函（适用于增发）；⑩发行人最近一次股份变动公告（复印件）；⑪发行人营业执照（复印件）；⑫与本次发行有关中介机构及签字人员从事证券业务资格证书复印件（由机构盖章确认并说明用途）。其中签字律师及其所在机构还需提供通过年检执业证书复印件（由所属司法局盖章确认并说明用途）。

2. 招股说明书基本格式

（1）第一部分为招股说明书封面。招股说明书的封面应载明下列事项：发行人的名称及公司住所；"招股说明书"字样，送交证监会审核的稿件，标有"送审稿"显著字样；说明发行股票的类型，例如：普通股、优先股或者境内上市外资股等；如果同时发行认股证，还须列明认股证与股票的比例；重要提示；发行量、每股面值、每股发行价、发行费用、募集资金，采用上网竞争价方式发行股票的，应标明发行底价；发行方式及发行期；拟上市证券交易所；主承销商；推荐人；签署日期。招股说明书采用幅面为 209 毫米 × 295 毫米规格的纸张（相当于 A4 纸规格）。

（2）第二部分为招股说明书目录。

（3）第三部分为招股说明书正文。正文包括以下内容：主要资料；释义；绪言；发售新股的有关当事人；风险因素与对策；募集资金的运用；股利分配政策；验资报告；承销；发行人情况；发行人公司章程摘录；董事、监事、高级管理人员及重要职员；经营业绩；股本；债项；主要固定资产；财务会计资料；资产评估；盈利预测；公司发展规划；重要合同及重大诉讼事项；其他重要事项；董事会成员及承销团成员的签署意见。

（4）第四部分为招股说明书附录。附录的内容至少包括以下各项：财务报表及其注释和审计报告；财务报表差异调节表；如果发行人既发行 A 股，又发行 B 股或者既在境内发行，又在境外发行，由于会计准则的不同导致不同类型的股票同期财务报表数据不完全相同,应当对其差异编制调节表,说明差异的原因;资产评估报告;盈利预测报告和注册会计师的意见;法律意见书;发行人的公司章程和细则;发行人的营业执照。

(5)第五部分为招股说明书备查文件。备查文件的内容至少包括以下各项:发行人成立的注册登记文件;主管部门和证券交易所批准发行上市的文件;承销协议;国有资产管理部门关于资产证明估的确认报告;发行人改组的其他有关资料;重要合同;证监会要求的其他文件。

三、练习题

1. 简答题

在公司上市融资中,法务人员的主要职责是什么?

2. 案例分析

案情:A地产公司是我国房地产行业中的一家大型国有企业,该公司在行业中具有较强的竞争实力。A地产公司在成长过程中始终保持着良好的经营业绩和财务状况。2006年公司上市首次发行股票,以13.95元/股的发行价格共募集资金20.93亿元。2007年公司成功实现增发再融资,以向老股东优先配售、余额采用网下配售和网上定价相结合的方式募集资金68.15亿元。同时公司当年盈利状况较好,所有者权益比上年同期增长了219.39%,达到128.24亿元,使得年末资产负债率下降了7.04%,在一定程度上优化了企业的财务结构。2009年7月6日,公司以24.12元的发行价格向8家特定对象非公开发行3.32亿股,共融资78.15亿元。通过此次融资使得公司的自有资本得到了很大程度的补充,资产负债率进一步降低。

截至2009年12月31日,该公司的总资产利润率为7.50%,净资产报酬率为16.51%,总资产报酬率为4.91%,销售毛利率达36.82%,销售净利率为15.31%,具有较强的获利能力。除此之外,每股收益增长率达51.43%,主营业务收入增长率为48.11%,净利润增长率达57.19%,净资产增长率为72.02%,总资产增长率为67.49%,呈现出强劲的发展实力。

问题:试分析企业如何通过公开发行股票或私募股权融资改善资产结构、促进企业发展。

实务目标(四) 项目融资

一、操作步骤

(一)满足项目融资的条件

"项目融资"是一个特定的金融术语。项目融资即项目的承办人(即股东)为经营项目成立一家项目公司,以该项目公司作为借款人筹借贷款,并以项目公司本身的现金流量和收益作为还款来源,以项目公司的资产作为贷款的担保物。该融资方式一般应用于现金流量稳定的发电、道路、铁路、机场、桥梁等大型基建项目,目前应用领域逐渐扩大,例如已应用到大型石油化工等项目上。项目融资的条件主要有:

(1)项目本身已经经过政府部门批准立项。

(2)项目可行性研究报告和项目设计预算已经政府有关部门审查批准。

(3)引进国外技术、设备、专利等已经政府经贸部门批准,并办妥了相关手续。

(4)项目产品的技术、设备先进适用,配套完整,有明确的技术保证。

(5)项目的生产规模合理。

(6)项目产品经预测有良好的市场前景和发展潜力,盈利能力较强。

(7)项目投资的成本以及各项费用预测较为合理。

(8)项目生产所需的原材料有稳定的来源,并已经签订供货合同或意向书。

(9)项目建设地点及建设用地已经落实。

(10)项目建设以及生产所需的水、电、通信等配套设施已经落实。

(11)项目有较好的经济效益和社会效益。

(12)其他与项目有关的建设条件已经落实。

(二)准备好项目融资所需资料

项目融资所需资料包括:

(1)企业基础资料:法人身份证、营业执照、组织代码证、税务登记证、开户许可证、贷款卡等,即六证一卡;其他相关资质、许可、荣誉、专利或商标或著作证书等。

（2）企业基本信息：企业简介、法人简历、项目进展简介、固定资产清单。

（3）项目批文：拟建项目的各项审批文件，包括备案或核准文件、用地、规划、环境评测等。

（4）项目资料：项目可行性报告、商务计划书、评估报告、协议合同、项目计划书等。

（5）借款资料：申贷报告、用款计划、还款保证。

（6）其他需要时提供：①已开发新产品之销售收入与成本明细表；②最近二年度的财务报表（损益表、资产负债表）；③资产评估报告；④有关不动资产之法律证明文件；⑤有关新项目政府之立项批文；⑥公司股东出资情况及成立时的验资报告；⑦高科技项目的技术专利或政府认定文件等。

（三）投资决策分析

对于任何一个投资项目，在决策者下决心之前，都需要经过相当周密的投资决策分析，这些分析包括宏观经济形势的判断、工业部门的发展以及项目在工业部门中的竞争性分析、项目的可行性研究等内容。投资者在决定项目投资结构时需要考虑的因素很多，其中主要包括：项目的产权形式、产品分配形式、决策程序、债务责仼、现金流量控制、税务结构和会计处理等方面的内容。

（四）融资手段选择

在这个阶段，项目投资者将决定采用何种融资方式为项目开发筹集资金。是否采用项目融资，取决于投资者对债务责任分担、贷款资金数量、时间、融资费用以及债务会计处理等方面的要求。如果决定选择采用项目融资作为筹资手段，投资者就需要选择和任命融资顾问，开始研究和设计项目的融资结构。

（五）融资结构分析

通过对项目深入而广泛的研究，项目融资顾问协助投资者制定出融资方案，签订相关谅解备忘录、保密协议等，并成立项目公司。

（六）融资谈判

在初步确定了项目融资方案以后，融资顾问将有选择地向商业银行或其他投资机构发出参与项目融资的建议书、组织贷款银团、策划债券发行、着手起草有关文件。

(七)融资执行

贷款人通过融资顾问经常性地对项目的进展情况进行监督,根据融资文件的规定,参与部分项目的决策、管理和控制项目的贷款资金投入和部分现金流量。贷款人的参与可以按项目的进展划分为三个阶段:项目建设期、试生产期和正常运行期。

由于融资银行承担了项目的风险,因此会加大对项目执行过程的监管力度。通常贷款银行会监督项目的进展,并根据融资文件的规定,参与部分项目的决策程序,管理和控制项目的贷款资金投入和现金流量。

二、注意事项

(一)理清项目融资法律关系

在项目融资中,涉及的主体主要包括项目发起人、项目公司、银行或银团、建设单位、运营单位、原料供应及产品购买者、政府机构、保险公司。项目发起人的主要职责是提供项目建设资本金,并承担直接担保或间接担保等信用支持。项目公司是直接参与项目投资与经营管理的单位,其对项目的权利、义务承担直接责任。根据项目融资额度的大小和项目风险程度的高低可以以单一银行或几家银行组成银团的形式对项目提供贷款或其他金融服务。建设单位的主要职责是按质按量按时完成项目工程,使工程达到可以商业运行的条件,交付项目公司使用。政府既要为项目建设提供良好的投资环境,同时也要参与到融资过程中。

项目融资各参与方的关系如图5-1所示。

(二)项目融资风险防范与控制

由于项目融资涉及的法律关系复杂,其风险也相应地体现在各个环节,主要表现为以下几种:

(1)信用风险。项目融资所面临的信用风险是指项目有关参与方不能履行协定责任和义务而出现的风险。

(2)完工风险。完工风险是指项目无法完工、延期完工或者完工后无法达到预期运行标准而带来的风险。项目的完工风险存在于项目建设阶段和试

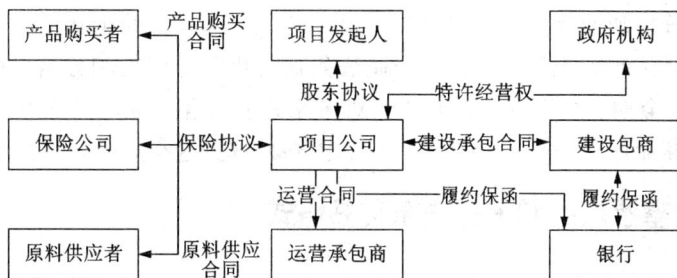

图 5 – 1 项目融资各参与方的关系图

生产阶段,它是项目融资的主要风险之一。完工风险对项目公司而言意味着利息支出的增加、贷款偿还期限的延长和市场机会的错过。

(3)生产风险。生产风险是指在项目试生产阶段和生产运营阶段中存在的技术、资源储量、能源和原材料供应、生产经营、劳动力状况等风险因素的总称。它是项目融资的另一个主要风险。

(4)市场风险。市场风险是指在一定的成本水平下能否按计划维持产品质量与产量,以及产品市场需求量与市场价格波动所带来的风险。市场风险主要有价格风险、竞争风险和需求风险。

(5)政策风险。如税收制度的变更,关税及非关税贸易壁垒的调整,外汇管理法规的变化、环保法律法规的修改而要求增加的新资产投入或迫使项目停产等风险等。政策风险往往是借款人和贷款人都承担的政治风险,项目的政治风险可以涉及项目的各个方面和各个阶段。

由于项目融资风险具有分散性的特点,不可能仅靠融资公司自身的治理和经营来防范。因而其防范与控制的核心思路在于法律责任的划分和分担。这就需要针对各环节采取有效的应对方案,其中最主要的工具就是合同。作为融资企业的法务人员,需要与各参与主体拟定合同,约定各方的权利和义务,明确各自的责任分担。要注意明确约定,在项目不能按时完工的情况下,建设承包和分包方的违约责任及其计算方式。为避免生产风险,可以通过签订长期的能源和原材料供应合同,加以预防和消除。如果是资源类项目所引起的资源风险,可以利用最低资源覆盖比例和最低资源储量担保等加以控制。在项目融资过程中,降低项目市场风险的有效办法是要求项目必须具有长期的产品销售协议,长期产品销售协议的期限应与融资期限一致,销售数量也应为这一时期项目所生产的全部产品或至少大部分产品。在销售价格上根据产品的性质既可以采用浮动定价方式也可以采用固定定价方式,在定价中应充分反映通货膨胀、利率和汇率的变化,这样有助于降低项目的市场风险。而对于政策等外部风险,企业法务则需要广泛搜集和分析影响宏观经济的政治、金融、税收方面的政策,对未来进行政治预测,规避风险。还可以通过向商业保险公司投保政治风险,转移和减少这类风险带来的损失。

(三)掌握项目融资的法律文书格式

1. 项目计划书的基本内容

(1)项目的简要介绍:主要介绍项目的基本情况、企业主要设施和设备、生产工艺基本情况、生产力和生产率的基本情况,以及质量控制、库存管理、售后服务、研究和发展等内容。

(2)项目提出的背景和必要性:包括国内外现状、知识产权状况和发展趋势;技术突破对产业技术进步的重要意义和作用;项目可能形成的产业规模和市场前景。

(3)项目实施的技术方案包括项目的技术路线、工艺的合理性和成熟性,关键技术的先进性和创新点;产品技术性能水平与国内外同类产品的比较;项目承担单位实施本项目的优势。

(4)项目组织机构和人员安排:包括项目的组织形式及分工安排;项目的实施地点;项目承担单位负责人、项目领军人物主要情况;项目开发的人员安排。

(5)项目的实施进度计划:各阶段的进度安排及考核;项目的验收指标。

(6)项目经济和社会效益分析:包括项目未来三年或五年生产成本、销售收入和利税估算;财务内部收益率、投资回收期、投资利润率、财务净现值等指标的动态财务分析;社会效益分析。

(7)资金需求:主要介绍申请资金的数额、申请的方式,详细使用规划。

(8)风险分析及应对措施:主要介绍本项目将来会遇到的各种风险,以及应对这些的风险的具体措施。

(9)结论:对整个商业计划的结论性概括。

(10)附件:项目承担单位工商登记营业执照(复印件);企业资质证书、专利证书、特殊行业许可证和产品获奖证书(复印件);上年度《资产负债表》《损益表》《现金流量表》及审计报告(复印件);其他。

2. 项目融资申请书

附一：

项目融资申请书

项目/业主/融资申请人：_____。

项目企业基本信息

公司名称：_____。

公司地址：_____。

电话号码：_____。

传真号码：_____。

电子信箱：_____。

公司网址：_____。

公司主要业务：_____。

公司注册资金：_____。

股东名称及控股百分比：_____。

姓名：_____，占股比例：_____％。

姓名：_____，占股比例：_____％。

姓名：_____，占股比例：_____％。

姓名：_____，占股比例：_____％。

董事局成员及职衔：

姓名：_____，职衔：_____。

姓名：_____，职衔：_____。

姓名：_____，职衔：_____。

姓名：_____，职衔：_____。

项目信息

项目名称：_____。

项目简介：_____。

项目现状：_____。

资金投入：_____。

政策优惠：_____。

融资企业期望达成的合作方式：_____。

融资额度：_____。

股权合作：_____(选择打√)可出资额度：_____。

债权合作：＿＿＿＿＿＿＿＿(选择打√)

合作年限：＿＿＿＿＿＿年

其他合作方式：＿＿＿＿＿＿＿＿＿＿＿＿＿＿＿＿＿＿。

现有固定资产

现有固定资产明细：＿＿＿＿＿＿＿＿＿＿＿＿＿＿＿＿。

现有负债：＿＿＿＿＿＿＿＿＿＿＿＿＿＿＿＿＿。

其他资产情况：＿＿＿＿＿＿＿＿＿＿＿＿＿＿＿＿。

项目所具备的融资材料：<u>(请以附件发送)</u>

政府对项目的批准文件：<u>(请以附件发送)</u>

此申请资料请用传真或者电子邮件提交。

申请单位(盖章)：

企业法定代表人(签字)：

申请日期： 年 月 日

三、练习题

1. 项目融资相比贷款融资、股权融资等传统融资方式有何特点？它适合什么样的企业采用？

2. 作为项目融资企业法务，应当如何为企业化解融资风险？

实务目标(五) 融资租赁

一、操作步骤

(一)选择租赁公司，提出租赁申请

融资租赁是指实质上转移与资产所有权有关的全部或绝大部分风险和报酬的租赁。在融资租赁关系中，出租人根据承租人对租赁物件的特定要求和对供货人的选择，出资向供货人购买租赁物件，并租给承租人使用，承租人则分期向出租人支付租金，在租赁期内租赁物件的所有权属于出租人所有，承租人拥有租赁物件的使用权。

在确定采用融资租赁方式取得设备使用权的前提下，企业应认真选择租赁公司，了解租赁公司的以往业绩、融资条件、租赁费用等，并加以比较，选择适

合自己的租赁公司。承租人为了达到最有效的融资目的,选择最佳供货人和最适合的设备是关键的一步。承租人有能力自行选择的,可自行选择;如果承租人没有能力或能力不足以胜任,可以委托租赁机构代理选择,承租人应详细说明需要租入资产的名称、性能、数量、规格、生产厂商、交货地点等。

(二)承租企业与租赁公司接触

承租人向租赁公司提出书面申请,并填写"设备租赁申请书"。租赁公司收到申请后,应向企业介绍有关手续的办理程序、租金的计算方式、租金的支付期间与支付方式等。

各租赁公司要求融资企业提供的资料不同,但基本上包括:

(1)融资企业的基本情况介绍(包括发展沿革、人员素质、及行业相关资质取得情况等)、企业组织结构图、股东简介、最新公司章程。

(2)企业营业执照正副本、税务登记证正副本、组织机构代码证、历次验资报告。

(3)股东身份证复印件、股东个人财产证明。

(4)最近一期财务报表(含资产负债表、利润表、现金流量表)、截止日银行对账单、截止日科目余额表、公司基本账户及主要结算账户最近一年的银行流水,报表若经过审计,提供近1~3的年审计报告。

(5)近3年纳税申报表、年度所得税汇算表、最近一期纳税证明。

(6)融资租赁标的物的设备所在项目(或意向),承租人信息及租赁合同。

(7)相关税收优惠文件。

(8)固定资产权属证明(房产证、土地使用证复印件)。

(三)出租人对承租人的信用状况审查

在开展融资租赁以前,有两个基本条件必须得到满足:一是出租人对承租人的信用状况(包括承租人企业的产业特点、经营状况、财务报表、现金流量、项目情况、偿还能力、担保等)经审查后认可,并同意与其开展该项目的融资租赁交易;二是承租人必须对融资租赁的特点和实际运作有基本认识和一定的了解,出租人和承租人双方能配合在一起开展工作。

(四)租赁公司租赁项目的审查

租赁公司对租赁项目进行审查,确保出租方的利益。审查的内容包括:

租赁项目的可行性、企业的资信与能力、租赁设备的先进性等。

(五)签订购货合同

购货合同应由承租人、出租人和供货商三者参加签订。在委托租赁的情况下,由租赁公司向供货商订购,并签订订货合同,同时由承租人副签。

(六)签订租赁合同

经过租赁公司审查,认为切实可行后,承租企业与租赁公司进入实质性谈判阶段。若双方达成共识,则签订租赁合同。租赁公司与供货方的供货合同,与贷款银行的贷款合同也应立即或同时进行。承租人与出租人签订的租赁合同是重要的法律文件,双方应对租赁合同的具体内容平等协商达成统一,租赁合同应重点协商租金、租金支付的方式、手续费率、租期、利息率等双方的权利、义务。

(七)设备的交接及货款支付

供货商应根据合同规定的日期将设备直接交给承租企业,企业负责验货、办理交接手续,租赁公司根据此情况向供货商支付设备借款。

(八)支付租金

承租企业按合同规定的租金数额、支付方式等,向租赁公司支付租金。

(九)维修保养

承租人可与租赁设备供货商签订维修保养合同,并支付有关费用。

(十)租赁期满租赁资产的处置

融资租赁合同期满时,承租企业应按租赁合同的规定,实行退租、续租或留购。租赁期满的设备通常都以低价卖给承租企业或无偿赠送给承租企业。

二、注意事项

(一)理清融资租赁法律关系

融资租赁最终是以租赁合同的履行为基础的。我国《合同法》第二百三十七至二百五十条、《最高人民法院关于审理融资租赁合同纠纷案件若干问题的规定》(以下简称《规定》)、《外商投资租赁业管理办法》《金融租赁公司管理办法》《商务部、国家税务总局关于从事融资租赁业务有关问题的通知》对融资租赁问题作了专门规定。在融资租赁关系中，出租人、承租人和出卖人三方主体的权利义务与一般买卖合同、传统租赁合同中的权利义务既有相同之处，又有很大的不同之处。

(1)出租人与承租人之间是租赁合同关系，且该合同的目的为融资而非融物。二者之间具有部分委托关系，但该种委托体现在承租人对出卖人和租赁标的的选择上。出租人接受承租人的委托，以自己的名义、用自己的资金购买标的物，标的物所有权归出租人所有。在融资租赁中，承租人负责检查、验收制造商所提供的设备，对该设备的质量与技术条件出租人不向承租人作担保。承租人负责设备的保险、保养和维修等；出租人仅提供金融服务，负责垫付贷款，购进承租人所需的设备，按期出租，以及享有设备的期末残值。租期届满，租金支付完毕并且承租人根据融资租赁合同的规定履行完全部义务后，对租赁物的归属没有约定的或者约定不明的，可以协议补充；不能达成补充协议的，按照合同有关条款或者交易习惯确定，仍然不能确定的，租赁物件所有权归出租人所有。

(2)出资人和出卖人之间是买卖合同关系。但是该买卖合同的签订中有些条款必须征得承租人签字确认，且未经承租人同意，出租人不可以变更其内容，体现了融资租赁合同中打破合同相对性的特征。不仅如此，买卖合同虽为出租人和出卖人签订，但出卖人却是直接向承租人交付标的，这也体现了融资的特点，即出租人虽获得标的物所有权，但这仅是作为能顺利收取租金的担保。加之一般融资租赁的标的物专业性和依附性很强，所以获得其所有权仅是出租人的手段而非目的。由此，出卖人仅对出租人进行观念上的交付，而将标的物直接交付给实际使用的承租人。

(3)承租人和出卖人之间存在一定的关联。出卖人有向承租人按照合同约定的时间、地点和方式交付标的物的义务，且承担物的瑕疵担保责任和权利担保责任。另外，依据《合同法》的规定，当事人可以在合同中约定出卖人不履行买卖合同义务的，承租人有权直接向出卖人行使索赔的权利。

(二)把握融资租赁合同中的要点

融资租赁合同的内容的拟定，以及在履行合同的过程中，应注意以下问题：

1. 租赁物

合同应规定租赁物的名称、数量、规格、技术性能、检验方法以及租赁期限内租赁物的保管、维修、有关税费的支付和保险等事项。

在选择租赁物和出卖人时，出租人一般应由承租人自由选择和依赖承租人自己的技能确定租赁物，这样出租人就不承担租赁物不符合约定或不符合使用目的的责任。租赁物应由出租人出资购买。合同还应规定出租人拥有租赁物所有权，租赁期满后租赁物所有权的转让，包括转让条件、对价、转让时间等。

2. 租金

出租人应注意与承租人约定租金金额和租金构成，一般为租赁成本加上以租赁费率计算的利息，另外还应约定租金支付限期、方式和币种。如当事人未约定租金，则一般应根据购买租赁物的大部分或全部成本以及出租人的合理利润确定。

3. 租赁期限

一般以月为单位，并应明确规定起租日。

4. 合同的担保

为保证承租人依约支付租金、履行合同，出租人一般应要求承租人提供相应的担保，包括第三人保证、自有资产的抵押或质押等。出租人应针对担保合同审查担保人主体资格，担保合同的内容及效力，并依照有关规定办理各项登记，以使对合同的担保确实有效。

5. 合同的解除

解除条件一般应包括承租人不按时交纳租金、承租人主体资格的消失、承租人已明显丧失交纳租金的能力等。

6. 合同争议的解决

合同当事人可以协议选择仲裁机构或与争议有实际联系地点的法院处理合同争议。当事人如无管辖协议，应由被告所在地或租赁物的使用地法院管辖。

7. 其他费用

出租人如向承租人收取其他费用，如手续费、律师费等，应有其他协议的明确约定，并且不能直接在购租赁物款中扣除。出租人应将购租赁物款全额交付，否则构成违约。

（三）融资租赁风险防范与控制

中小企业通过融资租赁获得资产的使用权，而不必筹集一次性购买设备的资金，从而为筹资企业提供了用小数额、多批次的资金来获得的资产使用权，避免了因大量资金流出而可能导致的企业资金周转困难；中小企业通过融资租赁能够方便地进行设备更新和技术改造，还可以节约资金使用，手续简单，还租方式灵活多样，尤其适合于中小企业固定资产融资。但中小企业通过融资租赁取得的资产的价值较高，不仅要支付资产购置的实际成本，还要支付出租人要求的投资报酬、货币时间价值补偿等，导致融资成本提高；同时该方式存在违约风险，若中小企业不能按合同规定履行付款责任，就会面临破产风险。

融资租赁标的物多为大型生产设备或者高新技术装备，租金成本较高。融资企业如果要把资金用于添置生产设备，必须充分考虑设备生产的产品可能存在的市场风险，如果对产品的市场风险了解得不充分，调查得不细致，有可能加大融资失败的可能。而生产设备本身也会不断更新换代，如果融资企业对生产设备本身的发展不够了解，则有可能引进落后或者早已淘汰的设备，那么生产的产品的竞争力则会大大降低。企业如果是引进高端仪器设备，则需要充分预估设备的使用频率，如果设备引进后出现过多的闲置，那么融资就会加重企业的债务负担。现在，许多大型企业在通过融资租赁引进高新技术装备时，其目的往往不是简单地使用产品本身，而是通过租赁进而转移所有权后，获得并掌握产品中的技术，因而融资租赁实际上也成为技术引进的一种战略。但是引进技术也是有风险的，技术的先进与否、先进的技术是否成熟、成熟的技术是否在法律上侵犯他人权益等因素，都是产生技术风险的重要原因。严重时，会因技术问题使设备陷于瘫痪状态。

因此，作为融资企业，要进行项目和财务经济的可行性研究，做好同类产品的调查和预测。需要事先评估好租赁设备生产的产品的市场行情，包括未来销路、市场占有率和占有能力、产品市场的发展趋势、消费结构以及消费者的心态和消费能力。在科学技术不断日新月异的今天，防范技术风险显得尤为重要，承租企业要根据市场的行情及发展的趋势，在充分了解租赁物的技术水平和更新换代的速度的基础上进行租赁物的选择。

(四)掌握融资租赁合同格式

附一:

融资租赁合同范本

出租人(甲方):_____。

地址:_____,邮码:_____,电话:_____。

法定代表人:_____,职务:_____。

承租人(乙方):_____。

地　址:_____,邮政编码:_____,电话:_____。

法定代表人:_____,职务:_____。

甲乙双方根据《中华人民共和国合同法》之规定,经协商一致,自愿签订本融资租赁合同(以下简称本合同)。

本合同一经签订,在法律上对甲乙双方均有约束力。

第一条　租赁物名称

租赁物,是指乙方自行选定的以租用、留购为目的,甲方融资购买的第_____号购买合同项下的技术设备。

第二条　租赁物的购买

1. 乙方以租用、留购为目的,以融资租赁方式向甲方承租租赁物;甲方根据乙方的上述目的为其融资购买租赁物。

2. 乙方须向甲方提供甲方认为必要的各种批准文件及担保函。

3. 乙方根据自己的需要选定租赁物及卖主和制造厂家,并与甲方一直参加订货谈判;在甲方主持下,乙方自行与卖主商定租赁物的名称、规格、型号、数量、质量、技术标准、技术服务及设备的品质保证等购买合同中的技术设备条款;甲乙双方与卖主共同商定价格、交货期、支付方式等购买合同中的商务条款;甲方以买主身份主签,乙方以承租人身份附签第_____号购买合同。

第三条　租赁物的交货

1. 租赁财产由甲方直接在乙方指定的交货地点,向乙方交货。

2. 因不可抗力及延迟运输、卸货、报关等不属于甲方原因而造成的租赁物的延迟交货或不能交货,甲方不负责任。

3. 租赁物由乙方根据购买合同的规定进行商检,并将商检结果于商检后10日内书面通告甲方。

4. 如卖主延迟交货,租赁物的规格、型号、数量、质量、技术标准等与购买合同规定的内容不符或在购买合同保证期内发生质量问题，均按购买合同规定由卖主负责。乙方不得向甲方追索。

5. 乙方若因前款原因遭受损害，乙方应提供有关证据及索赔或仲裁方案，甲方根据乙方的要求向卖方索赔或提出仲裁。索赔、仲裁的结果及发生的全部费用，均由乙方承担。

第四条　合同期限和还租期限

1. 本合同期限，指从本合同生效之日至甲方收到乙方所有租金和应付的一切款项后出具租赁物所有权转移证明书之日。

2. 还租期限，指从还租期限起算日(以《到货通知单》上注明的租赁物运到指定目的地为准)至最后一期租金应付日。

第五条　租金

1. 甲方为乙方融资购买租赁物，乙方承租租赁物件须付租金给甲方。

2. 租金是购买租赁物的成本与租赁费之和。

成本是甲方为乙方购买租赁物和乙方交货所支付的货款、运费、保险费(含财产保险)及双方一致同意计入成本的费用与租前息(甲方支付上述费用从其支付或实际负担日起还租期限起算日止所产生的利息总金额)之和。

计算租金的租赁费率由国际金融市场浮动利率和筹资手续费、风险费率及甲方应得的合理利差(后二项为不变量)两部分组成。签订本合同之日确定的租赁费率为本合同的暂定租赁费率。

3.《租金概算表》为甲乙双方签订本合同时的财务预算表，_____其租金根据概算成本和暂定租赁费率计算，具有暂时性。本合同的暂定租赁费率为(货币：____)_____/年。

4.《实际应付租金通知书》，为乙方偿还甲方租金的依据，根据实际成本和还租期限内的固定租赁费率计算。计算实际成本时，如甲方支付货款的货币与本合同货币不同时，按甲方实际兑换的汇率折成本合同的货币计算。租前息按固定租赁费率计算。

5. 实际成本核算完毕后，甲方向乙方发出《实际应付租金通知书》。除计算错误外，乙方同意不论租赁物件使用与否，都以该通知书中载明的日期、金额、币种等向甲方支付租金。

6. 如乙方提前偿还租金，需提前30天同甲方协商，甲方同意后，方可提前偿还租金，但可加收二个月利息。

如乙方未按期支付租金，应缴纳迟延利息，延付1个月内按原固定租赁费率的130%计收；1个月后，每超过1天加收欠租金额的5‰罚息。

第六条 服务费和保证金

1. 乙方在购买合同签订日后 15 天内，向甲方交付＿＿＿＿＿＿＿元，作为付给甲方的服务费。

2. 乙方按《租金概算表》的规定，在购买合同签订日后 15 天内交付甲方保证金。保证金不计利息，在第一期租金到期时，自动抵作该期租金的全部或部分。

3. 如因乙方未及时支付保证金和服务费致使购买合同不能执行所造成的损失由乙方负责。

第七条 租赁物的所有权和使用权

1. 在本合同期限内，租赁物的所有权属于甲方。乙方除非征得甲方的书面同意，不得有转让、转租、抵押租赁物或将其投资给第三者或其他任何侵犯租赁物所有权的行为，也不得将租赁物迁离《租金概算表》中所记载的设置场所或允许他人使用。

2. 在本合同期限内，租赁物的使用权属于乙方。如任何第三者由于甲方的原因对租赁物主张任何权利，概由甲方负责。乙方的使用权，不得因此受到影响。

3. 在本合同期限内，乙方负责租赁物维修、保养并承担其全部费用。甲方有权在其认为适当的时候，检查租赁物的使用和保养情况，乙方对甲方的检查应提供方便。如果需要，租赁物维修保养合同由乙方与卖主或原制造厂家签订，或由甲方代乙方与卖主或原制造厂家签订，或由甲方代乙方与卖主或原制造厂家签订。如需更换租赁物的零件，在未得到甲方书面同意时，只能用其原制造厂提供的零件更换。

4. 因租赁物本身及其设置、保管、使用及租金的交付所发生的一切费用、税款(甲方应缴纳的利润所得税除外)由乙方负担。

5. 因租赁物本身及其设置、保管、使用等原因致使第三者遭受损害时，乙方应负赔偿责任。

第八条 租赁物的灭失及毁损

1. 在本合同期限内，乙方承担租赁物灭失或毁损的风险。

2. 如租赁物灭失或毁损，乙方应立即通知甲方，甲方可选择下列方式之一，由乙方负责处理并负担一切费用。

①将租赁物复原或修理至可正常使用之状态；

②更换与租赁物同等状态和性能的物件。

3. 租赁物灭失或毁损至无法修理的程度时，乙方应按《实际应付租金通知书》中记载的损失赔偿金额，赔偿给甲方。

第九条　违反本合同

1. 如甲方未能履行本合同第二条第 4 款所规定的义务造成卖主逾期交付租赁物，甲方购买租赁所支付款项在逾期期间所发生的利息由甲方承担。

2. 如乙方不支付租金或违反本合同其他条款，甲方有权要求乙方即时付清租金和其他费用，或收回租赁物自行处置，所得款项抵作乙方应付租金及迟延利息，不足部分应由乙方赔偿。虽然甲方采取前述措施，并不因之免除本合同规定的乙方其他义务。

第十条　租赁物所有权的转移

乙方向甲方付清全部租金及其他款项，并再向甲方支付租赁物的残值____元(人民币)后，由甲方向乙方出具租赁物所有权转移证明书，租赁物的所有权即转归乙方所有。

第十一条　争议的解决

有关本合同的一切争议，甲乙双方首先应根据本合同规定的内容协商解决，如协商不能解决时，采取下列方式：

1. 向_____仲裁委员会提起仲裁；

2. 向_____市人民法院提起诉讼。

第十二条　合同的修改和补充

凡对本合同进行修改、补充或变更，须以书面形式经双方法定代表人或授权的委托代理人签字后生效，并作为本合同的组成部分，同原合同具有同等效力。

第十三条　本合同必不可少的附件

1. 融资租赁委托书

2. 购买合同

3. 《租金概算表》

4. 《实际应付租金通知书》

5. 乙方提供的批准文件和证明材料

第十四条　本合同的生效

本合同经甲乙双方法定代表人或出其授权的委托代理人签字后生效。本合同正式一式二份，甲乙双方各执一份。

甲方：_____　　乙方：_____

代表人：_____　　代表人：_____

_____年____月____日　　　　_____年____月____日

三、练习题

1. 在拟定融资租赁合同时，应注意哪些事项？如何通过合同保障承租方的利益？

2. 融资企业(承租方)应当如何防范融资租赁可能产生的市场风险和技术风险？

第六章　企业知识产权法律实务

实务目标(一)　企业专利权的取得和保护

一、操作步骤

(一)国内专利的申请

1. 专利申请主体

根据《中华人民共和国专利法》(简称《专利法》)规定,在中国没有经常居所或者营业所的外国人、外国企业或者外国其他组织在中国申请专利的,应当委托依法设立的专利代理机构办理。中国单位或者个人在国内申请专利和办理其他专利事务的,可以委托依法设立的专利代理机构办理。所以,多个专利申请人共同申请一个专利的,只要其中一个申请人的国籍或居所是中国,就可以直接向中国知识产权局提交专利申请。

2. 专利申请流程

专利申请流程如图 6 – 1 所示。

3. 专利申请方式

(1)书面申请。申请人以书面形式申请专利的,可以将申请文件及其他文件当面交到国家知识产权局专利局的受理窗口或寄交至"国家知识产权局专利局受理处",也可以当面交到设在地方的专利局代办处的受理窗口或寄交至"国家知识产权局专利局××代办处"。

目前专利局在北京、沈阳、济南、长沙、成都、南京、上海、广州、西安、武汉、郑州、天津、石家庄、哈尔滨、长春、昆明、贵阳、杭州、重庆、深圳、福州、南宁、乌鲁木齐、南昌、银川、合肥、苏州、海口、兰州、太原等城市设

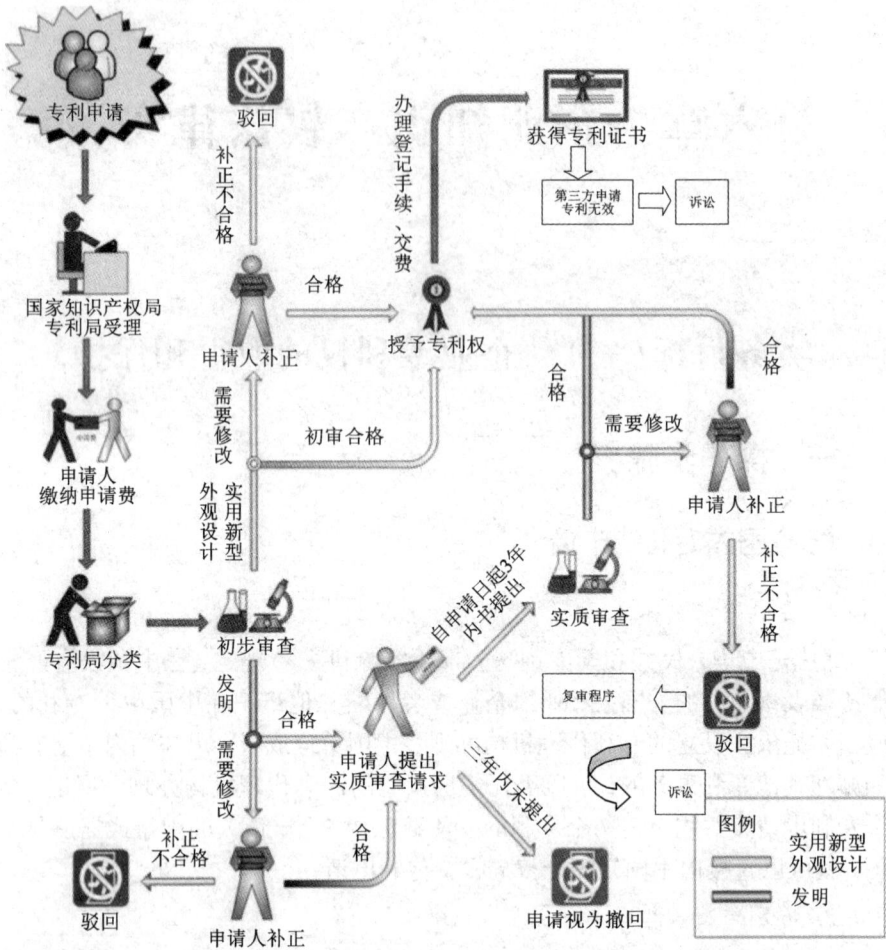

图6-1 专利申请流程图

立代办处。查询专利局代办处信息可登陆 http：//www.sipo.gov.cn/zldbc/。

（2）电子申请。国家知识产权局新的电子申请系统已经于2010年上线运行，网址为：http：//www.cponline.gov.cn/。相对于传统的书面申请，电子申请有三大优势：

A．电子申请系统全天24小时开放，并且节假日不休。按照我国《专利法》的规定，两个以上的申请人分别就同样的发明创造申请专利的，专利权授予在先申请人。而电子申请系统全年无休，并以国家知识产权局专利电子申请系统收到电子文件之日为递交日，相对受限于邮递系统或国家知识产权局的工作时限的邮寄或面交者，在面对多个专利申请人的申请竞争时，专利的电子申请人显然在递交申请时间认定上有极大优势。

B. 电子申请入审手续较快。目前国家知识产权局专利电子申请系统接收 XML、MS－WORD 和 PDF 三种格式文件，其中 XML 格式文件不需要转换，一般在 1 小时内可以直接进入审查；WORD 和 PDF 格式文件至少需要 5～7 个工作日才可以进入审查。如果采用书面申请，知识产权局在人工受理后，还需要进行数据采集、图形扫描等，待申请书电子化后才能进入审查。所以专利申请人应优先考虑采用 XML 格式进行电子申请。

C. 费用减免。无论是中国国家专利权的申请还是专利国际申请，使用电子申请，都可以享受费用的减免。

4. 专利申请所需材料

(1)申请发明专利的，申请文件应当包括：发明专利请求书、说明书摘要(必要时应当提交摘要附图)、权利要求书、说明书(必要时应当提交说明书附图)。

涉及氨基酸或者核苷酸序列的发明专利申请，说明书中应当包括该序列表，把该序列表作为说明书的一个单独部分提交，并单独编写页码，同时还应提交符合国家知识产权局专利局规定的记载有该序列表的光盘或软盘。

依赖遗传资源完成的发明创造申请专利的，申请人应当在请求书中对遗传资源的来源予以说明，并填写遗传资源来源披露登记表，写明该遗传资源的直接来源和原始来源。申请人无法说明原始来源的，应当陈述理由。

(2)申请实用新型专利的，申请文件应当包括：实用新型专利请求书、说明书摘要及其摘要附图、权利要求书、说明书、说明书附图。

(3)申请外观设计专利的，申请文件应当包括：外观设计专利请求书、图片或者照片(要求保护色彩的，应当提交彩色图片或者照片)以及对该外观设计的简要说明。

5. 费用缴纳

在专利申请中，无论是书面申请还是电子申请，在费用缴纳时限和方式上并无不同。

附一：

费用表

（一）申请费	全额	个人减缓	单位减缓
1.发明专利	900	135	270
印刷费	50	不予减缓	不予减缓
2.实用新型专利	500	75	150
3.外观设计专利	500	75	150
（二）发明专利申请审查费	2500	375	750
（三）复审费			
1.发明专利	1000	200	400
2.实用新型专利	300	60	120
3.外观设计专利	300	60	120
（四）发明专利申请维持费	300	60	120
（五）著录事项变更手续费			
1.发明人、申请人、专利权人的变更	200	不予减缓	不予减缓
2.专利代理机构、代理人委托关系的变更	50	不予减缓	不予减缓
（六）优先权要求费每项	80	不予减缓	不予减缓
（七）恢复权利请求费	1000	不予减缓	不予减缓
（八）无效宣告请求费			
1.发明专利权	3000	不予减缓	不予减缓
2.实用新型专利权	1500	不予减缓	不予减缓
3.外观设计专利权	1500	不予减缓	不予减缓
（九）强制许可请求费			
1.发明专利	300	不予减缓	不予减缓
2.实用新型专利权	200	不予减缓	不予减缓
（十）强制许可使用裁决请求费	300	不予减缓	不予减缓
（十一）专利登记、印刷费、印花税			
1.发明专利权	255	不予减缓	不予减缓
2.实用新型专利权	205	不予减缓	不予减缓
3.外观设计专利权	205	不予减缓	不予减缓

续上表

(十二)附加费			
1. 第一次延长期限请求费每月	300	不予减缓	不予减缓
再次延长期限请求费每月	2000	不予减缓	不予减缓
2. 权利要求附加费从第11项起每项增收	150	不予减缓	不予减缓
3. 说明书附加费从第31页起每页增收	50	不予减缓	不予减缓
从第301页起每页增收	100	不予减缓	不予减缓
(十三)中止费	600	不予减缓	不予减缓
(十四)实用新型专利检索报告费	2400	不予减缓	不予减缓
(十五)年费全额			
1. 发明专利			
1～3 年	900	135	270
4～6 年	1200	180	360
7～9 年	2000	300	600
10～12 年	4000	600	1200
13～15 年	6000	900	1800
2. 实用新型			
1～3 年	600	90	180
4～5 年	900	135	270
6～8 年	1200	180	360
9～10 年	200	300	600
3. 外观设计			
1～3 年	600	90	180
4～5 年	900	135	270
6～8 年	1200	180	360
9～10 年	200	300	600

注：新专利收费减缓办法自2016年9月1日施行。

(1)专利费用的减缴与缓缴。

A. 申请专利费用减缴、缓缴的条件：年度月均收入低于3500元(年4.2万元)的个人；上年度企业应纳税所得额低于30万元的企业；事业单位、社会团体、非营利性科研机构。两个或者两个以上的个人或者单位为共同专利申请人或者共有专利权人的，应当分别符合以上规定。

B. 专利申请人或者专利权人为个人或者单位的，减缴以下规定收费的85%：申请费（不包括公布印刷费、申请附加费）；发明专利申请实质审查费；年费（自授予专利权当年起六年内的年费）；复审费。两个或者两个以上的个人或者单位为共同专利申请人或者共有专利权人的，则减缴纳70%。

C. 专利申请人或者专利权人只能请求减缴尚未到期的收费。减缴申请费的请求应当与专利申请同时提出，减缴其他收费的请求可以与专利申请同时提出，也可以在相关收费缴纳期限届满日两个半月之前提出。未按规定时限提交减缴请求的，不予减缴。

D. 国家知识产权局现已在专利事务服务系统（http：//cpservice.sipo.gov.cn/）中开通了专利费用减免备案系统，该系统于每年的最后一个季度（10月1日）起开放下一年度的备案，备案通过后，在一个自然年内该专利申请人都可享受专利费用的减缓。

（2）缴费时限。

申请人应当自申请日起2个月内或在收到受理通知书之日起15日内缴纳申请费。缴纳申请费需写明相应的申请号及必要的缴费信息。

（3）缴费方式。

A. 申请人可直接向专利局或专利局代办处缴纳专利费用。

B. 通过银行或邮局汇付专利费用。通过银行或邮局汇付专利费用时，应当在汇款单附言栏中写明正确的申请号（或专利号）及费用名称（或简称）。

银行汇付：

开户银行：中信银行北京知春路支行

户 名：中华人民共和国国家知识产权局专利局

帐 号：7111710182600166032

邮局汇付：

收款人姓名：国家知识产权局专利局收费处

商户客户号：110000860（可代替地址邮编）

地址邮编：北京市海淀区蓟门桥西土城路6号（100088）

C. 电子申请用户可以登录电子申请网（http：//www.cponline.gov.cn/），使用网上缴费方式缴纳专利费用。

6. 专利的电子申请

（1）电子申请流程。

办理用户注册手续→下载安装客户端软件→登录电子申请网站下载数字

证书→制作电子申请文件→检查电子申请文件→使用数字证书签名→提交电子申请文件并收取回执→接收专利局发出的电子件通知书→登录电子网站查询电子申请的相关情况。

（2）电子申请用户注册。

A．注册方式：申请人可至国家知识产权局的专利受理大厅或者各代办处当面注册。申请人亦可选择邮寄注册，但邮寄注册必须将注册材料邮寄至国家知识产权局专利局。申请人如果选择网上注册，在网上材料填写完毕后，还需向国家知识产权局专利局邮寄注册材料。

B．注册材料：电子申请用户注册请求书；电子申请用户注册协议；其他相关证明文件：代理机构注册证复印件加盖公章；企业单位营业执照复印件加盖公章；事业单位组织机构代码证复印件加盖公章；个人身份证复印件签上名字。

（二）专利的国际申请（PCT 申请）

专利合作条约（Patent Cooperation Treaty，PCT）是专利领域的一项国际合作条约，允许申请人根据该条约提交一份专利申请，即可同时要求在该条约所有成员国中对其专利进行保护。

1．PCT 申请主体

专利法第十九条规定，在中国没有经常居所或营业所的外国人、外国企业或者外国其他组织在中国申请专利和办理其他专利事务的，应当委托依法设立的专利代理机构办理。如果一件 PCT 申请当中第一申请人的国籍或居所是中国，则不需要委托代理机构。申请人以中国知识产权局作为 PCT 申请主管受理局的，PCT 申请的语言必须是中文或英文。

2．PCT 申请流程

中国专利申请→PCT 申请→国际检索报告及书面意见→（可选）要求国际初步审查→（可选）国际初步审查报告→国家阶段。

3．PCT 申请所需材料及要求

（1）所需材料：

A．申请文件：包括六个部分，分别是请求书、说明书、权利要求书、摘要、附图和序列表。

请求书就是 PCT/RO/101 表。必须注意的是，PCT 申请的申请文件不包括摘要附图，这点与中国专利申请不同。

B. 其他材料:除了申请文件,PCT 申请时涉及的文件还有委托书、不涉及国际安全或重大经济利益的声明、费用计算页、优先权文件和中间文件。

如果申请人委托了代理机构,需要提交委托书。委托书需要至少一个申请人签字或签章。PCT 申请的委托书没有固定模板,需要写明委托代理权限。中文申请的委托书需要中英文对照。

另外,即使申请人提交了不涉及国际安全或重大经济利益的声明,也不代表受理局不需要就安全问题等进行审查。

如果要求了优先权,申请人需要提供在先申请的文本。提交优先权文件的期限是自优先权日起 16 个月内;优先权文件的提交方式包括由申请人提交,由受理局制作和通过 DAS 交存三种。

(2)对材料的要求:

对于申请文件和其他文件的具体要求,《专利合作条约细则》第 11 条作出了详细说明。这里需要注意的是申请文件都只需提交一份,和中国专利申请需要提交申请文件一式两份有所区别。纸张应使用 A4 纸单面打印,字迹清晰符合公布要求。

申请文件的排列顺序分为四个系列。第一系列是请求书;第二系列包括说明书、权利要求书和摘要;第三系列是附图;第四系列是序列表。除第三系列附图的编页方式特殊,其他系列均是每个系列单独用阿拉伯数字连续编号。对于附图,比如一件申请的附图共 3 页,则每页的编页分别是 1/3,2/3,3/3。也就是说"/"前面是该页的顺序第几页,后面是附图共有多少页。页码的编号应该写在纸张顶部或底部左右居中的位置。

4. PCT 申请方式

PCT 申请的提交方式有纸件形式和电子形式两种。

采用纸件形式提交可以面交、邮寄或传真。面交地址是国家知识产权局专利局受理大厅 PCT 窗口;邮寄地址是北京市海淀区西土城路 6 号国家知识产权局专利局受理处 PCT 组,邮编100088。还可以通过传真方式提交,传真电话是 010 - 62019451,传真查询确认电话是 010 - 62084334/62084335。需要注意的是,以传真方式提交的文件需要在 14 天内提交传真原件。国家申请以邮戳日为申请文件收到日,而 PCT 申请是文件到达受理处的日子为收到日,申请人提交申请时应注意。

以电子形式提交,就是使用物理载体(光盘)或网上在线提交。在线提交仅针对申请文件,所有的中间文件都需要通过纸件形式提交。

对于新申请的提交,纸件形式和电子形式各有优点。以纸件形式提交的准备工作相对简单，只需要从网上下载请求书，准备申请文件即可。电子形式则需要下载 PCT – SAFE 客户端申请数字证书等，对电脑操作有一定的要求。但是电子形式提交可以实时收到提交回执拿到申请号，纸件形式提交的新申请申请人拿到申请号的时间比电子形式周期长；而且电子形式可以享受一定的费用减免。

5. PCT 申请费用缴纳

（1）费用。在 PCT 国际阶段必须缴纳的费用有三种，即传送费、国际申请费和国际检索费。国际申请费是统一的 1330 瑞士法郎。如果向中国局提交，传送费 500 元人民币，检索费 2100 元人民币。

在适用条件下可能缴纳的费用种类主要涉及以下几种：

申请文件附加费 15 瑞士法郎每页。如果申请文件超过 30 页，每超一页需要缴纳 15 瑞士法郎。

优先权文件制作费是 150 元人民币一项。如果请受理局制作优先权文件副本则每一项需要缴纳 150 元人民币。

优先权文件恢复费 1000 元人民币一项。如果 PCT 申请要求的在先申请的申请日超过了 12 个月但在 14 个月之内，申请人可以要求优先权恢复。

初步审查手续费 200 瑞士法郎，初步审查费 1500 人民币。

（2）费用减免。使用 PCT – SAFE 电子形式提交 PCT 申请的，申请人可以享受 100 ~ 300 瑞士法郎的减免。请求书为电子件，说明书为纸件减 100 瑞士法郎。申请文件为非字符编码格式，如 PDF 格式，减 200 瑞士法郎，申请文件为字符编码格式，即 XML 格式，减 300 瑞士法郎。

如果所有申请人均为自然人，且是人均国民收入低于 3000 美元的国家的国民和居民，国际申请费减免 90%。中国属于人均国民收入低于 3000 美元的国家，所以如果一件 PCT 申请的所有申请人都是中国的个人，居所也在中国，则可以享受该项费用减免。具体有哪些国家属于人均国民收入低于 3000 美元的国家，可以从世界知识产权组织查询。

如果一件申请同时满足文件提交形式的减免和申请人国籍居所的减免，则计算费用时，用总的国际申请费先减去因使用电子形式提交享受的费用减免，再乘以 10%。

（3）费用缴纳。方式有三种，窗口面缴、授权账户扣款和银行汇款。

在国家知识产权局专利局受理大厅面缴费用可以通过现金、支票和 POS 机刷卡三种方式，同时需要填写后缴纳费用计算页。

授权账户扣款的费用缴纳方式则需要在国专公司开设扣款账户并进行预

存款，目前只有代理机构可以开设扣款账户。

通过银行汇款缴纳费用时应在汇款当天将费用计算页和汇款凭证传真或者发邮件到收费处。填写银行汇款凭证时需要注明申请号和各项费用的费种和金额。请注意，只接受银行汇款，不接受邮政汇款。

关于 PCT 申请费用的计算方法，所有费用都是换算成人民币进行缴纳。国际申请费是以瑞士法郎为货币单位，换算时要按照国际局每月出版的 PCT—NEWSLETTER 中的标准先换算成美元，然后按照国家外汇管理局每月公布的美元和人民币的折算率换算成人民币。国家知识产权局 PCT 专栏每月会公布并更新换算对照表。需要注意的是，计算费用时要按照国际申请日所在月份的汇率计算，而不是按照缴费日所在月份的汇率计算。

6. 国家知识产权局的审查

(1)国家知识产权局作为 PCT 受理局的审查。在国家知识产权局作为受理局对 PCT 申请进行审查时，企业应当注意两点问题：

A. 国际申请日的确定：收到一件据称为国际申请的文件，受理局首先要做的就是检查该文件是否符合作为国际申请的条件，如果满足《专利合作条约》第 11 条的规定，则国际申请的收到日作为国际申请日。如果不满足，需要进行改正，以最后满足第 11 条的规定之日作为申请日。

B. 通知书的答复与沟通：申请人收到 PCT 申请的审查员发出的通知书，应注意在通知书中规定的答复期限尽快答复。通知书右下方将附有审查员的电话，企业有不清楚的内容可以拨打该电话与审查员沟通。

(2)国家知识产权局作为 PCT 国际单位的审查程序。凡是中国国家知识产权局受理的 PCT 申请或者由国籍和居所是中国的申请人提出的国际申请，其检索都在中国国家知识产权局进行。

在国家知识产权局作为 PCT 国际检索单位的审查程序中，企业应注意以下几个问题：

A. 如果国家知识产权局认为国际申请涉及的内容按细则的规定不要求国际检索单位检索或者说明书，权利要求书或附图不符合规定要求，以至于不能进行有意义的检索，则国家知识产前局将作出不作出国际检索报告的宣布，并通知申请人和国际局。如果不作检索，那么申请人将失去依据《专利合作条约》第 19 条对权利要求进行修改的机会。

B. 如果国家知识产权局认为国际申请不符合细则中规定的发明单一性的要求，则审查员会发出相应通知要求申请人缴纳检索附加费，申请人应及时缴纳检索附加费用，否则可能面临 PCT 申请被撤回的风险。国家知识产权局的审查员还可以在制定国际检索报告中重新制定发明名称和摘要。

C. 按照相关规定，PCT 申请人可以在优先权日起 26 个月内向主管单位提交明显错误更正请求。

D. 审查员国际检索报告和书面意见的完成期限是国际检索单位收到检索本之日起 3 个月或者自优先权日起 9 个月。

E. 国际初步审查程序不是自动进行的必须程序，而是当申请人提交了国际初步审查要求书并缴纳了相应的费用时才启动的程序。申请人在收到国际检索报告及书面意见后，如果需要就申请文件进行修改或就国际检索单位的书面意见陈述意见以获得审查员进一步的评价，则可以选择进行国际初步审查。国际检索是一个封闭的过程，除单一性或明显错误的问题外，申请人与检索单位没有什么交流。但是在国际初审阶段，申请人可以要求与审查员会晤。企业应注意及时与审查员沟通，这将有助于 PCT 申请的顺利通过。

7. 撤回与变更手续中的常见问题

撤回与变更是企业在 PCT 申请中面临的较多的问题。

(1) 撤回。撤回包括撤回国际申请、撤回指定、撤回优先权和撤回国际初步审查要求书或选定。撤回的时间均是在优先权日起 30 个月届满前。

A. 撤回国际申请。以提交给受理局、国际局或者在适用的情况下提交到国际初步审查单位时生效。若为了避免国际公布撤回申请，撤回通告应保证在国际公布的技术准备完成之前到达国际局，也就是优先权日起 17 个半月内。

B. 优先权的撤回是在提交给受理局、国际局或者在适用的情况下提交到国际初步审查单位时生效。若撤回优先权引起优先权日的变更，则任何自原优先权日起计算并尚未届满的期限，以变更后的优先权日计算，但是若撤回通告在国际公布技术准备完成之后到达国际局的，国际局可以按照原期限进行国际公布。

C. 撤回通告：应由所有 PCT 申请人签字。

(2) 变更。申请人在优先权日起 30 个月内都可以提出著录项目变更的请求，该请求可以向受理局或国际局提出。国际阶段变更不需要提供任何证明文件的，申请人只需要提交一封信函，详细写明变更前后的名称或者姓名、地址、国籍、居所、指定国的情况和身份，也就是请求书上申请人栏目涉及的内容。信函的语言和申请语言一致，中文申请中的上述信息需要中英文对照，且不需要缴费。而普通国家申请申请人要求变更申请人和发明人则需要缴纳 200 元著录项目变更费，同时需要变更人双方签署的转让证明文件。

8. PCT 申请进入中国国家阶段

《专利合作条约》是一个申请体系，不是专利授权体系，要获得国家或地区专利，必须进入国家阶段。条约第 22 条和 39 条规定，在自优先权日起 30 个月期限届满之前需要办理进入国家阶段的手续，缔约国本国法可以另行规定更迟的期限。

申请人希望在中国获得专利保护的，应当在自最早优先权日起 30 个月内办理进入手续，未在该期限内办理的，在缴纳宽限费后，可以在自最早优先权日起 32 个月内办理。

进入中国国家阶段应办理的手续包括提交进入声明；应当在规定的期限内缴纳并缴足申请费、公布印刷费（发明），必要时还应当缴纳宽限费、申请附加费。要求了优先权的，还应当自进入日起 2 个月内缴纳优先权要求费；国际申请以外文提出的，提交原始说明书、权利要求书、摘要的中文译文。有附图和摘要附图的，提交附图副本和摘要附图副本，附图中有文字的，将其替换为对应的中文文字。国际申请以中文提出的，提交国际公布摘要、摘要附图的副本。

（三）专利纠纷的解决

1. 专利无效纠纷的解决

（1）如果国家知识产权局驳回了专利申请人的专利申请，则专利申请人可以在 3 个月内向专利复审委员会申请复审。向专利复审委员会请求复审的，应当提交复审请求书，说明理由，必要时还应当附具有关证据。复审请求书不符合规定格式的，复审请求人应当在专利复审委员会指定的期限内补正；期满未补正的，该复审请求视为未提出。请求人在提出复审请求或者在对专利复审委员会的复审通知书作出答复时，可以修改专利申请文件。但是，修改应当仅限于消除驳回决定或者复审通知书指出的缺陷。修改的专利申请文件应当提交一式两份。

专利复审委员会进行复审后，认为复审请求不符合专利法及其实施细则有关规定的，将通知复审请求人在指定期限内陈述意见。期满未答复的，该复审请求将被视为撤回。

专利申请人对专利复审委员会的复审决定不服的，可以自收到通知之日起 3 个月内以专利复审委员会为被告向人民法院提起行政诉讼。

注意，在 PCT 申请的国际审查阶段，如果缴费出现延迟或者申请文件存在问题，申请人将会收到国际局发出的缴费通知或者补正通知，如果申请人未按照规定期限修改，将视为申请自动撤回。而 PCT 申请进入国家阶段后专利申请被驳回，则申请人须按照驳回国的法律规定进入各国的专利申请救济程序。

（2）企业作为专利持有人，发现其他人持有的专利侵犯自身专利或面对其他人的专利侵权控告时，都可向专利复审委员会提出宣告其他专利持有人持有的专利无效的申请，由专利复审委员会作出决定。企业对专利复审委员会作出的决定不服的，可以以专利复审委员会为被告，向人民法院提起行政诉讼。

2. 专利侵权纠纷的解决机制

（1）协商。

（2）仲裁。前提是纠纷双方在侵权前订立的合同中设定了仲裁条款或者侵权发生后达成的仲裁协议。

（3）行政手段。除了上文提到的向专利复审委员会申请专利无效外，还可以请求国家知识产权局查处假冒专利。不过从目前情况来看，虽然这一手段既有强制性且成本较低，但是总体耗时较长，效果并不令人满意。

（4）诉讼。

二、注意事项

（一）专利书面申请注意事项

（1）申请文件应当使用专利局统一制定的表格。这些表格可以从国家知识产权局网站下载，下载地址为 http：//www. sipo. gov. cn/bgxz/ ，或者在专利局受理大厅的咨询处索取或以信函方式索取（信函寄至：国家知识产权局专利局初审及流程管理部发文处），也可以向各地的国家知识产权局专利局代办处索取。一张表格只能用于一件专利申请。

（2）在进行书面申请时，因为涉及书面材料电子化的问题，申请文件的纸张质量应当相当于复印机用纸的质量。纸面不得有无用的文字、记号、框、线等。各种文件一律采用 A4 尺寸（210 毫米×297 毫米）的纸张。申请文件的纸张应当单面、纵向使用。文字应当自左向右排列，纸张左边和上边应当各留 25 毫米空白，右边和下边应当各留 15 毫米空白。

（3）书面申请要求提交的材料按照一定顺序排列。发明或者实用新型专利申请文件应当按照下列顺序排列：请求书、说明书摘要、摘要附图、权利要求书、说明书(含氨基酸或核苷酸序列表)、说明书附图。外观设计专利申请文件应当按照下列顺序排列：请求书、图片或照片、简要说明。申请文件各部分都应当分别用阿拉伯数字顺序编写页码。

(4)专利申请文件各部分一律使用中文。外国人名、地名和科技术语如没有统一中文译文，应当在中文译文后的括号内注明原文。申请文件都应当用宋体、仿宋体或楷体打字或印刷，字迹呈黑色，字高应当为3.5~4.5毫米，行距应当为2.5~3.5毫米。申请文件中有附图的，线条应当均匀清晰，不得涂改。不得使用工程蓝图作为附图。

(5)办理专利申请相关手续要附具证明文件的，各种证明文件应当由有关主管部门出具或者由当事人签署。各种证明文件应当是原件；证明文件是复印件的，应当经公证或者由出具证明文件的主管部门加盖公章予以确认(原件在专利局备案确认的除外)。申请人提供的证明文件是外文的，应当附有中文题录译文。

(6)向专利局提交的专利申请文件或者其他文件，应当按照规定签字或者盖章。其中未委托专利代理机构的申请，应当由申请人(或专利权人)、其他利害关系人或者其代表人签字或者盖章，办理直接涉及共有权利的手续，应当由全体权利人签字或者盖章；委托了专利代理机构的，应当由专利代理机构盖章，必要时还应当由申请人(或专利权人)、其他利害关系人或者其代表人签字或者盖章。

(二)专利电子申请注意事项

1. 专利申请程序完全电子化

(1)申请人如果选择采用电子方式申请专利，则应当以电子文件形式提交相关文件。一般情况下，专利局不会再接受申请人以纸件形式提交的相关文件。不以电子文件形式提交的相关文件将被视为未提交。

(2)专利局将以电子文件形式通过电子专利申请系统向电子申请人发送各种通知书和决定。电子申请用户未及时接收的，专利局不作公告送达。申请人可以在申请系统中选择电子发文的手机短信提示服务。

已接收电子文件形式的通知书和决定的，申请人可以通过电子申请网站请求专利局发出纸件形式的该通知书和决定的副本，并可到代办处办理通知书副本的自取业务。

2. 电子申请数字证书的保管

电子申请数字证书不能重复下载，因此申请人应妥善保管好数字证书。

申请人可以通过 IE 浏览器的证书导出功能将证书导出、备份。

当申请人用户注册信息发生变化、用户私钥丢失、泄露或者疑似泄露时，申请人应当及时地使用中国专利电子申请网站上提供的注销数字证书的功能，提出证书的注销请求。不过虽然申请人可以从该网站上申请新数字证书，但原数字证书注销后，申请人将不能再使用原有的数字证书提交专利申请或者接收国家知识产权局发出的通知书及决定。因此申请人必须谨慎使用数字证书的注销功能。

数字证书有三年有效期，申请人应在到期前一个月在网站上更新数字证书。

3. 电子申请不接收专利保密请求

电子申请不接收保密专利申请文件，申请人认为其专利申请需要按照保密专利申请处理的，不得通过电子专利申请系统提交。发明专利请求书中保密请求项不可选。

4. 电子申请中 XML 格式文件的说明

（1）字符集。编辑 XML 文件时，应使用 GB18030 字符集范围以内的字符，不应使用自造字。

（2）图片。XML 文件引用的图片格式应为 JPG、TIF 两种格式；说明书附图的图号应以文字形式表示，不应包含在图片中；外观图片或照片大小不应超过 150 毫米×220 毫米，其他图片大小不应超过 165 毫米 × 245 毫米；图片或照片分辨率应为 72 – 300DPI。

（3）数学公式和化学公式。XML 文件中的数学公式、化学公式，应以图片方式提交。

（4）表格。XML 文件中的 $N \times M$ 表格及表头有合并单元格的表格，可以用电子申请离线客户端编辑器编辑提交，其他表格应以图片方式提交。

（5）段号和权项号。新申请 XML 文件中的说明书段号和权项号由系统自动生成。

申请后提交的 XML 格式文件说明书段号应以 4 位数字编号；权利要求书权项号应以阿拉伯数字编号。

5. 书面申请转电子申请

为鼓励专利申请的电子化，中国专利电子申请网接收专利申请人将书面申请转为电子申请。在注册了电子申请用户后，申请人可使用自己的用户名和密码登录中国专利电子申请网，进入业务办理，选择纸件转电子申请，然后提交批量纸件申请转电子申请号单。如果是单件纸件申请转电子申请,申请人可以直接通过电子申请客户端提交号单。

(三)PCT-SAFE 软件常见问题

PCT-SAFE 软件是 PCT 申请人用以提交完全电子形式的 PCT 申请的软件。在其使用中需要注意以下问题:

(1)请求书第 X 栏的签字有三种方式:数字证书签字、字符签字和传真签字。在请求书第 X 栏中除了签字外还需要填写签字人身份,这里身份指的是"申请人"或"代理人"。有申请人在身份栏填写"总经理""CEO",这样是不符合要求的。如果是物理载体方式提交,选用"字符签字"。如果是在线方式提交,选用"数字证书"签字。

(2)数字证书。当申请人打算采用在线提交的方式提交 PCT 申请时,必须使用国际局颁发的数字证书进行申请文件的验证和加密。PCT-SAFE 使用的数字证书是由国际局颁发的。一般而言,国际局的审批时间为 1 个工作日。数字证书只能以个人名义进行申请,国际局不批准以企业名义申请的数字证书。申请人通过给国际局发送邮件申请数字证书,在专利局网站专利合作条约 PCT 专栏中联系国际局的链接下可以看到。需要提醒的是,申请数字证书的过程中要使用同一个邮箱和同一种浏览器。

数字证书有效期为 2 年,申请人必须关注数字证书到期日,并提前到国际局数字证书签发中心作延期处理。过期的数字证书将无法使用,申请人只能申请新的数字证书。

(3)在上传 PDF 格式文件时,系统可能会出现至少一个已附加的 PDF 文件不符合附件 F 的规定警告,提示存在 TYPE3 字体未嵌入,这个警告为系统问题,不影响申请的提交,但申请人需要在正式提交前确认申请文件内容无误。因此申请人在提交电子申请之前请仔细浏览所要提交的国际申请,如果预览时提示灯不出现红灯,就不会影响在线提交。

(4)PCT-SAFE 软件支持申请人提交 PDF 格式和 XML 格式的申请文件,当申请文件中含有比较大量的数学公式或者化学式时,建议使用 PDF 格式提交电子申请。

三、练习题

案情：镇江飞翔有限责任公司是一家生产电风扇的企业。李天是该企业的一名电机设计师。李天发明了一种市面上未曾出现过的五角星形状的电风扇，并且该电风扇使用了一种新技术，令该电风扇只有市面上通常使用的电风扇耗电量的一半。李天决定将该电风扇申请专利。在专利申请通过后，李天将该专利权卖给了另一家电扇生产企业——苏州透心凉有限责任公司，并办理了专利权转让手续。

请回答以下问题：

1. 李天应该申请什么专利？

2. 如果你是镇江飞翔有限责任公司的法务，你将如何处理该案？

实务目标（二） 企业商标权的取得和保护

一、操作步骤

（一）国内商标注册

1. 商标申请流程

商标申请流程如图6–2所示。

2. 商标注册所需要的材料

（1）国内自然人申请商标注册需要提交《商标注册申请书》、商标图样、个体工商户营业执照复印件、自然人身份证复印件、经办人身份证复印件。农村承包经营户可以其承包合同签约人的名义提出商标注册申请，商品和服务范围以其自营的农副产品为限。申请时应提交承包合同复印件。

（2）国内法人或者其他组织申请商标注册需要提交《商标注册申请书》、商标图样、身份证明文件复印件、经办人身份证复印件。

国内直接申请　　　　　　高标代理组织(含网上申请)

向商标局提交申请书

形式审查

是否符合要求

否 → 不予受理

基本符合 → 限期补正 → 是否符合要求 → 否 → 不予受理

是

实质审查

是否符合要求

否 → 驳回 → 是否复审

部分驳回 → 是否复审 → 是

核准部分予以公告

初步审定公告

是否异议

异议 → 不予注册

部分不予注册

是否复审

是否复审

删除商标

准予注册

准予注册部分予以公告

注册公告

无效宣告(商标局)

删除商标

注销　撤销

删除商标或部分商品

是否复审

删除商标或部分商品

是否复审

撤销复审

无效宣告(商评委)

无效宣告复审

不予注册复审

驳回复审

商标评审

不服评审决定、裁定

中级人民法院

高级人民法院

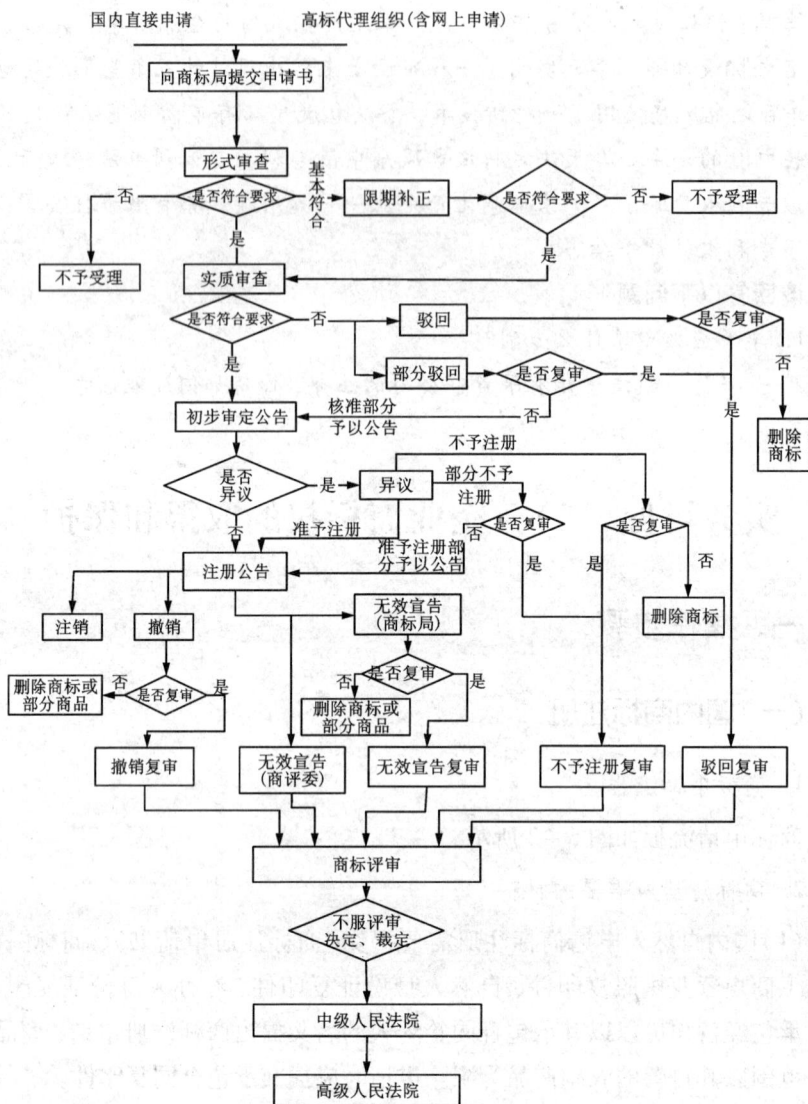

图6-2　商标申请流程图

附一：

商标注册申请书

申请人名称(中文)：	
(英文)：	
申请人国籍/地区：	
申请人地址(中文)：	
(英文)：	
邮政编码：	
联系人：	
电话：	
代理机构名称：	
外国申请人 的国内接收人：	
国内接收人地址：	
邮政编码：	
商标申请声明：	□集体商标　　□证明商标 □以三维标志申请商标注册 □以颜色组合申请商标注册 □以声音标志申请商标注册 □两个以上申请人共同申请注册同一商标
要求优先权声明：	□基于第一次申请的优先权　□基于展会的优先权 □优先权证明文件后补
申请/展出国家/地区：	
申请/展出日期：	
申请号：	

　　下框为商标图样粘贴处。图样应当不大于 10 厘米×10 厘米，不小于 5 厘米×5 厘米。以颜色组合或者着色图样申请商标注册的，应当提交着色图样并提交黑白稿 1 份；不指定颜色的，应当提交黑白图样。以三维标志申请商标注册的，应当提交能够确定三维形状的图样，提交的商标图样应当至少包含三面视图。以声音标志申请商标注册的，应当以五线谱或者简谱对申请

用作商标的声音加以描述并附加文字说明；无法以五线谱或者简谱描述的，应当使用文字进行描述；商标描述与声音样本应当一致。

商标图样粘贴处

商标说明：	
类别：	
商品/服务项目：	
类别：	
商品/服务项目：	

商标注册申请书应另附页，并附其他共同申请人名称列表。

附二：

商标注册申请书填写说明

（1）办理商标注册申请，适用本书式。申请书应当打字或者印刷。申请人应当按照规定并使用国家公布的中文简化汉字填写，不得修改格式。

（2）"申请人名称"栏：申请人应当填写身份证明文件上的名称。申请人是自然人的，应当在姓名后注明证明文件号码。外国申请人应当同时在英文栏内填写英文名称。共同申请的，应将指定的代表人填写在"申请人名称"栏，其他共同申请人名称应当填写在"商标注册申请书附页——其他共同申请人名称列表"栏。没有指定代表人的，以申请书中顺序排列的第一人为代表人。

（3）"申请人国籍/地区"栏：申请人应当如实填写，国内申请人不填写此栏。

（4）"申请人地址"栏：申请人应当按照身份证明文件中的地址填写。身份证明文件中的地址未冠有省、市、县等行政区划的，申请人应当增加相应行政区划名称。申请人为自然人的，可以填写通信地址。符合自行办理商标申请事宜条件的外国申请人地址应当冠以省、市、县等行政区划详细填写。不符合自行办理商标申请事宜条件的外国申请人应当同时详细填写中英文地址。

（5）"邮政编码""联系人""电话"栏：此栏供国内申请人和符合自行办

理商标申请事宜条件的外国申请人填写其在中国的联系方式。

(6)"代理机构名称"栏：申请人委托已在商标局备案的商标代理机构代为办理商标申请事宜的，此栏填写商标代理机构名称。申请人自行办理商标申请事宜的，不填写此栏。

(7)"外国申请人的国内接收人""国内接收人地址""邮政编码"栏：外国申请人应当在申请书中指定国内接收人负责接收商标局、商标评审委员会后继商标业务的法律文件。国内接收人地址应当冠以省、市、县等行政区划详细填写。

(8)"商标申请声明"栏：申请注册集体商标、证明商标的，以三维标志、颜色组合、声音标志申请商标注册的，两个以上申请人共同申请注册同一商标的，应当在本栏声明。申请人应当按照申请内容进行选择，并附送相关文件。

(9)"要求优先权声明"栏：申请人依据《商标法》第二十五条要求优先权的，选择"基于第一次申请的优先权"，并填写"申请/展出国家/地区""申请/展出日期""申请号"栏。申请人依据《商标法》第二十六条要求优先权的，选择"基于展会的优先权"，并填写"申请/展出国家/地区""申请/展出日期"栏。申请人应当同时提交优先权证明文件(包括原件和中文译文)；优先权证明文件不能同时提交的，应当选择"优先权证明文件后补"，并自申请日起三个月内提交。未提出书面声明或者逾期未提交优先权证明文件的，视为未要求优先权。

(10)"申请人章戳"栏：申请人为法人或其他组织的，应加盖公章。申请人为自然人的，应当由本人签字。所盖章戳或者签字应当完整、清晰。

(11)"代理机构章戳"栏：代为办理申请事宜的商标代理机构应在此栏加盖公章，并由代理人签字。

(12)"商标图样"栏：商标图样应当粘贴在图样框内。

(13)"商标说明"栏：申请人应当根据实际情况填写。以三维标志、声音标志申请商标注册的，应当说明商标使用方式。以颜色组合申请商标注册的，应当提交文字说明，注明色标，并说明商标使用方式。商标为外文或者包含外文的，应当说明含义。自然人将自己的肖像作为商标图样进行注册申请应当予以说明。申请人将他人肖像作为商标图样进行注册申请应当予以说明，附送肖像人的授权书。

(14)"类别""商品/服务项目"栏：申请人应按《类似商品和服务项目区分表》填写类别、商品/服务项目名称。商品/服务项目应按类别对应填写，每个类别的项目前应分别标明顺序号。类别和商品/服务项目填写不下的，可按本申请书的格式填写在附页上。全部类别和项目填写完毕后应当注明"截止"字样。

(15)"商标注册申请书附页——其他共同申请人名称列表"栏：此栏填写其他共同申请人名称，外国申请人应当同时填写中文名称和英文名称，并在空白处按顺序加盖申请人章戳或由申请人本人签字。

(16)收费标准：一个类别受理商标注册费600元人民币(限定本类10个商品/服务项目，本类中每超过1个另加收60元人民币)。受理集体商标注册费3000元人民币。受理证明商标注册费3000元人民币。

(17)申请事宜并请详细阅读"商标申请指南"(www.saic.gov.cn)。

3. 商标注册申请中的优先权

由于我国乃至国际商标注册与保护多坚持在先原则，所以商标注册中商标优先权的申请以及相关文件的提交将直接关系到商标是否能够注册成功以及商标持有人在其后商标异议、商标侵权纠纷中权利的保护，所以申请人在申请注册商标时必须尤为注意该项。

在商标注册中，优先权分为两类，"基于第一次申请的优先权"以及"基于展会的优先权"。

基于"第一次申请的优先权"是指商标注册申请人自其商标在外国第一次提出商标注册申请之日起6个月内，又在中国就相同商品以同一商标提出商标注册申请的，依照该外国同中国签订的协议或者共同参加的国际条约，或者按照相互承认优先权的原则，可以享有的优先权。申请人据此要求优先权的，应当同时提交第一次提出商标注册申请文件的副本，包括原件和中文译文。

"基于展会的优先权"是因商标在中国政府主办的或者承认的国际展览会展出的商品上首次使用而产生，该优先权的期限为自该商品展出之日起6个月内。申请人据此要求优先权的，应同时提交载有展出其商品的展览会名称、在展出商品上使用该商标的证据、展出日期等。优先权证明文件一般由展会主办出具或证明。该类证据、证明同样要求同时提供原件和中文译文。

申请人在申请注册商标时优先权证明文件不能同时提交的，应当选择"优先权证明文件后补"，并自申请日起3个月内提交。未提出书面声明或者逾期未提交优先权证明文件的，视为未要求优先权。申请人基于同一份优先权申请注册多个商标的，可以按照申请商标的数量提供原件一份和复印件若干份。

4. 商标注册和商品分类

申请人在商标注册中需要慎重选择"类别""商品/服务项目"栏，该栏将决定未来商标的使用范围，超出该范围使用商标的，将被视为违法使用商标。

我国商标分类使用的是基于《商标注册用商品和服务国际分类》（尼斯分类）修订后的《类似商品和服务区分表》，商标申请人可在中国商标网（http://sbj.saic.gov.cn/）的商标申请－商品和服务类项下查询该表。

5. 著名商标申报

按照法律规定，省级工商行政管理部门有认定本省著名商标的权力。虽然商标法并没有明确规定对著名商标的保护，但是申请著名商标不仅可以为企业品牌宣传服务，而且在商标维权中也会占据极大优势。

著名商标的申报通常需要商标以及使用商标的企业满足一定条件。湖南省 2016 年著名商标申报条件包括：

（1）该商标为国内有效注册商标，注册并连续合法使用满 3 年，省人民政府对注册时间有特别规定的除外；

（2）该商标权属无争议；

（3）该商标为省内相关公众所熟知，近 3 年在媒体有一定的广告投入；

（4）使用该商标的商品质量优良，信誉良好，没有重大质量问题，近 3 年在相关主管部门组织的质量监督检测中没有不合格记录；

（5）使用该商标的商品销售额达到年度公布标准，且在省内同行业位居前列，近 3 年保持平稳或增长态势，没有出现连续 2 年较大幅度减少的情况；

（6）使用该商标的商品销售区域较广。

6. 商标异议

商标异议是《商标法》及《商标法实施条例》明确规定的对初步审定商标公开征求社会公众意见的法律程序，其目的在于监督商标局公正、公开地进行商标确权，提高商标注册审查质量。

（1）商标异议的范围。提出商标异议的理由既包括初步审定的商标与申请在先的商标相同或近似，也包括初步审定的商标违反了《商标法》的禁用条款或商标不具显著性，还包括申请人不具备申请资格等。

提出商标异议的可以是任何人，法律对异议人资格未作任何限制。

（2）商标异议期。商标异议提出期限为自初步审定的商标公告之日起 3 个月内。如异议期限的最后一天是法定假日的，可以顺延至假日后的第一个工作日（提示：只有最后一天是法定假日才可顺延，期间有法定假日的，不予顺延）。

（3）商标异议流程。

A. 提出异议。异议需要填写《商标异议申请书》，写明被异议商标的名称、商品类别、初步审定号、初步审定公告期号、提出异议的理由。异议人如认为被异议的商标与本异议人已注册的使用在相同或类似商品的商标相同或近似的，还应填写异议人注册商标的商品类别、商标名称、注册号等。

B. 通知答辩。商标局收到异议书及有关证据后，将异议书副本寄达被异议人，被异议人应在收到异议书之日起 30 天内作出书面答辩。被异议人在限期内未作出答辩的视为弃权，不影响异议程序进行。

C. 作出裁定。商标局应当听取异议人和被异议人陈述事实和理由，经调查核实后，作出裁定。

D. 送达裁定书。商标局在作出异议裁定后要将异议裁定书寄给异议人与被异议人。异议裁定有两种结果：异议理由不能成立，后经初步审定的商标予以注册；异议理由充分，异议成立，原初步审定的商标不予注册。

E. 复审。异议当事人中任何一方对异议裁定不服的，可在收到异议裁定通知书日起 15 天内向商标评审委员会申请复审。

附三：

商标异议申请书

被异议商标：_____。

被异议类别：_____。

初步审定号：_____。

初步审定公告期：_____。

被异议人名称：_____。

被异议人地址：_____。

被异议人代理机构名称：_____。

异议人名称：_____。

异议人地址：_____。邮政编码：_____。

联系人：_____。电话：_____。

是否提交补充材料：　　　是□　　　　　否□　　　　，

异议人代理机构名称：_____。

异议请求和事实依据：_____。

异议人章戳(签字)：　　　　　　　代理机构章戳：

　　　　　　　　　　　　　　　　　代理人签字：

填写说明

1. 办理异议申请适用本书式。申请人应当按规定逐项填写，申请书应当打字或印刷，不得修改格式。

2. 异议人应符合商标法规定的主体资格，提出异议申请时应有明确的请求和事实依据。

3. "被异议类别"栏只填写异议人提出异议的一个或多个类别。

4. 被异议人名称/地址应与商标公告上的名称/地址一致，被异议商标为共有商标的，"被异议人名称"栏应当填写共有商标申请人的代表人名称。

5. 异议人名称应当与身份证明文件中的名称一致。异议人直接提交异议申请的，应当在"异议人章戳（签字）"处盖章或签字，异议人章戳（签字）应与异议人名称一致。异议人为自然人的，应同时在姓名后面填写身份证明文件号码。异议人委托商标代理机构提交异议申请的，应当填写代理机构名称，并在"代理机构章戳/代理人签字"处由代理人签字并加盖代理机构章戳。异议人地址应冠明省、市、县行政区划名称。

6. 异议申请书应当标明是否提交补充材料，未标注的视为放弃提交补充材料。

异议须知

1. 异议申请应当在商标法规定的异议期内提出，一份异议申请只能对一个初步审定的商标提出异议。

2. 商标异议申请包括以下材料：①商标异议申请书；②异议理由；③被异议商标初步审定公告复印件；④主体资格证明文件（包括作为在先权利人或利害关系人的证明文件及身份证明文件的复印件）；⑤证据材料（可以后补）。由商标代理机构代理提出异议申请的，还应提交异议人签字或加盖章戳的代理委托书。商标异议申请书及相关材料应提交一式两份，编排目录及页码并装订成正副本。

3. 申请按类别收费，一个类别商标异议费为1000元人民币。通过邮寄方式提交异议申请的，应当同时通过银行信汇或电汇的方式缴纳异议规费，并附送汇款凭证复印件。汇款人名义应与异议人名义一致。

收款人：中华人民共和国国家工商行政管理总局商标局

开户银行：中信银行北京富力支行

账号：71114101826000118867

汇款用途：对××××××号商标的异议规费。

4.申请事宜并请详细阅读"商标申请指南"(http://sbj.saic.gov.cn)。

(二)商标的国际注册

近年来,随着我国市场的开放以及国际贸易的发展,一些国内品牌开始走出国门,但是由于缺乏商标保护意识,不少品牌面临着商标被外国抢注问题。一旦商标被抢注,不仅商品出口面临难题,取回抢注商标往往也要花费大量的时间金钱,所以及时进行国际商标注册是品牌长远发展必须考虑的问题。

申请人到国外申请注册商标主要有两种途径:一种是逐一国家注册,即分别向各国商标主管机关申请注册;一种是马德里商标国际注册,即根据《商标国际注册马德里协定》(或《商标国际注册马德里协定有关议定书》)的规定,进行商标注册。申请马德里商标国际注册,申请人只需就一个商标向商标申请的国际局递交一个申请,就可以在多个国家取得商标保护。虽然马德里商标国际注册需要按照申请商标保护的国家数量缴纳费用,但是其缴费手续简便,费用相对较低;而且申请人可以用中文申请,并在 12 个月或 18 个月左右的时间内,就能知道自己的国际注册商标在所有申请国家是否得到保护,这是国际商标注册较好的方式。申请人,尤其是有迫切出口需求的企业申请人应当予以考虑。

1. 申请马德里商标国际注册的主体

申请人应在我国设有真实有效的工商营业场所;或在我国境内有住所;或拥有我国国籍。另外,我国台湾地区的法人或自然人均可通过商标局提出国际注册申请,而香港和澳门特别行政区的法人或自然人目前还不能通过商标局提出国际注册申请。

同时申请国际注册的商标必须已经在我国启动一定的商标注册申请程序。申请人指定保护的国家是纯"马德里协定"缔约方,申请国际注册的商标必须是在我国已经获得注册的商标;申请人指定保护的国家是纯"马德里议定书"缔约方,或是同属"马德里协定"和"马德里议定书"缔约方,申请国际注册的商标可以是已在我国提出注册申请并被受理的商标,也可以是已经注册的商标。

2. 马德里商标国际注册流程

准备申请书件→向国家商标局国际注册处提交申请书件→根据《收费通

知书》的规定缴纳注册费用→领取国际注册证。

3. 马德里商标国际注册材料

(1)马德里商标国际注册申请书。

(2)外文申请书(MM 表格)。目前,阿尔及利亚为马德里协定的纯"协定"缔约方,如果仅指定阿尔及利亚为商标申请国,需选用 MM1 表格;指定阿尔及利亚以外任意国家的,选用 MM2 表格;指定国家既包括阿尔及利亚,也包括其他国家的,选用 MM3 表格。如果指定国家还包括美国的,除了上述表格选定外,还需额外提交 MM18 表格。

(3)申请人资格证明一份,如营业执照复印件、身份证复印件等。

(4)国内《商标注册证》复印件,或《受理通知书》复印件。

(5)如基础注册或申请的商标在国内进行过变更、转让或续展等后续业务,一并提交核准证明复印件。

(6)申请人使用英文名称的,必须提供使用该英文名称的证明文件。

(7)委托商标代理机构办理的,还应提交商标代理委托书。

4. 马德里商标国际注册费用

目前马德里商标国际注册新申请费用由以下部分组成:

(1)基础注册费:653 瑞士法郎。

(2)补充注册费:每个指定缔约方收取 100 瑞士法郎,要求单独规费的缔约方除外。

(3)附加注册费:在有补充注册费的情况下,如商品/服务的类别超过 3 个,每增加 1 个类别,增加 100 瑞士法郎。

(4)单独规费:某些缔约方会要求收取单独规费。

在马德里商标国际注册后,进行后期指定、注册号转让、注册人名称或地址变更,商品/服务删减、续展还需额外缴纳费用。但放弃申请、注销申请、代理人名称或地址变更申请、指定代理人申请均免费办理。

马德里商标国际注册收费的单位是瑞士法郎,在折合人民币时,以国家商标局国际注册处收文日的中国银行零点卖出价为准。

5. 办理马德里商标国际注册指定代理人

在进行马德里商标国际注册时,如果由国家商标局代为办理注册,需要支付 280 元的手续费。注册人如需委托新的代理人,可办理指定代理人申请。需要提交的材料如下：①马德里商标国际注册指定代理人申请书；②外文申请书（MM12）；③国际注册证复印件；④商标代理委托书。

该业务可直接向世界知识产权组织国际局申请办理或通过国家商标局转递国际局。申请人须通过在国家商标局备案的商标代理机构办理。该备案代理机构名单查询网址如下：http：//sbj.saic.gov.cn/sbdl/zmd/。

附四：

马德里商标国际注册申请书

□ 申请人或代理人文件编号：_____。

□ 附页页数_____

一、申请人信息：

1. 申请人中文全称及外文译名：_____。

（如无外文译名的，可用拼音代替；中文名称应与国内注册证或受理通知书完全一致）。

2. 申请人地址：（地址应与国内注册证或受理通知书一致，相关文件中的地址未冠有省、市、县等行政区划的，申请人应当增加相应行政区划名称）。

_____省（自治区、直辖市）_____市_____区（县）_____

_____

邮政编码：_____

3. 电话（含地区号）：_____　传真（含地区号）：_____。

电子邮件地址：_____。

4. 申请人通信地址：（如申请人实际通信地址与申请人地址不同，可增加填写此项）。

5. 收文语言选择：英语　　　❀法语

二、申请人资格：（如果申请人指定保护的国家为"马德里协定"成员国，这一项中可供申请人选择的三种情况应依次选择，即申请人首先衡量自己是否符合第一种情况，若符合，应首选第一种，若不符合，再选第二种，第二种也不符合的，再选第三种。若三种都符合或符合两种，则应选在前的一种。如果申请人指定保护的国家为"马德里议定书"成员国,这三种情况中,申请人只要任选符合的一种即可)。

☐申请人在中国设有真实有效的工商营业场所

☐或者申请人在中国设有住所(或总部)

☐或者申请人具有中国国籍

三、代理人信息:(如申请人直接办理的,这一栏无须填写)。

1. 代理人中文全称及外文译名(如无外文译名的,可用拼音代替):_____。

2. 代理人地址(省份、城市、街道、门牌号码、邮政编码):_____。

3. 电话(含地区号):_____ 传真(含地区号):_____。

电子邮件:_____。

四、基础申请或基础注册:(这里指在我国的商标申请和注册,而不是国际注册商标的申请和注册。如申请人就同一商标的多个基础申请或基础注册提出国际注册申请,应将各个基础申请号、申请日期和/或基础注册号、注册日期逐一填写)。

申请号:_____ 申请日期:_____

注册号:_____ 注册日期:_____

五、优先权(国家、初次申请的日期和号码):

在先申请所在主管局:_____。

申请号:_____ 申请日期:_____。

六、商标:

不大于 80 毫米 × 80 毫米
不小于 20 毫米 × 20 毫米

七、其他事项

□立体商标

□声音商标

□集体或证明商标

□商标音译(拼音):

□商标意译(英语或法语):

□商标无含义

八、商品或/和服务及其类别(不得超过国内申请和注册范围,可附另页):

1. □商品或/和服务及其类别:(应按《商标注册用商品和服务国际分类表》中所列的商品和服务类别顺序填写)。

类别	商品和/或服务

2. □如有对具体国家作商品或/和服务及类别的限定,请注明:(不得超出 1 表中指定的商品/服务的范围)。

指定缔约方	申请保护的类别及商品和/或服务

3. 若以上空间不足,请在方框内标记,并用附页填写

九、指定保护的缔约方(划出该缔约方):(如申请人已获得国内受理通知书,可指定同属协定或议定书缔约方,及纯议定书缔约方;如已获得国内注册证,可指定所有缔约方。注意"比荷卢"为比利时、荷兰和卢森堡,但申请人指定这三个国家保护时,仍按一个国家对待,并按一个国家缴纳有关规费)。

同属协定和议定书缔约方

☐阿尔巴尼亚　　　　☐亚美尼亚　　　　☐奥地利　　　　☐阿塞拜疆

☐波斯尼亚－黑塞哥维那　☐保加利亚　　☐不丹　　　　☐比荷卢

☐白俄罗斯　　　　☐瑞士　　　　☐古巴　　　　☐塞浦路斯

☐捷克　　　　☐德国　　　　☐阿尔及利亚　　　　☐埃及

☐西班牙　　　　☐法国　　　　☐克罗地亚　　　　☐匈牙利

☐伊朗　　　　☐意大利　　　　☐肯尼亚　　　　☐吉尔吉斯坦

☐朝鲜　　　　☐哈萨克斯坦　　　　☐列支敦士登　　　　☐利比里亚

☐莱索托　　　　☐拉脱维亚　　　　☐摩洛哥　　　　☐摩纳哥

☐摩尔多瓦　　　　☐黑山　　　　☐前南斯拉夫马其顿　　　　☐蒙古

☐莫桑比克　　　　☐纳米比亚　　　　☐波兰　　　　☐葡萄牙

☐罗马尼亚　　　　☐塞尔维亚　　　　☐俄罗斯联邦　　　　☐苏丹

☐斯洛文尼亚　　　　☐斯洛伐克　　　　☐塞拉利昂　　　　☐圣马力诺

☐斯威士兰　　　　☐塔吉克斯坦　　　　☐乌克兰　　　　☐越南

☐纯议定书缔约方　　　　☐安提瓜和巴布达　　　　☐澳大利亚　　　　☐巴林

☐波内赫、圣尤斯特歇斯和萨巴群岛　　　☐博茨瓦纳　　　　☐哥伦比亚

☐库拉索　　　　☐丹麦　　　　☐爱沙尼亚　　　　☐欧盟

☐芬兰　　　　☑英国　　　　☐格鲁吉亚　　　　☐加纳

☐冈比亚　　　　☐希腊　　　　☐爱尔兰　　　　☐以色列

☐印度　　　　☐冰岛　　　　☐日本　　　　☐柬埔寨

☐韩国　　　　☐老挝　　　　☐立陶宛　　　　☐马达加斯加

☐墨西哥　　　　☑挪威　　　　☐新西兰　　　　☐非洲知识产权组织

☐阿曼　　　　☐菲律宾　　　　☐卢旺达　　　　☐瑞典

☐新加坡　　　　☐圣多美和普林西比　　　　☐圣马丁　　　　☐叙利亚

☐土库曼斯坦　　　　☐突尼斯　　　　☐土耳其　　　　☐美国

☐乌兹别克斯坦　　　　☐赞比亚　　　　☐津巴布韦

共＿＿＿＿＿个缔约方

十、本申请交费方式：

☐通过商标局向国际局转交规费

☐直接向国际局交纳规费

(加盖代理人章戳；无代理人的加盖申请人章戳)

联系人：

电话(含地区号)：

日期：　　年　　月　　日

（三）商标纠纷的解决

1. 商标申请被驳回

申请人商标被商标局驳回的，可在收到商标局裁定通知之日起 15 天内向商标评审委员会提出复审申请。对复审结果不服的，还可以自收到通知之日起 30 日内以商标复审委员会为被告，向人民法院提起行政诉讼起诉。

在申请商标复审时，申请人应注意申请时限，避免申请超限而导致救济的丧失：

（1）商标复审申请以邮寄方式收发文的，其 15 日复审时限的计算，分别将当地邮局收到信函和发出信函的邮戳日期，视为申请人收到和发出的日期；邮戳不清或者没有邮戳的，将国家工商行政管理局商标局发文标注的日期顺延 15 日视为申请人收到的日期，或者将国家工商行政管理局商标评审委员会收到商标复审申请的日期上溯 15 日视为申请人发出的日期。申请人或商标代理组织提交商标复审书件时，应提供商标局邮寄的信封，以便计算当事人收到商标局驳回通知的日期。

（2）马德里国际注册商标复审申请，复审时限从国际局发出驳回通知书所标注的日期起算。不能提供国际局发文日期的，则以商标局发给国际局的驳回商标通知书所标注的日期起算。

（3）申请人申请商标复审事宜应当在法律规定的期限内办理。因不可抗拒的事由或者其他正当理由，可以在期限届满前申请延期 30 日。延期申请应当在收到商标局驳回通知之日起 15 日内提交，延期时间从第 16 日起算。

由于延期申请的时限审查只能在收到复审申请书件时才能进行，因此，商标评审委员会收到延期申请时，不进行时限审查，而在收到正式复审书件时一并进行时限审查。超过法定时限的，商标评审委员会不予受理。

2. 商标侵权纠纷解决方式

（1）协商。这是商标权纠纷的最快速、最便捷的解决途径。

（2）请求工商行政管理部门处理。在商标注册阶段，任何人认为商标局初步审定予以公告的商标不具有合法性的，可以在公告之日起 3 个月内向商标局提出不应给予注册的意见，即商标异议。异议人应当向商标局提交商标异议书一式两份。商标异议书应当写明刊登被异议商标的《商标公告》的期号及初步审定号。商标异议书应当有明确的请求和事实依据，并附送有关证据材料。被异议商标的申请人需要在收到商标异议通知书 30 日内，就异议意见进行答辩。商标局就商标异议作出裁定，对裁定结果不服的一方，可以在收到商标局异议裁定通知之日起 15 天内向商标评审委员会提出复审申请。对复审结果不服的一方，还可以自收到通知之日起 30 日内以商标复审委员会为被告，向人民法院提起行政诉讼起诉。

在遭遇商标侵权时，商标持有人或利害关系人都可以请求侵权行为发生地、侵权商品储藏地、侵权商品被扣押地或者侵权人所在地的工商行政管理部门处理。

（3）诉讼。按照法律规定，商标持有人或利害关系人可向侵权行为发生地、侵权商品储藏地、侵权商品被扣押地或者被告所在地的人民法院提起诉讼。

（4）商标侵权纠纷中的证据收集。①商标持有人在先权利证明文件。如商标注册证明、商品销售记录等。无论是证明他人侵犯自身商标权，还是证明自身未侵犯他人商标权，都应全面、及时地保存相关文件，以维护自身权益。②被侵权人的产品样本。③侵权产品样本。④购买侵权产品的证明。这里主要是指购买发票。发票上一定要注明侵权产品名称、购买侵权产品的地点、侵权产品的价格、销售人的名称等事项。

二、注意事项

（一）防卫商标的注册

目前由于山寨产品的泛滥，为了维护自身商标的安全，企业在注册商标时应当考虑同时注册防卫商标，以降低其他仿冒商品对自己的核心商标的威胁和损害。防卫商标注册包括联合商标和防御商标两种形式。

联合商标是指同一企业在同一种或类似商品上申请注册两个或者两个以上的近似商标。其中一个指定为正商标，与其他近似的商标一起构成具有防卫性质的联合商标。

防御商标是指同一商标所有人把自己的驰名商标同时注册在其他非同种或非类似的商品上的商标。

（二）商标查询

为及时发现商标侵权，企业法务人员也应当定期进行商标查询，并在发现其他人注册与本企业商标相近似的商标，及时提出商标异议，避免该商标注册通过，最终被使用到相关商品上，误导消费者，损害本企业利益。中国商标网(http://sbj.saic.gov.cn/)可提供商标查询的服务。

(三)注册商标超范围使用

企业在进行商标注册时必须选择商标的使用范围。根据商标法规定,企业不能超出该商标的注册范围使用该商标。举例来说,如果商标注册时选择了1616类"办公室用绘图仪器、绘画仪器",那么将商标用于颜料盘的产品上,就视为商标超范围使用。因为1616类产品并不包括颜料盘,其属于1617类绘画用具。所以企业在商标注册时提前规划注册商标的使用范围,并适当予以扩大对企业的发展十分重要。

如果企业在超出注册商标核定范围的商品的商标上标注注册标志,即使用了,那么将被视为将未注册商标冒充注册商标使用,地方工商行政管理部门可以予以制止,并限期改正,还可以予以通报。违法经营额五万元以上的,地方工商行政管理部门可以对企业处违法经营额百分之二十以下的罚款,没有违法经营额或者违法经营额不足五万元的,可以处一万元以下的罚款。另外,如果该行为同时还侵犯了别人的注册商标权利,企业还将承担商标侵权的责任。

三、练习题

案情: 苏州好斯有限责任公司是一家生产丝绸的纺织公司,2013年企业注册了"好斯"商标,其核定使用范围为纺织品、布料。随着生产规模和销售金额的不断扩大,2015年,好斯有限公司决定扩展下游产业链,一方面他们打造了丝绸旗袍生产线,并在其上使用了带有注册商标标识的"好斯"标志。另一方面,他们还开发了床上用品生产线,并决定使用"好梦"为品牌标识。于是好斯公司向国家商标局申请注册"好梦"商标在床上用品的范围内使用。商标局初步通过了该商标,并于2016年2月29日进行公告。2016年5月27日,宁波好梦圆有限责任公司发现了该商标,该公司也是一家床上用品生产企业,并于2014年12月31日起持有注册范围为床上用品的"好梦圆"商标,好梦圆公司认为好斯公司的"好梦"商标侵犯了它的商标权,于是于2016年6月1日提出了商标异议。

"好斯"旗袍一上市,销售供不应求,从2015年8月1日到2016年4月1日9个月的时间内销取得了200万的销售额。另一家毛巾生产企业斯巴克公司注意到了这一现象,迅速向商标局申请注册了应用于服装类商品的"好斯"商标,开发了一条服装生产线,并于2015年9月1日将"好斯"品牌的服装推向市场，到 2016 年 4 月 1 日止，取得了 130 万的销售额。

问题：

1. 好梦圆公司提出的商标异议能不能被商标局接受？请替好梦圆公司撰写一份商标异议申请书，并指出其所需要准备的材料。

2. 如果你作为好斯公司的法务人员，针对斯巴克公司的行为，你会如何处理？

实务目标（三） 企业著作权的取得和保护

一、操作步骤

（一）了解著作权的概念及其与商标权、专利权的区别

1. 著作权的概念

著作权是作者或其他著作权人依法对文学、艺术和科学作品所享有的各项专有权利的总称。

2. 著作权与商标权的区别

第一，取得保护的方式不同。著作权是实行自动保护原则，而商标权实行的是注册原则。

第二，受保护的条件不同。作品只要是各自独立完成，不论它们之间是否相同、类似，都受著作权法的保护；而商标权则不同，凡与已注册的同种商品或类似商品的商标相同或近似的商品标识，依照各国的商标法往往不能取得专用权。

著作权和商标权在一定情况下还可能发生交叉关系，即商标设计图案可以作为商标受商标法的保护，也可以构成一件艺术作品受著作权法的保护。此外，著作权和商标权也可能发生抵触，即未经他人同意以其作品作为商标标志时可能侵犯他人的著作权。

3. 著作权与专利权的区别

一方面，著作权并不保护作品的思想，而只保护作品的表达方式；而专利权所保护的是发明创造的构思、内容；另一方面，著作权并不要求保护的作品是首创，只要求它是独创。而对于同一内容的发明，专利权只授予先申

请人。

外观设计专利权与著作权在实用美术作品保护上可能会发生交叉。

（二）著作权的取得与内容

1. 著作权的主体

著作权一般由作者自然取得。但在企业实务中，著作权中除署名权以外的权利的归属会因企业雇用、委托等行为产生变更。

（1）对雇佣作品（职务作品）享有的权利。作为自然人的职工为完成企业的工作任务所创作的作品是职务作品。对于职务作品，根据其完成的条件不同，企业享有不同的权利。

一般职务作品的著作权归作者享有，但法人或者其他组织有权在其业务范围内优先使用。作品完成两年内，未经单位同意，作者不得许可第三人以与单位使用的相同方式使用该作品。如果在作品完成后的两年内，单位在其业务范围内不使用，那么作者可以要求单位同意由第三人以与单位使用的相同方式使用，单位无正当理由不得拒绝。其许可使用作品所获报酬，由作者与单位按约定的比例分配。作品完成两年后，单位可以在其业务范围内继续使用。

特殊职务作品，作者只享有署名权，著作权的其他权利由法人或者其他组织享有，法人或者其他组织可以给予作者奖励。特殊职务作品主要有：第一，利用法人或者其他组织的物质技术条件创作，并由法人或者其他组织承担责任的工程设计图、产品设计图、计算机软件、地图等职务作品；第二，法律、行政法规规定或者合同约定著作权由法人或者其他组织享有的职务作品。

（2）对委托作品享有的权利。受委托创作的作品，著作权的归属由委托人和受托人通过合同约定。合同未明确约定或者没有订立合同的，著作权属于受托人。

（3）对合作作品享有的权利。企业通过与其他单位或者个人进行合作从而获得对合作作品的著作权。《著作权法》规定，合作创作的作品，著作权由合作作者共同享有，合作作者通过协商一致行使著作权；不能协商一致，又无正当理由的，任何一方不得阻止他方行使除转让以外的其他权利，但是所得收益应当合理分配给所有合作作者。对于可以分割的合作作品，作者对各自创作的部分可以单独享有著作权，但行使著作权时不得侵犯合作作品整体的著作权。

2. 著作权的客体

著作权保护的客体是作品。所谓作品，是指文学、文艺和科学领域内，具有独创性并能以某种有形式复制的智力创造成果。

（1）作品受著作权保护的条件。其一，具有独创性。即作品属于作者自己的创作，完全不是或基本不是从另一作品抄袭来的。其二，具有可复制性。即以可感知的方式再现（形式确定、载体固定）。

除此之外，有人提出，作品应当具有合法性，即不违反国家法律关于禁止出版、传播的规定。对于涉及非法的内容，当然不具有法律保护的必要。不过，一部作品，即使因其非法的内容而无法获得合法的地位，也并非该作品所有内容都不能获得法律保护，对于其不违法的部分，依法仍应当予以保护。

（2）受著作权保护的作品类别。受著作权保护的作品，依《著作权法》第3条之规定，共有10类，即：文字作品；口述作品；音乐、戏剧、曲艺、舞蹈、杂技艺术作品；文字作品；摄影作品；电影作品及以类似摄制电影的方法创作的作品；工程设计图、产品设计图、地图、示意图等图形作品和模型作品；计算机软件；民间文学艺术作品以及法律、行政法规规定的作品。

文字作品是指小说、诗词、散文、论文等以文字形式表现的作品。文字作品与下面的音乐、戏剧等作品有重叠的情形。

口述作品是指即兴的演说、授课、法庭辩论等以口头语言创作未以任何物质载体固定的作品。

音乐、戏剧、曲艺、舞蹈、杂技艺术作品。音乐作品是指交响乐、歌曲等能够演唱或者演奏的带词或者不带词的作品；戏剧作品，指话剧、歌剧、地方戏曲等供舞台演出的作品；曲艺作品，指相声、快书、大鼓、评书等以说唱为主要形式表演的作品。舞蹈作品，指通过连续的动作、姿势、表情表现的作品。此外还有杂技艺术作品。因为我国有丰富的杂技艺术作品资源，在修改著作权法时，明确了杂技艺术作品作为著作权保护的客体。对杂技艺术作品，保护其中具有艺术的成分。但是，对音乐、戏剧、曲艺、舞蹈、杂技艺术作品的保护，不包括表演者对上述作品的表演，表演者在传播作品时付出的创造性劳动，由著作权法通过邻接权即与著作权有关的权益给予保护。

美术、建筑、摄影作品。美术作品是指绘画、书法、雕塑、建筑等以线条、色彩或者其他方式构成的有审美意义的平面或者立体的造型艺术作品。原著作权法未明确规定建筑作品的保护。2002年修改时，明确规定了建筑作品作为著作权保护的客体，将美术、建筑作品同列为第四项，而将在建筑作品中占较大数量的工程设计图和建筑模型列为第七项：图形类作品和模型类作品，仍然作为单独客体给以保护。受著作权法保护的是建筑物本身，其构成材料、建筑方法不受著作权法保护。摄影作品是指借助器械，在感光材料上记录客观物体形象的艺术作品。

电影作品和以类似摄制电影方法创作的作品。这是指摄制在一定物质上由一系列相关联的画面或加上伴音组成并且借助机械装置能放映、播放的作品。

工程设计图、产品设计图、地图、示意图等图形作品和模型作品。工程设计、产品设计图纸及其说明，指为施工和生产绘制的图样及对图样的文字说明。著作权法保护工程设计、产品设计图纸及其说明，仅指以印刷、复印、翻拍等复制形式使用的图纸及其说明，不包括按照工程设计、产品设计图纸及其说明进行施工、生产的工业品，后者的使用适用其他有关法律的规定。依照实施条例的规定，地图、示意图等图形作品，指地图、线路图、解剖图等反映地理现象、说明事物原理或者结构的图形或者模型。模型作品是指依照实物的形状和结构按比例制成的物品，如建筑模型等。

计算机软件。这是指计算机程序及其文档。受著作权保护的软件必须是由开发者独立开发，并已固定在某种有形的物体上，就是说该计算机程序已经相当稳定，相当持久地固定在某种载体上，而不是一瞬间地感知、复制、传播程序。

(3)著作权客体的排除领域。依《著作权法》第4条、第5条规定，下列四种情形的作品被排除在著作权的保护之外，即：依法禁止出版、传播的作品；法律法规其他官方文件及其官方正式译文；时事新闻；历法、通用数表、通用表格和公式。

需特别注意的是，依法禁止出版、传播的作品。一般包括：①违背一般法律原则的作品，如恶毒攻击社会主义制度的反动作品，企图为违法犯罪活动提供便利条件的文字作品。②违背社会公德和社会伦理的作品，如许多国家的著作权法都不保护黄色的、淫秽的书刊、报纸、电影等。③故意妨碍公共秩序的作品，如不少国家对故意欺骗公众的作品以及蔑视宗教信仰的作品不予保护。著作权客体被排除的具体内容虽然著作权法并未规定，但于2002年2月1日起施行的《出版管理条例》《电影管理条例》《音像制品管理条例》都对此作出了规定。

3. 著作权的内容

著作权的内容有两部分，一是人身权利；二是财产权利。

（1）著作人身权。著作人身权，在大陆法系国家通常称为作者人格权，在英美法系国家则称为精神权利，我国《著作权法》称之为作者享有的人身权。其含义均指作者基于作品创作所享有的各种与人身相联系而无直接财产内容的权利。著作人身权具有永久性、不可分割性和不可剥夺性的特点。

著作人身权包括：发表权、署名权、修改权、保护作品完整权。依国外实践，著作人身权还包括收回权，即作品在有正当理由的前提下，以赔偿使用者的经济损失为条件而收回已公开发表的作品的权利，但我国《著作权法》目前尚未对此作出规定。

（2）著作财产权。著作财产权，又称经济权利，是指著作权人自己使用或者授权他人以一定方式使用作品而获取物质利益的权利。从属性上看，著作财产权可以转让、继承或放弃。

著作财产权的内容包括：复制权、表演权、广播权、展览权、发行权、改编权、翻译权、汇编权、摄制权、出租权、信息网络传播权、放映权以及应当由著作权人享有的其他权利。应当由著作权人享有的其他权利应当包括注释权、整理权、制作录音制品权、按设计图建造作品权等。这些权利虽未列举，但在一些条款中已有所规定和涉及。此外，有国家还通过法律赋予作品著作权人公共借阅权和追续权。公共借阅权是指作者享有的因作品的出借而获得报酬的权利。严格地说，该项权利本属于出租权的内容，但是与一般的出租权不同，第一，出租权是作者直接享有的权利，是作者许可或者禁止他人出租其作品或者复制件的权利。而公共借阅权不是作者直接享有的权利，仅能享有一定的报酬获得权。第二，在出租权中，是租用权人支付租金，在公共借阅权中，是公共图书馆或者国家税收向作者支付租金，而不是读者。追续权指美术作品的作者或者其继承人，从作品原件的再销售中获得收益的权利。追续权的主体限于作者及继承人，具有人身权的性质；而客体限于美术作品。追续权的规定是由美术作品的特殊性决定的。我国法律没有规定上述两项权利。

（三）著作权的保护

1. 著作权保护期限

按照我国《著作权法》规定，作者的署名权、修改权、保护作品完整权的保护期不受限制。

著作权主体为公民的，其著作权中的发表权、复制权、发行权、出租权、展览权、表演权、放映权、广播权、信息网络传播权、摄制权、改编权、翻译权、汇编权以及应当由著作权人享有的其他权利的保护期为作者终生及其死亡后 50 年，截止于作者死亡后第 50 年的 12 月 31 日；如果是合作作品，截止于最后死亡的作者死亡后第 50 年的 12 月 31 日。

著作权归属法人或者其他组织的，其上述权利的保护期为 50 年，截止于作品首次发表后第 50 年的 12 月 31 日，但作品自创作完成后 50 年内未发表的，著作权不再受到法律保护。

电影作品和以类似摄制电影的方法创作的作品、摄影作品，其发表权、复制权、发行权、出租权、展览权、表演权、放映权、广播权、信息网络传播权、摄制权、改编权、翻译权、汇编权以及应当由著作权人享有的其他权利截止于作品首次发表后第 50 年的 12 月 31 日，但作品自创作完成后 50 年内未发表的，著作权不再受到法律保护。

2. 侵犯著作权行为的表现

按照法律规定，未经著作权人许可，发表其作品的；未经合作作者许可，将与他人合作创作的作品当作自己单独创作的作品发表的；没有参加创作，为谋取个人名利，在他人作品上署名的；歪曲、篡改他人作品的；剽窃他人作品的；未经著作权人许可，以展览、摄制电影和以类似摄制电影的方法使用作品，或者以改编、翻译、注释等方式使用作品的；使用他人作品，应当支付报酬而未支付的；未经电影作品和以类似摄制电影的方法创作的作品、计算机软件、录音录像制品的著作权人或者与著作权有关的权利人许可，出租其作品或者录音录像制品的；未经出版者许可，使用其出版的图书、期刊的版式设计的；未经表演者许可，从现场直播或者公开传送其现场表演，或者录制其表演的；未经著作权人许可，复制、发行、表演、放映、广播、汇编、通过信息网络向公众传播其作品的；出版他人享有专有出版权的图书的；未经表演者许可，复制、发行录有其表演的录音录像制品，或者通过信息网络向公众传播其表演的；未经录音录像制作者许可，复制、发行、通过信息网络向公众传播其制作的录音录像制品的；未经许可，播放或者复制广播、电视的；未经著作权人或者与著作权有关的权利人许可，故意避开或者破坏权利人，为其作品、录音录像制品等采取的保护著作权或者与著作权有关的权利的技术措施的；未经著作权人或者与著作权有关的权利人许可，故意删除或者改变作品、录音录像制品等的权利管理电子信息的；制作、出售假冒他人署名的作品的行为等均属于侵犯他人著作权的行为。

3. 侵犯著作权的例外规定

为个人学习、研究或者欣赏；为介绍、评论某一作品或者说明某一问题；

为学校课堂教学或者科学研究，国家机关为执行公务，适当使用他人作品的不视为侵犯他人著作权的行为。个人或组织免费表演已经发表的作品，该表演既未向公众收取费用也未向表演者支付报酬；图书馆、档案馆、纪念馆、博物馆、美术馆等为陈列或者保存版本的需要，复制本馆收藏的作品；报纸、期刊、广播电台、电视台等媒体为报道时事新闻；个人或组织对设置或者陈列在室外公共场所的艺术作品进行临摹、绘画、摄影、录像；个人或组织将中国公民、法人或者其他组织已经发表的以汉语言文字创作的作品翻译成少数民族语言文字作品在国内出版发行；个人或组织将已经发表的作品改成盲文出版也不视为侵犯他人著作权的行为。另外，除非作者声明不许刊登，媒体刊登或者播放其他报纸、期刊、广播电台、电视台等媒体已经发表的关于政治、经济、宗教问题的时事性文章；刊登或者播放在公众集会上发表的讲话也不视为侵犯他人著作权的行为。但是以上行为都必须保证著作权人的署名权。

还有一个特殊的著作权使用方式，即在编写九年制义务教育以及其他国家教育规划的教科书时，除作者事先声明不许使用的外，可以不经著作权人许可，在教科书中汇编已经发表的作品片段或者短小的文字作品、音乐作品或者单幅的美术作品、摄影作品，但应当按照规定支付报酬，指明作者姓名、作品名称，并且不得侵犯著作权人依照本法享有的其他权利。

4．著作权纠纷解决方式

著作权纠纷可以通过以下四种方式解决：

（1）和解。这通常也是最迅速、成本最低的解决方式。

（2）调解。当事人可以委托第三者，如版权局、著作权保护机构等调解著作权纠纷。

（3）仲裁。当事人可以根据达成的书面仲裁协议或者著作权合同中的仲裁条款，向仲裁机构申请仲裁。

（4）诉讼。当事人没有书面仲裁协议，也没有在著作权合同中订立仲裁条款的，可以直接向人民法院起诉。

二、注意事项

（一）版权登记

虽然著作权自著作产生之时由作者自动享有，但为了更好地保护作者的著作权，我国实行著作权自愿登记制度。不过，在作品进行交易时，建议买方要求卖方对著作权进行登记，以保证卖方确实为著作权的所有人，以保护自身的权益。另外，对于作品价值较高的，比如剧本、计算机软件等，也建议著作权人进行版权登记，由此可以在版权侵权纠纷中有力地、快速地保护自身的权利。

我国目前版权登记分为两类，即计算机软件著作权登记以及作品著作权登记。其中计算机软件作品必须在北京的国家版权保护中心登记，其他作品可以在地方版权局登记。

1. 国家版权登记

国家版权登记的官方网站为：中国版权保护中心。

网址为：http：//www. ccopyright. com. cn/cpcc/。

中国版权保护中心除了提供版权登记外，还承担著作权合同备案、著作权质权登记、重印国外期刊合同登记、出版境外录音制品合同登记、出版境外影视制品合同登记等著作权登记备案事项，并提供版权鉴定、正版认证、版权价值评估以及版权纠纷调解等服务。

2. 湖南省版权登记

湖南省版权登记网站为：湖南省版权登记服务网。

网址为：http：//www. hnbqdj. com/。

附一：

湖南省作品著作权自愿登记办事指南

事项名称：作品著作权自愿登记。

发证机关：湖南省版权局。

登记机构：湖南省新闻出版局。

接收材料机构：湖南省作品著作权自愿登记代办机构。

法律法规依据：《中华人民共和国著作权法》(2010)、《中华人民共和国著作权法实施条例》《作品自愿登记试行办法》。

审批条件：符合相关法律、法规的规定；有明确的作品名称和作品著作权人。

办事流程：

(1)申请人登录"湖南省版权登记服务网"(以下简称：登记服务网，网址：)的"作品著作权自愿登记系统"(以下简称：登记系统)，在"登记系统"注册用户登陆该系统，在线填报申请材料，进入代办环节的网上预收件环节。

(2)申请人将通过网上预收件的电子版申请材料打印成纸质申请材料，按要求签字、盖章后，连同作品样品等材料一并报送代办机构。申请人可选择现场办理或邮寄信函的方式报送纸质申请材料。

(3)代办机构检查申请材料是否齐备。材料齐备的，代办机构对登记材料进行初审，初审通过后将材料移送到登记机构，进入登记环节；材料不齐备的，告知申请人补正材料。

(4)登记机构正式受理申请材料后报省版权局确认是否准予作品著作权登记。准予登记的，由省版权局发给《作品登记证书》，并在登记服务网的"作品著作权登记公告"予以公示；不予登记的，以书面形式说明不予登记的理由。

(5)申请人凭收件凭证到代办机构领取申请结果。

申报材料：

个人作品、合作作品、法人作品、职务作品、委托作品申请材料：

(1)作品著作权自愿登记申请表(1份)；

(2)作品自愿登记申请书(1份)；

(3)作品自愿登记权利保证书(1份)；

(4)著作权声明书(1份)；

(5)作品说明书(填写作品主要内容、作品特点、独创性及创作过程等)(1份)；

(6)作品著作权归属证明(1份)；

(7)著作权人、作者身份证明(1份)；

(8)作品样本一式两份(提交A4纸质版或刻录在光盘，同时可将作品数字文件压缩后上传至作品登记系统)；

(9)附页、提交材料清单(1份)；

(10)委托书(1份)；

(11)代办机构营业执照(1份)；

注意事项：

(1)以上申请材料需著作权人亲笔签名或盖章；著作权人身份证、营业执照(或其他证件)复印件需单位盖章并注"与原件相符"字样；身份证复印件(营业执照提交副本复印件，身份证正反面复印A4纸提交)；委托作品、合作作品需提交协议双方身份证复印件。

(2)作品著作权归属证明根据作品创作性质选择提交，包括以下五种版权归属证明：自然人作品提交"非职务创作证明""非职务创作保证书"或者其他"授权证明"；单位作品属于职务创作提交"职务创作证明，属于法人创作，提交"法人创作证明"；登记申请属于其他授权提交"版权授权证明"；委托作品提交"委托协议；合作作品提交"合作协议"。若自然人申请材料中提及申请人工作单位或作品出品单位等内容，需出具"非职务创作证明"，由相关单位盖章。

（3）美术作品或摄影作品如单幅申请登记的，申请人除按上述情况提交有关材料外，还需提交作品图片两张。一般情况下，图片规格不大于 13 cm×15 cm，一张图片裁剪成 13 cm×15 cm 大小，另一张图片用 A4 纸打印提交。如果图片调整成 13 cm×15 cm 大小后图片不能清晰显示，则两张图片均用 A4 纸打印提交。

（4）若申请人在作品信息"是否同意交易"栏填写的"是"，请将作品样品的电子版以附件形式上传，填写"作品信息使用协议书"并打印提交给代办机构，由代办机构提交到登记机构。

办理时限：

（1）代办环节

①网上预收件办理时限为 2 个工作日。

②纸质申请办理时限为 5 个工作日，即代办机构在收到申请人递交的纸质资料后，须在 5 个工作日内将纸质申请资料和网上登记资料提交给湖南省版权局。

③补充材料各环节办理时限为 2 个工作日，即代办机构收到湖南省版权局退回的网上登记资料或需要补交纸质材料的通知后，须在 2 个工作日内通知申请人补充相关材料；代办机构收到申请人的补充材料后，须在 2 个工作日内提交给湖南省新闻出版局政务服务中心。

④代办机构收到湖南省版权局发出的登记证书后，须在 2 个工作日内通知申请人领取证书或将证书邮寄给申请人。

（2）登记环节

①网上预受理办理时限为 5 个工作日。

②确权登记办理时限为 20 个工作日，即登记机构正式受理纸质申请材料之日起 20 个工作日内确认是否准予作品著作权登记，并向代办机构送达办理结果。

登记机构：湖南省新闻出版局

电话：0731-8440×××

传　真：0731 - 8440 × × × ×

地　址：湖南省长沙市开福区营盘东路 38 号

邮　编：410005

（二）著作权涉外保护

随着国际交往的扩展以及知识产权地位的上升，在国际领域保护著作权成为著作权利人的一项重要工作，但是不同于专利权与商标权，目前著作权并没有一个影响力较大的统一的版权登记组织。

1. 保护著作权的重要国际公约

（1）世界知识产权组织版权条约（1996）。

（2）世界知识产权组织表演和录音制品条约（1996）。

（3）世界贸易组织协定中《与贸易有关的知识产权协议》（1994）。

（4）避免对版权使用费双重征税多边公约的附加议定书（1979）。

（5）避免对版权使用费双重征税的双边协定范本（1979）。

（6）避免对版权使用费双重征税的多边公约（1979）。

（7）关于播送由人造卫星传播载有节目的信号的公约（1974）。

（8）保护录音制品制作者防止未经许可复制其录音制品公约（1971）。

（9）世界版权公约（1971）。

（10）伯尔尼保护文学和艺术作品公约（1971）。

（11）保护表演者、录音制品制作者和广播组织的国际公约（1961）。

2. 外国著作权认证机构

（1）国际作者和作曲者协会联合会（CISAC）北京代表处。

（2）国际唱片业协会（IFPI）中国代表处。

（3）商业软件联盟（BSA）北京代表处。

（4）美国电影协会（MPA）北京代表处。

（5）日本唱片协会（RIAJ）北京代表处。

（6）韩国著作权委员会（KCC）北京代表处。

三、练习题

案情：王宝是某大学计算机专业学生，毕业后到 A 网络游戏公司担任客服人员。作为员工福利，该公司为本公司员工提供免费的计算机编程培训。王宝参与了公司的培训并学有所成。出于兴趣，在工作之余，王宝设计了一款手机游戏"苹果大战香蕉"，放入苹果手机的 APP Store 供手机用户免费下载。不料该游戏引起了手机用户的追捧。B 公司是一家手机游戏制造公司，其公司经理宋哲认为王宝的手机游戏中含有巨大的商机，找到王宝，提出购买王宝的手机游戏，但王宝予以拒绝。不过由于宋哲的行为，王宝也认识到了自己的游戏可能为自己带来收入，所以将原本免费下载的手机游戏改为收费下载，获利 10 万元。另一方面，宋哲不甘于王宝的拒绝，以公司名义聘请了马荣，开发了一款与王宝手机游戏近似的"橘子大战桃子"，也在线上销售，为 B 公司获利 5 万元。王宝发现了宋哲的行为，对宋哲提起诉讼，要求其赔偿损失。但是宋哲认为王宝并没有为该游戏申请版权，所以他并没有侵犯王宝的权利。而此时 A 公司也发现了这一事件，主张王宝是本公司员工，其是在接受公司培训后开发出的该手机游戏，所以该手机游戏的版权以及游戏销售收入应归本公司所有。

问题：

1. 宋哲的行为构不构成侵权？"苹果大战香蕉"的版权应归属谁？

2. 谁是该版权纠纷的主体？该版权纠纷应该如何解决？

第七章　企业劳动管理法律实务

实务目标(一)　劳动合同的订立、变更与解除

一、操作步骤

(一)掌握劳动合同相关法律法规，做好劳动合同订立工作

1. 做好劳动合同订立前的相关工作

(1)根据本企业的实际情况参照范本拟定本企业的劳动合同书，报企业主管领导审批。

　　附一：

湖南省劳动和社会保障厅印制的《劳动合同书》范本正文

签约须知

1. 用人单位和劳动者应保证向对方提供的与签订、履行劳动合同有关的信息真实、有效。

2. 劳动合同约定试用期的，试用期包括在劳动合同期限内。劳动合同仅约定试用期的，试用期不成立，该期限为劳动合同期限。劳动合同期限在三个月以上不满一年的，试用期不得超过一个月；劳动合同期限在一年以上不满三年的，试用期不得超过二个月；三年以上固定期限和无固定期限的劳动合同，试用期不得超过六个月。以完成一定工作任务为期限的劳动合同或劳动合同期限不满三个月的，不得约定试用期。

3. 用人单位支付劳动者工资不得低于本地最低工资标准。

4. 有下列情形之一，劳动者提出或者同意续订、订立劳动合同的，除劳

动者提出订立固定期限劳动合同外，应当订立无固定期限劳动合同：①劳动者在该用人单位连续工作满十年的；②用人单位初次实行劳动合同制度或者国有企业改制重新订立劳动合同时，劳动者在该用人单位连续工作满十年且距法定退休年龄不足十年的；③连续订立两次固定期限劳动合同，且劳动者没有《劳动合同法》第三十九条和第四十条第一项、第二项规定的情形，续订劳动合同的。

甲乙双方根据《中华人民共和国劳动法》《中华人民共和国劳动合同法》等法律、法规、规章的规定，在平等自愿、协商一致的基础上，同意订立本劳动合同，共同遵守本合同所列条款。

一、合同类型和期限

第一条　甲、乙双方选择以下第　种形式确定本合同期限：

（一）固定期限：自____年__月__日起至____年__月__日止。其中试用期自____年__月__日至____年__月__日止。

（二）无固定期限：自____年__月__日起至法定的终止条件出现时止。其中试用期自____年__月__日至____年__月__日止。

（三）以完成一定的工作任务为期限。自____年__月__日起至工作任务完成时即行终止。

二、工作内容和工作地点

第二条　根据甲方工作需要，乙方同意从事____岗位（工种）工作。乙方的工作地点为_____。

甲方根据生产和工作需要及乙方的身体状况、工作能力和表现，经双方协商，可以变更乙方的工作岗位和工作地点。

第三条　乙方应按照甲方的要求，按时完成规定的工作数量，达到规定的质量标准。

三、工作时间和休息休假

第四条　乙方所在岗位实行以下第__种工时制。

（一）标准工时工作制。甲方安排乙方每日工作时间为____（不超过八小时），每周____（不超过四十小时）。甲方由于工作需要，经与工会和乙方协商后可以延长工作时间，一般每日不得超过一小时，因特殊原因需要延长工作时间的，在保障乙方身体健康的条件下延长工作时间每日不得超过三小时，每月不得超过三十六小时。如属法律、法规规定需要延长时间的情形，则不受前述限制。

（二）综合计算工时工作制。甲方安排乙方平均每日工作时间不得超过8

小时，平均每周工作时间不得超过四十小时。

（三）不定时工作制。

实行综合计算工时工作制和不定时工时制的，甲方报劳动保障行政部门批准后实行，在保障乙方身体健康并充分听取乙方意见的基础上，采取集中工作、集中休息、轮流调休、弹性工作时间等工作和休息方式，保障乙方的休息休假权利。

第五条　甲方延长乙方工作时间的，应依法安排乙方同等时间补休，没有安排补休的，应依法支付加班加点工资。

第六条　乙方在合同期内享受国家规定的各项休息、休假的权利，甲方应保证乙方每周至少休息一天。

四、劳动保护、劳动条件和职业危害防护

第七条　甲方应严格执行国家和地方有关劳动保护的法律、法规和规章，为乙方提供必要的劳动条件和劳动工具，建立健全生产工艺流程，制定操作规程、工作规范和劳动安全卫生制度及其标准。

第八条　乙方所在岗位可能产生的职业病危害为：

_____。

第九条　甲方将采取以下职业危害防护措施：

_____。

_____。

第十条　对乙方从事接触职业病危害的作业的，甲方应按国家有关规定组织上岗前和离岗时的职业健康检查，在合同期内应定期对乙方进行职业健康检查。

第十一条　甲方有义务负责对乙方进行政治思想、职业道德、业务技术、劳动安全卫生及有关规章制度的教育和培训。

第十二条　乙方有权拒绝甲方的违章指挥，对甲方及其管理人员漠视乙方安全健康的行为，有权提出批评并向有关部门检举控告。

五、劳动报酬

第十三条　乙方试用期的工资标准为_____元/月。

第十四条　乙方试用期满后，甲方应根据本单位的工资制度，确定乙方实行以下第　种工资形式：

（一）计时工资。乙方的工资标准为_____元/月，由以下几部分组成：_____；其标准分别为_____元/月、_____元/月、_____元/月、_____元/月。如甲方的工资制度发生变化或乙方的工作岗位变动，按新的工资标准确定。

（二）计件工资。甲方应制定科学合理的劳动定额标准，计件单价约定为_____。

（三）年薪。乙方的年薪按照甲方依法制订的薪酬制度确定，甲方每月预付乙方薪酬_____元。

（四）其他工资形式。具体约定可在本合同第__条中明确。

第十五条　甲方应以法定货币形式按月支付乙方工资，发放薪酬的日期为每月_____日，不得克扣或拖欠。甲方支付乙方的工资，不得违反国家有关最低工资的规定。

第十六条　乙方实行标准工时工作制的，甲方安排乙方延长__日工作时间的，应支付不低于乙方工资150%的工资报酬；安排乙方在休息日工作又不能安排补休的，应支付不低于乙方工资200%的工资报酬；安排乙方在法定休假日工作的，应支付不低于乙方工资300%的工资报酬。

乙方实行综合计算工时工作制的，甲方安排乙方工作在综合计算工作时间超过法定标准工作时间的部分，应视为延长工作时间，并应按本条第一款规定支付劳动者延长工作时间的工资报酬。

乙方实行不定时工作制的，甲方安排乙方在法定休假日工作的，应支付不低于乙方工资300%的工资报酬。

第十七条　非因乙方原因造成甲方停工、停产、歇业，未超过一个月的，甲方应按本合同约定的工资标准支付乙方工资；超过一个月，未安排乙方工作的，甲方应按不低于当地失业保险标准支付乙方停工生活费。

第十八条　甲方安排乙方每日22时到次日6时期间工作的，每个工作日夜班补贴为_____元。

第十九条　乙方依法享受年休假、探亲假、丧假等假期期间，甲方应按国家和地方有关规定的标准，或劳动合同约定的标准，支付乙方工资。

六、社会保险

第二十条　甲方应按国家和地方有关社会保险的法律、法规和政策规定为乙方缴纳基本养老、基本医疗、失业、工伤、生育保险费用；社会保险费个人缴纳部分，甲方可从乙方工资中代扣代缴。具体缴纳比例和方式为：

（一）基本养老保险由甲方按单位缴费基数20%的比例、乙方按个人缴费基数8%的比例缴纳；

（二）基本医疗保险由甲方按单位缴费基数____%的比例、乙方按个人缴费基数____%的比例缴纳；

（三）失业保险由甲方按单位缴费基数2％的比例、乙方按个人缴费基数1％的比例缴纳；

（四）工伤保险由甲方按单位缴费基数＿＿％的比例缴纳，乙方不缴纳；

（五）生育保险由甲方按单位缴费基数＿＿％的比例缴纳，乙方不缴纳。

第二十一条　乙方患病或非因工负伤的医疗待遇按照国家和地方有关政策规定执行。

第二十二条　乙方工伤待遇按国家和地方有关政策法规执行。

第二十三条　乙方在孕期、产期、哺乳期等各项待遇，按国家和地方有关生育保险政策规定执行。

七、劳动合同的变更、解除、终止、续订

第二十四条　订立本合同所依据的客观情况发生重大变化，致使本合同无法履行的，经甲乙双方协商同意，可以变更本合同相关内容。

第二十五条　经甲乙双方协商一致，本合同可以解除。

第二十六条　乙方有下列情形之一，甲方可以解除本合同，并可不予支付经济补偿金。

1. 在试用期间，被证明不符合录用条件的；

录用条件为：

①＿＿＿＿＿＿＿＿＿＿＿＿＿＿＿＿＿＿＿＿＿＿＿＿＿＿。

②＿＿＿＿＿＿＿＿＿＿＿＿＿＿＿＿＿＿＿＿＿＿＿＿＿＿。

③＿＿＿＿＿＿＿＿＿＿＿＿＿＿＿＿＿＿＿＿＿＿＿＿＿＿。

2. 严重违反甲方规章制度的；

具体情形为：

①＿＿＿＿＿＿＿＿＿＿＿＿＿＿＿＿＿＿＿＿＿＿＿＿＿＿。

②＿＿＿＿＿＿＿＿＿＿＿＿＿＿＿＿＿＿＿＿＿＿＿＿＿＿。

③＿＿＿＿＿＿＿＿＿＿＿＿＿＿＿＿＿＿＿＿＿＿＿＿＿＿。

3. 严重失职、营私舞弊，给甲方利益造成重大损害的；

具体情形为：

①＿＿＿＿＿＿＿＿＿＿＿＿＿＿＿＿＿＿＿＿＿＿＿＿＿＿。

②＿＿＿＿＿＿＿＿＿＿＿＿＿＿＿＿＿＿＿＿＿＿＿＿＿＿。

③＿＿＿＿＿＿＿＿＿＿＿＿＿＿＿＿＿＿＿＿＿＿＿＿＿＿。

4. 与其他单位建立劳动关系，对完成甲方工作任务造成严重影响，或者经甲方提出，拒不改正的；

5. 以欺诈、胁迫的手段或者乘人之危与甲方签订或者变更劳动合同，致使劳动合同无效的；

6. 被依法追究刑事责任或劳动教养的。

第二十七条 出现下列情形之一，甲方可以提前三十日以书面形式通知乙方本人后解除本合同，也可以在额外支付乙方一个月工资后立即解除本合同。解除合同后甲方应依法向乙方支付经济补偿金。

1. 乙方患病或非因工负伤，在政策规定的医疗期满后，不能从事原工作时，甲方应当另行安排乙方其他工作岗位，乙方仍不能从事其工作的；

2. 乙方不能胜任本职工作，甲方在对乙方进行培训后，或者是调整乙方工作岗位后，乙方仍不能胜任工作的；

3. 双方不能依据本合同第二十四条规定就变更合同达成协议的。

第二十八条 甲方出现《劳动合同法》第四十一条第一款规定的情形，依法进行经济性裁员时，在解除本合同后，应依法向乙方支付经济补偿金。

第二十九条 有下列情形之一，甲方不得依据本合同第二十七条、第二十八条规定终止、解除本合同：

1. 乙方从事接触职业病作业，未进行离岗前职业健康检查的，或者在疑似职业病诊断或者医学观察期间的；

2. 乙方在甲方工作期间患职业病或因工负伤达到国家规定不得终止、解除劳动合同等级的；

3. 乙方在甲方工作期间患病或非因工负伤，在政策规定的医疗期内；

4. 乙方若为女职工，在孕期、产期、哺乳期内的；

5. 乙方在甲方连续工作满十五年，且距法定退休年龄不足五年的；

6. 乙方符合法律法规、规定其他情况的。

第三十条 甲方有下列情形之一，乙方可以解除本合同，甲方应当支付乙方相应的劳动报酬、缴纳社会保险，同时依法支付经济补偿金。

1. 未按照本合同约定为乙方提供劳动保护或者劳动条件的；

2. 未及时足额支付乙方劳动报酬的；

3. 未依法为乙方缴纳社会保险费的；

4. 规章制度违反法律、法规的规定，损害乙方权益的；

5. 以欺诈、胁迫的手段或者乘人之危与乙方签订或者变更劳动合同，致使劳动合同无效的；

6. 以暴力、威胁或者非法限制乙方人身自由的手段强迫劳动的；

7. 违章指挥、强令冒险作业危害乙方人身安全的。

第三十一条 乙方解除劳动合同，应当提前三十日以书面形式通知甲方。如果乙方在试用期内的，应提前三天通知甲方。

第三十二条　本劳动合同期满，劳动合同终止。如因甲方不同意续订，导致本合同终止的；或因甲方以低于本合同约定的条件续订，乙方不同意续订，导致本合同终止的，甲方需依法向乙方支付经济补偿金。

乙方开始依法享受基本养老保险待遇，或者死亡、被人民法院宣告死亡、失踪，劳动合同终止。甲方可不支付经济补偿金。

甲方被依法宣告破产、被吊销营业执照、责令关闭、撤销或者甲方提前解散，劳动合同终止。甲方需依法向乙方支付经济补偿金。

第三十三条　甲方与乙方解除或者终止劳动合同时，甲方应当为乙方出具解除或者终止劳动合同的证明，并在十五日内为乙方办理档案和社会保险关系转移手续。

八、经济补偿金标准

第三十四条　本合同第二十七条、第二十八条、第三十条、第三十二条第一、第三款涉及的经济补偿金，甲方应按乙方在本单位工作的年限，每满一年支付一个月工资的标准向乙方支付。六个月以上不满一年的，按一年算；不满六个月的，向乙方支付半个月工资的经济补偿。（月工资是指乙方在劳动合同解除或终止前十二个月的平均工资。）

乙方月工资高于甲方所在地上年度职工月平均工资三倍的，甲方向乙方支付经济补偿金的标准按职工月平均工资三倍的数额支付，支付经济补偿的年限最高不超过十二年。

第三十五条　乙方患病或者非因工负伤，经劳动能力鉴定委员会确认不能从事原工作，也不能从事甲方另行安排的工作而解除本合同的，其医疗补助费标准按国家有关规定执行。

九、赔偿办法

第三十六条　甲方违反规定解除或终止本合同，乙方要求继续履行本合同的，甲方应当继续履行；乙方不要求继续履行本合同或者本合同已经不能继续履行的，甲方应当向乙方支付赔偿金，赔偿金的标准按本合同第三十四条规定的经济补偿金标准的二倍支付。

第三十七条　乙方违反规定或本合同的约定解除劳动合同，对甲方造成损失的，乙方应赔偿甲方损失，具体标准按国家和地方有关规定执行。没有规定的，按照甲方依法制订的规章制度执行。

十、其他事项

第三十八条　甲乙双方因履行本合同发生的劳动争议，可以协商解决。

协商不成的，可以依法申请仲裁、提起诉讼。

第三十九条　双方约定的其他事项

第四十条　以下专项协议和规章制度作为本合同的附件，与本合同具有同等法律效力。

（一）＿＿＿＿＿＿＿＿＿＿＿＿＿＿＿＿＿＿＿＿＿＿＿＿。

（二）＿＿＿＿＿＿＿＿＿＿＿＿＿＿＿＿＿＿＿＿＿＿＿＿。

（三）＿＿＿＿＿＿＿＿＿＿＿＿＿＿＿＿＿＿＿＿＿＿＿＿。

第四十一条　本合同未尽事宜，双方可另协商解决；与今后国家法律、行政法规等有关规定相悖的，按有关规定执行。

第四十二条　本合同一式两份，甲乙双方各执一份。

第四十三条　乙方确定下列地址为劳动关系管理相关文件、文书的送达地址。如以下地址发生变化，乙方应书面告知甲方。

（特别提示：以上条款内容甲乙双方在签署本合同前，均应事先仔细阅读，并详细了解本合同以及附件内容，双方签字后即行生效。）

甲方：（盖章）　　　　　　　　　　　　　　乙方：（签名）

法定代表人或（主要负责人）：（签名）

　　年　月　日　　　　　　　　　　　　　　　年　月　日

（2）《劳动合同法》规定，用人单位在招用劳动者时，有权了解劳动者知识技能、工作经历和健康状况等情况，劳动者应当如实说明，这部分工作通常体现在招聘考试以及随后的体格检查中。

2. 签订劳动合同

（1）《劳动合同法》规定，用人单位可以在用工前或者用工开始时与劳动者签订劳动合同，但是最迟必须在用工之日起1个月内与劳动者订立书面的劳动合同，如果用人单位从自用工之日起满1个月之后仍未与劳动者订立劳动合同的，则将面临着向劳动者每月支付双倍工资或订立无固定期限劳动合同的不利后果。如果用人单位自用工之日起超过一年不与劳动者订立书面劳动合同，视为用人单位与劳动者已订立无固定期限劳动合同，直接适用无固定期限劳动合同的有关规定。

（2）对于那些久拖不签劳动合同的劳动者，用人单位有权书面通知劳动者终止劳动关系，如果该通知发生在自用工之日起1个月之内，用人单位无须向劳动者支付经济补偿。

（3）《劳动合同法》规定劳动合同应当以书面形式签订，只有非全日制用工形式才可以采用口头协议的形式建立劳动关系。

3. 备案

依据《湖南省劳动用工备案办法》中的相关规定，用人单位与劳动者签订劳动合同之后，用人单位应当在 30 日内向人力资源和社会保障行政部门办理变动备案，提交职工类别、职工基本情况、用工形式、用工起始时间、合同类型、合同起始时间及期限等信息。

附二：
湖南省劳动用工备案管理系统开户申请表

＊组织机构代码：□□□□□□□□□－□　　　工商登记执照号码：

＊单位名称：

＊单位类型：□ 企业□ 国家机关□ 事业单位□ 社会团体
　　　　　　□ 个体经济组织□ 民办非企业单位□ 其他

＊所属行业：□ 农、林、牧、渔业□ 采矿业□ 制造业□ 批发和零售业
□ 电力、燃气及水的生产和供应业□ 建筑业□ 交通运输、仓库和邮政业
□ 信息传输、计算机服务和软件业□ 住宿和餐饮业□ 金融业
□ 房地产业□ 租赁和商务服务业□ 科学研究、技术服务和地质勘查业
□ 水利、环境和公共设施管理业□ 居民服务和其他服务业□ 教育
□ 卫生、社会保障和社会福利业□ 文化、体育和娱乐业
□ 公共管理和社会组织□ 国际组织□ 其他

经济类型：□ 国有全资□ 集体全资□ 股份合作□ 联营□ 有限责任(公司)
□ 股份有限(公司)□ 私有□ 其他内资□ 港、澳、台投资企业
□ 国外投资□ 其他

＊法定代表人：_____ ＊联系人：_____ ＊联系电话：_____

＊隶属关系：□ 中央□ 省□市、地区□ 县□ 街道、镇、乡□ 居民、村委会□ 其他

＊注册登记地行政区：_____登记注册地街道：_____

＊注册登记详细地址：_____

＊邮政编码：□□□□□□　　　＊是否劳务派遣单位：□是□ 否

单位成立日期：＿＿＿＿＿＿＿　　　经营期限(年)：＿＿＿＿＿＿＿

经营地址：＿＿＿＿＿＿＿＿＿＿＿＿＿＿＿＿＿＿＿＿＿＿＿＿＿＿＿

是否已建立工会：□ 是 □ 否　　　是否签订集体合同：□ 是 □ 否

隶属单位：

*用人单位责任人签名(盖章)：＿＿＿＿＿＿＿　　　*申请单位盖章处

日期：＿＿＿＿＿年＿＿＿月＿＿＿日

以下由劳动保障部门审核后填写

经办人签名(盖章)：＿＿＿＿＿＿＿

盖章处

日期：＿＿＿＿＿年＿＿＿月＿＿＿日

(二)重视劳动合同的变更

依据《劳动合同法》第 35 条的规定，劳动合同的变更必须要满足两个条件：一是用人单位与劳动者协商达成一致，二是采用书面形式。不过，《最高人民法院关于审理劳动争议案件适用法律若干问题的解释(四)》规定了"书面形式"的例外情形，即"变更劳动合同未采用书面形式，但已经实际履行了口头变更的劳动合同超过一个月，且变更后的劳动合同内容不违反法律、行政法规、国家政策以及公序良俗"。

1. 预先告知变更要求

无论用人单位还是劳动者都有权向对方提出变更劳动合同的要求，说明变更的理由、条件和内容等事项。需要特别强调指出的是，考虑到司法解释中有对于用人单位变更劳动合同形式的不同规定，即便用人单位并没有明确向劳动者发出变更劳动合同的意思表示，但是若有将劳动者调离劳动合同中约定工作岗位的实际行动，此时也可以认为其发出了预告变更劳动合同的要求。

2. 关注对方对变更的答复

在用人单位明确向劳动者发出变更劳动合同的情况下，劳动者即可随后作出肯定或否定的答复，在此毋须赘述。值得一提的是，在用人单位仅只作出实际的调岗举措的情况下，根据司法解释的相关规定，如果劳动者在其后 1 个月内并未作出否定的意思表示，那么法律便假定劳动者已经同意了用人单位变更劳动合同的要求。

3. 签订变更协议

用人单位与劳动者协商一致决意变更劳动合同之后，对于变更的内容应当签订书面的变更协议，记载变更的内容，注明变更日期，经由双方当事人签字、盖章后变更协议成立。

4. 备案

依据《湖南省劳动用工备案办法》的规定，变更劳动合同之后，用人单位也应当在30日内向人力资源和社会保障行政部门办理变动备案。

附三：

劳动合同变更书

甲方(用人单位)：

乙方(劳动者)：

根据《劳动合同法》的相关规定，经甲乙双方协商一致，同意对_____年____月____日签订的劳动合同书的内容作如下变更：

甲方(盖章)　　　　　　　　　　　　乙方(签字)

法定代表人(主要负责人)(签字)

　年　月　日　　　　　　　　　　　年　月　日

此协议书一式两份，单位和劳动者各执一份。

(三)高度重视劳动合同的解除

《劳动合同法》规定劳动合同的解除方式有用人单位单方解除、员工单方解除以及双方协商一致解除这三种情形，而每一种情形又可以进一步细分，以用人单位单方解除劳动合同而言，就包括了劳动者过错性解除(《劳动合同法》第39条)、无过失性辞退(《劳动合同法》第40条)和经济性裁员(《劳动合同法》第41条)等。对于企业法务人员来说，实践中最容易引发争议的当属企业单方解除劳动合同，因此必须给予特别关注。

1. 提前通知劳动者

在过错性解除情形中，用人单位无须受提前通知劳动者的限制；在无过失性辞退的情形中，企业应当提前30日以书面形式通知劳动者本人；在经济性裁员时，用人单位不仅应当提前30日向全体职工说明情况、听取职工的意见，而且还必须向劳动保障行政部门报告。

2. 经过工会程序

通知工会并听取工会意见是设立工会的企业在单方解除劳动合同时必须履行的程序，不经此程序，用人单位极有可能承担因程序违法所带来的不利后果。当然需要明确的是，工会仅只发挥监督作用，最终决定是否解雇的权利还是在用人单位手中。

3. 正式告知劳动者并送达解除通知书

在履行完前述程序之后，用人单位最好采用书面形式告知劳动者解约理由并将解除通知书送达劳动者本人。

4. 支付经济补偿金

过错性解除劳动合同时用人单位无须向劳动者支付经济补偿金，而在无过失性辞退和经济性裁员方式解除劳动合同时，企业还需要向劳动者支付经济补偿金。

5. 后续义务

解除劳动合同后，用人单位应当在 15 日内为劳动者办理档案和社会保险关系转移手续；用人单位对已经解除或者终止的劳动合同的文本，至少保存二年备查。《湖南省劳动合同规定》特别规定"用人单位应当在与劳动者终止或解除劳动合同之日起 7 日内，按照国务院劳动保障行政部门有关劳动力市场管理规定，到当地劳动保障行政部门办理备案手续，并向劳动者出具终止、解除劳动合同的书面证明，作为该劳动者办理失业登记、求职登记和享受失业保险待遇的凭证"。

附四：

解除劳动合同通知书

_____同志：

因____，根据《劳动合同法》第____条规定，单位现决定与你依法解除劳动合同。请你于____年__月__日前来办理解除劳动合同相关手续。

特此通知。

单位(盖章)

年　月　日

劳动者签收：

年　　月　　日

此通知书一式两份，单位和劳动者各执一份。

附五：

解除劳动合同协议书

甲方(用人单位)：_____

乙方(劳动者)：_____

因_____，根据《劳动合同法》第____条规定，甲方与乙方即日起依法解除劳动合同。甲方应支付乙方经济补偿金合计人民币____元。

甲方(用人单位)　　　　　　　乙方(劳动者)

年　月　日　　　　　　　　　年　月　日

此协议书一式两份，单位和劳动者各执一份。

附六：

解除劳动合同证明书

本单位与_____同志(身份证号码_____)订立的劳动合同书(合同期限为：_____，工作岗位为_____)已于_____年__月__日依法解除。

____同志在本单位的工作年限共计____。

特此证明。

单位：(盖章)

年　月　日

签收：(劳动者)

年　月　日

此证明书一式两份，单位和劳动者各执一份。

二、注意事项

(一)区分劳动合同的三种类型

(1)有固定期限的劳动合同，是劳动者和用人单位在订立劳动合同时明确约定合同生效和终止时间的合同。它可以是长期的，如五年或十年；也可以是短期的，如一年或三年。这种有固定期限的合同，应用范围比较大。

(2)无固定期限的劳动合同，是劳动者和用人单位没有在合同中规定具体有效期间，劳动关系可以在劳动者的法定劳动年龄范围内和企业的存在期限内持续存在，只有符合法定或约定条件的情况下，劳动关系才可终止的一种劳动合同。它适用于技术性、专业性较强的职务、工种或工龄达到一定年限的劳动者。

（3）以完成一定工作为期限的劳动合同，它实际上也是一种有固定期限的劳动合同，只是它没有规定合同的起止日期，而是以完成某项工作或某项工程的日期作为劳动合同有效期限的依据。某项工作或某项工程一经完成，合同即可解除。它一般适用于铁路、公路、桥梁、水利、石油、勘探、建筑等工程项目。

（二）避免无效的劳动合同

《劳动合同法》规定在以下三种情形下劳动合同无效或者部分无效：以欺诈、胁迫的手段或者乘人之危，使对方在违背真实意思的情况下订立或者变更劳动合同的；用人单位免除自己的法定责任、排除劳动者权利的；违反法律、行政法规强制性规定的。对劳动合同的无效或者部分无效有争议的，由劳动争议仲裁机构或者人民法院确认。

（三）禁止设定担保和收取抵押金

《劳动合同法》中有禁止设定担保和收取抵押金的规定。《劳动合同法》第九条规定："用人单位招用劳动者，不得扣押劳动者的居民身份证和其他证件，不得要求劳动者提供担保或者以其他名义向劳动者收取财物。"

（四）用人单位不得单方解除劳动合同的情形

用人单位在下列情形下不得单方解除劳动合同：从事接触职业病危害作业的劳动者未进行离岗前职业病健康检查，或者疑似职业病病人在诊断或者医学观察期间的；在本单位患职业病或者因工负伤并被确认丧失或者部分丧失劳动能力的；患病或者非因工负伤，在规定的医疗期内的；女职工在孕期、产期、哺乳期的；法律、行政法规规定的其他情形。

三、练习题

1. 案例分析一

案情：张女士在某贸易公司从事财务主管工作多年，期间工作表现良好。随后在续订劳动合同时用人单位与其订立了无固定期限劳动合同。2015年11月，张女士患病，因错过最佳治疗时间，转为慢性疾病，后来时常因其身体状况和病假问题影响工作。该公司领导经讨论认为，张女士目前的身体状况不符合财务主管工作岗位的要求，已经影响了公司的正常经营活动，决定将其由目前的工作岗位调到相对轻松的其他岗位，以方便治疗和休息，相关待遇按照新岗位标准执行。

张女士认为其在公司工作多年，表现良好，用人单位于情应为其保留工作岗位，待其痊愈后继续工作；于理在没有征求她本人意见的前提下，擅自调整她的工作岗位及待遇，属于擅自变更劳动合同的行为，因此拒不执行公司的安排。

在双方经过数次协商仍未达成一致意见的情况下，该公司以张女士不服从工作安排，属严重违纪为由，决定与其解除劳动关系，停发工资，停缴社会保险。张女士不服，将该公司告上劳动争议仲裁委员会，要求恢复劳动关系，继续从事原岗位工作。

问题：本案应该如何处理？

2. 案例分析二

案情：2005 年 7 月，被告王鹏进入原告中兴通讯（杭州）有限责任公司（以下简称中兴通讯）工作，劳动合同约定王鹏从事销售工作，基本工资每月3840 元。该公司的《员工绩效管理办法》规定：员工半年、年度绩效考核分别为 S、A、C1、C2 四个等级，分别代表优秀、良好、价值观不符、业绩待改进；S、A、C(C1、C2) 等级的比例分别为 20%、70%、10%；不胜任工作原则上考核为 C2。王鹏原在该公司分销科从事销售工作，2009 年 1 月后因分销科解散等原因，转岗至华东区从事销售工作。2008 年下半年、2009 年上半年及2010 年下半年，王鹏的考核结果均为 C2。中兴通讯认为，王鹏不能胜任工作，经转岗后，仍不能胜任工作，故在支付了部分经济补偿金的情况下解除了劳动合同。2011 年 7 月 27 日，王鹏提起劳动仲裁。同年 10 月 8 日，仲裁委作出裁决：中兴通讯支付王鹏违法解除劳动合同的赔偿金余额 36596.28元。中兴通讯认为其不存在违法解除劳动合同的行为，故于同年 11 月 1 日诉至法院，请求判令不予支付解除劳动合同赔偿金余额。

问题：本案应该如何处理？

实务目标(二)　劳动争议的处理

一、操作步骤

《劳动争议调解仲裁法》第 5 条规定，"发生劳动争议，当事人不愿协商、协商不成或者达成和解协议后不履行的，可以向调解组织申请调解；不愿调解、调解不成或者达成调解协议后不履行的，可以向劳动争议仲裁委员会申请仲裁；对仲裁裁决不服的，除本法另有规定的外，可以向人民法院提起诉讼"。由此可以看出，劳动争议处理上大体上可以遵循"协商—调解—仲裁—诉讼"的程序，不过其中的协商和调解并不是强制性的程序，而劳动仲裁则是诉讼之前必经的前置程序。

（一）协商

《劳动争议调解仲裁法》第 4 条规定，"发生劳动争议，劳动者可以与用人单位协商，也可以请工会或者第三方共同与用人单位协商，达成和解协议"。不过需要指出的是，此处的和解协议并没有法律约束力。

（二）调解

劳动争议调解是指依法设立的劳动争议调解组织，经当事人申请，在查清事实、分清是非的基础上，依照有关的劳动法律、法规和国家政策的规定，对劳动争议当事人进行说服、劝导，促使双方平等协商、互谅互让，从而自愿达成调解协议的活动。劳动争议调解是劳动争议处理的第一道防线，是一种最经济的劳动争议处理方式。劳动争议调解具有自愿性和非强制性特点。

1. 申请和受理

劳动争议发生后，双方当事人都可以向调解组织申请调解，但申请调解受时间限制，即应当自争议发生之日起 30 日内提出申请。若当事人不知道权利被侵害的事实，则从当事人知道或者应当知道其权利被侵害之日开始计算。

对方当事人表示同意调解的情况下，调解组织才可以对申请进行审查，并在 4 日内对申请作出受理或不受理的决定。调解委员会审查调解申请时，会审查申请人是否合格，被申请人是否明确，是否属于调解组织受理争议的范围，是否有明确的调解请求和事实根据。经审查，调解申请符合受理条件的，予以受理，并及时通知双方当事人；若不符合受理条件而不予受理的，应向申请人说明理由。

2. 调查和调解

调解虽然是采取平和的方式促使双方当事人互相谅解、互相妥协从而达到矛盾的解决，但也应当在厘清事实、分清是非的基础上进行。调解组织可以建议性地提出调解意见，但不能强迫当事人接受。调解协议的内容必须反映双方当事人的真实意思，是双方对自己权利义务的自愿处理。

3. 制作调解协议书或调解意见书

劳动争议经调解达成调解协议的，调解组织应当制作调解协议书。调解协议书必须由双方当事人签名或盖章，经调解员签名并加盖调解组织印章后生效。

如经调解达不成协议的，调解组织也应如实记录，并制作调解意见书，在意见书上说明情况。调解不成可能是争议双方在调解过程中不能达成一致意见或者调解协议签字前当事人反悔。另外，调解的期限为 15 日，如果期满未结束调解的，也视为调解不成，当事人任何一方均可以向劳动仲裁委员会申请仲裁。

（三）仲裁

劳动争议仲裁是指劳动争议仲裁机构依法对当事人请求解决的劳动争议进行审理并裁决的活动。劳动争议仲裁兼有行政性和准司法性的特点。其行政性的主要表现在：劳动行政部门的代表在仲裁机构组成中居首席地位，仲裁机构的办事机构设在劳动行政部门，仲裁行为中含有行政仲裁的某些因素。其准司法性主要表现在：仲裁机构的设立、职责、权限、组织活动原则和方式具有与司法机关特别是审判机关共同或类似的特点。

1. 申请与反申请

申请人申请仲裁应当以书面方式向劳动争议仲裁委员会提出。根据《劳动争议调解仲裁法》的规定：劳动争议仲裁不收费，劳动争议仲裁委员会的经费由财政予以保障。仲裁申请书应当载明下列事项：①劳动者的姓名、性别、年龄、职业、工作单位和住所，用人单位的名称、住所、通讯地址、联系电话和法定代表人或者主要负责人的姓名、职务；申请人由法定代理人或者委托他人代为仲裁的，还应说明法定代理人或委托代理人的基本情况；申请人委托律师代为仲裁的，则不需要写明律师的基本情况，而只需写明其所属律师事务所的名称。②仲裁请求和所根据的事实、理由。③证据和证据来源、证人姓名和住所。申请人书写仲裁申请确有困难的，也可以口头申请，但劳动争议仲裁委员会应当制作笔录，并告知对方当事人。笔录应当由申请人签名或者盖章，与书面仲裁申请具有同等效力。

根据《劳动人事争议仲裁办案规则》的规定，被申请人可以在答辩期间提出反申请，仲裁委员会应当自收到被申请人反申请之日起 5 日内决定是否受理并通知被申请人。

附五：

劳动争议仲裁申请书

申请人：<u>(姓名，性别，民族，出生年月日，住址，联系电话)</u>。

被申请人：<u>(名称，地址)</u>。

法定代表人：<u>(姓名，性别，职务，电话)</u>。

请求事项：

1. _____。

2. _____。

3. _____。

事实与理由：

_____

_____

_____。

此致

_____市劳动争议仲裁委员会

申请人：

年　月　日

2. 认真做好开庭前的准备

由于劳动争议仲裁的仲裁庭组成是由劳动争议仲裁委员会决定的而不是由当事人选定的仲裁员组成的，因此，作为企业法务人员应该在劳动争议仲裁委员会书面通知当事人劳动争议仲裁庭的组成情况时，充分考虑是否以口头或者书面方式提出回避的申请。

如果在接到仲裁开庭通知后，出现法定事由导致仲裁审理无法按期进行时，应在开庭 3 日前向仲裁委员会提出延期开庭的申请。

除配合仲裁庭成员进行调查外，应认真准备答辩材料、收集证据。

3. 积极参与开庭

(1)认真答辩。

(2)认真充分质证和辩论。

(3)力争调解。

(四)诉讼

劳动争议诉讼，是指人民法院在劳动争议双方当事人和其他诉讼参与人的参加下，依法审理和裁决劳动争议案件的活动。诉讼程序并非劳动争议处理中的必经程序，只有当劳动争议当事人不服仲裁裁决，向人民法院提起诉讼，劳动诉讼程序才会启动。

1. 起诉

仲裁是劳动争议诉讼前的必经程序，当事人不服仲裁裁决，自收到裁决书之日起 15 日内，可以向人民法院起诉。仲裁机构以当事人的仲裁申请超过 60 日期限为由，作出不予受理的，当事人不服，也可以在收到不予受理的书面通知或决定之日起 15 日内起诉。

2. 开庭审理

劳动争议诉讼按照民事诉讼程序开庭审理。

3. 裁决

用人单位对劳动者作出的开除、除名、辞退等处理，或者因其他原因解除劳动合同确有错误的，人民法院可以依法判决予以撤销。对于追索劳动报酬、养老金、医疗费及工伤保险待遇、经济补偿金、培训费及其他相关费用等案件，给付数额不当的，人民法院可以予以变更。

二、注意事项

（一）一裁终局的劳动争议及例外

一裁终局是指劳动争议经劳动争议仲裁委员会仲裁庭的裁决后即行终结的制度。它意味着仲裁裁决书自作出之日起即发生法律效力，当事人不得就同一争议事项再向仲裁委员会申请仲裁，也不得向人民法院提起诉讼。

1. 一裁终局的案件

（1）追索劳动报酬、工伤医疗费、经济补偿或者赔偿金，不超过当地月最低工资标准 12 个月金额的争议。

（2）因执行国家的劳动标准在工作时间、休息休假、社会保险等方面发生的争议。

2. 一裁终局的例外

对于用人单位而言，一裁终局的案件在仲裁裁决后则立即发生法律效力，用人单位不得向人民法院再行提起诉讼。但用人单位有证据证明一裁终局案件中的仲裁裁决有下列情形之一的，可以自收到仲裁裁决书之日起 30

日内向劳动争议仲裁委员会所在地的中级人民法院申请撤销裁决：

(1)适用法律、法规确有错误的；

(2)劳动争议仲裁委员会无管辖权的；

(3)违反法定程序的；

(4)裁决所根据的证据是伪造的；

(5)对方当事人隐瞒了足以影响公正裁决的证据的；

(6)仲裁员在仲裁该案时有索贿受贿、徇私舞弊、枉法裁决行为的。

人民法院接到用人单位的撤销申请后，应当组成合议庭审查核实仲裁裁决。若存在上述情形，应当裁定撤销。仲裁裁决被人民法院裁定撤销，则自始无效，当事人可以自收到裁定书之日起15日内就该劳动争议事项向人民法院提起诉讼。

(二)仲裁先予执行的条件

执行应当是在仲裁裁决发生法律效力后才能实施。先予执行制度则指基于申请的迫切需要，仲裁庭在仲裁裁决发生法律效力之前裁决执行的制度。劳动争议仲裁中适用先予执行必须符合以下条件：

(1)只适用于特定类型的案件。先予执行的适用范围特定，包括追索劳动报酬、工伤医疗费、经济补偿或者赔偿金的案件。除此之外，其他案件不适用先予执行。

(2)必须有当事人的申请。仲裁庭只能根据当事人的申请才能作出先予执行的裁决。如果没有当事人的申请，仲裁庭不能主动作出先予执行的裁决。

(3)由人民法院执行。仲裁庭可以根据当事人申请裁决先予执行，但不能直接采取先予执行措施，只能移送人民法院具体执行。

(4)用人单位申请先予执行的，应当提供担保。为了更好地保护劳动者的权益，作为当事人之一的劳动者申请先予执行的，可以不提供担保，但用人单位申请先予执行的，仍然需要提供担保。

另外，仲裁庭裁决先予执行的，还必须考虑两个因素：①当事人之间的权利义务关系明确；②不先予执行将严重影响申请人的生活。

(三)用人单位申请仲裁需提供的资料

(1)被诉人身份证明复印件；

(2)申诉人与被诉人存在劳动关系的证明资料；

（3）《营业执照》副本复印件；

（4）法定代表人身份证明书；

（5）有委托代理人的，需提交授权委托书（注明委托事项和权限），受委托代理人的身份证复印件；

（6）证据资料清单一式两份。

三、练习题

1. 案例分析一

案情：张某于2003年9月1日进入某连锁超市从事人事工作。2010年4月起，担任东区人事副经理。2011年8月22日，被任命为东区人事总经理。2011年1月，时任东区人事副经理的张某与另外3名员工被上海总部派至南京处理南京门店关店事宜，并得到正式书面授权。2011年7月，南京门店留用了已与其解除劳动关系的王某等6人，该6人中除一名中途离职、一名补签劳务协议外，其余4人均未与南京门店签订任何书面用工协议。2012年4月，南京门店口头通知该4人结束聘用关系，双方因工资待遇等问题发生分歧，4人申请劳动仲裁。仲裁过程中，张某作为超市的委托代理人与4人达成调解协议，分别向该4人各支付未签订书面劳动合同双倍工资、终止劳动关系经济补偿金等共18000元。2012年8月，上海总部针对南京门店违法用工导致赔偿的事情进行调查。同年10月23日，超市向张某发出解除劳动合同通知并告知工会。通知书载明解除原因为"严重违纪，违反公司的《纪律管理政策》"。该《纪律管理政策》经民主程序制订，其中载明"情节严重"包括"造成直接经济损失达到或超过3000元"，对造成严重损失的处分是"解除劳动合同"。张某对《纪律管理政策》曾予以签收。张某诉至法院，请求判令某连锁超市支付违法解除劳动合同赔偿金。法院认为，从一开始上海总部的授权，到留用"返聘人员"，到对留用人员工资审核、协商确定用工协议版本，以及最后张某参与劳动仲裁的整个过程来看，张某对南京门店"返聘人员"负有人事管理工作之责是不争的事实。早在2011年7月18日，上海总部法务就对张某询问留用人员协议版本进行了回复并提出建议，但张某一直未与4名留用人员签订书面用工协议，并任由违法状态继续发展，导致违法后果继续扩大。因此，张某应当对怠于履行职责导致公司损失扩大的后果承担责任。

问题：本案的处理结果是否合理合法？试说明理由。

2. 案例分析二

案情： 申请人王某与被申请人某医院于 2013 年 8 月 21 日签订了事业单位聘用合同，约定合同期限至 2020 年 2 月 20 日止，岗位为妇产科医师。同时双方签订了人才引进协议作为聘用合同的附件，双方在人才引进协议中约定，申请人系被申请人出资引进的人才，需在被申请人处服务满五年，对违反服务期约定的违约责任作了如下约定：如在服务期内违约提前解除聘用合同的，应当承担相应责任。甲方违约，除应继续履行合同和赔偿乙方在合同中断期间的工资损失外，偿付给乙方违约金人民币 50000 元；乙方违约的，支付甲方违约金人民币 50000 元。甲方为乙方出资培训的，如乙方提前解除聘用合同，甲方有权收取乙方培训费，培训费的收取，以实际支出为准，并按培训费每服务一年递减 20% 执行。乙方给甲方造成经济损失的，承担相应的赔偿责任。被申请人在引进申请人时支付给申请人安家费 30000 元。申请人为事业编制工作人员，月薪为 4000 元。2013 年 10 月，被申请人安排申请人离岗学习培训半年，支付了培训费用 6000 元，培训期间工资正常发放。2014 年 5 月 29 日，申请人以个人原因为由提前 30 日申请辞职。2014 年 6 月 23 日，被申请人在申请人递交的辞职报告上加盖公章并由被申请人的法定代表人即现任院长签署同意意见。2014 年 7 月 2 日申请人离开被申请人单位。但是双方因违约金及培训费用返还产生争议，被申请人一直没有为申请人办理离职手续。申请人于 2014 年 7 月 16 日提出仲裁申请，请求被申请人办理离职手续，被申请人也提请仲裁，请求申请人支付违约金和培训费。仲裁委员会认为，某医院为事业单位，王某为事业编制工作人员，双方签订了聘用合同，双方在聘用合同中有关服务期及违约责任的约定符合《江苏省事业单位人员聘用制暂行办法》(苏政办发〔2005〕123 号)的规定，是合法有效的。但该办法同时规定，约定的违约金不得超过引进费和培训费的实际支出，医院在引进王某时实际支付其安家费 30000 元，故双方约定的违约金数额应依照规定扣减，王某违反服务期约定，应承担相应的违约责任，故裁决王某支付医院 30000 元违约金和培训费 5600 元，医院为其办理离职手续。

问题： 该案处理结果是否合理合法?

第八章　企业国际贸易法律实务

实务目标(一)　国际贸易合同的订立

一、操作步骤

国际货物买卖合同指的是由营业地处于不同国家的当事人之间所订立的,一方提供货物并转移所有权,另一方支付相应价款的双务合同。通常来说,订立国际贸易买卖合同有要约和承诺两个必不可少的主要步骤,但是如果考虑到某些特殊情况,一个完整的订立国际贸易合同的步骤包括:要约邀请(询盘)—要约(发盘)—还盘—承诺(接受)。

(一)要约邀请(询盘)

要约邀请在国际贸易实务中又被称为"询盘",是指欲出售或购买某商品的一方当事人向潜在的买主或供货人咨询该商品价格等交易条件的行为。实践中,买方发出要约邀请的情形更为普遍。值得注意的是,要约邀请既不是国际贸易买卖合同订立的必要步骤,也不具备法律约束力。

(二)要约(发盘)

要约,对应着国际贸易实践中"发盘"行为,是指要约人向一个或一个以上特定主体发出的建议,内容明确的并且必须表明在受要约人作出承诺之后的要约人将受其约束的意旨。

一个有效要约必须得具备以下构成要点:

(1)要约必须向一个或一个以上特定的人提出。

(2)要约人必须清楚明白地表明愿意按要约内容订立合同的意思。

(3)要约的内容必须十分明确和肯定,《联合国国际货物销售合同公约》

(简称《销售合同公约》)规定"一个建议如果写明货物并且明示或暗示地规定数量和价格或规定如何确定数量和价格,即为十分确定"。

此外,要约人还可以在要约中约定货物的品质规格、包装、装运、保险、支付、检验、仲裁、法律适用等条款。

就要约的有效期而言,采取口头要约的,除了要约人另有声明外,被要约人只能当场表示接受,方为有效;采取函电形式要约的,要约人通常都会采取规定一段接受的期限或规定最迟接受的期限来明确要约的有效期。

(三)还盘

在要约人发出要约之后,受要约人很有可能会对要约的内容有着不同的意见,在这种情况下,受要约人可以用口头或书面的形式对要约提出修改或变更意见,这便构成了"还盘"。结合《销售合同公约》中的相关规定,有关货物价格、付款、货物质量和数量、交货地点和时间、一方当事人对另一方当事人的赔偿责任范围或解决争端等的添加或不同条件,均视为在实质上变更要约的条件。换言之,如果受要约人针对上述某一项或某几项提出相应的变更意见,即可认为受要约人已经实施了还盘行为。

还盘是受要约人对要约的拒绝或否定,还盘意味着受要约人向要约人提出了一项新的要约。因此还盘作出之后,原要约随即失去效力。作出还盘的受要约人变为新要约的要约人,接收还盘的原要约人则成为新的受要约人,他有权利决定接受、拒绝或是再次还盘。

(四)承诺(接受)

受要约人或者经过(多次)还盘之后的受要约人在接到要约之后,作出无条件接受要约中的全部交易条件并愿意按照这些条件与要约人订立国际贸易合同的意思表示即为"承诺",国际商务实践中则通常称之为"接受"。

一个有效承诺的构成要件包括:

(1)承诺必须由受要约人做出。由于要约是向特定的人提出的,因此,除了受要约人或其授权的代理人以外,任何第三人即使知道要约的内容后做出完全一致的答复仍不能构成有效承诺。

(2)承诺必须与要约所提出的交易条件保持一致。不得进行实质性变更或修改,否则无效。

(3)承诺必须在要约规定的有效期内做出。

(4)承诺必须用口头或书面方式向要约人表示出来,沉默或不作任何表示本身并不构成承诺。

(5)承诺于送达要约人时生效。

二、注意事项

(一)《联合国国际货物销售合同公约》适用问题

1.《销售合同公约》适用范围

公约适用于营业地在不同国家的当事人之间订立的货物销售合同：①如果这些国家是缔约国。②如果当事人有一个以上的营业地，则与合同及合同的履行关系最密切的营业地为其营业地；如果当事人没有营业地，则以其惯常居住地为准。

如果国际私法规则导致适用某一缔约国的法律，则本公约也适用于营业地在不同国家的当事人之间所订立的货物销售合同。此项规定的意图旨在扩大公约的适用范围，但因通过国际私法规则而援用公约将使法律适用产生不确定性，故一些国家在加入公约时对此声明保留。

不适用《销售合同公约》的买卖：①购买供私人、家人或家庭使用的货物的买卖；②以拍卖方式进行的买卖；③根据法律执行令状的买卖；④股票、公债、投资证券、流通票据和货币的买卖；⑤船舶、船只、气垫船或飞机的买卖；⑥电力的买卖。

公约不适用于供应货物一方的绝大部分义务是提供劳务或提供其他服务的合同，也不适用于由买方提供制造货物的大部分原材料的合同。

公约不涉及下列方面：①买卖合同的效力或惯例的效力等问题。②买卖合同对所出售的货物的所有权可能产生的影响问题。③所出售的货物引起的人身伤亡或财产损失的责任问题。

2.《销售合同公约》适用非强制性

双方当事人可以不适用该公约，也可以减损公约的任何规定或改变其效力。即使双方当事人营业地分处公约的两个缔约国，只要当事人在合同中约定不适用公约，就可以排除对公约的适用。然而，若当事人并未明确约定法律适用问题，则公约就应自动适用于营业地分处不同缔约国的当事人的货物买卖合同。此外，当事人还有权部分地排除公约的适用，或者以合同条款改变公约中任何一条规定。在此情况下，当事人的自主权受到其所在国在批准加入该公约时所作的保留的限制。例如，如果一缔约国在批准公约时，对合同的订立、修改形式要件声明保留，则营业地在该缔约国的当事人不得通过合同约定予以改变，即必须以形式订立或者修改合同。

3.《销售合同公约》在我国的适用

我国对《销售合同公约》的保留：我国于 1981 年 9 月 30 日在《销售合同公约》上签字，1986 年 12 月 11 日批准加入该公约，公约于 1988 年 1 月 1 日起对我国有效。我国在核准《销售合同公约》时，根据公约第 95 条和 96 条之规定，声明对第 1 条第 1 款(b)项和第 11 条规定做出了保留。

关于《销售合同公约》第 1 条第 1 款(b)项，我国在递交核准书时对本条款作了保留声明。我国不同意扩大公约的适用范围，公约的适用范围仅限于当事人的营业地位于不同缔约国之间的国际货物买卖合同。如果中国当事人与营业地位于其他国家(该国未参加公约)的当事人之间的国际货物买卖合同约定适用第三国法律，而该第三国亦为公约的缔约国，则不能援用该第三国之国际私法转而适用公约。

对于《销售合同公约》第 11 条涉及合同的形式的规定，我国声明保留，国际货物贸易合同应采用书面形式。1999 年《中华人民共和国合同法》第 10 条规定："当事人订立合同，有书面形式、口头形式和其他形式。法律、行政法规规定采用书面形式的，应当采用书面形式"。该法不区分国内合同及涉外合同，对合同形式适用同一标准。我国政府于 2013 年 1 月 16 日向联合国秘书长正式交存了有关撤销其在《联合国国际货物销售合同公约》项下"书面形式"声明的申请，并于 2013 年 8 月 1 日正式生效。

(二)《2000 年国际贸易术语解释通则》与《2010 年国际贸易术语解释通则》

国际商会于 2010 年 9 月通过了 Incoterms® 2010，并规定该版本于 2011 年 1 月 1 日生效，是迄今为止的关于贸易术语的含义的国际惯例的最新版本。但在国际贸易中仍可在 Incoterms® 2010 实施后继续选择使用 Incoterms 2000 的解释，或者如果合同中出现了新版本中没有的术语(如 DAF、DES、DEQ 等)仍将被认为适用早期版本。(见表 8 - 1，表 8 - 2)

表8-1　Incoterms® 2010 结构图

适用于任何运输方式类（Any Mode of Transport）		
EXW	Ex Works	工厂交货
FCA	Free Carrier	货交承运人
CPT	Carriage Paid To	运费付至
CIP	Carriage and Insurance Paid To	运保费付至
DAT	Delivered At Terminal	指定终端交货
DAP	Delivered At Place	指定目的地交货
DDP	Delivered Duty Paid	完税后交货
仅适用于水运类（Sea and Inland Waterway Transport Only）		
FAS	Free Alongside Ship	装运港船边交货
FOB	Free On Board	装运港船上交货
CFR	Cost and Freight	成本加运费
CIF	Cost, Insurance and Freight	成本加运保费

表8-2　Incoterms 2000 结构图

E (Departure)	EXW	Ex Works (named place)	工厂交货	产地交货合同
Group F Main Carriage Unpaid	FCA FAS FOB	Free Carrier (named place) Free Alongside Ship (named port of shipment) Free On Board (named port of shipment)	货交承运人 装运港船边交货 装运港船上交货	装运合同
Group C Main Carriage Paid	CFR CIF CPT CIP	Cost and Freight (named port of destination) Cost ,Insurance and Freight (named port of destination) Carriage Paid To (named place of destination) Carriage and Insurance Paid To (named place of destination)	成本加运费 成本加运保费 运费付至 运保费付至	装运合同
Group D Arrival	DAF DES DEQ DDU DDP	Delivered At Frontier (named place) Delivered Ex Ship (named port of destination) Delivered Ex Quay (named port of destination) Delivered Duty Unpaid (named place of destination) Delivered Duty Paid (named place of destination)	边境交货 目的港船上交货 目的港码头交货 未完税交货 完税后交货	到货合同

1. Incoterms 2000 四组贸易术语简述

（1）E 组。E 组包括一个贸易术语，即 EXW（Ex Works，…named place），意思是工厂交货（指定地点）。

该贸易术语合同中，卖方的责任是：①在其所在地或其他指定地点（工厂、工场或仓库）把货物交给买方处置，即履行交货义务；②承担交货前的风险和费用。

买方的责任是：①自备运输工具将货物运至预期的目的地；②承担卖方交货后的风险和费用；③自费办理出口结关手续等。

在全部四组贸易术语中，该价格术语中的卖方的责任最小。相应的买方责任最大，当买方无力办理出口结关手续时，不应选用这一术语。该术语可适用于任何方式的运输。

（2）F组。F组包括三个贸易术语：FAS（Free Along-side Ship…named port of shipment），意思是船边交货（指定装运港）；FOB（Free On Board…named port of shipment），意思是船上交货（指定装运港）；FCA（Free Carrier…named place），意思是货交承运人（指定地点）。

在F组的贸易术语中，卖方的责任是：①在出口国承运人所在地（包括港口）将货物交给承运人，履行自己的交货义务；②自费办理货物的出口结关手续；③自费向买方提交与货物有关的单证或相等的电子单证。

买方的责任有：①自费办理货物的运输和保险手续，并支付费用；②自费办理货物的进口结关手续等。

采用F组贸易术语应当注意的是：

①三种贸易术语的交货地点、风险和费用的界限的划分。FAS是以指定装运港、买方指定装货地点的指定船边作为三者的界线。FOB是以装运港、买方指定船舶货物是否越过船弦作为界线。而在FCA中，则是以在指定的时间和地点货物交付承运人作为界线。

根据Incoterms 2000的规定，在FCA术语中，如卖方在其所在地交货，则当货物装上买方或其指定人所指定的承运人提供的运输工具时，完成交货；其他情况下，当货物尚未卸离卖方运输工具，但交由买方指定的承运人或其他人处置时，即完成交货。

②FAS、FOB适用于海运和内河航运，而FCA可适用于任何运输方式。

（3）C组。C组包括四个贸易术语：CFR（Cost and Freight…named port of destination），意思是成本加运费（指定目的港）；CIF（Cost, Insurance and Freight…named port of destination），意思是成本、保险费加运费（指定目的港）；CPT（Carriage paid to…named place of destination），意思是运费付至（指定目的地）；CIP（Carriage, Insurance Paid to…named place of destination），意思是运费、保险费付至（指定目的地）。

在C组的贸易术语中，卖方的责任是：①自费办理货物的运输手续并交纳运输费用。在CIF和CIP术语中，卖方按伦敦保险业协会货物保险条款险别自费办理投保手续并交纳保险费用；②在CFR和CIF术语中，承担货物在装运港越过船舷以前的风险和费用；在CPT和CIP术语中，承担货交承运人以前的风险和费用；③自费办理货物出口结关手续；④向买方提交与货物有关的单据或相等的电子单证。

买方的责任是：①在 CFR 和 CPT 术语中自费投保并支付保险费用；②在 CFR 和 CIF 术语中，承担货物在装运港越过船舷以后的风险和费用；在 CPT 和 CIP 术语中，承担货物交付承运人以后的风险和费用；③自费办理货物进口结关手续。

C 组中，CFR 和 CIF 贸易术语适用于海上或内河运输；CPT 和 CIP 可以适用于任何方式的运输。术语之间存在相互转换的可能（见图 9-1）。

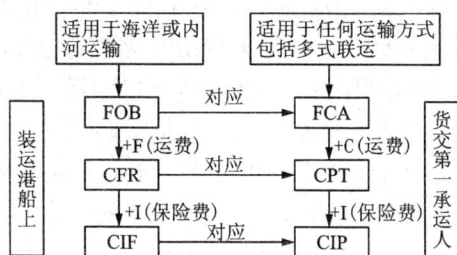

图 8-1　常用贸易术语关系图

（4）D 组。D 组包括五个贸易术语：DAF（Delivered At Frontier...named place），意思是边境交货（指定地点）；DES（Delivered Ex Ship...named port of destination），意思是船上交货（指定目的港）；DEQ（Delivered Ex Quay...named port of destination），意思是码头交货（指定目的港）；DDU（Delivered Duty Un-paid...named place of destination），意思是未完税交货（指定目的地）；DDP（Delivered Duty Paid...named place of destination），意思是完税交货（指定目的地）。

在 D 组贸易术语中，卖方的责任是：①除 DEQ 外，将货物运至约定目的地或目的港在运输工具上尚未卸下的货物，交买方处置即完成交货。DEQ 术语中，卖方在指定的目的港码头将货物交付于买方，而完成交货义务；②承担货物交付前的全部风险和费用；③自费办理出口结关手续并交纳相关费用。在 DDP 术语中，卖方不但要自费办理货物出口结关手续，还要办理货物进口结关手续并交纳进口关税及其他税费。

买方的责任是：①承担货物在目的地（港口）交货后的一切风险和费用；②除 DDP 贸易术语外，自费办理进口结关手续。

在 D 组中，DES 和 DEQ 主要用于海上和内河航运；DAF 可用于陆地交界交货的各种运输方式；DDU 和 DDP 可用于任何运输方式。

2. Incoterms® 2010 修改内容

Incoterms® 2010 将 Incoterms 2000 中的 DAF、DES、DEQ 和 DDU 4 个术语删除，新增 DAT、DAP 两个术语，共解释了 11 种贸易术语的含义。按照 Incoterms® 2010 的解释，DAT 是 Delivered at Terminal 的简称，字面意思是"指定终端交货"。其中，"Terminal"可以是目的地的任何地点，如目的地的港口码头、仓库、集装箱堆场或者铁路、公路或航空货运站等，并且卖方需要承担在目的地或目的港把货物从运输工具上卸下的费用。Incoterms® 2010 对 DAT 的解释是：卖方自行负担费用和风险订立运输合同，按惯常路线和方式，在规定日期或期限内，将货物从出口国运到进口国内指定目的地或目的港的终端(港口码头、仓库、集装箱堆场或者铁路、公路或航空货运站等)，卸货之后，将货物置于买方支配之下，才算完成交货义务。按照 Incoterms® 2010 的解释，DAP 是 Delivered at Place 的简称，字面意思是"指定目的地交货"。其中，"Place"可以指港口，也可以是陆地的地名。Incoterms® 2010 对 DAP 的解释是：卖方自行负担费用和风险订立运输合同，按惯常路线和方式，在规定日期或期限内，将货物从出口国运到进口国内指定目的地，将货物置于买方支配之下，就算完成交货义务。注意，DAP 合同下，卖方在目的地不需卸货。因此，除了在指定目的地的卸货费用的分担不同外，DAP 和 DAT 的差异并不明显。Incoterms® 2010 取消了 Incoterms 2000 中 FOB、CFR 和 CIF 术语下与货物有关的风险在装运港"船舷"转移的概念，不再规定风险转移的临界点，改为卖方承担货物在装运港装上船为止的一切风险，而买方则承担货物自装运港装上船之后的一切风险。

三、练习题

1. 案例分析一

案情：中国某进出口公司与某国某公司签订了 1 亿条沙包袋出口合同，交货期限为合同成立后的 3 个月内，价格条款为 1 美元 CIF 香港，违约金条款为：如合同一方在合同履行期内未能履行合同规定的义务，则必须向另一方支付合同总价 3.5% 的违约金。中方公司急于扩大出口，赚取外汇，只看到合同利润优厚，未实际估计自己是否有能力履行合同，便与外商订立了合同。而实际上中方公司并无在 3 个月内加工 1 亿条该类沙包袋的能力。合同期满，能够向外方交付的沙包袋数量距 1 亿条还相差很远。中方无奈，只有将已有的沙包袋向外方交付并与之交涉合同延期。外方态度强硬，以数量不符合同规定拒收，并以中方公司违约而要求按合同支付违约金。双方协商未果，最后中方某进出口公司只得向对方支付违约金300多万美元，损失巨大。

问题： 如果你是中国某公司的法律顾问，在合同订立过程中如何维护自身的利益？

2. 案例分析二

案情： 2015年1月，中国某服装进出口公司与墨西哥某外贸公司签订了一项关于运动衫的货物买卖合同。双方在合同中约定：由中国某服装进出口公司作为卖方向墨西哥某外贸公司出售一批运动衫，数量50000件，合同采用的贸易术语为FOB上海。双方还约定这批货物应当在当年的3月15日前交付给墨西哥某外贸公司指定的承运人以便运输。

2015年3月9日，中国某服装进出口公司将生产好的50000件运动衫分别装在1000个纸箱中，交付墨西哥某外贸公司指定的承运人——香港某远洋运输公司的"惠兴"轮进行运输。"惠兴"轮的船长在对这批货物进行了初步的检查以后，向中国某服装进出口公司签发了清洁提单，也就是说承运人并没有对这批货物从表面上看是否异常进行批注。中国某服装进出口公司收到清洁提单后到银行议付了货款。

但是当这批运动衫运抵墨西哥后，墨西哥某外贸公司立即对这批货物进行了检查。结果发现这批货物并没有达到合同约定的数量50000件。在这1000个纸箱中有大约100余个纸箱出现了运动衫数量短少的情况，短少的数量从几件到几十件不等。墨西哥某外贸公司随后又立即请一家商品检验机构对这批货物进行了检验。这家商品检验机构也随即出具了有关这批货物数量短少的证明。

鉴于此时中国某服装进出口公司已经从银行议付了货款，墨西哥某外贸公司根据双方在买卖合同中签订的仲裁条款，向中国某国际经济贸易仲裁机构提交了仲裁申请。中国某服装进出口公司在收到仲裁通知以后，立即进行了答辩。中国某服装进出口公司认为：首先，这批货物的承运人向该公司签发了清洁提单，说明这批货物在交付承运人的时候是完好的，不存在破损或数量短少的情况，因此不能证明这批运动衫数量短缺的责任在中国某服装进出口公司一方；第二，买卖双方在签订合同时约定的贸易术语是FOB，根据该术语，货物由卖方交付承运人后，当货物跨过承运人的船舷时，货物灭失的风险就转移给了买方，作为卖方的中国某服装进出口公司就不应为此承当任何责任，而作为买方的墨西哥某外贸公司应当追究承运人——香港某远洋运输公司或有关的保险公司的责任；再次，墨西哥某外贸公司是在货物到达墨西哥的港口后才对这批货物进行了检验，中国某服装进出口公司认为在该公司并未知晓的情况下墨西哥某外贸公司就单方面对这批货物进行了检验，这对中国某服装进出口公司来说是不公平的，检测的结果也是不能被接受的。

在中国某服装进出口公司提出抗辩理由后，墨西哥某外贸公司认为对方的抗辩有一定的理由，就转而向这批货物的承运人——香港某远洋运输公司发去了一封电报，要求该公司承担这批运动衫在运输途中灭失给该公司造成的损失。香港某远洋运输公司在收到电报后立即进行了答复。该公司一方面声称自己在运输货物的过程中不存在任何过失，另一方面还向墨西哥某外贸公司出示了一张"保函"。原来在中国某服装进出口公司准备交付货物的时候，交货的最终期限已经临近，中国某服装进出口公司为了及时交货，特别是为了让承运人立即签发提单以便该公司能够马上到银行议付货款，因此中国某服装进出口公司就在承运人并未对全部货物进行检查的情况下，要求香港某远洋运输公司出具清洁提单，并且保证如果因货物残损短缺而导致的一切损失，都由中国某服装进出口公司、而非香港某远洋运输公司承担。墨西哥某外贸公司为此再次向中国某服装进出口公司提出要求该公司承担货物灭失的全部责任。

问题：该案应该如何处理？

实务目标(二)　国际货物运输提单的审查

一、操作步骤

提单是指承运人在接受所交托运的货物后，签发给托运人，用以证明海上货物运输合同和货物已由承运人接管或者装船，以及承运人保证据以交付货物的书面凭证。通常提单具有以下三个方面的法律性质或特点：第一，提单是承运人与托运人之间订有国际海上货物运输合同的凭据。第二，提单是承运人收到货物的收据。第三，提单是承运人保证向收货人交付货物的物权凭证。

(一)承运人与托运人权利义务的审查

1. 承运人的权利与责任

(1)承运人的权利。承运人的权利有基本权利和其他权利之分。

承运人的基本权利。在国际海上货物运输中,承运人享有收取运费、亏舱费、滞期费、共同海损分摊等费用的权利。这是法律给予承运人的基本权利。

承运人其他权利。承运人除享有上述一般权利外,还享有其他的权利包括:①留置权。②责任限制权利。这项权利符合海上运输业发展的需求。由于承运人承担的运输工作,有其特殊的风险,一旦发生运输事故,引起的损害赔偿额往往是巨大的,甚至会导致当事人无力赔偿而破产。法律赋予承运人赔偿险的特别权利,能够鼓励承运人经营海上运输业。

(2)承运人的责任。有关调整提单运输的国际条约和各国海商法对承运人的责任都有明确的规定。概括地讲,承运人责任包括:①承运人在开航前和开航当时,应谨慎处理,从而使船舶适航。②承运人应妥善地配置船员、装备船舶和配备供应品。③承运人应确保货舱具有适合装货的能力。海上货物运输中,由于承运人违反法律和合同的规定,没有尽到船舶适航或管理货物的义务,造成货物损害或灭失,应负赔偿责任。

2. 托运人的权利义务

(1)托运人的权利。托运人依法享有的主要权利包括:①托运人有装运货物的权利;②托运人有提取货物的权利;③承运人没有按合同规定履行其职责,而使托运人的货物或其他利益受到损害时,托运人有权向其请求赔偿。

(2)托运人的义务。托运人的义务主要有:①托运人有提供约定货物的义务;②托运人对其托运物必须经过妥善的包装,并提供货物的品名、标志、包数或者件数、重量、体积等有关内容;③托运人有正确申报和办理货物运输手续的义务;④托运人应按合同约定支付运费,或支付运输过程中发生的亏船费、滞期费、共同海损分摊费用,以及其他应由其支付的费用。

(二)提单的制作内容审查

根据跟单信用证统一惯例(UCP500)及银行审单标准,单式海运或港对港提单的正确缮制有如下要求:

（1）整套正本提单注有张数。是否按信用证条款交呈。

（2）提单正面是否打明承运人（CARRIER）的全名及"承运人（CARRI-ER）"一词以表明其身份。

（3）如提单正面已作如上表示，在承运人自己签署提单时，签署处毋须再打明承运人一词及其全名。举例：如提单正面已打明（或印明）承运人全名为 XYZLINE 及"CARRIER"一词以示明其身份，在提单签署处（一般在提单的右下角）经由 XYZLINE 及其负责人签章即可。如提单正面未作如第 2 条的表示；且由运输行（FORWARDER）签署提单时，则在签署处必须打明签署人的身份。如：ABC FORWARDING CO as agents for XYZLINE, the carrier 或 ABC FORWARDING CO on behalf of XYZLINE the carrier。如提单正面已作如第 2 条的表示，但由运输行（FORWARDER）签署提单时，则在签署处必须打明签署人的身份，如 ABC FORWARDING CO as agents for the carrier 或 as a-gents for/on behal fo fth ecarrier。

（4）提单有印就"已装船"（"Shipped in apparent good order and condition on board…"）字样的，毋须加"装船批注"（"Onboard notation"）；也有印就"收妥待运"（"Received in apparent good order and condition for shipment…"）字样的则必须再加"装船批注"并加上装船日期。

5. 提单印有"intended vessel" "intend edport of loading" "intended port of discharge"及/或其他"intended…"等不肯定的描述字样者，则必须加注"装船批注"，其中须把实际装货的船名、装货港口、卸货港口等项目打明，即使和预期（intended）的船名和装卸港口并无变动，也要重复打出。

6. 单式海运即港对港（装货港到卸货港）运输方式下，只须在装货港（Port of Loading），海轮名（Oceanvessel），及卸货港（Port of Discharge）三栏内正确填写；如在中途转船（Transhipment）、转船港（Port of transhipment）的港名，不能打在卸货港（Port of discharge）栏内。需要时，只可在提单的货物栏空间打明"在××（转船港）转船""with transhipment at××"。

7. "港口"（Port）和"地点"（place）是不同的概念。有些提单印有"收货地点"（place of receipt/taking incharge）和"交货地点/最后目的地"（place of delivery/final destination）等栏目，供提单用作"多式联运"（mulli-madal trans-port）或"联合运输"（combined transport）运输单据时用。

单式海运时不能填注。否则会引起对运输方式究竟是单式海运抑或多式联运的误解。

8. 提单上印有"前期运输由"（precarriage-by）栏也为"多式联运"方式所

专用，不能作为转船提单时打明第一程海轮名称的栏目。只有作多式联运运输单据时，方在该栏内注明"铁路""卡车""空运"或"江河"（rail、truck、air、river）等运输方式。

9. 提单的"收货人"栏（consigned to 或 consignee）须按信用证要求说明。例如，信用证规定提单作成"made out to order"，则打"order"一词；"made out to order of the applicant（申请开证人）"，则打"order of×××（applicant 全名）"；"made out to order of the inssuing bank"，则打"order of×××Bank（开证行全名）"。如信用证规定提单直接作成买主（即申请人）或开证行的抬头，则不可再加"order of"两字。

10. 提单不能有"不洁净"批注（unclean clause），即对所承载的该批货物及其包装情况有缺陷现象的批注。

二、注意事项

（一）保函

保函是指由托运人出具的、用以担保承运人签发清洁提单而产生一切法律后果的一种担保文件。承运人装船时，发现托运的货物外表有瑕疵，即会在签发的提单上批注。提单的批注是一种严肃的法律行为，它将产生提单不能顺利地在银行进行结汇的法律后果。此时，托运人为了取得清洁提单向银行办理结汇，就会出具一份保函请求承运人签发清洁提单。根据《汉堡规则》规定，提单保函效力仅及于托运人与承运人，对任何第三人无法律效力。

（二）提单的背书转让

提单具有物权凭证的作用，它属于一种有价证券。由于提单具有这种法律属性，因此它可以通过背书转让给第三者。提单的合法转让，等于货物的合法转让。提单转让有两种情况：第一，货物所有权的转让。这种转让是双方当事人签订海事运输合同后，提单持有人通过背书转让该提单，提单项下的货物也随着提单的转让而转让。第二，提单抵押转让。提单持有人在收清货物抵押款后，应将提单背书还给抵押申请人或由他指示的合法受让人。提单一经合法手续背书转让后，转让人与受让人之间不必负连带责任。

三、练习题

案情：2015 年 6 月，中国 A 公司与美国 B 公司签订货物买卖进口合同，同年7月17日货物装船后，船公司应B公司申请，办理电放提单，所以当时没有签发正本提单，而是制作了副本提单。该提单载明，托运人为B公司，收货人为A公司，运费到付等。8月4日，货到目的港烟台后，A公司持副本提单到船公司代理处办理提货手续，在支付了相关海运费后换取提货单。8月6日，或由于工作的疏忽，或基于B公司的申请，船公司又向B公司补签了正本提单。随后，船公司通知卸货港代理不要将货物交付A公司。为此，A公司申请海事法院对船公司及其代理下发海事强制令。庭审中，船公司和B公司依据船公司补发的正本提单否认A公司持有提货单，认为B公司持有正本提单，提单具有物权凭证盒提货功能，提货单则没有此功能。而A公司则向船公司、B公司提出提单侵权损害赔偿之诉。

问题：

1. A公司持有提货单是否具有法律效力？船公司补发的正本提单是否仍有提货功能？

2. 船公司补正本提单的行为是否构成违约和侵权？

实务目标(三) 国际贸易支付的审查

一、操作步骤

国际支付是指在国际经济活动中的当事人以一定的支付工具和方式，清偿因各种经济活动而产生的国际债务的行为。通常它是在国际贸易中所发生的、由履行金钱给付义务当事人履行义务的一种行为。国际支付的工具一般为货币与票据。为了力求在货款收付方面能得到较大的安全保障，尽量避免遭受钱货两空的损失，并在资金周转方面得到某种融通，国际上通常使用汇付、托收、信用证等不同的支付方式来加以处理。

(一)汇付(remittance)

汇付指汇款人主动将货款交给银行，由银行根据汇款指示汇交给收款人的一种付款方式。汇付属于商业信用，是否付款取决于进口商(买方)或服务接受方，付款没有保证。采用此方式对国际经济活动中的当事人来讲都有风险。因而，除非买卖双方有某种关系或是小数额的支付，一般很少使用汇付。

一项汇付业务中通常涉及的法律关系当事人有：(1)付款人，通常是指国际贸易中的买方即进口方；（2）收款人，通常是指国际贸易中的卖方，即出口方；（3）汇出行，通常是指接受汇款人申请，代其汇款的银行，汇款行一般是进口地银行；（4）汇入行，是接受汇出行的委托，对收款人付款的银行，通常汇入行是出口地银行。

在信汇和电汇两种情况下，汇付使用的凭证是支付授权书或支付指示。汇款人与汇出行是委托代理关系，汇出行和汇入行是委托代理关系。汇出行或汇入行与收款人没有直接的法律关系，是上述代理关系的第三人。在票汇的情况下，汇付使用的是汇票，汇款人与汇出行是委托代理关系，汇出行、汇入行与收款人是票据关系中的出票人、付款人和受款人。

（二）托收（collection）

托收是指债权人委托银行凭票据向债务人收取货款的一种支付方式。托收一般的做法是：由债权人（卖方）根据发票金额，开立以买方为付款人的汇票向债权地银行提出申请，委托银行通过其在债务地分行或其他往来银行，代为向买方收取货款。为了规范国际支付中的托收业务，保护托收当事人之间的合法权利，国际商会于 1958 年出版了《商业票据托收统一规则》，建议各国银行采用，1967 年正式修订了该规则并于 1968 年开始实施。随着国际经济活动中使用托收进行支付这种方式发展的需要，国际商会于 1978 年将该规则修订并改名为《托收统一规则》，于 1979 年 1 月 1 日开始实施。

1995 年国际商会的第 522 号出版物再次修订了《托收统一规则》（简称 URC522），该规则于 1996 年 1 月 1 日起实施。URC522 全文共有 26 条，分为总则、托收的形式及结构、提示方式、义务和责任、付款、利息手续费及其他费用、其他规定七个部分。目前，URC522 作为国际惯例，已经在国际经济贸易中获得了广泛承认和普遍适用。

由此可以看出，托收是一种商业信用的支付方式，而非银行信用。因此，虽然有银行参与其间，但无论是托收行还是代收行，对汇票的付款人拒付或拒绝承兑均不承担任何责任或义务。所以，卖方采用这种方式收取货款，具有一定风险。

托收方式尽管有一定风险，但对进口商比较有利，它可以加速资金周转，减少费用支出。托收支付方式中通常会涉及四个主要当事人：债权人、债务人、债权人所在地的银行和债务人所在地的银行，即托收业务中的委托人、付款人、托收行和代收行。委托人与托收行之间是委托代理关系。委托人申请托收首先要填写托收委托书，明确托收委托的内容和双方的责任范围，委托人的委托经托收行接受后，构成委托代理合同关系。双方的权利和义务关系应适用代理法的一般原则。托收行应该严格按照委托人的托收委托指示进行托收业务，并有权收取托收费用。

（三）信用证(Letter of Credit，L/C)

信用证是银行依据开证申请人的请求，开给受益人的一种保证银行在满足信用证要求的条件下履行付款责任的书面凭证。信用证是国际贸易支付的重要支付手段之一。国际贸易支付又是国际贸易的重要环节，所以，信用证在国际贸易中起着非常重要的作用。在信用证付款方式下，开证银行以自身的信誉为卖方提供付款的保证，因此，信用证是一种银行信用，与托收不同（是一种商业信用）。国际商会于1930年制定了《跟单信用证统一惯例》，目前使用的是 UCP600 版本。UCP600 使得信用证制度更加完善、效率更高、适应国际贸易需求更强。我国也在2005年制定了《最高人民法院关于审理信用证纠纷案件若干问题的规定》(2006年1月1日施行)，从中国国情和实际出发，作出了具体规定，使得信用证制度在我国更有操作性和适用性，加强了对我国与其他国家贸易往来的保护。

信用证付款流程如图9－2所示。

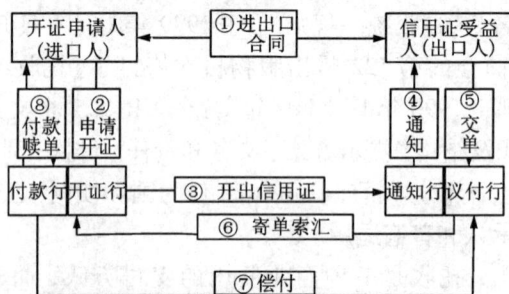

图 8－2　信用证支付一般程序图

(1)合同规定支付方式为信用证。
(2)进口人根据合同内容向当地某一银行申请开证并填写开证申请书。
(3)开证行开出信用证并寄交通知行。
(4)通知行核对印鉴后交给出口人。
(5)出口人按信用证装船、制作单据送交议付行议付。

（6）议付行审单后按汇票金额扣除利息垫付货款给出口人并将汇票单据寄开证行或议付行。

（7）开证行或付款行审单后付款给议付行。

（8）开证行通知进口人付款，进口人付款赎单。

二、注意事项

（一）信用证格式内容

信用证虽然没有国际统一的格式，但是大致内容是相同的，其主要内容有：

（1）信用证的种类、编号、开证时间和地点等。信用证应载明是可撤销还是不可撤销的、可转让或不可转让等，并注明信用证的编号，载明信用证开证时间、有效期以及开证地点等。

（2）支付条款。包括信用证支付货币币种和金额，该金额是开证行付款的最高限额。金额记载必须按大写文字和阿拉伯数字书写。

（3）货物条款。包括对货物的名称、规格、数量、包装、价格等方面的记载和说明。

（4）汇票条款。此条仅适用于使用汇票的信用证。其主要内容包括汇票金额、种类、份数。

（5）出票人、受票人、付款人、出票日期等。

（6）单据条款。主要规定需要提交的单据类型，这些单据包括商业发票、运输单据、保险单据、装箱单、原产地证、检验证等。

（7）价格条款。包括单价、总价以及使用的国际贸易术语等。

（8）装运条款。主要规定装运港、装运日期及地点、卸货港、运输时间、是否转运或分批装运等。

（二）信用证当事人

（1）开证申请人，是指向银行申请开立信用证的人，通常是买卖合同中的进口方，也是信用证支付关系中的债务人。开证申请人开立信用证通常要有良好的资信，并需向开证行支付押金、开证费用或者提供开证担保。

（2）开证银行，是指接受开证人的委托，同意开立信用证的银行。通常，实力雄厚、信誉良好的银行开出的信用证信用度较高。

（3）通知银行，是接受开证银行的委托，将信用证通知受益人的银行。

通知行是开证银行的代理人，履行合理、谨慎地审查信用证表面真实性的义务，无其他法律责任。

（4）受益人，是指信用证上所指定的有权享有该信用证权益的人，即卖方，也是信用证支付关系中的债权人。

（5）议付银行，是指愿意买入或贴现受益人交来的汇票的银行。议付银行可以是通知行，或是其他指定或非指定的银行。如果信用证未限制议付行，任何愿意买入或贴现汇票的银行均可做议付行。议付银行接受单据和汇票时，经审查单证相符后即可议付。议付后，议付行就成了汇票和单据的合法持有人，可以享有票据法对合法持票人的保护。一旦开证行拒付，议付银行仍拥有向受益人的追索权。

（6）付款银行，是指信用证上指定的付款银行，通常是开证银行本身。只要付款银行对持票人进行审查无异议即可付款，但是付款行对受益人付款后，对受益人无追索权。

（7）保兑银行，是指根据开证行的请求在信用证上加以保兑的银行。保兑银行和开证行均对受益人承担第一位的付款责任。

（三）我国解决信用证法律纠纷的相关规定

我国 2006 年出台了《最高人民法院关于审理信用证纠纷案件若干问题的规定》，作为解决信用证法律纠纷的法律依据。

1. 明确信用证的独立性原则和单证审查标准

信用证的独立性原则意味着信用证一经开出，开证行作出了付款、承兑并支付汇票、议付或履行信用证项下其他义务的承诺后，只要单据与信用证条款、单据与单据之间在表面上相符，开证行即承担了必须付款的义务。信用证与有关的货物买卖合同、开证申请合同、委托开立信用证合同、为开证申请提供的担保合同等其他合同，是相互独立的交易。即使信用证中对有关合同的内容有所引述，银行也与该合同没有任何关系，并且不受其约束。受益人在任何情况下，不得利用银行之间或者开证申请人与开证行之间的合同关系主张权利。只有在出现信用证欺诈的情况下，才作为一个例外来对待。

在单证审查的标准方面，采纳的是严格相符原则，即只要单据与信用证条款、单据与单据之间在表面上相符，开证行就应当履行在信用证规定的期限内付款的义务。但在采纳严格相符原则的前提下，又作了一定程度的变通，信用证项下单据与信用证条款、单据与单据之间在表面上不一致，但并不导致相互之间产生歧义的，不应认定为不符。

2. 明确了信用证欺诈的情形

受益人单方通过伪造单据实施的欺诈，包括伪造部分甚至全部单据，或者提交的单据虽然是真实的，但是单据记载的内容是虚假的等情形。在这种情形下，显然受益人在主观上具有恶意，目的是骗取信用证项下的款项。

受益人为了骗取信用证项下的款项，利用基础合同进行欺诈。在此情况下，信用证上的受益人同时作为货物买卖合同的卖方根本不交付合同约定应当交付的货物，或者交付的货物为垃圾而不具有实际价值。

受益人与开证申请人或者其他第三方恶意合谋，串通一气，共同欺骗银行，获取信用证项下款项的情形。

其他违反法律规定可认定为欺诈的情形。

3. 规定了中止支付信用证项下款项的条件和程序

当事人一旦发现存在信用证欺诈，可以向人民法院寻求司法救济。人民法院认定存在信用证欺诈的，应当裁定中止支付或者判决终止支付信用证项下款项，但有下列情形之一的除外：开证行的指定人、授权人已按照开证行的指令善意地进行了付款；开证行或者其指定人、授权人已对信用证项下票据善意地作出了承兑；保兑行善意地履行了付款义务；议付行善意地进行了议付。

当事人在起诉前申请中止支付信用证项下款项应符合下列条件：受理申请的人民法院对该信用证纠纷案件享有管辖权；申请人提供的证据材料证明存在本规定第八条的情形；如不采取中止支付信用证项下款项的措施，将会使申请人的合法权益受到难以弥补的损害；申请人提供了可靠、充分的担保，人民法院应予受理。人民法院接受中止支付信用证项下款项申请后，必须在四十八小时内作出裁定；裁定中止支付的，应当立即开始执行。

三、练习题

1. 案例分析一

案情：2015 年 6 月 6 日，某托收行受理了一笔付款条件为 D/P at sight 的出口托收业务，金额为 USD100000，托收行按出口商的要求将全套单据整理后撰打了托收函一同寄给英国一家代收行。单据寄出 5 天后委托人声称进口商要求托收行将 D/P at sight 改为 D/A at 60 days after sight，最后委托行按委托人的要求发出了修改指令，此后一直未见代收行发出承兑指令。当年 8 月19 日委托行收到代收行寄回的单据发现 3 份正本提单只有两份。委托人立即通过英国有关机构了解到，货物已经被进口商提走。此时，委托行据理力争，要求代收行要么退回全部单据，要么承兑付款，但是代收行始终不予理睬。货款始终没有着落。

问题： 该案应该如何处理？

2. 案例分析二

案情： 出口商广西外贸 A 公司（以下简称 A 公司）与进口商美国 B 公司（以下简称 B 公司）于 2012 年 10 月 10 日签订出口木衣架销售订单。订单中规定：进口商 B 公司必须于 2012 年 12 月 10 日前开立信用证，A 公司于 2013 年 4 月 21 日前装运货物。A 公司于 2012 年 12 月 7 日收到美国 C 银行用 SWIFT MT700 报文格式开出的即期付款信用证。该信用证开证申请人（进口商）为 B 公司，受益人（出口商）为 A 公司，金额为 USD68 000.00，贸易术语为 FOB ANY CHINESE PORT AS PER INCOTERMS 2010，装运港为 ANY CHINESE PORT，卸货港为 PORTLAND PORT USA，信用证效期为 2013 年 5 月 6 日，到期地点为开证行所在地，装运期限为 2013 年 4 月 6 日到 2013 年 4 月 21 日，规定交单期限为提单日后 15 天，禁止分批装运，允许转运。信用证规定托运人为受益人，收货人为 TO ORDER。信用证规定每个不符点费用为 USD80.00，通信费为 USD75.00。

A 公司接到信用证后立即安排生产、备货。船期将至，A 公司再三联系 B 公司指定的货代公司，其均未安排装运。货代公司终于安排在 4 月 27 日装船，但是已经过了信用证规定的最迟装运期。A 公司联系 B 公司修改信用证，B 公司以信用证修改手续麻烦及费用高为由，承诺交单时接受不符点付款赎单。2013 年 4 月 28 日 A 公司将单据交到交单行。审单后，交单行在寄单面函上表提单据不符点：迟装运。当日交单行将单据寄往开证行。2013 年 5 月 10 日开证行美国 C 银行发来 SWIFT MT734 拒付通知，提出了 3 个不符点：迟装运；提单显示装运港为香港，非信用证规定的中国任何港口；卸货港为 PORTLAND 未注明国别。并声明银行留存单据听候交单人的进一步指示。A 公司多次联系 B 公司要求其付款赎单。B 公司称其资金周转出现问题，无法立即赎单，需要缓几天。A 公司一次次地催促，B 公司却一直拖延。交单行也不断发电催付，开证行不予理会。后来开证行将单据寄回。经调查，B 公司已提货，船公司无单放货。因订单中无违约责任条款，A 公司也无从追索，最终 A 公司钱货两空。

问题： 如果你是 A 公司的法律顾问，如何避免 A 公司的损失？

实务目标（四）　企业国际贸易中的风险防范

一、操作步骤

与国内贸易相比，企业在从事国际贸易过程中往往要承担更多且更为复杂的风险，包括政治风险、合同风险、支付风险、价格风险和知识产权风险等。虽然上述风险未必都与法律问题相关，但是作为企业的法务人员，必须要提高各方面的风险防范意识与能力，才能以不变应万变，使本企业的利益最大化。

（一）政治风险及其防范

在国际贸易活动中，贸易双方主要依据合同的约定开展合作。但是，当在国际贸易活动中合作双方中的任何一方的社会、政治或法令的变化，都有可能使交易无法依据贸易合同的约定进行，从而导致合作失败，给合作企业造成贸易损失。如国内时局动荡、军事政变、政府更迭、工人罢工、贸易限制、外汇管制等都有可能导致进出口企业无法完成货物交接和款项支付。贸易企业要规避此类风险，可以首先在签订交易合同之前，对交易伙伴的国内市场进行调研，特别关注其政治、经济及贸易相关政策或法令的变化，最大限度地作出准确评估，在贸易合同中对容易发生变故的风险点做出合同的事前约定。例如，可以在合同中约定，因政府更迭、法令变更等原因导致无法交货，出口企业可以免责；或因上述原因导致进口企业无法支付货款，则以第三国为付款地等。作为出口企业，为了防止这类风险的发生，最好是在出口前投保出口信用保险，将风险转嫁给保险人，这是较为简单、有效的避险措施。

（二）合同风险及其防范

国际货物买卖合同由"约首""本文""约尾"三部分组成。"约首"包括合同的名称、编号、缔约日期、缔约地点、缔约双方的名称及地址、合同序言等。"本文"为合同主体部分，包括各项交易条件与合同条款，如品名、品质规格、单价、数量、包装、交货时间与地点、支付方式、运输与保险条件以及检验、索赔、不可抗力和仲裁条款等。这些条款是双方当事人权利义务的直接体现。"约尾"是合同的结束部分，包括合同的份数、附件、使用文字及其效力、合同的生效日期与双方签字等。

在国际贸易合同风险防范方面最为重要的是签订的《国际货物买卖合同》中的各项条款应当完备。

(1)合同中对货物的有关信息必须标注清楚。包括品质、规格、包装、价款、支付方式、检验，以及其他不可抗力因素和违约内容都要规定清楚、完善。

(2)在合同中应约定好法律适用的条款，无论从法律的熟悉程度还是司法解释，对于出口企业来说，最好约定适用我国法律，以便发生纠纷时，有利于我方企业的利益。

(3)在合同中应明确约定在货物校验后，其货物风险由购买方承担。

(4)在货款支付条款中，应约定以备用信用证(买方不支付，由开证银行给予支付)方式支付。

(5)在合同条款中，应事先约定出现纠纷后解决方式最好为仲裁方式，且尽量以中国仲裁机构为好。

(三)支付风险及其防范

由于贸易双方隶属于不同的国家，在很多情况下需要进行货币汇兑，因此，进出口双方在计价或付款时，可能会产生外汇转移及汇兑时汇率变动的风险。外汇转移方面的风险经常与国家(政治)风险相联系，即当一国发生政治或经济上的重大变故时，通常在贸易政策上最直接的反应就是外汇管制。这种情况下，即便是进口企业愿意进行汇款支付，但因外汇管制的原因，出口企业也无法得到货款。汇率变动方面的风险则与当事人所在国家的外汇市场有密切联系，因为出口企业若不以外币持有该货款，则将其兑换为本国货币。这样在兑换过程中，很可能发生所兑换的本国货币数额与合同约定时所预想的数额存在差距，有可能发生损失。同样道理，由于汇率的变化，进口企业所支付的外币货款也存在增加的情况。贸易企业规避外汇转移风险的措施是，在贸易合同中对付款地进行预先约定，例如，出口企业要求以本国或第三地为付款地，或要求进口企业预付货款等。要防范企业在国际贸易中的汇率变动风险，可以采取多种措施，例如在合同中订立保持价格条款，即若用于计算价格的汇率发生变动时，出口企业保留调整价格的权利，以确保出口企业所收到的本国货币不因此减少；预售外币货款，即出口企业先向银行贷一笔与交易金额相当的外币货款，然后在收到货款时再以该笔货款抵偿外币货款；与金融机构订立远期外汇预购或预售的合同；运用应收账款买卖业务,即对将来所产生的应收账款债权卖断给应收账款收购商,并在此时以收取现金等方式规避汇率变动的风险。

(四)价格风险及其防范

在国际贸易实务中,合同约定前与合同约定后价格发生变动的情况极为常见,因此,很可能因此导致交易一方遭受损失。例如,在合同约定后,货物价格上涨,通常情况下,该价格变动所产生的损失应由出口企业承担,但出口企业往往寻找各种理由不予交货,由此导致进口企业的损失;若合同约定后,货物价格下跌,该价格变动所产生的损失通常应由进口企业承担,但此时进口企业会寻找各种借口拒收货物并不予付款,由此导致出口企业损失。在防范价格变动风险方面,企业可以事先对合作方进行资信调查、评估,信誉良好的才可与之合作;尽可能缩短交易时间,减少不可预测的价格意外变动的发生;在合同中订立价格保持条款,即若货物价格发生变动,当事人可以保留价格调整的权利;也可以约定,当价格变动时其产生的损失由某一方或双方负担或共同承担等。

(五)知识产权风险及其防范

目前知识产权保护在国际贸易活动中备受重视。尤其在欧、美、日等发达地区和国家,它们特别注重保护其知识产权,对外国产品侵犯其知识产权实施严厉的处罚。近年来,中国的许多驰名商标不断被国外商人抢注,中国出口企业为此付出了惨重的代价。因此,企业在国际贸易中可能面临着知识产权侵权或被侵权的风险。例如,出口产品进入美国时,有可能违反美国知识产权边境保护的"337 条款",构成对美国专利、商标、商业秘密等的侵犯;在加工贸易中,若加工品使用了国外图纸、样品时,就构成了对他国知识产权的侵犯。当前,防范知识产权风险的主要措施有:从事国际贸易的企业应加强对知识产权知识的熟悉和掌握;出口企业应重视商标在国际机构进行注册,防止商标被恶意抢注;应熟悉《巴黎公约》《马德里协定》等有关驰名商标保护、注册的详细规定,对自己的商品商标进行及时注册,也可以向国外有关专利机构提出专利申请,获得国际有关机构的保护;在加工贸易中应以合同约定的形式,进行有关知识产权的保护。

二、注意事项

(一)对交易伙伴状况的密切关注应贯穿整个贸易过程

在交易开始前对交易伙伴的资信状况进行深入调查，评估与之合作的风险程度，而且在贸易合同中应对相关内容做出相应条款的约定，如违约的要支付保证金、罚金等。同时还要在交易的过程中，密切关注交易方的资信动态，以便及时采取应对策略。在当前买方占市场主导地位的形势下，进口企业不付款是最为常见的风险。因此，出口企业在采取其他相应措施时，也可以在交易之初投保出口信用保险，将进口企业拒付的商业风险转嫁给保险人，由保险人承担相应赔偿责任，以减少损失。

(二)对资本输入国的投资条件进行认真考察

(1)对输入国的硬件环境的考察。包括对自然资源的考察，如矿产资源、动植物资源等，还有对自然环境的考察，如地质、气候等，也包括对基础设施考察。通过考察，了解这个国家是否符合具备进行贸易投资的基本的硬件条件。

(2)对社会环境的考察。包括对政治经济环境考察，了解该国与我国的政府关系如何，社会政治、经济形势是否稳定，政府行政体制是否高效等，也包括法律制度调查和社会人文环境考察，考察的内容有资本输入国的居民消费理念、风俗习惯、宗教礼仪等。

(3)对欲投资领域的考察。主要是考察在资本输入上是否有特别限制，贸易投资后能否自主经营，产权是否可以自由流转，外汇管理和税收是否依照国际通行规则。

(4)作好国外合作者的背景调查。是否有不良商业记录，是否有重大诉讼案件发生，以及银行贷款、资金状况等。

(三)对于合作者为政府部门的，一定要注意合同约定条款

如果国外合作者为政府部门，为了防止资本输入国国有化征收或征用，确保投资方利益不被侵害，一定要在事先签订《汉城公约》(仅限世界银行成员国)或《华盛顿公约》的前提下，再行与之合作。如果是 WTO 成员国，则可以适用《与贸易有关的投资措施协议》，这些都需要在合同中注明。

三、练习题

1. 案例分析一

案情: 2007 年 2 月 16 日,阳明美国公司作为承运人阳明海运公司的代理签发了 YMLUW120208323 号提单。根据提单显示,原告为托运人,克那鹏青岛办事处为收货人,装货港加州长滩,卸货港中国青岛,交货地中国威海,承运船为 YUE HE 143W 航次,货物为 YMLU2434490、YMLU2511066、YM-LU3003943 集装箱内的盐湿水牛皮。

2009 年 12 月 1 日,原告副董事长兼总经理中村太助(Tosuke Nakamura)出具证明一份,确认以下文件为真实、完整和正确的复印件,包括:2006 年 10 月 13 日买卖确认书、2007 年 6 月 29 日发票,2007 年 1 月 30 日、31 日装箱单三份。同日,纽约公证人 Jerome E Barnett 作出公证,证明中村太助当场在上述证明上签字。其中买卖确认书显示 2006 年 10 月,原告作为卖方与中间商银雨国际公司订立了牛皮买卖合同,合同编号为 AN159,价格为每张 69 美元,数量为 6 集装箱,实际产生的海运费或其他附加运输费用由买方承担,卖方佣金为货物 CFR 价值的 1%;发票显示 3 集装箱 1762 张牛皮出厂费用总价 135418.44 美元;装箱单显示 3 箱货物分别为 588、588、586 张牛皮。

2007 年 3 月 23 日,第三人依据由收货人克那鹏青岛办事处盖章的 YM-LUW120208323 号提单副本将上述货物交付给被告。

被告持有内贸班轮航运公司 2007 年 2 月 13 日代理阳明海运公司签发的 ITL021207 – 020 号提单,该提单托运人为金铃制造公司,收货人凭韩国国民银行指示,通知方为被告,装货港为加州长滩,卸货港和交货地为中国威海,承运船为 YUE HE 143W,航次货物为与上述阳明海运公司提单相同的集装箱货物,提单背面有韩国国民银行空白背书。

被告提供了 2007 年 2 月 2 日韩国光星公司向金铃制造公司购买 1762 张生牛皮金额为 137436 美元的发票传真件,韩国光星公司向韩国国民银行申请的信用证,韩国国民银行付款的证明,韩国光星公司向银行付款 130083174 韩币的单据。被告称韩国光星公司系其母公司。

原告诉称,2006 年 10 月,原告作为卖方与中间商银雨国际公司(Silver Rain International Inc.)订立了盐湿水牛皮买卖合同,合同编号为 AN159,价格为 US＄69/PC。2007 年 2 月,原告作为托运人,在美国将上述合同项下部分货物(箱号为 YMLU2434490、YMLU2511066、YMLU3003943)交由阳明海运公司(Yang Ming Marine Transport Corp.)承运。随后,阳明海运美国公司

[Yang Ming(America)Corporation.]代表阳明海运公司向原告签发了编号为YMLUW120208323的全套正本提单。提单载明：收货地为美国堪萨斯州道奇城，装货港为美国加州长滩港；卸货港为青岛港，交货地为威海港，托运人为原告，收货人为日本克那鹏株式会社青岛办事处（Konapon Corporation Qingdao Office）。在货物运抵威海后，被告在未取得正本提单的情况下从第三人处提取了货物。被告的上述行为严重侵犯了原告对涉案提单项下货物的合法权益，给原告造成巨大经济损失。原告起诉请求判令被告赔偿货款损失约121578美元、海运费损失约7771美元及同期银行贷款利息；判令被告承担本案诉讼费用及其他法律费用。

被告辩称，被告是通过合法渠道合法手续获取了合法提单，凭合法提单提货，并无侵犯他人权利之处；原告不具备起诉被告和第三人的原告主体资格；原告的请求已超出了诉讼时效。

第三人辩称，第三人与原告没有合同关系，与本案无关；第三人不存在任何过错；原告的诉讼请求已过诉讼时效。

问题：本案应该如何处理？双方当事人如何合理合法地对风险进行防范？

2. 案例分析二

案情：我国某公司A向孟加拉国某公司B出口一批货物，合同价值约为USD20000.00，货物为汽车配件，共有10个型号，其中有四个型号要求根据客户样品制造的。付款方式为，客户先支付定金1000美金，剩余部分30%和70%分别以L/C和T/T支付（在货物生产完毕通知客户支付）。客人随即开来信用证，A公司按合同和L/C要求开始生产货物，但发现其中按客人样品要求订做的货物不能完成，由于客人订货的数量比较少，开发该产品十分不合算。因此打算从其他厂家购进该产品，但遗憾的是，却一直无法找到生产该产品的厂商。而此时已接近装船期了，其他货物亦相继生产完毕。A公司只好告诉B公司上述问题。B公司要求取消所有的货物并退还定金和样品，他的理由是，他要求订做的货物是十分重要的，不能缺少，因A公司没有按时完成货物，错过他的商业机会。A公司也感到无可奈何，确实理亏，只好答应客户的要求，承担一切货物积压的损失。

问题：

本案中当事人应该如何做好国际贸易风险防范？

第九章 企业民商事仲裁法律实务

实务目标(一) 签订仲裁协议

一、操作步骤

(一)明确仲裁协议的形式

仲裁协议有以下三种形式:

(1)合同中约定的仲裁条款。仲裁条款是直接订立在民商事合同中的仲裁协议,是双方在合同中达成的将今后可能发生的纠纷提交仲裁的意思表示。故仲裁条款订立在纠纷发生之前。通常表述为"凡因本合同产生的或与本合同有关的一切争议,均提交××仲裁委员会仲裁。"

(2)标准(格式)合同中的选择条款。使用标准(格式)合同时,合同往往约定今后发生纠纷时在某仲裁机构和人民法院中选择一种方式解决争议。通常表述为"凡因本合同发生的一切争议,由双方当事人协商解决,协商不成的,按下列第①种方式解决:①提交××仲裁委员会仲裁;②依法向人民法院起诉"。

(3)请求仲裁的协议。这是独立于合同之外的书面形式的仲裁协议,包括信函往来、电传、电报中双方愿意向××仲裁委员会申请仲裁的意思表示,以及在没有约定仲裁条款或原仲裁条款约定不明确的情况下双方协商采用书面形式签订的补充协议。仲裁协议应具备以下内容:①请求仲裁的意思表示;②仲裁事项;③选定的仲裁委员会。

(二)签订仲裁协议

(1)为避免合同双方今后发生纠纷时难以达成仲裁合意,从友好合作和善意解决纠纷的立场出发，应在签订合同时尽量劝说对方约定仲裁条款。

（2）在订立仲裁条款时，要明确由哪个仲裁委员会对争议进行仲裁。

（3）在涉外仲裁和海事仲裁中，应当在涉外合同中明确约定仲裁条款适用的准据法。通常表述为"凡因本合同引起的或与本合同有关的一切争议，均提交××仲裁委员会根据该会现行有效的仲裁规则和××法律进行仲裁。仲裁裁决为终局，对双方均有约束力"。

（4）在合同中没有约定仲裁条款或原仲裁条款约定不明确的，应尽量与对方协商采用书面形式单独签订仲裁协议。在仲裁协议中，请求仲裁的意思表示、仲裁事项、选定的仲裁委员会这三项内容必须同时具备，缺一不可，否则仲裁协议的法律效力就有可能受到质疑，从而导致纠纷不能通过仲裁方式得到解决。

二、注意事项

（1）仲裁协议必须采用书面形式。

（2）仲裁协议可以独立于合同而存在，合同的变更、解除、终止或者无效，均不影响仲裁协议的法律效力。

（3）根据纠纷解决选择或裁或审的原则，合同中有仲裁条款，或选择了仲裁方式，或在合同之外另行签订了书面仲裁协议，即排除了法院对本合同纠纷的管辖权，任何一方均不得向法院起诉。反之，没有仲裁协议，即使一方申请仲裁，仲裁委员会也不予受理。

（4）仲裁协议约定的仲裁事项应是合同所确定的法律关系可能发生或者已经发生的争议，这种争议还须是法律确认可以仲裁的事项。以下两类纠纷不能提交仲裁：①婚姻、收养、监护、扶养、继承纠纷；②依法应当由行政机关处理的行政争议。行政争议是行政机关在实施行政管理活动中与行政相对人的争议。如办理养老保险、医疗保险、失业保险、工伤保险、生育保险等社会保险事务的工作机构与公民、法人或者其他组织之间发生的社会保险争议；行政机关与公民、法人或者其他组织之间发生的行政处罚争议等。

（5）仲裁实行协议管辖，没有地域管辖和级别管辖。

（6）在涉外仲裁和海事仲裁中，双方当事人在签订仲裁协议时，还可以明确约定仲裁所适用的仲裁规则。一般来说，仲裁协议确定在哪个仲裁机构仲裁，就按该机构的仲裁规则仲裁。

（7）有下列情形之一的，仲裁协议无效：①约定的仲裁事项超出法律规定的仲裁范围的；②无民事行为能力人或者限制民事行为能力人订立的仲裁协议；③一方采取胁迫手段，迫使对方订立仲裁协议的；④仲裁协议对仲裁事项或者仲裁委员会没有约定或者约定不明确，当事人达不成补充协议的。

（8）仲裁协议中概括约定的仲裁事项为合同争议的，基于合同成立、效力、变更、转让、履行、违约责任解释、解除等产生的纠纷都可以认定为仲裁事项。

（9）仲裁协议约定的仲裁机构名称不准确，但能够确定具体的仲裁机构的，应认定为选定了仲裁机构。仲裁协议仅约定了适用的仲裁规则的，视为未约定仲裁机构，但按仲裁规则能够确定仲裁机构的仍视为选定了仲裁机构。仲裁协议约定了两个以上的仲裁机构，当事人可以协议选择其中之一申请仲裁，当不能就仲裁机构的选择达成一致时，仲裁协议无效。当事人约定的由某地仲裁机构仲裁，但该地有两个以上仲裁机构，当事人可协议选择其中一个，协议选择不能达成一致的，仲裁协议无效。

（10）当事人约定既可仲裁又可向法院起诉的仲裁协议无效。但一方向仲裁机构申请仲裁，另一方未在仲裁庭首次开庭前提出异议的，仲裁协议有效。

（11）当事人订立仲裁协议后发生合并、分立的，仲裁协议对其权利义务的继承人有效。当事人为自然人，在订立仲裁协议后死亡的，仲裁协议对继承其仲裁事项中的权利义务的继承人有效。另有约定的除外。

（12）债权债务全部或部分转让的，仲裁协议对受让人有效，但当事人另有约定或者在受让债权债务时受让人明确表示反对或者不知有单独仲裁协议的除外。

三、练习题

案情：2010年7月10日，厦门某服饰有限公司（需方）与浙江某股份有限公司（供方）签订了《产品采购合同》。合同第12条约定："本合同一式二份，供方、需方各执一份，未尽事宜或发生纠纷，由双方协商解决，协商无效，在需方所在地申请法律仲裁"。

双方发生纠纷后，厦门某服饰有限公司向厦门市中级人民法院申请对双方签订的《产品采购合同》第12条的效力进行裁定。

申请人厦门某服饰有限公司认为：双方所签订的《产品采购合同》第12条未约定具体的仲裁机构，且双方未就仲裁机构达成补充协议，故应依法确认该仲裁条款无效。

被申请人浙江某股份有限公司认为：《产品采购合同》是申请人厦门某服

饰有限公司提供的格式合同，经双方协商一致后签署；双方所约定的仲裁机构是确定的、唯一的，即厦门仲裁委员会，申请人要求确认仲裁条款无效缺乏依据。

问题： 上述双方签订的《产品采购合同》第12条是否有效？为什么？

实务目标(二)　参与仲裁

一、操作步骤

(一)明确仲裁的受案范围

1. 提请仲裁的纠纷必须是具有财产权益的民商事纠纷

根据《中华人民共和国仲裁法》(简称《仲裁法》)第2条和第77条的规定，提请仲裁的纠纷必须是：

(1)属于民事法律关系调整的范畴，不能将属于行政法律关系或者其他法律关系调整的纠纷提请仲裁；

(2)主体是平等的民事法律关系的公民、法人或者其他组织；

(3)限于具有财产权益的民商事纠纷，主要是合同纠纷和涉及财产权益的非合同纠纷。常见的合同纠纷有：买卖合同、建设工程施工合同、租赁合同、融资租赁合同、保险合同、借款合同、加工承揽合同、运输合同、技术合同、保管合同、仓储合同、委托合同、居间合同、行纪合同、物业管理合同、股权转让合同、土地使用权转让合同、著作权合同等纠纷；

(4)当事人依法享有处分权的财产权益；

(5)劳动争议和农业集体经济组织内部的农业承包合同纠纷不能提起民商事仲裁。其中，劳动争议由《中华人民共和国劳动争议调解仲裁法》调整，农业集体经济组织内部的农业承包合同纠纷至今仍由各地方性法规调整。

2. 具有人身权利的民事纠纷不能仲裁

根据《仲裁法》第3条的规定，婚姻、收养、监护、抚养、继承纠纷不能仲裁。人身权虽然与财产权一样都是当事人依法享有的民事权利，但鉴于其非财产性的特征，鉴于对国家公共政策的考量，为了维护社会秩序的正常运转，更好地保护当事人的合法权益，法律规定此类纠纷不可以提交仲裁机构解决。

（二）明确申请仲裁的条件

根据《仲裁法》第 21 条的规定，当事人申请仲裁应当符合下列条件：

（1）存在有效的仲裁协议；

（2）有具体的仲裁请求和事实、理由；

（3）属于仲裁委员会的受理范围。

（三）申请仲裁

向仲裁委员会申请仲裁应提交下列材料：

（1）仲裁协议。

（2）仲裁申请书及副本。仲裁申请书应当包括以下内容：

①仲裁当事人的基本情况。包括：按申请人、被申请人的顺序列明当事人的姓名、性别、年龄、职业、工作单位、住所、通信地址、电话号码等。当事人如果是法人或其他组织的，应当列明法人或其他组织的名称、住所和法定代表人或者主要负责人的姓名、职务。当事人如果委托了律师或其他代理人参加仲裁的，还应当列明律师或其他代理人的情况。

②仲裁请求和所根据的事实、理由。申请人申请仲裁后可以放弃或者变更仲裁请求。

③证据和证据来源、证人姓名和住所。根据仲裁法的规定，仲裁申请人对自己的主张负有举证责任，所以申请人在提出仲裁请求的同时，应当提供有关的证据和证据来源、证人姓名和住所，以便仲裁委员会核实与调查，及时作出裁决。

仲裁申请书应当由申请人或有代理权的代理人签名或盖章。

（3）申请人的身份证明。申请人为自然人的，应提交身份证复印件或其他身份证明材料；申请人是法人的，应提交营业执照复印件或者工商注册登记资料、申请人法定代表人证明书；申请人是其他组织的，应提交有关部门关于该组织成立的批准文件或者能够证明其主体资格的材料。

（4）委托代理人的授权委托书。

（5）律师的身份证明和律师事务所的指派公函。

（6）其他相关材料。

附一：

民商事仲裁申请书格式

申请人：（姓名，性别，民族，出生年月日，住址，联系电话，身份证号码；是企业的应写明：名称，地址，法定代表人，联系电话）

被申请人：同上

仲裁请求：

1. _____。

2. _____。

3. _____。

事实和理由：

_____

_____

_____。

证据和证据来源：

1. _____。

2. _____。

3. _____。

此致

××仲裁委员会

申请人：（章）

年　月　日

（四）答辩

被申请人在收到仲裁申请书副本后，应当在仲裁规则规定的期限内向仲裁委员会提交答辩书，不提交答辩书的，不影响仲裁程序的进行。答辩书的内容应针对申请人在仲裁申请书中提出的请求、陈述的事实以及依据的理由加以回答、抗辩或反驳。重点在于驳斥对方，申明己方观点，强调有利于己方的证据。仲裁答辩书的格式要求一般与申请书的格式要求基本相同。

被申请人还有权提起反请求。反请求作为被申请人维护自己正当权益的手段是非常有意义的。被申请人提出反请求，应当在仲裁规则规定的期限内向仲裁委员会提交反请求书。反请求书中的被申请人必须是仲裁申请书中的申请人，反请求书中的申请人必须是仲裁申请书的被申请人。反请求和本请求必须基于同一事实或同一法律关系。

（五）熟悉所选择仲裁机构的仲裁规则

各地仲裁机构根据各自的情况和特点，依据仲裁法、民事诉讼法所制定的仲裁规则并不完全相同，而仲裁规则在仲裁过程中起着程序法的作用，是仲裁法原则性规定的具体化。仲裁规则对案件的受理、答辩、开庭、举证、质证、鉴定、合议、审理期限等都作出了具体规定，因而在仲裁开庭前熟练掌握仲裁规则，对于参与仲裁是非常重要的。申请人在递交仲裁申请书时，仲裁委员会都备有该仲裁委员会的仲裁规则供申请人查阅。仲裁委员会向被申请人发送仲裁申请书副本时也会同时发送该仲裁委员会的仲裁规则供被申请人阅读掌握。

（六）选定仲裁员

选择仲裁员是仲裁程序中非常重要的一个环节。申请人在递交仲裁申请书时，仲裁委员会都备有该仲裁委员会聘任的仲裁员名册供申请人选择。仲裁委员会向被申请人发送仲裁申请书副本时也会同时发送该仲裁委员会聘任的仲裁员名册供被申请人选择。因此，双方当事人对仲裁委员会提供的仲裁员名册必须仔细阅读，必须根据仲裁规则的规定慎重选择，行使好法律赋予的权利。

根据《仲裁法》第30条至第32条的规定，仲裁庭由三名仲裁员或者一名仲裁员组成，仲裁庭的组成人员由当事人在仲裁机构聘任的仲裁员名册中选定或者委托仲裁委员会主任指定。组庭方式由当事人在仲裁规则规定的期限内约定或者选定，在规则规定的期限内没有约定或者选定仲裁员的，由仲裁委员会主任指定。当事人约定由一名仲裁员组成仲裁庭的，由双方共同选定，不能共同选定的，应共同委托仲裁委员会主任指定仲裁员；当事人约定由三名仲裁员组成仲裁庭的，应各自选定一名仲裁员，也可各自委托仲裁委员会主任指定一名仲裁员，第三名仲裁员即首席仲裁员，由当事人共同选定，不能共同选定的，由仲裁委员会主任指定一名仲裁员担任首席仲裁员。因此，选择仲裁员是法律赋予双方当事人的权利和义务，它直接关系到仲裁案件能否公正、及时地加以处理，必须引起高度重视。

选择仲裁员应把握三条原则：

1. 选择熟悉相关专业知识的仲裁员

仲裁员均是仲裁委员会从从事仲裁工作、律师工作、曾任法官满八年的人员，以及从事法律研究、教学工作并具有高级职称的人员或者具有法律知识、从事经济贸易等专业工作并具有高级职称或者具有同等专业水平的、公道正派的人员中聘任的。由于仲裁员职业不同，其熟悉的专业知识也不同。选择熟悉专业知识的仲裁员组成的仲裁庭仲裁相关专业的案件，能更迅速准确地抓住争议的焦点，分清是非责任，提出解决争议的最佳方案，从而提高仲裁效率和质量。因此，双方在选择仲裁员时应十分谨慎，应对仲裁员的相关工作经历、专业知识背景、为人处事是否公道正派等情况作充分的了解。一旦当事人作出选择某个仲裁员的书面意思表示后，若没有仲裁员应当回避的充分理由，则这种选择是不能更改的。

2. 应避免选择符合法定回避条件的仲裁员

根据《仲裁法》第34条的规定，仲裁员有下列情形之一的，必须回避：是本案当事人或者当事人、代理人的近亲属；与本案有利害关系；与本案当事人、代理人有其他关系，可能影响公正仲裁的；私自会见当事人、代理人，或者接受当事人、代理人的请客送礼的。由于对方当事人享有申请符合法律规定回避事由的仲裁员回避的权利，若由于对方当事人申请回避而使整个仲裁程序中止，则将延长仲裁的时间，对双方均有害无益。

根据《仲裁法》第35条至第37条的规定，提出回避申请应当说明理由并在首次开庭前提出，回避事由在首次开庭后才知晓的，可以在最后一次开庭终结前提出，是否回避由仲裁委员会主任决定；仲裁委员会主任担任仲裁员时，由仲裁委员会集体决定。仲裁员因回避或者其他原因不能履行职责的，需重新选定或者指定仲裁员。

3. 必须在仲裁规则规定的时间内选择仲裁员

各仲裁机构制定的仲裁规则对选定仲裁员的时间均有限制。根据《仲裁法》第32条的规定，当事人未在仲裁规则规定的有效期限内选定仲裁员，仲裁机构将视为当事人自动放弃该项权利，由仲裁委员会主任指定仲裁员组成仲裁庭。

(七)参与开庭

根据《仲裁法》第39条、第40条的规定，仲裁庭审理案件应当开庭审理，也可根据当事人的约定不开庭，只根据仲裁申请书、答辩书以及其他材料进行书面审理。开庭审理以不公开审理为原则，当事人约定可以公开的也可公开开庭审理，但涉及国家秘密的除外。

开庭时当事人的合理主张和充分理由直接影响仲裁庭所作出的决定。因此参加好开庭非常重要，如果无故缺席开庭就等于自己放弃了主张或申辩的权利。按照我国《仲裁法》第42条的规定，申请人如果经书面通知，无正当理由不到庭或者未经仲裁庭许可中途退庭的，可以视为撤回仲裁申请；被申请人如果经书面通知，无正当理由不到庭或者未经仲裁庭许可中途退庭的，可以缺席裁决。开庭大致可以分成事实调查、双方辩论两个阶段。当事人应针对不同阶段的要求，做好充分的庭前准备，开庭时认真应对庭上的每一个环节。

1. 要重视仲裁庭的事实调查

(1)应注意围绕仲裁请求进行陈述。应抓住与案件有关的关键环节进行陈述，做到简明扼要、重点突出，以使仲裁庭对案件的争议焦点心中有数。

(2)要重视举证。首先，要说清楚证据的编号、名称及证明的事实，便于仲裁庭了解案件事实及方便对方当事人质证。其次，要按一定的顺序举证。可以按照证据清单的目录进行举证，也可以按时间顺序举证，这样既不会产生重复，也让人容易理解。再次，不要提交与案件没有关系的证据。最后，在证据可能灭失或以后难以取得的情况下，当事人可在开庭前申请证据保全，仲裁委员会应将当事人的申请提交证据所在地的基层人民法院，由法院进行证据保全。

(3)要善于质证。质证时要有针对性。回答仲裁员的提问要如实详尽，以便仲裁庭更好地了解案件事实。

(4)针对专门性的问题需要进行鉴定的，当事人可以约定鉴定机构进行鉴定，也可以由仲裁庭指定的鉴定机构进行鉴定。

2. 要掌握辩论技巧

辩论是摆事实讲道理的过程，辩论时陈述观点应该有法律依据、合同依据和事实依据，不能随意发挥；辩论要围绕争议焦点和仲裁请求进行，不要说与案情无关的话，重要的论点或自己有充分依据的论点应作重点发言；辩论时要平心静气地说理，不要偏激；庭上发言时语速不能过快，以保证书记员的正确记录。

3. 要核对开庭笔录

开庭结束后，当事人要对开庭笔录进行核对并签名。认为对自己陈述的记录有遗漏或者差错的，有权申请补正。如果不予补正，应当要求书记员记录该申请。

4. 要重视仲裁和解

仲裁和解是当事人行使处分权的表现，也是双方当事人最不伤感情的一种解决纠纷的方式。我国《仲裁法》第49条规定，当事人申请仲裁后，可以自行和解。当事人达成和解协议的，可以请求仲裁庭根据和解协议作出裁决书，也可以撤回仲裁申请。如果当事人撤回仲裁申请后反悔的，仍可以根据原仲裁协议申请仲裁。

5. 力争在自愿合法的基础上达成调解协议

《仲裁法》第51条第1款规定，仲裁庭在作出裁决前，可以先行调解。当事人自愿调解的，仲裁庭应当调解。调解不成的，应当及时作出裁决。

可见，调解是仲裁程序中的一个重要环节，但不是仲裁程序中的必经阶段。调解程序只有在当事人自愿的基础上才能启动，即是否启动调解程序取决于当事人的自愿选择。仲裁庭在审理案件时会询问参加仲裁的当事人是否愿意进行调解，如果当事人同意，仲裁庭将会在查明事实、分清是非的基础上，根据公平合理的原则，通过面对面或背对背或双方自行磋商的方式主持调解；如果当事人不愿意调解，则仲裁庭不能启动调解程序。

实际上，如果调解达成协议，自动履行的比例会更高，既节省了申请强制执行的成本，也能有效降低一方当事人向人民法院申请撤销或者不予执行的风险。同时，通过调解解决纠纷还有可能使双方当事人继续保持友好的关系，有利于双方今后的商业往来及合作。因此，应力争在自愿合法的基础上达成调解协议。

当事人应认真对待仲裁庭主持下的调解，做好充分准备，积极参与调解。首先，当事人应认真考虑自己的胜率和输率，更要考虑自己的不足之处，拟定一套以上调解方案。调解时不能要价太高，实践中面临的执行难问题要作为让步的一个因素在调解时予以充分考虑，否则容易适得其反。其次，当事人要把握好接受调解方案的时机和方式。既要考虑实现本方利益，也要考虑对方的可接受度，在一个相对合理的平台上接受调解方案。最后，当事人应诚恳地与对方沟通，寻求解决纠纷的最佳途径。"退一步海阔天空"是当事人对待调解的重要技巧，不妨在参与调解时留意运用。

经仲裁庭调解，双方当事人达成协议的，仲裁庭会制作调解书。仲裁调解书经双方当事人签收后即发生法律效力。调解书与裁决书具有同等的法律效力。

二、注意事项

（1）当事人申请仲裁必须有合法有效的仲裁协议。没有仲裁协议，一方申请仲裁的，仲裁委员会不予受理。有仲裁协议，一方向人民法院提起诉讼的，人民法院不予受理。有仲裁协议，仲裁协议无效的，仲裁委员会不予受理。

（2）当事人申请仲裁应在仲裁时效内提出。根据《仲裁法》第74条的规定："法律对仲裁时效有规定的，适用该规定。法律对仲裁时效没有规定的，适用诉讼时效的规定。"我国《合同法》规定，"货物买卖合同争议提起诉讼或者仲裁的期限为4年，自当事人知道或应当知道其权利受到侵犯之日起算。其他合同争议提起诉讼或者仲裁的期限由法律另行规定。"我国《民法通则》第135条规定："向人民法院请求保护民事权利的诉讼时效期间为2年。"因此，当事人申请仲裁，除货物买卖合同争议提起仲裁的期限为4年外，其他争议都应在2年仲裁时效内提出。有仲裁协议，但超过仲裁时效的，仲裁委员会一般不予受理。

（3）当事人申请仲裁时，如果因另一方当事人的行为或者其他原因，可能使裁决不能执行或者难以执行的，可以书面形式申请财产保全。以口头形式提出的，仲裁委员会会记录在案，并由申请人签字盖章。仲裁委员会会将当事人财产保全的申请依照民事诉讼法的规定提交给被申请人住所地或者保全财产所在地的人民法院。申请财产保全时，申请人要提供担保。当事人申请仲裁财产保全一般应向仲裁委员会提出，仲裁案件的当事人直接向人民法院申请保全或者调查取证的，人民法院不予受理。根据《民事诉讼法》第101条、第102条的规定，利害关系人因情况紧急，不立即申请保全将会使其合法权益受到难以弥补的损害的，可以在申请仲裁前向被保全财产所在地、被申请人住所地或者对案件有管辖权的人民法院申请采取保全措施。申请人应当提供担保，不提供担保的，裁定驳回申请。人民法院接受申请后，必须在48小时内作出裁定；裁定采取保全措施的，应当立即开始执行。申请人在人民法院采取保全措施后30日内不依法提起诉讼或者申请仲裁的，人民法院应当解除保全。保全限于请求的范围，或者与本案有关的财物。

（4）被申请人提出的反请求被受理后，由于反请求本身与本请求基于同一事实或同一法律关系，并且当事人也相同，因此，为节省时间、费用以及方便审理，仲裁庭往往将申请人提起的本请求与被申请人提起的反请求合并审理。如果出现提出仲裁申请的申请人在案件受理过程中撤回仲裁申请的情况，不影响反请求的继续审理。

（5）因回避而重新选定或者指定仲裁员后，当事人可以请求已进行的仲裁程序重新进行，是否准许，由仲裁庭决定；仲裁庭也可以自行决定已进行的仲裁程序是否重新进行。

（6）当事人对仲裁协议的效力有异议的，可以请求仲裁委员会作出决定或者请求人民法院作出裁定。一方请求仲裁委员会作出决定，另一方请求人民法院作出裁定的，由人民法院裁定。当事人向人民法院申请确认仲裁协议效力的，由仲裁协议约定的仲裁机构所在地的中级人民法院管辖，仲裁协议约定的仲裁机构不明确的，由仲裁协议签订地或者被申请人所在地的中级人民法院管辖。当事人申请仲裁委员会对仲裁协议的效力作出决定的，应当在仲裁庭首次开庭前提出。当事人在仲裁庭首次开庭前没有对仲裁协议效力提出异议，而后向人民法院申请确认仲裁协议无效的，人民法院不予受理。仲裁机构对仲裁协议的效力作出决定后，当事人向人民法院申请确认仲裁协议的效力或者申请撤销仲裁机构的决定的，人民法院不予受理。

（7）已经审理裁决的案件，当事人就同一纠纷再申请仲裁的，仲裁委员会不予受理。

（8）如果出现当事人因为客观原因无法参加开庭或者要求延长举证期限等情况，需要在开庭审理以外与仲裁庭进行沟通，而仲裁委员会的仲裁规则规定仲裁员在案件审理过程中不能私自会见当事人、代理人，在案件裁决前也不能向当事人谈论涉及案件的内容，因此，当事人庭外与仲裁庭沟通，必须注意以下两点：第一，向仲裁庭反映情况必须通过该案的书记员进行；第二，以书面形式提交仲裁庭。

三、练习题

1. 案例分析一

案情：2013年9月9日，申请人黄某与被申请人朱某签订了一份借款合同，该合同约定被申请人向申请人借款500万元，借款月利率2%，借款期限60天；同时，该借款合同还约定被申请人违约时，申请人有权要求被申请人赔偿申请人实现债权的各项费用，被申请人朱某、广东某药业有限公司为该笔借款提供担保；借款合同第5条还约定发生争议时由某仲裁委员会裁决。合同签订后，申请人如约将500万元出借给被申请人朱某，但借款到期后，被申请人朱某仅归还了借款80万元，余款未能按约归还，被申请人朱某、广东某药业有限公司也未履行借款担保的义务。

申请人基于上述事实，提出如下仲裁请求：①裁决被申请人偿还申请人借款本金420万元；②裁决被申请人按每月2%的利率向申请人支付自2013年11月11日起至实际清偿之日止的利息；③裁决被申请人支付申请人催讨债务人员工资及差旅费12万元；④裁决赔偿申请人律师费及其他实现债权的费用70万元；⑤裁决被申请人承担本案全部仲裁费用。

申请人为证明其主张，向仲裁庭提交了下列证据材料：

证据一：借款合同、股东会决议。证明：①借款金额为500万元、月利率2%、期限60天；②催讨债务人员的工资和费用按照每天2000元计算至起诉或仲裁之日；③起诉或仲裁之后的律师费按照15%计算；④朱某、广东某药业有限公司为该笔借款提供了担保；⑤发生争议时由某仲裁委员会裁决。

证据二：借据。证明：朱某在2013年9月9日出具了500万元的借据，朱某、广东某药业有限公司在借据上签名、盖章。

证据三：银行转账凭证。证明：黄某于2013年9月11日将500万元转账到朱某的账户。

证据四：委托代理合同。申请人应支付的律师代理费为63万元。

证据五：某市中级人民法院的受理案件通知书。证明：申请人2014年1月9日已经起诉，计算催讨债务人员工资及差旅费至该日终止。

问题：请根据上述案情出具一份仲裁申请书。

2. 案例分析二

案情：案由同上。被申请人辩称：①被申请人未归还的借款本金不是420万，而是3400110元；②认可申请人主张的按月利率2%支付利息；③认为申请人主张的催讨债务人员工资及差旅费12万元无事实和法律依据；④认为申请人主张的律师费及其他实现债权的费用70万元没有证据证明已支付，也不符合法律规定。

被申请人对申请人提供的上述证据提出如下质证意见：

被申请人对申请人提供的以上证据的真实性、合法性均无异议，但对其关联性有异议。认为证据一中对于催讨债务人员的工资和费用，是指实际发生了的费用，没有发生则没有费用。对于律师费按15%计算，则远远超过了法律的规定，是无效的。认为证据四不能证明其实际支付了律师费，且超过了相关的法律规定和当事人预计的范围。对证据五的关联性有异议，不能证明追讨债务实际发生的费用。

同时，被申请人为证明其观点，向仲裁庭提交了下列证据材料：六份汇款凭证,分别是:2013 年 9 月 10 日,朱某转账给黄某 30 万元;2013 年 9 月 11 日,朱某转账给张某 30 万元;2013 年 9 月 11 日,朱某转账给黄某 10 万元;2013 年 10 月 9 日,朱某转账给黄某 49900 元;2013 年 10 月 10 日,朱某转账给黄某 49990 元;2013 年 11 月 22 日,朱某转账给黄某 80 万元。证明:被申请人已经支付了申请人 1599890 元的本金。

问题:请根据上述案情出具一份答辩书。

实务目标(三) 仲裁裁决的执行

一、操作步骤

(一)申请执行人申请执行仲裁裁决

仲裁实行一裁终局制度,仲裁裁决一旦作出即产生法律效力,任何一方都必须履行。一方不履行的,另一方有权向人民法院申请执行。

1. 向有管辖权的中级人民法院申请执行

《仲裁法》第 62 条规定:"当事人应当履行裁决。一方当事人不履行的,另一方当事人可以依照民事诉讼法的有关规定向人民法院申请执行。受申请的人民法院应当执行。"因此,当事人申请执行仲裁裁决,应当依照民事诉讼法的规定提出申请。但《民事诉讼法》仅规定由被执行人住所地和被执行财产所在地的人民法院执行,并没有解决级别管辖的问题。直到《最高人民法院关于适用〈中华人民共和国仲裁法〉若干问题的解释》的出台,其第 29 条才明确规定:当事人申请执行仲裁裁决案件,由被执行人住所地或者被执行的财产所在地的中级人民法院管辖。

2. 应提交申请执行书

当事人向被执行人住所地或者被执行的财产所在地的中级人民法院申请执行时,应当提交申请执行书,书写申请执行书确有困难的,可以口头申请,由执行人员记入笔录。提出书面执行申请或者口头申请执行的,应当说明对方当事人的基本情况以及申请执行的事实和理由,并附作为执行依据的仲裁裁决书或仲裁调解书。同时提交申请人主体资格证明材料,委托代理人的,应提交委托人签名或盖章的授权委托书。

附一：

执行仲裁裁决申请书

申请执行人：(姓名，性别，民族，出生年月日，住址，联系电话，身份证号码；是企业的应写明：名称，地址，法定代表人，联系电话)

被执行人：_____

请求事项：

1._____。

2._____。

3._____。

事实和理由：

_____

_____

此致

××中级人民法院

申请执行人：

年　月　日

附：仲裁裁决书及相关证据材料×份

3. 应在法定期限内申请执行

申请执行必须遵守法律规定的申请期限，无正当理由逾期提出申请执行的，人民法院可以驳回申请，不予执行。依照《民事诉讼法》第239条的规定，申请执行的期间为二年。申请执行时效的中止、中断，适用法律有关诉讼时效中止、中断的规定。前款规定的期间，从法律文书规定履行期间的最后一日起计算；法律文书规定分期履行的，从规定的每次履行期间的最后一日起计算；法律文书未规定履行期间的，从法律文书生效之日起计算。

(二)被执行人申请不予执行仲裁裁决

1. 不予执行仲裁裁决的法律规定

根据我国《仲裁法》第63条、《民事诉讼法》第237条和第274条的规定，被申请人提出证据证明仲裁裁决有下列情形之一的，经人民法院组成合议庭审查核实，裁定不予执行：

(1)当事人在合同中没有订有仲裁条款或者事后没有达成书面仲裁协议的；

（2）裁决的事项不属于仲裁协议的范围或者仲裁机构无权仲裁的；

（3）仲裁庭的组成或者仲裁的程序违反法定程序的；

（4）裁决所根据的证据是伪造的；

（5）对方当事人向仲裁机构隐瞒了足以影响公正裁决的证据的；

（6）仲裁员在仲裁该案时有贪污受贿、徇私舞弊、枉法裁决行为的；

（7）涉外仲裁中，被申请执行人没有得到指定仲裁员或者进行仲裁程序的通知，或者由于其他不属于被申请人负责的原因未能陈述意见的；

（8）涉外仲裁中，仲裁庭的组成或者仲裁的程序与仲裁规则不符的。

除以上八种情形外，还有两种不予执行的情形，即使没有被申请执行人的申请，法院也会裁定不予执行：

第一，《民事诉讼法》第237条第3款、第274条第2款还规定，人民法院认定执行该裁决违背社会公共利益的，裁定不予执行。

第二，《民事诉讼法》第477条规定，仲裁机构裁决的事项，部分有《民事诉讼法》第237条第2款、第3款规定情形的，人民法院应当裁定对该部分不予执行。应当不予执行部分与其他部分不可分的，人民法院应当裁定不予执行仲裁裁决。

2. 向申请执行人提出执行申请的中级人民法院递交不予执行仲裁裁决申请书

不予执行仲裁裁决申请书主要包括两个方面的内容：

（1）申请不予执行事项。要写明申请不予执行的是仲裁裁决书，还是仲裁裁决书的某一部分事项。

（2）事实和理由。可以从仲裁裁决认定的事实和法律关系、适用的法律、认定事实的主要证据、执行该裁决所带来的后果等方面进行充分的说理和论证。

在递交不予执行仲裁裁决申请书的同时，提交申请人主体资格证明材料，委托代理人的，应提交委托人签名或盖章的授权委托书。

附二：

不予执行仲裁裁决申请书

申请人：（姓名，性别，民族，出生年月日，住址，联系电话，身份证号码；是企业的应写明：名称，地址，法定代表人，联系电话）

申请不予执行事项：

××仲裁委员会×仲裁〔××〕裁字第×号裁决书违反仲裁法的规定，请求人民法院依法不予执行该裁决书。

　　事实和理由：

_____

_____

_____

　　此致
××中级人民法院

申请人：

年 月 日

附：仲裁裁决书及相关证据材料×份

　　3. 应在法定期限内申请不予执行

　　申请不予执行以申请执行人提出强制执行申请为前提，因此，申请不予执行仲裁裁决应在对方当事人申请执行仲裁裁决之后、法院对是否执行仲裁裁决作出裁定之前。

（三）当事人申请撤销仲裁裁决

　　1. 撤销仲裁裁决的法律规定

　　根据我国《仲裁法》第 58 条的规定，当事人提出证据证明裁决有下列情形之一的，可以向仲裁委员会所在地的中级人民法院申请撤销裁决，经人民法院组成合议庭审查核实，裁定撤销：

　　（1）没有仲裁协议的；

　　（2）裁决的事项不属于仲裁协议的范围或者仲裁委员会无权仲裁的；

　　（3）仲裁庭的组成或者仲裁的程序违反法定程序的；

　　（4）裁决所根据的证据是伪造的；

　　（5）对方当事人隐瞒了足以影响公正裁决的证据的；

　　（6）仲裁员在仲裁该案时有索贿受贿，徇私舞弊，枉法裁决行为的。

　　此外，该法条第三款还规定，人民法院认定该裁决违背社会公共利益的，应当裁定撤销。

　　2. 当事人向有管辖权的中级人民法院申请撤销仲裁裁决

　　当事人向仲裁委员会所在地的中级人民法院申请撤销仲裁裁决，应当提供下列材料：

　　（1）撤销仲裁裁决申请书；

（2）申请人主体资格证明材料，被申请人是单位的，应提交近期工商登记单；

（3）需要委托代理人的，应提交委托人签名或盖章的授权委托书，授权委托书必须记明委托事项和权限；

（4）仲裁裁决书原件；

（5）证明收到裁决书日期的材料；

（6）仲裁协议或载有仲裁条款的合同的复印件。

附三：

撤销仲裁裁决申请书

申请人：姓名，性别，民族，出生年月日，住址，联系电话，身份证号码；是企业的应写明：名称，地址，法定代表人，联系电话）

申请撤销事项：申请依法撤销××仲裁委员会×仲裁字（××）第××号裁决书。

事实和理由：

_____

_____

_____

此致
××中级人民法院

申请人：
年 月 日

附：仲裁裁决书及相关证据材料×份

3. 应在法定期限内申请撤销

根据我国《仲裁法》第59条和第60条的规定，当事人申请撤销裁决的，应当自收到裁决书之日起6个月内提出。人民法院在受理撤销裁决申请之日起两个月内作出撤销或者驳回申请的裁定。

二、注意事项

（1）仲裁裁决的执行必须有当事人的申请。一方当事人不履行仲裁裁决时，另一方当事人（权利人）只有向人民法院提出执行申请，人民法院才可以启动执行程序。是否向人民法院申请执行，是当事人的权利，人民法院没有主动采取执行措施对仲裁裁决予以执行的职权。

（2）对仲裁裁决不予执行和撤销是法院行使的《仲裁法》和《民事诉讼法》所赋予的司法监督权，是在符合法律规定的特定情形下对仲裁裁决的否定，仲裁裁决被人民法院裁定不予执行或撤销后，该仲裁裁决即告无效。

（3）根据《民事诉讼法》第275条和第478条的规定，仲裁裁决被人民法院裁定不予执行后，当事人可以根据事后双方达成的书面仲裁协议重新申请仲裁，也可以直接向人民法院起诉。

（4）根据《民事诉讼法》第478条的规定，依照《民事诉讼法》第237条第2款、第3款规定，人民法院裁定不予执行仲裁裁决后，当事人对该裁定提出执行异议或者复议的，人民法院不予受理。

（5）掌握不予执行仲裁裁决和撤销仲裁裁决的区别。

①提出请求的当事人不同。有权提出撤销仲裁裁决申请的当事人可以是仲裁案件中的任何一方当事人，不论其是仲裁裁决确定的权利人还是义务人；而有权提出不予执行仲裁裁决的当事人只能是被申请执行仲裁裁决的一方当事人。申请不予执行必须以另一方当事人申请执行为前提，如果没有另一方当事人申请执行仲裁裁决，则不能申请不予执行。

②提出请求的期限不同。当事人请求撤销仲裁裁决的，应当自收到仲裁裁决书之日起6个月内向人民法院提出；而当事人申请不予执行仲裁裁决则是在对方当事人申请执行仲裁裁决之后，法院对是否执行仲裁裁决作出裁定之前。

③管辖法院不同。当事人申请撤销仲裁裁决，应当向仲裁委员会所在地的中级人民法院提出；而当事人申请不予执行仲裁裁决只能向申请执行人所提出执行申请的法院提出。

④法院审查的重点不同。人民法院在审查撤销仲裁裁决时，侧重对于仲裁裁决的事实认定进行审查；而在审查不予执行仲裁裁决时，既审查仲裁裁决所认定的事实，又审查仲裁裁决所适用的法律。

（6）根据我国《仲裁法》第64条的规定，申请人申请执行裁决，被申请人申请撤销裁决的，人民法院应裁定中止执行。人民法院裁定撤销裁决的，应当裁定终结执行。撤销裁决的申请被裁定驳回的，人民法院应恢复执行。

三、练习题

案情：申请人河北××律师事务所与被申请人河北××房地产开发股份有限公司因委托代理合同代理费支付纠纷一案，于2003年4月17日向石家庄仲裁委员会申请仲裁,仲裁委于 2003 年 7 月 4 日作出裁决:被申请人给付申请人代理费 852090.70 元,仲裁费 30050 元由被申请人承担。

仲裁后,被申请人以裁决所依据的证据是伪造的,裁决的事项不属于仲裁协议范围,仲裁庭的组成和仲裁程序违法等为主要理由,向河北省石家庄市中级人民法院提起了撤销仲裁裁决的申请,经法院审查认为,被申请人提出申请撤销仲裁裁决的理由不符合《中华人民共和国仲裁法》第 58 条规定的撤销仲裁裁决的条件,故于 2003 年 9 月 18 日作出裁定驳回被申请人提出的撤销仲裁裁决的申请。

裁定作出后,被申请人未自觉履行仲裁裁决所确定的义务,申请人即于 2003 年 10 月 10 日申请河北省石家庄市桥西区人民法院强制执行,被申请人又依据原《中华人民共和国民事诉讼法》第 217 条(现行民事诉讼法第 237 条)第 2 款之规定,提出不予执行仲裁裁决的申请,经该基层法院执行机构审查认为,仲裁委的裁决认定事实的主要证据不足,依照《民事诉讼法》第 217 条第 2 款第(4)项之规定,于 2004 年 11 月 18 日裁定对该仲裁裁决不予执行。

问题:

(1)请以被申请人的身份出具一份撤销仲裁裁决申请书。

(2)根据上述案例,请阐述:在对仲裁裁决依据《仲裁法》第 58 条所规定的撤销程序进行司法审查以后裁定驳回撤销申请的,执行法院是否还可以依据《民事诉讼法》第 217 条(现行民事诉讼法第 237 条)第 2 款的规定再次进行司法审查并作出不予执行仲裁裁决的裁定?

第十章　企业民商事诉讼法律实务

实务目标（一）　庭前准备

一、操作步骤

（一）对争议进行分析、提炼并转化为法律关系

企业法务人员参与民事诉讼，需做好庭前准备。首先需要对争议的主体、客体和权利义务三方面内容进行精确的定位，任何一方面定位不准，都可能会导致法律关系的转化发生偏差，进而影响制定出适当的诉讼策略和方案。

（二）审查有关事项并核对证据材料

如果己方是原告，应明确诉求及证据；如果己方是被告，应审查对方所有的诉求和观点是否属于诉讼解决的事项，是否符合管辖、时效等规定，己方有何证据反驳对方。

（三）收集、整理、提交证据并制作证据目录

证据的形成和取得应当合法，收集与提交的证据必须能证明案件事实。不能认为某些证据不重要而不去收集，因为任何看似无关紧要的证据都可能成为案件逆转的关键。在整理好证据后一定要根据证据类别和证明事实之间的联系制作出证据目录并提交给法院，这既有利于法院了解证据和事实，也有利于综合分析和管理证据，为庭审提供清晰的证据索引。

附一：

证据目录格式

序号	证据名称	证据来源	形式	份数	证明内容	页码
1						
2						
3						
4						

提交人：

年 月 日

(四)确定诉讼方案拟好诉讼文书

作为诉讼原告，往往在提起诉讼前，有多种诉讼方案可以选择。因此在起诉前，应当就事实和法律进行研讨，根据案情事实、证据和当事人想要的诉讼请求选择最有利、最快捷的，而且能够实现诉求利益最大化的诉讼方案，拟写起诉状，己方一份、对方按被告人数各一份、递交法院一份。

作为诉讼被告，同样要根据事实、证据和原告的诉讼请求选择最能维护自己合法权益的诉讼方案，拟写答辩状。写好答辩状应当注意以下几点：其一，答辩状要有针对性。诉讼请求的核心是事实和法律，答辩状要针对原告提出的请求和事实逐一反驳，并与证据相印证，特别是对那些能够支撑其诉讼请求的事实要重点辩驳。其二，答辩状要有全面性。答辩状既要反驳其事实依据，也要反驳其法律依据；对事实要逐一反驳，对其提出的法律依据如果存在错误应当逐一指出。

附二：

民事起诉状范本

原告：(姓名、性别、出生年月、民族、文化程度、工作单位、职业、住址，原告如为单位，应写明单位名称、法定代表人姓名及职务、单位地址)。

被告：(姓名、性别、出生年月、民族、文化程度、工作单位、职业、住址，被告如为单位，应写明单位名称、法定代表人姓名及职务、单位地址)。

请求事项：(写明向法院起诉所要达到的目的)。

事实和理由：(写明起诉或提出主张的事实依据和法律依据，包括证据情况和证人姓名及联系地址)。

　　此致

_____人民法院

　　附：1. 本诉状副本____份(按被告人数确定份数)；

　　　　2. 证据____份；

　　　　3. 其他材料____份。

原告：(签名或盖章)

_____年__月__日

附三：

民事答辩状范本

　　答辩人：(姓名、性别、出生年月、民族、文化程度、工作单位、职业、住址,答辩人如为单位,应写明单位名称、法定代表人姓名及职务、单位地址)。

　　被答辩人：姓名、性别、出生年月、民族、文化程度、工作单位、职业、住址,被答辩人如为单位,应写明单位名称、法定代表人姓名及职务、单位地址)。

　　答辩人因_____(写明案由,即纠纷的性质)一案,进行答辩如下：

　　请求事项：(写明答辩所要达到的目的)。

　　事实和理由：(写明答辩的事实依据和法律依据,应针对原告、上诉人、申诉人,即被答辩人提出起诉、上诉、申诉所依据的事实、法律和所提出的主张陈述其不能成立的理由)。

　　此致

_____人民法院

答辩人：(签名或盖章)

_____年__月__日

(五)写好开庭提纲

　　开庭提纲是庭审的作战计划,计划不完备在庭审中只能陷入被动。庭审主要包括法庭调查和法庭辩论,开庭提纲应围绕法庭调查和法庭辩论而展开。开庭提纲应记录好所有案件相关事实,以备法官提问；对对方提出的证据逐一进行质证分析,对于有疑问的证据要提示质证时重点关注；对于可能出现的新增或变更的诉讼请求应有所预见并拟定预案；针对对方请求的事实和法律依据逐一辩驳。具体可从以下主要方面进行：

（1）核对审查证据材料；

（2）列明对方当庭可能提出的质证意见，做好应对准备；

（3）列明法官可能会在庭审时问到的问题，尤其是双方证据均无法直接证明的焦点问题，并根据双方的证据材料做好应对准备。

写好开庭提纲，至少必须做好以下工作：其一，查找法律、法规。找出案件所涉及的法律规定，按照一定的顺序收集整理好，把相关的条文单独列出来，放在一个文件里。查找顺序一般是：从法律到行政法规及行政规章再到司法解释及地方性法规和规章。以后遇到同类案件，只要搜索一下有没有最新规定即可。其二，摘录或摘要事实和证据。对案件中所有的事实与证据都必须按递交法院的或法院交付的证据顺序编号，并逐一作简要说明，标明存在的问题和质疑重点，通过整理一个个证据，就会形成对案件的整体判断和清晰的思路、方案。

附四：

开庭提纲格式

第一部分：质证要点

要写好质证提纲。质证，是对证据的真实性、关联性、合法性进行分析、判断、论证。决定诉讼成败的首要因素在于证据，因此，参加庭审，举证、质证是最重要的关节。就对方提出的证据，需要事先制作质证意见，运用换位思考的方法，推想对方对每一证据的观点、理由及应用目的，并提前作出应对方案。

第二部分：我方出示证据

第一，证据及其来源；第二，证明目的；第三，证明内容；第四，相应的法律依据。

第三部分：本案焦点问题

根据本案的焦点提出我方的主张及其法律依据，分析对方的可能抗辩及其理由。

（六）必要时申请采取保全和先予执行措施

企业法务人员根据我国民事诉讼法的规定，在可能因对方的行为使判决难以执行或者造成己方其他损害的情况下，应该向法院申请财产保全；因情况紧急，既可以申请诉前财产保全，也可以申请先予执行。

（七）必要时申请司法鉴定

企业法务人员应根据案情的需要，适时在诉讼过程中对案件涉及的事实方面的专门性问题，向司法机关申请进行司法鉴定。

（八）根据实际情况决定是否选择适用简易程序

虽然由基层法院及其派出法庭适用简易程序审理的是事实清楚、权利义务关系明确、争议不大的简单的民事案件，但是，对非简单的民事案件，当事人双方也可以约定基层法院及其派出法庭适用简易程序。

二、注意事项

（一）牢记举证期限

通常情况下，法院会送达《举证通知书》，对提交证据的方式、期限都进行了规定，如果在此期限内不能完成证据收集，应当及时与法院沟通，并妥善解决相关问题。

（二）单独列表说明需要计算的事项

需要计算的数字，一般要在庭前按多种方案计算，如标的额、违约金及利息等。

（三）根据需要决定是否通知证人出庭

证人是案件事实的知悉人，他们的言辞是直接的证据，如果双方当事人对案件事实的争议较大，应当要求法庭依法通知证人出庭。

（四）所有证据资料一般只提交复印件

为防止证据资料丢失，诉前一般只向法院提交证据资料复印件，证据资料原件只能在开庭时带到庭审现场以供质证。没有证据原件，轻则导致庭审质证无法继续，重则可能被认定为所提交的该证据无法与原件核对而承担举证不能的后果。

（五）谨记开庭时间和开庭地点

城市比较大或者交通比较堵塞的，一定要注意安排好行程，根据传票指定的开庭时间和地点按时准确抵达。

三、练习题

案情: 2012 年 3 月 1 日上午 10 点 12 分，搬运工李某接了一个送货的活，货物是 425#施工水泥，共计 10 袋，每袋 50 千克，单价为 300 元/吨，地点为长沙市甲区某小区 2 栋 704 号正在装修的毛坯新房。由于 704 号房间位于 7 楼，且楼房未装电梯，故李某采用自制的吊篮装置将水泥通过 704 号房间的阳台从一楼吊上 704 号房间。11 点 30 分，由于李某使用的吊篮装置没有固定的安全防护，导致李某在吊运最后一袋水泥的过程中，装载水泥的吊篮上升到 5 楼时，吊篮的绳索松动，吊篮和水泥直线落下，导致站在 704 号房间阳台上拉扯绳索的李某直接从 704 号房间的阳台落下，摔在一楼的地面上，当场死亡。经查明，李某送货的水泥为湖南某水泥厂出品的施工水泥，其水泥销售商为长沙市乙区云水路 138 号门面的水泥销售公司，法定代表人为章某，男，42 岁，自 1998 年 6 月开始即在该门面经营水泥五金。上述正在装修的毛坯新房户主为王某，男，29 岁，某电视台司机，计划于 2012 年 10 月结婚。2012 年 2 月 14 日王某和长沙市某家装有限责任公司签订装修合同，委托长沙市某家装有限责任公司全权装修该房，总面积为 117.2 平方米，装修形式为包工包料，总计装修费用为 38 万。事故发生时王某正在北京出差。该家装有限责任公司，地处长沙市丙区五里路 272 号，法定代表人为江某，男，48 岁，长沙市人，2000 年 4 月成立该公司。直接负责该房装修的向某系该公司主管，男，33 岁。搬运工李某，男 36 岁，宁乡县人，家住宁乡县仁义路 174 号，李某经鉴定系救治无效当场死亡，李某妻子为宁某，女，34 岁，宁乡县人，现为宁乡县某超市收银员，李某女儿李某珊，10 岁，为宁乡县某小学 4 年级学生。

证据: 询问笔录 2 份

笔录一:

时间:2012 年 3 月 1 日下午 15 点 31 分

地点:长沙市某派出所

问:你讲一下事情的经过。

向某:3 月 1 日上午，我们装修房子到乙区云梦路 138 号门面的水泥销售公司那里买了 10 袋水泥，要公司经理章某安排送货，10 点多钟，搬运工就是李某送来了 10 袋水泥，因为房子在 7 楼，要求是送货到家，所以李某就用自己的吊篮在 704 的阳台上吊水泥，结果吊到最后一袋水泥时候，绳子松了，把李某带下去了，摔死了。

问：是你请的李某送货，还是章某请的？

向某：不是我请的，我只是跟章某讲好了买 10 袋水泥，要他送货上门，应该是章某请的李某。

笔录二：

时间：2012 年 3 月 3 日上午 9 点 01 分

地点：长沙市某派出所

问：你讲一下事情的经过。

章某：3 月 1 日上午向某到我公司买了 10 袋水泥，要送到长沙市甲区某小区，我说我们不负责送货，但是可以喊步行街附近的搬运工，于是，向某就找了一个搬运工就是李某。然后，向某和李某把价钱谈好，我就发货了。昨天下午，我才听说，李某在吊货上楼的时候摔死了。

问：是你请的李某送货，还是向某请的？

章某：不是我请的，我只是告诉向某可以找步行街附近的搬运工，好便宜的，是他自己联系的李某，他们谈好的价钱，要他送货上门的。

问题：请根据以上案情，撰写起诉状和答辩状。

实务目标（二）　参加庭审

一、操作步骤

（一）参与法庭调查

1. 注意当事人陈述时的技巧

法庭审理开始后，首先进行当事人陈述。当事人陈述时，案件事实的陈述要简单明了，使审判人员和对方当事人都能听清楚，尤其是能让书记员听清楚，因为在庭审中的所有陈述，都是由书记员记录在案的。

作为诉讼原告，其当事人陈述的方式一般是宣读起诉状，也可能是审判长要求陈述诉讼请求及所依据的事实理由。在后一种情况下，诉讼请求的陈述一定要完整，事实与理由的陈述应简要，不能照本宣科更无须展开，否则审判长会打断。当然，也不能只按起诉状的标题宣读，而是要高度概括，用几分钟时间把事实与理由讲清楚。当审判长问"对原诉状有无变更或补充"时，如果有就应明确指出，但涉及诉讼请求的变更则要慎之又慎；如果没有变更或补充，就回答"诉讼请求及事实与理由按某年某月某日向法院提交的起诉状(或上诉状)不变"，这样既不会被打断，也起到了强调的作用。

作为诉讼被告，通常有两种答辩的陈述：一是庭前或开庭时提交书面答辩状。审判长通常会要求被告陈述答辩意见，同样不要照读答辩状更不要展开，而是对答辩状进行简明扼要的概括陈述，把主要的抗辩事实和理由讲清楚。由于答辩状往往是在开庭时才递交，审判长在归纳争议焦点时离不开答辩意见，所以法庭在一般情况下会耐心听，只要不是过度啰嗦，不太容易被打断。但其基本要求还是简明扼要，因为照本宣科会让人感觉你对案情不太熟，或给人留下不够自信的印象。二是没有提交书面的答辩状。在这种情况下，一定要充分准备好答辩内容，让法庭听明白并且记录好答辩意见。

2. 高度重视举证质证

在举证质证环节，应将所有证据的原件按顺序摆在桌子上，举证时讲明提供的是证据清单中的第几组证据，这组证据有几份证据，具体名称是什么，证明什么内容。关键内容还要提请法庭注意，切不可急急忙忙、慌慌张张。

质证意见要有层次感和条理性，首先是合法性，其次是真实性，最后是关联性；也可以从形式到内容进行表述。观点要鲜明，不能含糊其辞。通常，在庭前已经对对方的证据进行了分析，对有疑问的证据要记得在质证时一一向法庭指出，不得遗漏。一般来说，质证首先要听清楚对方提供的证据所要证明的内容和目的，然后紧紧围绕证据的合法性、真实性、关联性展开质、辩、验、判，逐一进行识别、判断，并具体发表以下综合意见：①原件还是复印件；②证据来源是否合法；③证据是否存在瑕疵甚至伪造的痕迹；④证据在内容上或者与其他证据是否存在矛盾；⑤证据与本案是否存在关联性；⑥证据是否能达到对方的证明目的。

以下是常见的一些证据的质证思路：

(1)公证书。超出管辖的公证书效力存在问题；证明待证事实合法有效或是双方的真实意思表示等内容的公证书应当是违法的。

(2)鉴定意见。是谁委托鉴定的？鉴定机构及人员的资格证书有没有？委托的材料是什么？鉴定的依据？鉴定的过程？

(3)传真件。传真件不可单独作为证据，只有有其他证据相佐证的情况下才可作为证据使用，如通过一系列传真和其他书面证据能够证明其连续性的，特别是双方互有传真往来彼此能够相互衔接的等。

（4）证人证言。质证时应主要就下列问题进行：利害关系；是否主观判断；内容是否不肯定；内容是否与现有双方认可的证据相冲突。

（5）补强证据。法律规定因某一证据的证明力较弱，不能将其单独作为认定案件事实的依据，只有在其他证据以佐证方式对其证明力给予补充、加强的情况下，法院才能将该证据作为认定案件事实的依据的规则，这是补强证据规则。补强证据规则只适用下列五种情况：未成年人所作的与其年龄和智力状况不相当的证言；与一方当事人或者代理人有利害关系的证人出具的证言；存有疑点的视听资料；无法与原件、原物核对的复印件、复制品；无正当理由未出庭作证的证人证言。所以，如对方提出此外的所谓补强证据，均可以予以否认。

3. 谨慎回答提问，精心准备发问

法官发问的内容和方式表明了法官对案件的审理思路。法官询问的事实可能是记载在判决书中的事实。因此，仔细研究法官的发问，很可能就会感受到法官对案件的倾向性意见。这将成为辩论和写作代理意见时的工作重点。因此，在回答法官问题时要特别谨慎，如果暂时拿不定主意，不妨说还不清楚，待了解之后再回答。回答对方的发问也同样要特别谨慎。

在发问时要做到：其一，没有把握能问得出本方想要的结果就不要轻易问，尤其是对方当事人不出庭而只有诉讼代理人出庭时，对方一旦识破了你发问的目的后得到的回答一般对己方不利。其二，在当事人在场的情况下，最好强调是询问事实，是向对方当事人发问，而不是向代理人发问，对方代理人回答时要及时提请法庭制止。其三，切不可离开案件事实去发问，因为此时还在法庭调查阶段，法庭调查就是要查事实；其四，发问要在目的十分明确的情况下采取迂回方式，不要轻易暴露自己的发问目的。当然，在向对方发问时，对方很可能为逃避问题而回答"这个问题与本案无关"，如果你认为问题是重要的，应当提醒法官所问问题的重要性，由法官来向对方发问，这时对方就必须明确回答。

4. 听清法庭归纳的争议焦点

在法庭调查结束的时候，法官都会归纳双方的争议焦点，此后的法庭辩论将围绕争议的焦点展开。对于法官归纳的争议焦点，必须听清楚、听明白。如果觉得法官归纳得不够准确甚至有遗漏，应当在征得审判长的同意后发表己方意见,并由法庭决定是否采纳。

(二)参与法庭辩论

法庭辩论一般分为第一轮辩论、相互辩论和最后的补充辩论三个环节。每个环节发表的辩论意见应当有所变化,不能一味地老调重弹。只有这样,你的法庭辩论才能彰显出层次感和敏锐性。

1. 在第一轮辩论时全面发表意见

通过法庭调查的举证、质证,双方所陈述的事实和掌握的证据已经清楚明了。因此,第一轮庭审辩论应主要围绕着三个方面展开:其一,一定要尽量全面表达己方的诉求、请求及其理由。其二,对方证据存在什么问题,是不是能形成完整的证据链证明事实;如果认为对方证据不能证明其事实主张,是在哪个环节存在问题和漏洞等。对方存在的所有问题,都要具体的指出和分析,不可笼统地说证据不能证明事实。其三,对方的具体诉求或者意见是否有依据,依据是否正确,例如,各项损失计算的依据是否正确,误工费、年限补偿按什么标准计算等。同时,一般来说,所有问题都需要根据具体的法律规定去辩论。

2. 在相互辩论时以反驳为主

反驳是运用有效证据、事实和有关法律规定(论据),结合自己的观点(论点)和理由,围绕案件法律问题的争议焦点,来反驳对方在陈述和反驳中的观点的过程。反驳不是重复己方已经阐述过的观点,反驳的精彩来自于双方的激烈交锋,任何一方不回应对方就无法形成对抗。没有对抗,就只有双方的各"论",而没有互相的对"辩"。反驳可以说是在法庭辩论中最核心、最精彩的部分,但是,反驳应当在掌握法庭辩论规律的前提下才能顺利进行。法庭辩论的规律,就是围绕争议焦点进行。如果对方论点与争议焦点无关,点明即可,不必对对方的论点进行争辩,因为无论辩赢、辩输都没有意义。法庭辩论要根据自己的知识、实践经验和能力去把握,但无论如何,都必须建立在以事实为根据、以法律为准绳、紧紧抓住争议焦点的基础上。偷换概念、强词夺理、故弄玄虚、哗众取宠,甚至进行人身攻击的辩论方式都是不可取的。

反驳时要特别注意以下几个问题:①对方观点是己方不熟悉的领域,要坚持站在己方的立场上,尽量全面客观地予以直接反击或者进行间接反击,切不可不懂装懂地强辩。②对方运用出乎意料的法律理论和专业知识,甚至运用一些学术意见作为依据的,如果有能力判断对方的真伪,则可直接进行反驳;如超出己方的知识范围,在表明尊重科学结论的态度后,可直接指出案件处理的依据是现行的法律法规;对尚无定论的学术问题,则明确指出不能作为处理根据,不要多辩。③对方在有关性质的认定、责任的区分等方面提出不可思议的转变时,则应该始终站在自己原有的诉讼立场上对案件性质、责任等问题予以辩驳。

3. 在补充辩论时以补充为限

补充辩论是法庭辩论的最后阶段,是在有遗漏时的补充发言。如果没有需要补充的内容就无须再发表意见,千万不要啰嗦重复。

(三)进行最后陈述

在最后陈述的时候,需要以简洁的语言表达自己的诉求或者请求,不能在这时候还重复已经陈述或者辩论过的事实和理由。

(四)重视法院调解

如果在法院的主持下达成了调解,双方当事人之间的具体争议和诉讼法律关系均消灭,生效的调解书产生强制执行的效力。由于法院调解的案件不能上诉,也不得为此再起诉(一事不再理),因此,参与法院调解必须在特别授权范围内进行,如果自己对调解的内容没有把握,一定要及时请示汇报。当然,由于法院调解不能消灭民事法律关系本身,故法院调解的案件可能会因为法定事由而引起再审。

(五)认真核对开庭笔录

开庭结束后,要对开庭笔录进行核对并签名。认为对自己陈述的记录有遗漏或者有差错的,有权申请补正。

二、注意事项

(一)做好出庭前的准备工作

出庭人员(没有律师资格的代理人应携带身份证以备查验)不仅要准备好所有案卷材料,特别是庭审需要查验的各项证据材料,而且应当熟悉包括案件事实、证据材料、申请事项、辩解理由、法律依据等所有事项。

（二）服从法官的指挥

法官是庭审的组织者和指挥者，出庭应当听从法官的指挥，根据法官的要求陈述事实、举证质证或者发表辩论意见。

（三）认真倾听法官和对方的发言

在参与整个庭审过程中，应当全神贯注，既要听明白审判人员的每一次发言内容，也要认真倾听对方的发言，并注意观察这些发言对审判人员的影响。在认真的倾听和观察中敏锐地捕捉到对方发言中的破绽，有针对性地找准自己的进攻方向。绝不可忽视对方的发言，也绝不可轻易地放弃反驳。这一点不仅在法庭辩论阶段应如此，在法庭调查阶段也应如此。

（四）庭审发言要有针对性

其一，庭审发言的听众主要是法官，并非对方当事人。要仔细聆听对方的陈述，记录其中与事实不符的内容，在己方陈述时再向法庭指出，切忌因对方陈述不实就打断对方，自行发表言论，这不会为法官注意或书记员记录，只会徒增反感，也可能导致遗漏其他重要的事实陈述。要特别注意法官的提问，要针对其提问给予简单、明了、准确的回答，不要含糊其辞，也不要东拉西扯，答非所问。其二，发言要针对诉讼请求所依据的事实与法律。诉讼只针对当事人提出的请求进行调查和确认，庭审发言也只针对对方提出的事实和法律进行辩驳即可，不要涉及对方陈述事实之外的其他内容。在法律依据上应寻找最具体和有针对性的法律条款。其三，要特别关注庭上新增的事实依据和请求，能够回答和反驳的当庭作出，如果需要补充证据的应当向法庭提出。其四，不能在陈述事实阶段掺杂辩论意见或者在举证、质证时又对事实进行重复陈述，这些不专业的表现都可能影响庭审的进行甚至影响到法官的判断。

庭审发言还要注意以下要求：其一，以理服人。不要胡搅蛮缠和诡辩，也不要在一些与案件关系不大的细节上大做文章，更不要抓住对方的一点口误而紧紧不放。事实胜于雄辩。其二，合理的言辞和合适的语调。吐字清晰，音调和谐，力争抑扬顿挫；语速快慢适度；一般不要带感情色彩，必须使用情感时，仍然要保持与具体案情相适应的基调，不能带有当事人的感情色彩，而是使用经过理智处理过的法律语言和情感色彩。言词和语气应当表现出真诚和信心，一开口最好能够立即抓住法官的注意力。其三，得体的姿态。要有风度，有气魄，不卑不亢，举止大方，沉稳有序，言而有据。既不要忘乎所以轻视对方，也不要惊慌失措手忙脚乱。在任何情形下，不可轻率发表无准备、无水平的言辞，应树立刚柔并济、以静制动、以稳求成的形象。遇到事先没有预料到或已预料到的非正常的阻碍、干扰、发难等情况，要控制住情绪，惊而不慌，怒却不暴，及时采取有效措施，平息、排除意外。

（五）运用案例要适当

我国虽然不是判例法国家，但要重视判例的重要参考价值。在法庭上，判例本身并不是争论的对象，只是说服法官接受某个论点的辅助手段。在引用判例时，决不能仅仅凭印象而从判例摘要或某些判决批注中随手拈来，一定要完整地阅读和理解。如果发现法官已打算接受自己一方的某一论点，而且基本上同意证明该论点的推理，那最好就不要再引证任何判例了，除非某一判例的判决能够原封不动地直接适用于该论点的推理。

（六）在庭上不能当即解决的重大问题的应急处理

庭上遇到重大问题一下子解决不了，最简单的方法就是申请延期开庭，或者庭后补充，或者干脆找法定理由让法庭休庭。当然，准许与否由法庭自由裁量。

（七）庭后及时递交代理词

代理词的主要内容和依据的法律、法规在庭前应该做好基本的准备，只是根据庭审的实际情况予以调整和完善。最忌临场胡乱地翻证据、找条规，不仅难以顾及对方的意见或态度，而且一旦找不到或者找不准，就会心里发慌。在法庭上一般要把已经准备好的东西说出来、交出去，对对方的意见只记录与案件有关的内容，如对案件定性和主张成立有影响的内容。在难以应对时，可以以发问或者让对方查找相关证据的方式，来争取思考的时间。所以，出庭前也要为自己准备一些发问的问题，这往往是由被动到主动，为自己争取法庭主动权的子弹。当然，在法庭上肯定还是会有不尽如人意的地方，回去再总结，最后以代理词的方式进行补充。

附一：

代理词格式

一、首部

1. 标题：应表述为：_____ 诉 _____ 纠纷案代理词。

2. 称呼：应表述为尊敬的法庭或尊敬的审判长、审判员（人民陪审员）。

二、序言

参考表述："_____ 律师事务所接受 _____ 的委托，指派我出任本案原告的代理人，接受委托后，通过调查取证、证据交换和庭审调查，就全案发表代理意见如下 _____"。

三、正文

要注意区分标题和要点。引用具体法律文件应加书名号，如《中华人民共和国合同法》。法条序号（第 ____ 条、第 ____ 款、第 ____ 项）、时间（年月日等）、数量金额等用阿拉伯数字。

四、尾部

尾部应有落款，列明代理人所在律师事务所名称，代理人姓名，日期，并由代理人签名盖章。

三、练习题

案情： 法院审理查明：2010 年 10 月 15 日，甲公司与乙公司签订 30 份《林木收购合同》，该 30 份合同主要约定：甲公司将已依法取得林木所有权的位于湖南省某县某乡 111619 亩林木转让给乙公司，单价为 260 元/立方米，合同总价款为 144581398 元。价款支付方式为：合同生效后一个月内，乙公司支付甲公司总购林木款的 30%，余款 70% 在甲公司向乙公司交付林木并在乙公司取得以乙公司名义登记的林权证或与之具有同等法律效力的林权证明文件后三个月内支付。合同还约定了双方的权利义务以及其他事项。2010 年 12 月 14 日，乙公司向甲公司出具《授权委托书》，载明：兹确认贵公司作为本公司代理人签署本《授权委托书》附件所示《森林资源转让合同》，并授权贵公司协助本公司办理所需全部林权变更登记、备案手续，直至取得以本公司名义登记的《中华人民共和国林权证》。除另有明确规定的，贵公司于该《森林资源转让合同书》项下作为受让方的全部权利、义务，本公司均相应享有和承担。合同签订后，甲公司通过张三与某县某乡的 12 个村分别签订了 12 份《森林资源流转合同》，甲公司通过广西某林业开发公司与张三签订 3 份《林地使用权转让及林木所有权转让合同》，甲公司与张三签订 9 份

《林地使用权转让及林木所有权转让合同》，至 2011 年 6 月，甲公司委托张三经过法定流转程序办理流转登记在乙公司名下的 39 本《林权证》，面积共计 60967.2 亩，并于 2011 年 6 月 29 日将 39 本《林权证》交付给了乙公司。

乙公司分别于 2011 年 1 月 12 日、2011 年 6 月 9 日、2011 年 6 月 30 日分三笔向甲公司支付购林木款共计 47765942.82 元。甲公司以其已办理了 60967.2 亩林权证书，并将 39 本林权证交付给了乙公司，按双方的合同约定，乙公司应将对应的 70% 余款 55279997 元及首期购林木款 42081425 元，共计 917360138 元支付给甲公司，现乙公司只支付 47765942.82 元，尚欠 49594195 元为由，于 2011 年 12 月 12 日委托广西维权律师事务所向乙公司发出《律师函》，要求乙公司依约支付欠款，乙公司未做任何回复。

甲公司的一审诉讼请求为：①判令乙公司依约向甲公司支付合同购林木款项 49594195 元；②判令乙公司与甲公司继续履行所签《林木收购合同》直至履行完毕；③判令乙公司自逾期付款之日赔偿甲公司的相应损失，直至款项付清之日止；④判令乙公司承担本案的全部诉讼费用。

乙公司的一审反诉请求为：①判令解除甲公司与乙公司于 2010 年 10 月 15 日签订的 30 份《林木收购合同》；②判令甲公司返还乙公司已支付的购林木款项人民币 47765942.82 元；③判令乙公司向甲公司支付占用上述购林木款项人民币 47765942.82 元的利息至执行之日止（暂计至 2012 年 8 月 20 日为人民币 4471689.91 元，按照中国人民银行同期贷款利率计算）；④判令甲公司承担本案的全部诉讼费用。

问题：请根据以上案情，分别为甲公司和乙公司撰写代理词。

实务目标（三）　上诉

一、操作步骤

（一）认真分析一审裁判文书并全面掌握相关法律规定

上诉的目的是由上一级法院对下级法院的判决作出重新判断，希望作出对己方有利的裁判。无论你是上诉人一方，还是被上诉人一方，作为公司法务人员，首要责任就是全面了解、掌握案情以及与上诉有关的法律和规则。

（二）拟好上诉文书

1. 撰写上诉状

作为上诉人一方的法务人员,必须明白上诉的全部目的就在于尽可能直截了当和准确说明下级法院的裁判在法律和事实方面有些什么错误。因此,上诉请求应当明晰准确,上诉状必须阐明推翻下级法院判决的理由。在起草上诉状时不断地思考并剔除无关的事物,若提出了一个错误的理由或者没能采用一个很恰当的理由,这种错误将是致命的。

要在上诉状中正确列明当事人。例如,必要共同诉讼人的一人或者部分人提起上诉的,按下列情形分别处理:①上诉仅对与对方当事人之间权利义务分担有意见,不涉及其他共同诉讼人利益的,对方当事人为被上诉人,未上诉的同一方当事人依原审诉讼地位列明;②上诉仅对共同诉讼人之间权利义务分担有意见,不涉及对方当事人利益的,未上诉的同一方当事人为被上诉人,对方当事人依原审诉讼地位列明;③上诉对双方当事人之间以及共同诉讼人之间权利义务承担均有意见的,未提起上诉的其他当事人均为被上诉人。

2. 撰写上诉答辩状

作为上诉人一方的法务人员,必须明白上诉答辩状是针对上诉请求及其事实和理由的辩驳文书,因此,上诉答辩状一定要有针对性,要针对上诉人提出的请求和事实、理由逐一反驳,并与证据相印证,同时,上诉人提出的法律依据如果存在错误也要逐一指出。

3. 上诉状或者上诉状答辩状的递交

撰写好的民事上诉状或者上诉答辩状必须交由企业法定代表人或者负责人亲自签字或盖章,按照对方每人各一份、法院一份的份数递交法院。

附一:

民事上诉状范本

上诉人:＿＿＿＿＿＿＿＿＿＿＿＿＿＿＿＿＿＿＿＿＿＿＿＿＿＿＿＿。

被上诉人:＿＿＿＿＿＿＿＿＿＿＿＿＿＿＿＿＿＿＿＿＿＿＿＿＿＿＿。

上诉人＿＿＿＿＿＿因＿＿＿＿＿一案,不服＿＿＿＿＿人民法院＿＿年＿＿月＿＿日＿＿字第＿号裁定(或判决),现提出上诉。

上诉请求:(首先要综合叙述案情全貌,接着写明原审裁判结果。其次指明是对原判全部或哪一部分不服。最后写明具体的上诉请求,是要撤销原判、全部改变原判还是部分变更原判。)

上诉理由：（主要是针对原审裁判而言，而不是针对对方当事人。针对原审判决、裁定，论证不服的理由，主要是以下方面：（1）认定事实不清，主要证据不足；（2）原审确定性质不当；（3）适用实体法不当；（4）违反了法定程序）。

此致

_____人民法院

上诉人：

年　月　日

附二：

民事上诉答辩状范本

答辩人：姓名、性别、出生年月、民族、文化程度、工作单位、职业、住址，答辩人如为单位，应写明单位名称、法定代表人姓名及职务、单位地址）。

答辩人_____因_____一案，对上诉人_____不服_____人民法院__字第__号判决，提出答辩状。

答辩的理由和根据：_____

_____。

此　致

_____人民法院

答辩人：签名（盖章）

法定代表人：签名（签章）

年　月　日

（三）根据企业的需要提供是否撤回上诉的法律意见

有时候，企业为了利益考量，可能会作出撤回上诉的处理。虽然在第二审法院审理案件的过程中，上诉人一方有权撤回上诉，但是，上诉人一经撤诉，便丧失了上诉权，不能再提起上诉，并应负担诉讼费用。所以，如果企业想要撤回上诉，作为企业法务人员，应当提供妥善的法律意见交由企业决策人决策。

（四）参加二审庭审或者发表书面辩论意见

全面而充分地了解案卷中的事实以及一审双方争讼的过程，是企业法务人员最基本的工作。发言要注重分析和分类,在法庭上能够迅速完善在庭前已经基本形成的关于案件的系统想法,并以简明而有条理的方式阐述出来。其他参加二审庭审的操作步骤,可参考上述参加一审庭审的相关做法。

(五)提交新证据

在二审期间有新证据的,应当在举证期限内递交法院。在二审程序中新的证据包括:一审庭审结束后新发现的证据;当事人在一审举证期限届满前申请人民法院调查取证未获准许,二审法院经审查认为应当准许并依当事人申请调取的证据。新证据应当在二审开庭前或者开庭审理时提出;二审不需要开庭审理的,应当在人民法院指定的期限内提出。举证期限届满后提供的证据,人民法院可能不予采纳。经人民法院准许延期举证,但因客观原因未能在准许的期限内提供,且不审理该证据可能导致裁判明显不公的,可视为新证据。

(六)其他操作步骤

其他操作步骤均可参考上述参加一审程序的相关做法。

二、注意事项

(一)逾期上诉和口头上诉均不产生法律效力

可以上诉的判决有三类:地方各级法院依据普通程序或者简易程序审理后作出的判决、发回重审的判决和适用一审程序的再审判决;可以上诉的裁定有四类:不予受理、管辖异议、驳回起诉以及驳回破产申请的裁定。一审原、被告及被判决承担责任的第三人不服地方人民法院第一审判决的,必须在判决书送达之日起15日内向上一级人民法院提起上诉,当事人不服地方人民法院第一审裁定的,必须在裁定书送达之日起10日内向上一级人民法院提起上诉。上诉期限从判决书、裁定书送达当事人的第二天起算;不能同时送达当事人的,上诉期限从各自收到判决书、裁定书之次日起算。上诉必须以书面的方式进行。

(二)企业在二审期间终止的处理

企业作为上诉案件的当事人终止的,由其权利义务承继者参加二审程序的诉讼。

（三）撤回上诉的限制

如果第一审裁判确有错误，即使上诉人要求撤诉，第二审法院也不会批准，仍按上诉审程序进行审理。

（四）庭后及时递交代理词

企业法务人员在庭后应当及时递交代理词。

三、练习题

案情： 原审原告中国人民人寿保险股份有限公司洞庭中心支公司（以下简称人寿保险洞庭中心支公司）与原审被告张某某确认劳动关系纠纷一案，洞庭市双方区人民法院于 2011 年 11 月 29 日作出〔2011〕双法民初字第 621 号民事判决，张某某不服，向洞庭市中级人民法院上诉，该院于 2012 年 4 月 11 日作出〔2012〕洞中民一终字第 85 号民事裁定，将本案发回洞庭市双方区人民法院重审。

洞庭市双方区人民法院于 2012 年 12 月 18 日重审开庭查明：张某某长期在本市保险行业从事保险代理工作，并具备保险代理人资质。2008 年 4 月 10 日至 2010 年 9 月 9 日期间在太平洋寿险武冈营销部从事保险代理工作，2010 年 9 月 10 日开始在中华联合财险武冈支公司从事保险代理工作，其展业证查询信息显示其目前的从业机构为中华联合财险武冈支公司。张某某于 2009 年 6 月 3 日、2010 年 9 月 28 日分别与湖南泛华保险代理有限公司（以下简称泛华保险公司）签订了两份《保险代理合同书》，甲方为湖南泛华保险代理有限公司，乙方为张某某，该《保险代理合同书》第一条 1.2 约定"……甲乙双方依本合同建立的是保险代理关系。"第二条 2.3 约定"在本合同有效期内，乙方不得为甲方以外的其他机构代理保险业务，……否则，由此产生的一切后果均由乙方承担。"期间，泛华保险公司因发现张某某同时在人寿保险公司从事保险代理业务，故对其作清退处理。根据保险行业的相关规定，同一代理人不能同时在两家寿险公司展业，如果保险代理人要从一家公司离开，前往另一家公司工作，必须在前一公司办理离职手续，才能与后一公司建立保险代理关系。张某某在未与泛华保险公司解除或终止保险代理合同，也未向人寿保险洞庭中心支公司提交其在泛华保险公司的离职手续的情况下，于 2010 年 1 月 13 日到人寿保险洞庭中心支公司武冈营业部担任个险营业部经理。2010 年 3 月 22 日，张某某在与陶某辉、张某成一起开展业务时出现交通意外。2010 年 3 月和 4 月期间，人寿保险洞庭中心支公司分两次汇划 1600 元、3200 元进入张某某账户。2011 年 3 月 28 日，张某某向洞庭市劳动争议仲裁委员会申请仲裁，请求确认双方之间存在劳动关系，该仲裁委员会于 2011 年 7 月 20 日作出洞市劳仲案字(2011)第 128 号仲裁裁决，确认双方之间劳动关系成立。人寿保险洞庭中心支公司不服该裁决，向法院提起诉讼，故酿成本案纠纷。

洞庭市双方区人民法院认为，人寿保险洞庭中心支公司与张某某之间是保险代理关系而非劳动关系，理由如下：第一，根据《劳动和社会保障部〈关于确立劳动关系有关事项的通知〉》第 1 条规定，用人单位招用劳动者未订立书面劳动合同，但同时具备下列情形的，劳动关系成立。(一)用人单位和劳动者符合法律、法规规定的主体资格；(二)用人单位依法制定的各项劳动规章制度适用于劳动者，劳动者受用人单位的劳动管理，从事用人单位安排的有报酬的劳动；(三)劳动者提供的劳动是用人单位业务的组成部分。具备以上三项标准，劳动者与用人单位之间应当认定为劳动关系。本案中，双方之间没有签订劳动合同，双方之间的关系也并不符合上述通知中第(二)项之规定，不应认定为劳动关系，具体理由如下：(一)人寿保险洞庭中心支公司招聘正式员工设置了笔试、面试、计算机等相关技能测试环节，考察合格后须经审核录用为正式员工，签订劳动合同并办理入职手续，而张某某没有提供任何证据证明其是经过该招聘程序进入人寿保险洞庭中心支公司工作的，且人寿保险洞庭中心支公司在岗人员花名册中并无张某某的名字。(二)张某某在人寿保险洞庭中心支公司工作期间的职位是个险营业部经理，根据中国人民人寿保险股份有限公司 2007 年发布的《营销员管理基本办法》的相关规定，营业部经理是保险营销员的一个职级，营销员与保险公司之间建立的是保险代理关系，营业部经理的薪酬组成包括佣金、津贴、奖金，故张某某主张人寿保险洞庭中心支公司向其支付的 4800 元系工资，与事实不符。(三)张某某具备保险代理资质，先后在数家保险公司均是以保险代理人的身份开展保险代理业务，因此根据张某某的从业经历可以推断本案中其与人寿保险洞庭中心支公司之间应是事实上的保险代理关系。(四)人寿保险洞庭中心支公司与张某某未签订保险代理合同。根据《中华人民共和国保险法》第 129 条之规定"个人保险代理人在代为办理人寿保险业务时，不得同时接受两个以上的保险人的委托"。张某某应当先解除或终止其与泛华保险公司的保险代理关系并办理离职手续，才能到其他公司任职。而张某某在未与泛华保险公司解除或终止保险代理关系，也未向人寿保险洞庭中心支公司提供其在泛华保险公司的离职手续的情况下，到人寿保险洞庭中心支公司从事个人保险代理工作，双方之间并没有签订保险代理合同，人寿保险洞庭中心支公司不能及时为张某某办理保险代理业务所需展业证的责任在于张某某，人寿保险洞庭中心支公司对此没有过错。综上所述，张某某主张其与人寿保险洞庭中心支公司之间是劳动关系，证据不足。据此，依照《中华人民共和国劳动法》第 2 条、《中华人民共和国劳动合同法》第 2 条、《中华人民共和国保险法》第 125 条之规定，经审判委员会讨论决定，作出〔2012〕双民初字第 261 号民事判决：中国人民人寿保险股份有限公司洞庭中心支公司与张某某之间不存在劳动关系。案件受理费 10 元，由张某某负担。张某某不服，向洞庭市中级人民法院提起上诉。

问题：请根据以上案情，撰写上诉答辩状。

实务目标（四）　申请再审和申请抗诉

一、操作步骤

（一）分析是否符合申请再审的条件

1. 分析是否具备申请再审的法定事由

企业所涉案件如果二审败诉，企业法务人员应当分析是否申请再审。根据《民事诉讼法》第 200 条的规定，申请再审的法定事由包括以下情形，只要有其中一种情形，法院就应当再审：①有新的证据，足以推翻原判决、裁定的；②原判决、裁定认定的基本事实缺乏证据证明的；③原判决、裁定认定事实的主要证据是伪造的；④原判决、裁定认定事实的主要证据未经质证的；⑤对审理案件需要的主要证据，当事人因客观原因不能自行收集，书面申请人民法院调查收集，人民法院未调查收集的；⑥原判决、裁定适用法律确有错误的；⑦审判组织的组成不合法或者依法应当回避的审判人员没有回避的；⑧无诉讼行为能力人未经法定代理人代为诉讼或者应当参加诉讼的当事人，因不能归责于本人或者其诉讼代理人的事由，未参加诉讼的；⑨违反法律规定，剥夺当事人辩论权利的；⑩未经传票传唤，缺席判决的；⑪原判决、裁定遗漏或者超出诉讼请求的；⑫据以作出原判决、裁定的法律文书被撤销或者变更的。⑬审判人员审理该案件时有贪污受贿，徇私舞弊，枉法裁判行为的。

2. 分析是否超出申请再审的期限

申请再审应当在判决、裁定发生法律效力后 6 个月内提出；有上述申请再审法定情形第①项、第③项、第⑫项、第⑬项的，自知道或者应当知道之日起 6 个月内提出。

3. 协助选择受理再审申请的法院

经过分析，如果符合申请再审条件的，一般应向原审法院的上一级人民法院申请再审。如果是对方人数众多的案件，也可以向原审人民法院申请再审。作为企业的法务人员，如果可以选择受理再审申请的法院，应当就此问题为企业决策人提供法律意见，由企业决策人决定选择在哪个法院申请再审。

（二）撰写并提交再审申请书

作为再审申请人的法务人员，必须明白再审申请的目的是直接和准确说明原审法院的裁判在法律和事实方面有些什么错误。因此，请求应当明晰，再审申请书必须阐明推翻原审法院判决的理由。格式与上诉状基本相同。

民事再审申请书格式要求如下：

(1)申请人、被申请人和第三人的身份：依顺序写明姓名、性别、年龄、民族、籍贯、职业(工作单位)、家庭住址和邮政编码；是法人的写明法人名称、地址、法定代表人姓名及其职务。有电话的写明电话号码。

请求事项：要写明案由和不服何法院的判决或裁定的案号(并提供复印件)，以及具体的再审要求与目的。

(2)事实和理由：对原判决或裁定认定事实认为不当的，要用事实说明，并提供证据证明；对适用法律认为不当或案件性质认定错误的，或认为原审严重违反诉讼程序等，均应在申请书中明确说明，并充分阐述理由。

(3)写明递交法院的名称、申请人姓名(是法人的写明法人名称及法定代表人姓名)、日期。如有新的证据，应附上有关证据材料或书证的复印件。

（三）按要求补充有关材料

在法院要求补充有关材料时，应当及时补交。

（四）申请再审不能之后进行申请抗诉

对法院驳回再审申请或者逾期未对再审申请作出裁定以及有明显错误的

再审判决、裁定，可以向人民检察院申请抗诉。当然，申请抗诉需要提交申请再审抗诉申请书和有关的材料。

再审抗诉申请书和再审申请书的撰写大同小异，除了格式有些区别之外，诉求、事实和理由均基本相同。

附一：

民事再审抗诉申请书范本

申请人：＿＿＿＿＿＿＿＿＿＿＿＿＿＿＿＿＿＿＿＿＿＿＿＿＿＿＿＿＿。

被申请人：＿＿＿＿＿＿＿＿＿＿＿＿＿＿＿＿＿＿＿＿＿＿＿＿＿＿＿。

因申请人＿＿＿＿＿与被申请人＿＿＿＿纠纷一案，不服＿＿＿人民法院第＿＿＿号民事判决，现依法请求＿＿＿人民检察院依法对＿＿＿人民法院提起抗诉。

事实和理由：＿＿＿。

综上所述，由于＿＿＿＿＿＿，根据《中华人民共和国民事诉讼法》第187条第二款、《人民检察院民事行政抗诉案件办案规则》第33条的有关规定，故特请求贵院对本案予以抗诉。

此致

＿＿＿人民检察院

申请人：

年　月　日

（五）撰写并递交答辩意见

如果企业所涉案件二审胜诉，法院或者检察院又受理了对方的再审申请或者申诉，那么法院或者检察院肯定会通知我方提出并递交答辩意见。作为被申请人或者被申诉人一方的法务人员，必须明白答辩意见是针对申请请求或者申诉请求及其事实和理由的辩驳文书，因此，一定要针对申请人或者申诉人提出的请求和事实、理由逐一进行书面反驳，并与证据相印证，同时，对方提出的法律依据如果存在错误也要逐一指出。

（六）参加再审庭审

对于再审案件，原发生法律效力的判决、裁定是由第一审法院作出的，按照第一审程序审理，所作的判决、裁定，当事人可以上诉；发生法律效力的判决、裁定是由第二审法院作出的，按照第二审程序审理，所作的判决、裁定，是发生法律效力的判决、裁定；上级人民法院按照审判监督程序提审的，按照第二审程序审理，所作的判决、裁定是发生法律效力的判决、裁定。因此，参加再审庭审，应当根据具体情况分别按照一审程序或者二审程序的操作步骤进行。

（七）其他操作步骤

其他操作步骤均可参考上述参加一审程序或者二审程序的相关做法。

二、注意事项

（1）不得申请再审的情形。①按特别程序和督促、公示催告、企业法人破产还债程序审理的案件；②按审判监督程序审理维持原判的案件。

（2）再审请求不得超出原审诉讼请求。在民事再审案件审理的过程中，不得变更、增加诉讼请求或者提出反诉（原审已反诉的除外）。

（3）不得再次向人民检察院申请抗诉。

（4）申请再审申请抗诉或者申诉均应围绕原审裁判的错误展开。

（5）可以进行申诉。

申诉，是指当事人及其家属或者知道案件情况的其他人，认为人民法院已经发生法律效力的民事判决或裁定有错误，向人民法院或者人民检察院或者其他机构提出要求依法处理，予以纠正的行为。如发现申诉有理的，由法院院长提交审判委员会讨论决定是否再审或者由人民检察院依法决定是否抗诉或者其他机构依法处理。由于申诉存在的问题多，与法治社会的建立有一定的矛盾，因此我们只是提出还有这样一种救济途径，对其具体内容不再展开。

附二：

申诉书范本

申诉人：（姓名、性别、出生年月、民族、文化程度、工作单位、职业、住址，申诉人如为单位，应写明单位名称、法定代表人姓名及职务、单位地址）。

被申诉人：（姓名、性别、出生年月、民族、文化程度、工作单位、职业、住址，被申诉人如为单位，应写明单位名称、法定代表人姓名及职务、单位地址）。

申诉人_____因_____(写明案由，即纠纷的性质)一案不服_____人民法院(写明原终审法院名称)____第___号_____判决，现提出申诉，申诉请求及理由如下：

请求事项：(写明提出申诉所要达到的目的)。

事实和理由：(写明申诉的事实依据和法律依据，应针对原终审判决认定事实、适用法律或审判程序上存在的问题和错误陈述理由)。

此致

_____人民法院(或者_____人民检察院)

附：1.原审判决书复印件件一份

　　2.本申诉状副本____份(按被申诉人人数确定份数)

申诉人：(签名或盖章)

年　月　日

三、练习题

案情：原告、反诉被告便捷物流公司诉称，自 2008 年起，便捷物流公司与岳阳亚华公司先后签署三份《仓储、配送一体化服务合同》(合同有效期分别以 2009 年 3 月 31 日，2010 年 3 月 31 日，2011 年 3 月 31 日为截止日期)，由便捷物流公司为岳阳亚华公司提供仓储保管、装卸服务及产品配送与其他物流服务。《仓储、配送一体化服务合同》对配送货物时间、费用结算以及延期支付物流费用应按欠款金额×每日万分之五×欠款天数计算违约金等均作了明确规定。合同履行期间内，便捷物流公司依约为岳阳亚华公司提供优质高效的物流服务，但岳阳亚华公司却自 2009 年 1 月起长期拖欠便捷物流公司物流费用；2010 年经便捷物流公司与岳阳亚华公司核算签署《补充协议》确认 2009 年 7 月至 2010 年 5 月服务期间，岳阳亚华公司尚欠便捷物流公司物流费用人民币 5082855.97 元。后经多次催收，岳阳亚华公司遂连同亚华控股公司、湖南亚华公司于 2010 年 12 月 17 日共同作出《还款承诺书》，明确三方对便捷物流公司全部物流费用负连带还款责任；截止到 2011 年 1 月 30 日，便捷物流公司最后一次收到亚华控股公司四张银行承兑汇票合计 200 万元整后，再未收到三公司付款。至今，三公司仍欠便捷物流公司物流费人民币 999 220.63 元。三公司长期拖欠便捷物流公司物流费用，严重损害了便捷物流公司的合法权益，并造成巨大的经济损失。便捷物流公司遂起诉至法院，请求判令：①岳阳亚华公司、亚华控股公司、湖南亚华公司向便捷物流公司支付物流服务费人民币 999220.63 元，并从欠款之日起按每日万分之五支付延期违约金至清偿之日止（暂计算至 2011 年 1 月 30 日止违约金为 2589208.41 元），两项合计 3588429.04 元；②岳阳亚华公司、亚华控股公司、湖南亚华公司承担本案诉讼费。

被告、反诉原告岳阳亚华公司、被告亚华控股公司、湖南亚华公司答辩称：①便捷物流公司所主张的 999220.63 元物流服务费用缺乏事实依据；②便捷物流公司所主张的违约金既无证据支持，也与双方的约定相违背；③本案的诉讼费应由便捷物流公司承担。

被告、反诉原告岳阳亚华公司提起反诉称，自 2008 年起，岳阳亚华公司与便捷物流公司签订《仓储、配送一体化服务合同》，委托便捷物流公司为岳阳亚华公司提供仓储保管、装卸服务及产品配送服务。根据双方合同规定，便捷物流公司应在岳阳亚华公司 EAS 系统中的下单后 24 小时内将产品配送出库，不得更改，否则便捷物流公司应按 200 元/天的标准支付违约金。从 2010 年 12 月起，便捷物流公司在明知岳阳亚华公司货物具有很强的销售保质期的情况下，擅自扣押岳阳亚华公司价值 750651.48 元的货物，造成岳阳亚华公司无法正常销售该批货物，市场直接经济损失 472309.30 元。便捷物流公司的行为直接造成该批货物报废，岳阳亚华公司因填埋该批货物所致直接经济损失 20 余万元。岳阳亚华公司遂请求法院判令：①便捷物流公司赔偿因配送时间延迟的违约金 2183966.00 元（从岳阳亚华公司实际下单之日起计算到岳阳亚华公司实际配送到位之日）；②便捷物流公司赔偿岳阳亚华公司货物损毁、市场缺货损失、货物报废处理费等各项费用合计 1430039.22 元。两项合计 3614005.22 元；③便捷物流公司承担本案诉讼费。

原告、反诉被告便捷物流公司答辩称，岳阳亚华公司的反诉请求均无事实依据，也不符合法律规定：①便捷物流公司在岳阳亚华公司先行违约情况下，有权抗辩，对岳阳亚华公司不构成违约；②便捷物流公司依约按岳阳亚华公司的要求优质高效地完成了岳阳亚华公司的运送指令，不存在违约行为；③目前仍然在便捷物流仓库的货物，并非便捷物流公司不送货。便捷物流公司多次安排向岳阳亚华公司送货，但岳阳亚华公司拒绝接收货物，其损失是由岳阳亚华公司自己造成的，便捷物流公司没有责任。岳阳亚华公司多次拖欠物流费用，便捷物流公司以各种形式催收，但岳阳亚华公司均予以拒绝；④便捷物流公司认为岳阳亚华公司违背合同约定，不履行合同义务，应向便捷物流公司支付物流费用。

法院经审理查明：自 2008 年起，便捷物流公司与岳阳亚华公司先后签署三份《仓储、配送一体化服务合同》，约定：便捷物流公司凭岳阳亚华公司

EAS 系统中的订单在 24 小时内将产品配送出库，不得更改；在仓储和配送过程中所发生一切货物损失由便捷物流公司按《产品赔偿标准》负责赔偿；便捷物流公司于每月的 20 日前凭《产品送货单》签收回单、合法发票和《费用结算明细表》结算；岳阳亚华公司自收到便捷物流公司有效结算凭证并经审核合格之日起 15 天(节假日顺延)内支付；岳阳亚华公司未按规定时间支付物流费用，延时一天应承担应付而未付物流费用万分之五的违约金；便捷物流公司未按《区域配送中心配送运价及 OTD 时间表》的时间配送到位，延期每超过 1 天，便捷物流公司承担违约金 200 元/天。配送货物涉及 11 个省、自治区和直辖市。上述合同签订后，双方按照合同约定履行义务。

截止 2009 年 7 月 29 日，岳阳亚华公司共欠便捷物流公司物流运作款项(已开票)619 万元。截止 2010 年 11 月 17 日，岳阳亚华公司还欠便捷物流公司物流运作款项 5460170.95 元。2010 年 12 月 17 日，岳阳亚华公司、亚华控股公司和湖南亚华公司共同向便捷物流公司承诺将于 2011 年 4 月 30 日前还清剩余的 460170.95 元及 2010 年 12 月 30 日以前发生的费用。2011 年 1 月 28 日，便捷物流公司收到亚华控股公司还款 330 万元。

2011 年 2 月 27 日，便捷物流公司致函岳阳亚华公司要求其三个工作日内支付物流服务费用 100 余万元及违约金，否则将采取停止物流运作、采取留置措施等。2011 年 3 月 3 日，便捷物流公司以岳阳亚华公司未在其指定的期限内履行支付义务为由，如期留置了岳阳亚华公司不同规格、不同型号的奶粉共计 1727 件，价值 826339.98 元，其生产日期绝大多数为 2010 年 11 月和 12 月，最早的为 2010 年 1 月，最晚的为 2011 年 1 月，保质期均为两年。至 2011 年 5 月 4 日止，便捷物流公司三次致函岳阳亚华公司，请其尽快付款，并清仓退还占用的仓库。2011 年 5 月 9 日和 11 日，便捷物流公司经事先邮件、传真等方式告知岳阳亚华公司后，将留置的货物送给岳阳亚华公司在合肥的新的仓储方合肥市振兴大道无忧仓库，均被拒收，该 1727 件货物一直由便捷物流公司持有。直至便捷物流公司起诉时止，便捷物流公司已开票未回款的物流服务费金额为 768588.22 元(含双方已对账且均无争议的未回款金额 460170.95 元)，已运作未开票金额为 200602.31 元，合计 969190.53 元。

便捷物流公司在本案诉讼过程中，提交其单方制作的《2009 - 2011 年亚华应收款项结算状态及应收违约金统计表》，拟以此证明截止 2011 年 2 月 24 日，岳阳亚华公司应向其支付违约金 2567747.61 元。该统计表由十项内容组成，包括企业名称、款项类别、发票号码、发票日期、发票金额、未回款金额、应收日期、收款日期、回款超期天数或截止 2011 年 2 月 24 日账龄、应收滞纳金，其所选定的计算每笔款项延期天数的起算点分别为：已开发票的自开票日后的第20天开始，其具体的开票日期自月初至月末不等；未开票的自业务完成后的下月1日开始。

裁判结果：湖南省岳阳市中级人民法院于2012年10月25日作出(2012)岳中民二初字第0417号民事判决：一、岳阳亚华公司于判决生效之日起十日内支付便捷物流公司物流服务费969190.53元；二、岳阳亚华公司于判决生效之日起十日内支付便捷物流公司因拖欠物流服务费969190.53元而产生的延迟付款违约金266042.8元(暂计算至2012年10月31日，之后的延迟付款违约金以日万分之五的标准计算至清偿完毕之日止)；三、亚华控股公司、湖南亚华公司对岳阳亚华公司的上述债务承担连带清偿责任；四、便捷物流公司于判决生效之日起十日内赔偿岳阳亚华公司货物损失750651.48元；五、驳回便捷物流公司的其他诉讼请求；六、驳回岳阳亚华公司的其他反诉请求。宣判后，便捷物流公司向湖南省高级人民法院提起上诉，请求支持其原审请求，并驳回岳阳亚华公司的诉讼请求。湖南省高级人民法院于2013年5月22日作出〔2013〕湘高法民二终字第59号民事判决：一、维持湖南省岳阳市中级人民法院〔2012〕岳中民二初字第0417号民事判决第一、二、三、五、六项；二、变更湖南省岳阳市中级人民法院〔2012〕岳中民二初字第0417号民事判决第四项为：便捷物流公司于本判决生效之日起十日内赔偿岳阳亚华公司货物损失30060.59元。

便捷物流公司不服二审判决，希望再审。

问题：请根据以上案情，撰写再审申请书或者再审抗诉申请书或者申请书。

后 记

　　2012年9月，为推进我校"本科教学工程"，加强学校本科专业课程及特色教材建设，促进人才培养质量和水平的提高，学校开展了"十二五"校级特色教材规划项目评选活动。经院部推荐、专家评审、学校审定，共评选出《企事业单位法务实务》等8项校级特色教材予以立项。经过陈建军、杨忠明、刘杨、曹乔华、李立宏5位同志两年多的共同努力，教材试用讲义终于完成，2014年下学期、2015年下学期和2016年下学期在我校法学专业3个年级中进行了试用。从试用的效果来看，虽然还算不上上乘之作，但解决了开课急需教材问题。

　　当然，经过试用，我们也发现了《企事业单位法务实务》教材试用讲义存在的一些不足。一是知识性的介绍过多，实际操作性还有待提高；二是内容过多，在专业人才培养方案规定的课时内无法完整地讲授；三是事业单位法务实务与企业法务实务虽有一定的差异，但重合的内容不少，使教材内容显得繁杂；四是教材体例过于传统老套，没有特色和创新。因此，本次正式出版前的修改，第一，将教材名称由《企事业单位法务实务》改为《企业法律实务》，既简洁又避免歧义；第二，重新安排写作体例，突出实用性、可操作性；第三，对原有内容重新改写，以企业法务人员为视角编写各部分内容；第四，增加写作班子成员，更多吸收实务部门的同志参加。

　　本教材编写组由教授、博士、法官、律师、企业法务人员等组成。由陈建军拟定编写提纲初稿，经编写组全体成员充分讨论定稿，在编写过程中各成员根据具体情况作了适当变动。本教材编写具体分工如下（凡未注明单位的作者均为湖南理工学院政法学院教师）：

　　前言、后记、绪论由陈建军教授完成。

　　第一章由杨忠明博士和他的硕士研究生何曾艳完成。

　　第二章由岳阳市君山区人民法院高级法官李立宏博士、湖南华文食品有限公司法务部主管左露完成。

第三章由曹乔华讲师完成。

第四章由云南工商学院会计与审计学院单爽讲师完成。

第五章由杨忠明博士、梁晨博士完成。

第六章由富童博士完成。

第七章由孟磊博士、刘杨副教授完成。

第八章由刘杨副教授、孟磊博士完成。

第九章由陈建军教授、湖南唯平律师事务所邓松律师完成。

第十章由李立宏博士、左露完成。

全书最后由陈建军教授修改、统稿。

本教材的印刷出版,第一,要感谢学术界同仁已经取得的研究成果,限于篇幅,参考文献不能在此一一列明,只能一并表示感谢!第二,要感谢湖南理工学院学校领导和教务处的大力支持,没有学校的立项支持,就没有现在的教材成果!第三,要感谢岳阳市岳阳县人民检察院和岳阳市君山区人民法院,是他们的大力支持,才使本教材得以公开出版!第四,要感谢编写组全体成员的家属,是他们在家庭的奉献,才免除了编写组成员的后顾之忧!第五,要感谢中南大学出版社王飞跃社长、陈应征主任和沈常阳编辑的智慧和辛劳,使得本教材能够如期顺利出版!

陈建军

2016 年 9 月 15 日中秋记于岳阳南湖